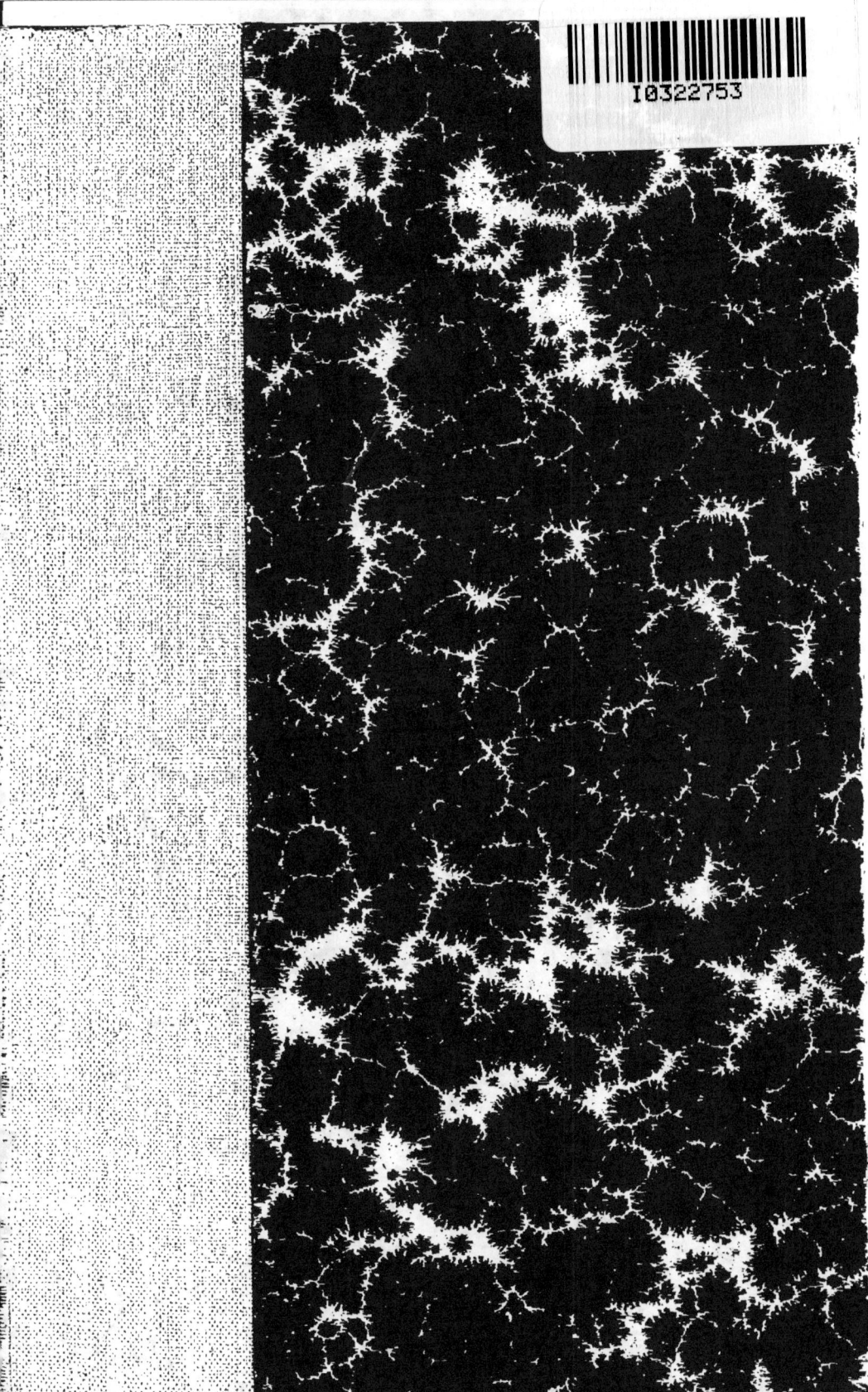

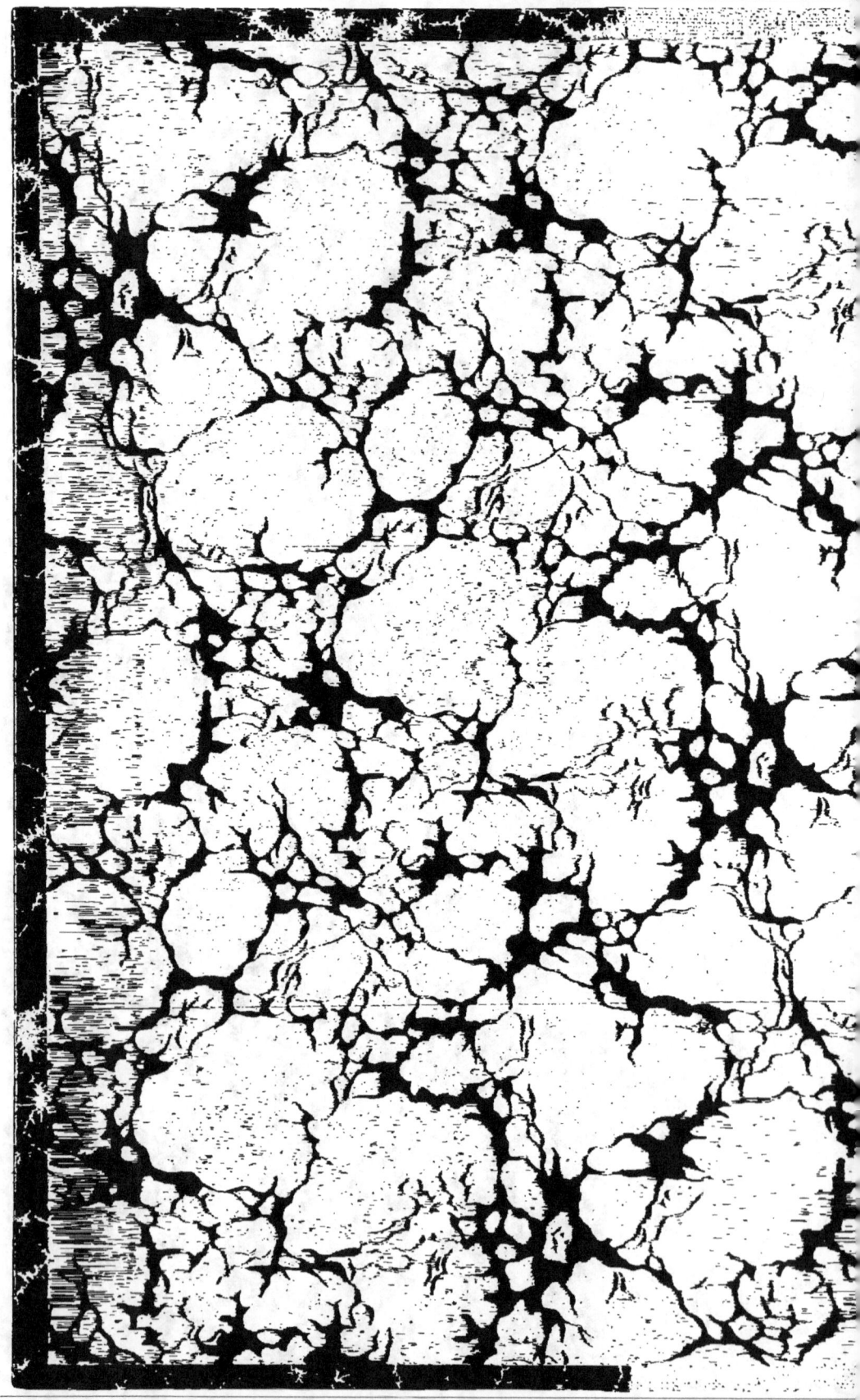

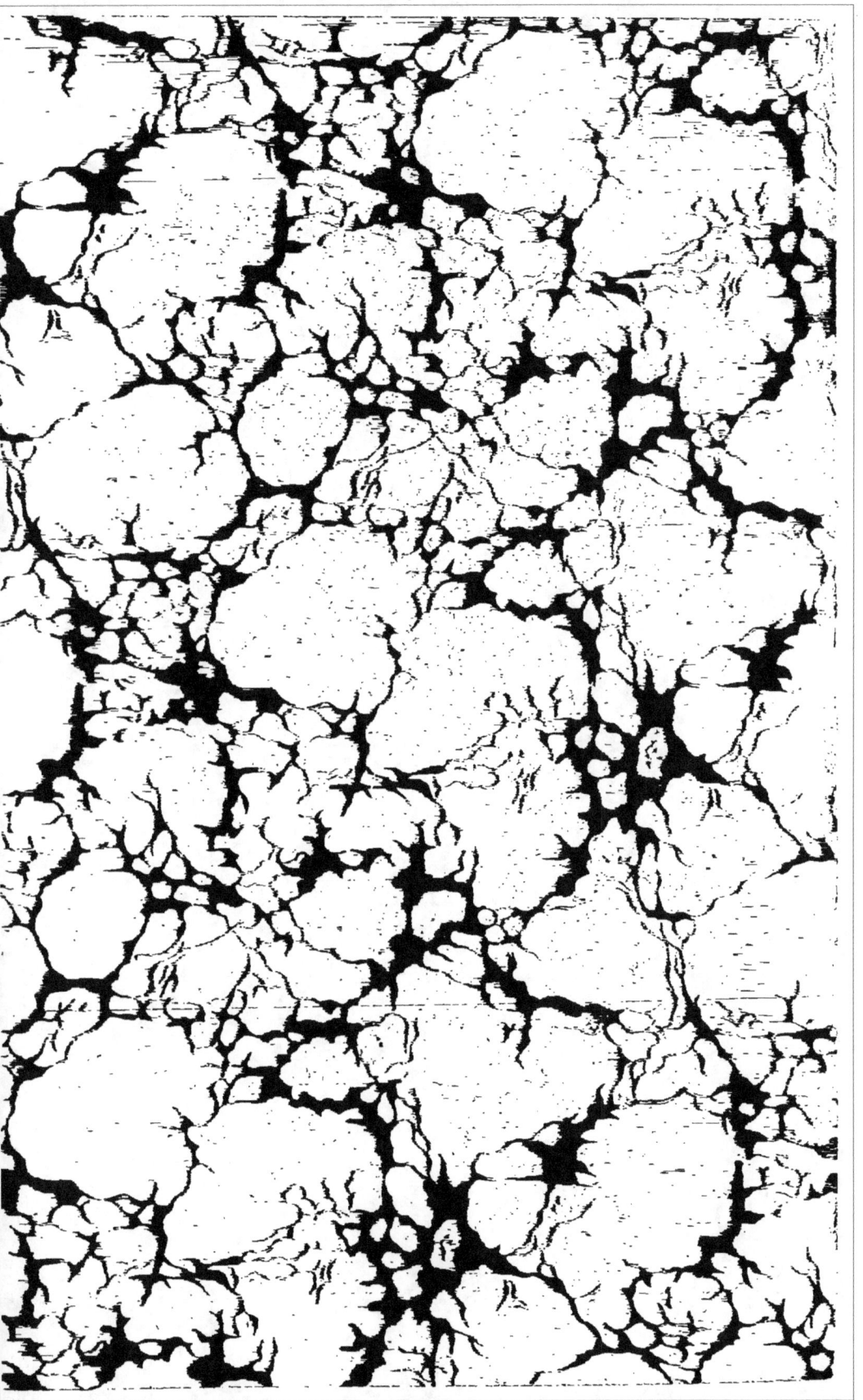

GAMBETTA

AVEC

UN PORTRAIT PAR ANDRÉ GILL

ET UN AUTOGRAPHE

TROISIÈME ÉDITION

PARIS
LIBRAIRIE SANDOZ ET THUILLIER
4, RUE DE TOURNON, 4

GENÈVE	NEUCHATEL
LIBRAIRIE DESROGIS	LIBRAIRIE JULES SANDOZ

1882

GAMBETTA

PARIS. — IMPRIMERIE DE CH. NOBLET

13, RUE CUJAS, 13

Le ministre de l'intérieur et de la guerre autorise le général Garibaldi personnellement à signer les réquisitions relatives à l'exécution de la mission de guerre dont il a été chargé et qu'il a acceptée.

Ces réquisitions devront toujours porter la signature du général Garibaldi.

Fait à Besançon le 18 Octobre 1870

à minuit le l'intérieur et de la guerre

Léon Gambetta

Voir Page 252.

GAMBETTA

AVEC

UN PORTRAIT PAR ANDRÉ GILL

ET UN AUTOGRAPHE

———

TROISIÈME ÉDITION

PARIS
LIBRAIRIE SANDOZ ET THUILLIER
4, RUE DE TOURNON, 4

GENÈVE	NEUCHATEL
LIBRAIRIE DESROGIS	LIBRAIRIE JULES SANDOZ

———

1882

GAMBETTA

1869-1879

CHAPITRE PREMIER

Croquis à la plume. — Affaire Baudin. — Les vertiges de l'empire. — Les *Châtiments* et *Napoléon le Petit*. — Le livre de Tenot. — La souscription pour le monument de Baudin.

Qui ne connaît — tout au moins par l'à peu près du compte rendu et de la photographie — la personne et l'éloquence de Gambetta ? Face puissante modelée en masque antique, œil unique mais vivant pour deux, tant il rayonne de douceur et de certitude, front large et haut, révélant sous les cheveux drus la capacité et l'équilibre du crâne, bouche persuasive, facilement souriante, faite pour laisser s'échapper ces harangues à la fois magnifiques et familières où, dans un courant de paroles naturellement limpide, pur de tout jargon d'avocat, de toute affectation académique, se mêlent l'ironie grecque et l'ampleur latine.

Bien que né à Cahors et fortement cuirassé d'énergie gasconne, Gambetta, par l'heureux mélange des races et par ce qu'il a de sang génois, nous apparaît presque comme un fils de cette Ligurie où, des Apennins jusqu'au Rhône, les Latins et les Grecs ont tant laissé de traces.

Compatriote, ou peu s'en faut, de M. Thiers et de Mirabeau, il a du premier la finesse provençale, l'art nécessaire, en temps de crise, de subordonner aux circonstances la poursuite de son idéal; du second, l'éloquence *ore rotundo*, la patte levée, léonine; et de tous les deux à la fois, cette qualité tout antique qui a trop cessé d'être une qualité française : l'absence de solennité.

Ceci est caractéristique : Gambetta n'est pas solennel! il n'emporte pas dans sa valise de voyage un costume d'homme éloquent que l'on ne brosse qu'aux grandes occasions. Son éloquence est en lui-même, toujours présente, toujours prête à jaillir : entre amis, parmi les gais propos de table, au tribunal, à l'Assemblée, du haut d'un balcon s'il le faut, qu'il s'agisse d'un accusé politique à défendre, d'une question d'affaires à débattre ou d'une ligne politique à indiquer aux populations! Car Gambetta ne craint point de se montrer au balcon pour parler aux foules, se souvenant que, dressées sous le ciel, au grand soleil, les tribunes de pierre du Forum et de l'Agora devaient fort ressembler à un balcon.

Il n'a pas, sans doute, la précision des grands orateurs d'affaires, tels que M. Thiers, ni la correction des grands tribuns, tels que Mirabeau ; son langage improvisé présente souvent des incorrections et des répétitions, mais mieux que qui que ce soit il possède le trait qui frappe l'ennemi au cœur et la conclusion qui terrasse ses adversaires. Le mot qui résume les plus longs et les plus enflammés de ses discours a toujours été étudié et préparé, et c'est sans se laisser détourner par le bruit ou par des interruptions, immédiatement relevées, qu'il trouve ces épigrammes sanglantes, venues sans recherche et avec profusion dans le cours des discussions les plus animées.

Orateur de balcon ! Etonnante injure sous laquelle pensaient écraser Gambetta les beaux fils qui, le coude au marbre d'une cheminée, de trois quarts, dans une pose de lithographie à la Deveria, rôtissent au feu leurs pans d'habit, sans que pour cela leur éloquence s'en réchauffe.

Eh sans doute ! c'étaient discours de balcon, discours de plein vent et d'orages, ces paroles ardentes, enflammées de patriotisme, qui chaque jour, plusieurs fois par jour même, déchiraient comme des éclairs les ténèbres de l'*année terrible*. La France marchait à ces lueurs. Quelle figure eût faite alors le petit lumignon doctrinaire ? Il est vrai que le lumignon ne s'alluma point, ménageant sa mèche et son huile pour une saison moins fouettée de tempêtes.

Gambetta, certes ! a su prouver dans ses vingt années de vie politique qu'il est orateur parlementaire comme pas un, et que sa forte voix s'accommode au besoin du diapason discret des assemblées délibérantes ; mais à Versailles même, l'orateur de balcon se réveille parfois, et cet orateur de balcon, ses adversaires le redoutent et ne le raillent point. Qu'on se rappelle ses éclats soudains, ses reparties imprévues, écrasant le secrétaire d'État Baragnon sous dix paroles : « *C'est un indigne travestissement, je vous défie de lire tout ;* » tout le clan bonapartiste sous cinq : « *Le libérateur du territoire, le voilà,* » et le ministre Fourtou sous deux : « *C'est un mensonge.* »

Et durant cette énervante période pendant laquelle un gouvernement de hasard se jouait à la fois des volontés du pays et de la dignité de ses représentants ; quand — l'Assemblée dissoute ou prorogée et la tribune muette — la France semblait avoir perdu sa voix : n'a-t-on pas vu Gambetta, en vrai commis-voyageur de la République, comme il s'est lui-même surnommé avec une fine bonhomie, se transporter du Midi au Nord, partout où l'intérêt des libertés républicaines l'appelait : à Bordeaux, à Saint-Quentin, à Angers, au Havre, à La Ferté-sous-Jouarre, à Grenoble, Annecy, Nantes, Périgueux, Châtellerault, etc., etc., et là, dans une grange, sous une tente, qu'il s'agit de parler aux foules ou de haranguer la plus modeste des délégations, ne l'a-t-on pas entendu, toujours égal à lui-même, trouver les paroles justes, celles que réclamaient le moment et l'heure, et selon l'heure et le moment vibrantes de courageuses espérances, frémissantes, heurtées, secouées par la colère des revendications ou sagement modératrices des impatiences légitimes mais dangereuses dans leur hâtivité?

Cette éloquence est bien à lui. Personne, parmi les orateurs dont le parti républicain s'honore, ne la possède au même degré. C'est par elle qu'il se révéla ; c'est à elle qu'il dut son premier rayon de gloire, car c'était bien un discours de balcon, discours de Forum et d'Agora, ce plaidoyer hardi, inattendu, bruyant, qui vint surprendre l'empire dans son aimable tranquillité, comme un coup de tonnerre, — en plein azur, en pleine idylle, — et qui, brisant les vitres du Palais de Justice, ébranlant les tentures d'azur des murailles où tremblèrent les abeilles d'or, et passant par-dessus la toque des vieux juges, alla d'un coup, le même jour, retentir dans toute la France, et apprendre le nom inconnu, mais immédiatement retentissant et fait pour sonner la gloire, du jeune Léon Gambetta!

C'est dans ce sanctuaire de la loi, déshabitué depuis trop longtemps des courageuses protestations du barreau, qu'on entendit le 14 novembre 1868 ces paroles brûlantes :

Ecoutez, voilà dix-sept ans que vous êtes les maîtres absolus, discrétionnaires de la France, — c'est votre mot, — nous ne rechercherons pas l'emploi que vous avez fait de ses trésors, de son sang, de son honneur et de sa gloire... Personne n'ignore les catastrophes financières qui, en ce moment même, sautent comme des mines sous nos pas ; mais ce qui vous juge le mieux, c'est que vous n'avez jamais osé dire : Nous célébrerons, nous mettrons au rang des solennités de la France, le 2 décembre comme un anniversaire national ! Et cependant tous les régimes qui se sont succédé dans ce pays se sont honorés du jour qui les a vus naître. Il n'y a que deux anniversaires, le 18 brumaire et le 2 décembre, qui n'ont jamais été mis au rang des solennités d'origine, parce que vous savez que, si vous vouliez les y mettre, la conscience universelle les repousserait. Eh bien ! cet anniversaire dont vous n'avez pas voulu, nous le revendiquons, nous le prenons pour nous : nous le fêterons toujours, incessamment, chaque année, ce sera l'anniversaire de nos morts, jusqu'au jour où le pays, redevenu le maître, vous imposera la grande expiation nationale, au nom de la liberté, de l'égalité, de la fraternité !

L'heure était grave : Morny venait de mourir ; un reflet rouge de la fusillade de Queretaro avait passé sur le ciel de l'Exposition, et teint d'un fugitif éclat de sang les bulletins mensongers de cette guerre qu'on avait osé nommer *la plus belle pensée du règne.*

Sultans, empereurs, rois et grands-ducs attablés au banquet de l'Exposition, dans leur costume bariolé des grandes cérémonies, formaient autour du satrape français une cour sardonique, mais étonnée cependant de cette prospérité tapageuse et factice, et jalouse de son éclat.

Surpris au milieu de son triomphe, inquiet sous le paillon de son manteau d'emprunt, l'empire avait frissonné au milieu de son brillant cortège de souverains. Mais le Mexique était loin et les pompes de l'Exposition si près, que le frisson avait été fugitif, la commotion rapide, et, se cambrant sous l'atteinte, voyant autour de lui Paris pavoisé, les entrées somptueuses des princes, la foule se ruant au gaz aveuglant des cafés-concerts et aux maillots roses des féeries, pendant que les beaux fils de famille royale se cachaient dans les coulisses des petits théâtres, et préféraient les loges des actrices à la mode aux soirées de l'impératrice et même à ses tableaux vivants, qu'ils trouvaient mieux réussis et de meilleure apparence dans les soussols où ils avaient été cachés jusque-là, voyant enfin Paris tout entier devenu un lieu de plaisirs, l'empire s'était dit : Mon heure est bonne, et, rassuré par vingt ans de vie, il s'apprêtait à durer encore.

Durer, il l'aurait pu, — la France était vraiment sur le point de prendre son parti de la chose; opérée sans douleur de ses libertés, dans l'éblouissement et l'étourdissement des décors forains et des fanfares charlatanesques, elle allait s'abandonner pour longtemps encore, peut-être, aux soins de son empirique rebouteur. Le petit commerce, mais surtout le commerce parisien jubilait, l'Exposition lui avait fourni un prétexte pour élever tous les prix de vente, et, l'Exposition finie, il s'était bien gardé de revenir aux tarifs primitifs.

Les salons du grand monde et de la bourgeoisie, se modelant sur ceux de la cour, avaient leurs portes ouvertes en permanence.

Les journaux gagés étaient là, faisant honneur à cet empire des hasards heureux de l'industrie humaine et du soleil; les hivers étaient neigeux et doux, de clairs soleils doraient les campagnes, et dans une naïve idolâtrie rappelant les triples adulations romaines, le paysan remerciait César de sa protection, lui attribuait la fécondité du sol et l'appelait Apollon et soleil nourrisseur des moissons.

Sous la double impulsion des besoins nouveaux et de l'industrie, les cheminées d'usine fumaient, les chemins de fer roulaient, et l'on faisait honneur à l'empire de la circulation rapide et incessante des trains, et des tourbillons soufrés couronnant les ateliers industriels ; et comme la France, à cette époque, était encore sensible à l'éblouissement des pompes militaires, malgré l'histoire encore nuageuse du Mexique, ces drapeaux flottant au front des régiments gardaient quelque chose du souffle d'aventure rapporté des plages fabuleuses de la Crimée, et aussi un peu du glorieux frisson révolutionnaire recueilli dans les plaines de la Lombardie.

Vraiment l'empire, comme les Français, semblait avoir perdu le souvenir des trahisons, et sur le crime de Décembre peu à peu la prescription se faisait.

Décembre! Qui s'en souvenait? Dans la grande ville, — Paris, — au milieu du grand bruit on n'entendait rien; dans les petites villes, au village, aux champs, le souvenir s'en perdait peu à peu dans une grotesque et nébuleuse légende. On voyait passer quelquefois un homme pauvre, sévère, solitaire ; il avait pris les armes en 51, disait-on ; on l'avait envoyé à Lambessa, à Cayenne. — Pourquoi? — On l'avait peu à peu oublié, après avoir longtemps désappris à le dire, au milieu de cette atmosphère de terreur où la défaite devient un crime pour les proscripteurs. Et puis, à part quelques exceptions, qu'étaient ces hommes? Des paysans, des ouvriers! ils avaient eu tort évidemment, puisqu'ils n'avaient pas réussi, et que des fonctionnaires et des juges, des hommes de bien, les avaient condamnés et, dans les pays mêmes qui s'étaient insurgés, c'étaient, au cabaret, à la veillée, — à propos de cette prise d'armes pour la loi, — on ne sait quelles histoires de partageux et d'incendiaires allant en guerre avec le *sac à pillage* au dos, comme devaient le faire plus tard les chefs de l'expédition du Palais d'Été.

Les proscrits se taisaient, entourés, surveillés par la police étrangère renforcée par des sbirres à la solde de l'empire. Dans la misère, dans l'exil, l'affaissement suit de près les amertumes et les colères de la première heure, et puis, se défendre à haute voix, même contre les plus monstrueuses accusations, c'était presque aussi dangereux à l'étranger que dans l'intérieur de la France; contre les émeutes et les grèves il y avait les chassepots encore chauds de l'expédition de Mentana et bénis par le parrain de l'héritier du trône.

L'empire se croyait donc solidement assis, et tel qu'un parvenu réactionnaire qui s'anoblit de son propre vœu, et se carre dans des fauteuils armoriés, en son château payé en assignats par son grand-père, le Bonaparte prenait au sérieux sa dynastie de fraîche date, et l'impératrice, essayant de se faire aux belles manières, affichait le culte de Marie-Antoinette et en parodiait surtout les faiblesses.

1.

Il y avait bien une opposition dans la Chambre, mais si peu nombreuse, si timide ! C'était comme l'esclave derrière le char du vainqueur, une espèce de coquetterie de mise en scène qui pouvait faire dire aux prétoriens de l'escorte : « A tout triomphateur son insulteur dans l'ombre. »

Il y avait bien, arrivant des îles normandes, pardessus les flots soulevés et les brumes, la grande voix d'un proscrit ironique et vengeresse, brûlant comme le fer rouge et cinglant comme le fouet, qui, dans les *Châtiments* et dans *Napoléon le Petit*, réussissait à faire *sourire* le criminel fouaillé au poteau et marqué à l'épaule ; — mais la voix venait de si loin, les exemplaires étaient si rares, si chers, si cachés dans la moisissure des dessus d'armoires, la poussière des trous des poutres ou la fumée des cachettes dans les cheminées, que bien peu en France réussissaient à entendre cette voix prophétique, bien faite pour empêcher de s'éteindre, dans quelques âmes fières, le feu sacré des justes haines.

Mais à ce vase déjà trop plein il fallait encore la goutte qui le fait déborder.

Pour porter coup, pour passionner les foules, pour mettre le feu à cette mine préparée, il fallait, comme en toutes choses humaines, la chose visible, l'incarnation de l'idée, l'accident !

Cet accident, ce fut ce que le langage policier de l'époque appela l'affaire Baudin. Dans un livre où Eugène Tenot, prudemment, mais intrépidement, levait le voile qui recouvrait la sanglante tragi-comédie du 2 décembre, on avait appris des choses habilement cachées depuis vingt ans : on savait enfin bien des détails ignorés, on apprenait comment on avait résisté au coup d'État dans les villes et dans la campagne ; on savait que dans le Var, au nombre des martyrs de la loi et du droit, était Martin Bidauré, fusillé deux fois ; qu'à Paris, le 4 décembre, à côté de plusieurs de ses confrères de l'Assemblée, n'ayant pour armes que leur conscience et pour bouclier que leur écharpe de représentants, debout sur la crête des barricades attaquées par la soldatesque encore ivre des *banquets de Satory*, Alphonse Baudin, docteur en médecine, député de l'Ain, était tombé frappé au front et à la joue par les balles de ceux qu'il voulait rappeler au sentiment du devoir, et avait rougi de son sang les pavés de la barricade de la rue Sainte-Marguerite.

Paris s'émut et sut bientôt où était la tombe de ce martyr du droit, et le jour des Morts, dans le cimetière Montmartre tout parfumé de l'odeur du buis vert et des couronnes fraîches, par un de ces clairs soleils que l'hiver réserve parfois à cette fête des souvenirs, si chère aux Parisiens, riante dans la mort, comme dans une cérémonie antique, on vit des vieillards et des jeunes gens, des étudiants et d'anciens proscrits, se guidant dans le fouillis des tombes, et venant se ranger autour d'une dalle envahie de lichen et de mousse où se lisaient ces mots :

BAUDIN, REPRÉSENTANT DU PEUPLE, MORT LE 4 DÉCEMBRE.

L'émotion était grande, quelques paroles furent prononcées à voix contenue, on déposa des couronnes, on vit pleurer en silence quelques vieux proscrits rentrés de la veille, puis on se dirigea avec un calme et une dignité que ne purent pas altérer les agents provocateurs vers la tombe de Cavaignac, et l'on couvrit de nouvelles couronnes le bronze endormi de Rude qui la surmonte.

On était dans son droit, mais la police impériale ne permettait pas ces deuils patriotiques, et plusieurs arrestations eurent lieu, des poursuites furent immédiatement commencées.

Les journaux protestèrent ; on fit des procès aux journaux. Une souscription pour élever un monument à Baudin, où l'on voyait figurer à côté du nom de Prévost-Paradol celui de Berryer, fut ouverte dans le *Réveil*; on fit un procès à son rédacteur en chef, Delescluze ; et lorsqu'enfin dans ce Paris, si bien préparé, arrivèrent l'heure, le jour de l'audience, — c'était le 17 novembre, — on vit apparaître un jeune homme, l'avocat du *sieur Delescluze*, accusé de *manœuvres à l'intérieur*.

Delescluze n'entendait pas qu'on le défendît, aussi le jeune homme ne le défendit point; pénétré de la grandeur de sa tâche, d'un bond il se plaça sur le terrain de l'attaque. L'empire accusait, il se fit accusateur de l'empire, et le vieux Palais ne s'écroula point, et les vieilles tours ne chancelèrent pas sur leur base, et les juges surpris, endormis depuis vingt ans dans l'adoration de la force brutale, essayèrent vainement d'interrompre cette parole ardente qui leur jetait à la face de dures vérités, et agitait aux yeux des inventeurs du spectre rouge le spectre de la revendication.

Le Français aime l'audace ; les vieux de l'émigration et de l'exil, si accablés naguère, redressèrent la tête ; la jeunesse, réveillée au bruit de cette voix chaude et jeune, recommença à se sentir les coudes. Les vieux se dirent : Tout n'est pas mort avec nous, il reste à la France de la sève. — La jeunesse se dit : C'est à notre tour d'agir ; — les cheveux blonds ou bruns comprirent enfin les barbes grises. — Aux martyrs irréconciliés tendirent la main les irréconciliables. — A la plaidoirie de Gambetta, à travers une mort de vingt ans, deux générations venaient de se retrouver.

CHAPITRE II

Enfance de Gambetta. — Le séminariste de Montauban. — L'œil crevé. — Le collégien de Cahors. — L'étudiant en droit. — L'intérieur de la rue Bonaparte. — La Tatan. — L'avocat politique. — Le procès Delescluze. — Le café Procope et la conférence Molé. — Emile Ollivier et l'empire libéral. — Circulaire aux électeurs de Marseille. — Elections de 1870.

Gambetta (Léon-Michel) n'était cependant pas tout à fait un inconnu. On a feint de croire que, comme tant d'autres, il était entré dans la vie publique sans préparation, et que le procès Baudin fut pour lui un coup de hasard et de fortune. Rien n'est moins vrai ; il serait difficile, au contraire, de trouver une carrière suivie plus droit, un sillon plus volontairement tracé.

Né à Cahors, le 30 octobre 1838, il avait été d'abord élevé dans une institution cléricale ; comme tant d'autres fils de petits bourgeois ambitionnant pour leur postérité un changement de situation qui semblait alors plus réalisable par le fonctionnarisme ou par l'entrée dans les ordres, on le destinait peut-être à l'état ecclésiastique ; mais ses instincts naturels, manifestés de bonne heure, firent comprendre que ce n'était pas là sa vocation et on le retira de Montauban.

C'est à tort, cependant, qu'on créa plus tard pour lui cette légende de *l'œil crevé* volontairement, pour échapper à quelques contrariétés de salle d'études ou de cour de récréations du séminaire.

Gambetta n'a jamais eu, ne devait jamais avoir cette énergie de sauvage; Henri IV avait dit que Paris valait bien une messe, il faut croire que, si peu de vocation qu'il eût pour l'état ecclésiastique, Gambetta n'aurait jamais pu trouver que deux années de séminaire valaient bien un bel œil noir et perçant. La vérité la voici : A l'âge de huit ans il était dans la boutique d'un coutelier, voisine des magasins de son père, accoudé sur l'établi et regardant l'ouvrier qui perçait un manche de couteau avec un foret, actionné par un archet formé d'une corde à boyau et d'un morceau de vieux fleuret.

Le fleuret vint à casser et la pointe de l'un des fragments atteignit le jeune curieux à l'œil droit ; il y eut perforation de la cornée, mal soignée et terminée par une irido-choroïdite glaucomateuse, avec protrusion du globe de l'œil.

Il resta longtemps dans cet état, mais les douleurs étant devenues intenses, et faisant craindre que, par sympathie, l'œil gauche ne finît par être atteint, en 1867 son ami le docteur Fieuzal demanda une consultation, à la suite de laquelle le docteur Wecker, aidé par son confrère Fieuzal, pratiqua l'énucléation de l'œil malade.

Entré au collège de Cahors, il ne tarda pas à y donner des preuves d'une rare aptitude pour les lettres et d'une grande faculté d'assimilation.

L'ascendant qu'il prit sur tous ses jeunes condisciples

pouvait déjà faire présager celui qu'il acquerrait plus tard sur ses émules au barreau ou dans les réunions politiques, et au milieu des élèves du lycée de Cahors il représentait déjà ces nouvelles couches sociales dont il parlera plus tard, celles dont l'avènement peut se faire sans secousses violentes, sans cataclysmes.

Fils de travailleurs non salariés, Gambetta était assez près de l'humus populaire pour ne jamais oublier les souffrances d'en bas par ses racines ; élève universitaire d'un collège de bons petits bourgeois mêlés à des propriétaires terriens et aussi à quelques hobereaux de province, il devait, dans cette fusion des vieilles classifications sociales, pousser ses vigoureuses frondaisons vers les classes dirigeantes, en dehors des théories hasardées de table rase.

Ses études terminées au lycée de Cahors, il s'achemina vers Paris à l'âge de dix-huit ans et suivit les cours de l'École de droit ; il logeait à cette époque rue de Tournon, hôtel du Var, au milieu d'autres étudiants en droit méridionaux comme lui, et comptait déjà parmi eux comme une exception, non seulement par la hardiesse de ses conceptions et par les vibrantes discussions de la table d'hôte qui ébranlaient quelquefois les cloisons des hôtels meublés du vieux quartier latin, mais aussi par le chiffre respectable de son budget d'étudiant qui était de 300 fr. par mois.

Inscrit au barreau de Paris en 1859, à l'âge de vingt-un ans, et clerc dans le cabinet de M. Crémieux, sous le principat de son ami Clément Laurier, il s'installait à cette époque dans le voisinage du cabinet du maître, rue Bonaparte, où vint le rejoindre, en 1861, une personne dont il est impossible de ne pas parler dans une biographie de Gambetta : mademoiselle Jenny Massabie, sa tante, *la Tatan*.

Gambetta *était dans ses meubles*, et il n'est pas inutile de noter ici cette circonstance.

C'était au quatrième étage, dans un petit appartement composé d'une étroite salle à manger, d'une cuisine et de deux chambres à coucher, que mademoiselle Massabie faisait son apprentissage de future directrice de la maison *civile et militaire* d'un dictateur. Elle y jouait déjà le rôle de surveillant général et flairait avec vigilance les nouveaux venus auprès de son cher Léion, comme elle appelait Léon Gambetta, avec un accent gascon fortement prononcé, et les signalant par ces simples mots inspirés par son instinct : *celui-ci t'aime*, celui-là *a l'air d'un jésuite*.

Il ne faudrait pas cependant croire que la Tatan était imbue des idées voltairiennes de son neveu ; ses premières paroles en entrant dans le modeste logis de la rue Bonaparte avaient été celles-ci : à quelle paroisse appartiens-tu ?

Gambetta n'était déjà plus, à cette époque, l'étudiant un peu débraillé que ses amis avaient vu dans les tables d'hôte et dans les brasseries, voire même dans certains caboulots de la barrière des Martyrs, disserter *de omni re scibili et de quibusdam aliis* avec de futurs ingénieurs des grandes compagnies industrielles, directeurs de journaux politiques, ou artistes éminents, etc., etc.; c'était déjà un homme rangé, reprenant pour ainsi dire, après les agitations et la fermentation généreuse de l'étudiant et du jeune avocat, les habitudes intimes de la vie de famille et revoyant, comme dans un miroir, au fond de l'œil clair, bienveillant mais susceptible de la Tatan, la boutique d'épiceries de choix, *le bazar génois* fondé par son père sur la place du marché de Cahors, les assiduités aux affaires de la mère et du père amassant, sou par sou, la petite fortune bourgeoise qui permettrait au fils, grâce à *la pension de* 300 *fr.* par mois, d'arriver à la notoriété, à la popularité, à la gloire.

Devenu déjà le *leader* des conférences au milieu des jeunes avocats destinés à devenir célèbres, il exposait les prémisses de la politique de l'avenir, et dès cette époque, négligeant les affaires dites du civil, il s'attachait à plaider les affaires de presse, et tout ce qui se rattachait à la politique.

C'est ainsi que successivement il devait défendre des journalistes accusés, de prétendus émeutiers comme Buette, le contre-maître mécanicien de l'usine Cail, impliqué dans l'affaire dite des 54, dans laquelle il refit le procès du Christ et paraphrasa courageusement, en plein empire, le célèbre *Tu non es amicus Cæsaris.* Ce discours ne fut pas reproduit par les gazettes judiciaires, mais dès lors les ouvriers de Paris commencèrent à compter sur lui et l'appelaient familièrement l'avocat borgne.

En même temps il envoyait des correspondances parlementaires au journal *l'Europe de Francfort* et il collaborait à *la Cour d'assises illustrée* où il faisait les portraits à la plume des avocats célèbres.

Il suivait assidûment les séances importantes du Corps législatif, cherchant déjà peut-être dans l'hémicycle la place qu'il y occuperait dans un prochain avenir, et scrutant, dans la tenue du président, les procédés par lesquels il dirigeait avec habileté une Chambre soumise ou les minorités révoltées; plus d'une fois M. de Morny avait été obligé de menacer de faire évacuer une tribune de spectateurs d'où il entendait partir une exclamation ironique ou indignée, à l'accent méridional, et d'où l'obsession magnétique de cet œil unique semblait le fouiller jusqu'au fond des entrailles.

Aux approches des élections de 1863, il fut un des plus énergiques promoteurs de la première lutte significative engagée contre l'empire, et, dans une petite chambre de la rue Saint-André des Arts où se tenaient les conciliabules et les réunions préparatoires, chez un de ses amis, Emmanuel Durand, il poussa vigoureusement au combat électoral et fut un des principaux auteurs de la victoire électorale de Paris.

Comme s'il avait prévu son futur rôle d'organisateur militaire, il publiait aussi dans *la Revue politique* de remarquables articles sur le budget de la guerre communiqués par des officiers.

C'étaient les beaux temps du café Procope. Du

café *Procope*, oui! Aussi bien faut-il en parler puisqu'il s'agit de Gambetta. Pauvre café, si digne, si grave avec ses portraits de grands hommes, sa table rococo qui rappelait Voltaire, et le vague parfum d'encyclopédie qui flotte sous ses lustres du siècle dernier : café Procope, aïeul et doyen des cafés, demeuré café, quand, tout autour, les autres se transformaient en je ne sais quoi qui tient du harem, du tripot et de la tabagie, a-t-il été assez injurié, assez calomnié par les inventeurs de *Crapauds-volants!* Et comme il faut que l'hypocrisie et la sottise aient fait des progrès pour qu'on en soit presque réduit à rougir d'avoir *fréquenté un endroit que fréquentaient Diderot et Voltaire!*

Il n'y avait pas d'ailleurs à cette époque, comme habitués, que de futurs buveurs de sang ; on y voyait couramment M. Jouffroy, de l'Institut, qui commençait à sculpter son *Saint Bernard;* M. Charles d'Héricault, couronné pour son ouvrage sur Thermidor, point révolutionnaire; M. Coquille, le vénérable M. Coquille, du *Monde*, qui tous les soirs, assis à la même table, appuyé contre le même panneau, faisait invariablement, de son crâne catholique, piédestal à ce grand damné de Piron.

Mais c'était dans les salles d'en haut que Gambetta, chaque vendredi, revenant de la conférence Molé dont il fut président pendant un semestre, se livrait à ses premiers combats d'éloquence.

On y fumait des pipes, on y buvait des bocks, certains

habitués, devenus depuis préfets de l'ordre moral, s'y faisaient remarquer par de tout autres théories que celles auxquelles ils devaient plus tard consacrer leur poigne.

C'est au café Procope, a-t-on dit, que Gambetta apprit à parler; il y apprit aussi à penser, et heureux ceux-là qui, dès leur entrée dans la vie, rencontrent leur café Procope, si café Procope veut dire : Jeunesse honnête, joyeusement et laborieusement traversée dans une atmosphère de générosité et de libre esprit, également loin des tripots où nombre de futurs gouvernants se préparent par le baccarat à l'exercice des fonctions publiques, et des serres chaudes cléricales où tant d'infortunés, dignes peut-être d'un meilleur sort, ont contracté, pour le restant de leurs jours, je ne sais quel arrière-parfum d'aigre, de moisi et de renfermé.

Tout cela n'avait pas empêché Gambetta de faire fort sérieusement ses études de droit; et ce n'est point la faute au père *Valette* (comme on l'appelait) si le futur député de Paris ne s'est pas, au début, détourné de la politique pour les sentiers ombragés de palmes de l'agrégation et du doctorat.

A cette époque encore, Gambetta était un auditeur assidu — plus assidu sans doute que ne le furent MM. Brunet et de Cumont — à la Sorbonne et au Collège de France. M. Hase l'estimait fort, et souvent, au sortir du cours de langue et de littérature grecques, on pouvait voir le jeune avocat et le vénérable helléniste redescendre ensemble la rue des Ecoles en discutant quelque point douteux.

Gambetta est sorti de là, muni d'une forte culture, et l'esprit résolument émancipé, choses plus nécessaires que ne le pensent certaines nullités gonflées à qui prétend non pas conduire, mais simplement représenter un pays où la poésie et les arts tiennent autant de place qu'à Athènes. Amoureux du passé, mais ouvert à ce qui est nouveau, on pouvait l'entendre, le même jour, réciter en grec, dans sa chambre de la rue Bonaparte, les *Olynthiennes* de Démosthène, puis rompre des lances au Salon en faveur de Millet, le grand peintre de la vie rustique française, alors méconnu et conspué. Entre temps, car il eut toujours un fort penchant pour les lettres, il défendait Barbey-d'Aurevilly plaidant contre le *Nain Jaune* ou actionné par M. Buloz, et Ernest d'Hervilly accusé, pour un écho badin, d'outrage à la morale publique (plaidoirie joyeusement rabelaisienne, bardée d'équivoques latines et demeurée célèbre parmi les gourmets de causes grasses), et il trouvait encore, de minuit à trois heures du matin, le temps de lire et de s'assimiler à peu près tout ce qui se publiait : étonnant travail qui, aidé par une étonnante mémoire, lui permettait de réciter, après sept ans, sans broncher d'un vers, le Booz endormi de *La légende des siècles,* ou d'exposer, avec la lucidité d'un savant de profession, les dernières constatations des études préhistoriques.

Sa bibliothèque contenait plusieurs exemplaires

rares des classiques latins et grecs ; mais ses favoris étaient déjà les poètes et les prosateurs de la pure veine gauloise : La Fontaine, Diderot, Voltaire, Voltaire plus que Rousseau, malgré la pompe oratoire de ce dernier. Le livre de chevet, l'ami de tous les jours, de toutes les heures, celui qu'on sait par cœur et qu'on cite, c'était Rabelais. Et c'est encore Molière dont Gambetta, en bon Français qui aime à rire, ne dédaigne pas d'aller quelquefois retrouver un écho au Palais-Royal.

C'est dans son quatrième de la rue Bonaparte que l'éclat de l'affaire Baudin vint le surprendre.

On sait déjà comment il prit possession, d'un seul coup, de la place d'avocat des causes politiques et se prépara vaillamment l'héritage de Berryer, de défenseur juré de tous les ennemis de la violence gouvernementale contre le droit de discussion.

C'est vers le même but, quoique avec des moyens différents, que le vieux royaliste et le jeune républicain se rencontraient dans les mêmes colères. L'avocat du droit national, le collaborateur de M. de Genoude voyait en lui un digne successeur, et pouvait applaudir aux succès oratoires du défenseur inspiré du suffrage universel et des libertés démocratiques.

Le vieux royaliste avait protesté jusqu'au dernier jour contre la prescription des crimes politiques. Gambetta, par le procès Baudin, venait de prononcer la sentence.

Le voilà acclamé ; il arrivait à l'heure voulue, à ce

moment même où l'empire, essayant de se faire libéral, faute de pouvoir continuer à être exclusivement autocratique, acceptait, le 26 décembre 1869, la démission du ministère et appelait à reconstituer le cabinet Emile Ollivier en qui la démocratie avait cru jusque-là, comme héritier des vertus et du patriotisme de son père, le républicain austère, et de son frère tué en duel à Montpellier.

Cependant des élections devaient avoir lieu au mois de novembre 1868, et la ville de Marseille, dont Berryer avait été le représentant au Corps législatif, offrit sa succession à celui dont la parole semblait comme l'écho de celle de l'illustre avocat que la France venait de perdre.

Cette élection fut retardée et ne devait se faire qu'au moment des élections générales des 23 et 24 mai 1869.

Il avait pour concurrents MM. Thiers et de Lesseps, et comme il y avait eu ballottage au premier tour, quoique déjà nommé à Paris, où il avait eu pour concurrent Carnot, bon républicain, mais trop tiède pour représenter véritablement le sens que les électeurs de la capitale entendaient donner à leur protestation contre l'empire, il adressa aux Marseillais une circulaire qui fut la première de toutes les manifestations par lesquelles il devait régénérer dans toute la France la lutte légale du droit contre la force.

Au second tour, restant seul en présence du candidat officiel, il disait :

Vous avez si noblement, si patriotiquement agi à la première épreuve, qu'il est presque superflu aujourd'hui de vous mettre en garde contre les procédés et les manœuvres employées par nos adversaires communs.

Vous avez déjoué par votre calme toutes les provocations ; vous avez réduit au silence tous ceux qui vous accusaient d'indiscipline et de désordre.

Au deuxième tour, vous ne tiendrez pas un compte meilleur des exagérations grossières, calculées et payées, dont on gratifie les candidats d'une démocratie qui, précisément parce qu'elle est radicale, n'en est que plus dévouée à l'ordre, principe fondamental des sociétés, et à la liberté, garantie indispensable aux mains de tous pour la protection, la dignité et les intérêts de chacun.

On aura beau dire : « Vous êtes l'anarchie, vous êtes la démagogie! » Je répondrai, encore plus pour rendre hommage à la vérité que pour éclairer vos consciences :

Je renvoie de semblables accusations à ceux qui me les adressent. En effet, la démocratie sincère, loyale, est la seule ennemie de la démagogie, le seul frein, le seul rempart aux attentats des démagogues de tout ordre ! Les démagogues, ils sont de deux sortes, *ils s'appellent César ou Marat*. Que ce soit aux mains d'un seul ou aux mains d'une faction, c'est par la force qu'ils veulent satisfaire, les uns et les autres, leurs ambitions ou leurs appétits.

Ces deux démagogies, je les trouve également haïssables et funestes.

La démocratie radicale, au contraire, ne désire, n'ambitionne que le développement de la justice et de la liberté, de la solidarité parmi les hommes. Elle part de la souveraineté du peuple pour fortifier la souveraineté de l'individu, et c'est parce qu'elle veut le gouvernement de l'homme par lui-même, qu'elle conclut au gouvernement du pays par le pays.

Son droit réside dans la raison, sa force dans le peuple.

C'est à Marseille même que je veux poursuivre la propagande et l'application de ces doctrines, et, malgré des regrets dont vous sentez la légitimité, si, le 7 juin, mon nom sort victorieux de l'urne, *j'opterai pour Marseille*.

Je tiens en effet à prouver l'alliance intime de la politique radicale et des affaires, et certes nulle ville de France ne m'offrira de plus fréquents et de plus utiles sujets de démonstration.

Vos traditions, vos mœurs autonomes, votre situation présente, votre avenir, qui peut être si grandiose dans une France régénérée où vous auriez le rôle prépondérant de New-York aux Etats-Unis, me sollicitent vivement à cette détermination.

Citoyens électeurs,

Tenez pour assuré que, représentant inflexible de la doctrine démocratique, si j'étais votre élu, je tiendrais à honneur, dans les questions spéciales, d'être le député de tous.

L'Athènes des Gaules, après Berryer, venait de choisir Gambetta pour son élu. — Paris l'avait nommé contre son compétiteur Carnot.

Il soufflait un vent de révolution; la France reprenait possession d'elle-même, et dans Paris, où bat le pouls de la France, l'enthousiasme était au comble.

Le soir où l'on apprit le résultat des élections les boulevards et les cafés avaient repris leur physionomie des grandes époques des victoires du droit contre la force, on s'arrachait partout les journaux publiant les chiffres de l'élection; — la rue du Croissant était envahie par la foule des distributeurs attendant que les presses eussent vomi les nouvelles éditions, et encombrant les larges escaliers de ces vieilles maisons à journaux à en faire plier les rampes en fer forgé.

Les télégrammes arrivaient de minute en minute, leur texte passait, de bouche en bouche, de l'imprimerie noire à la rue boueuse et de là jusqu'aux boulevards couverts de peuple, où, près de chaque bec de gaz, un lecteur privilégié lisait à haute voix, à la foule qui les acclamait, les résultats favorables des élections.

Le nom de Gambetta surtout était dans toutes les bouches; on le voyait déjà, jeune, plein de sève, se prendre corps à corps avec l'empire libéral par lequel, dans un accès d'hypocrisie, on voulait essayer de tromper la France, après l'avoir enchaînée et saignée à blanc. On essayait déjà, dans les régions du pouvoir, de le présenter comme le porte-drapeau de la légende rouge, mais le bon sens populaire devinait déjà en lui l'orateur à la parole à la fois véhémente et contenue, le politique résolu mais pratique, le cheval fougueux mais obéissant à la bride.

CHAPITRE III

Entrée de Gambetta à la Chambre. — Mort de V. Noir. — Discours sur le plébiscite. — Discours au banquet de la jeunesse des Ecoles.

La campagne électorale avait fatigué Gambetta et l'avait presque rendu aphone, il dut aller se rétablir au sein de sa famille, à Nice, où était venu habiter son père, après avoir cédé sa maison de commerce de Cahors; mais, lorsque, quelque temps après, il fit son entrée à la Chambre, on peut dire qu'il y fit sensation. On s'y attendait à l'apparition d'une curiosité, — d'un monstre; les *grosboutiens* ne pouvaient se représenter autrement l'*élu de la lie de la population, de la vile multitude;* il prit d'abord la parole dans une discussion sur l'administration des maisons d'aliénés, à propos de la séquestration de l'avocat Sandon qui avait ému l'opinion publique. Sa figure n'était pas encore connue, quoique les vitrines des marchands eussent déjà commencé à glisser, au milieu des célébrités contemporaines, un portrait photographique de lui, fait par son ami Carjat, où il était représenté posé presque de profil, la tête haute, le regard assuré, *le cou long*, portant à la boutonnière une fleur de marguerite. « Il n'est pas trop mal, » murmuraient entre eux tous les produits de la candidature officielle, « c'est étonnant, mais à bientôt les rugissements. »

Ils ne se firent pas attendre. Il avait eu précédemment des relations amicales avec M. Emile Ollivier, et avait vainement cherché à le mettre en garde contre les séductions de M. de Morny. On raconte à ce sujet l'anecdote suivante : Un jour où, sortant ensemble de la Chambre, Gambetta et M. Ollivier cheminaient bras dessus bras dessous discourant des dangers de la séduction ou son impuissance, ils arrivèrent jusqu'au domicile de ce dernier ; en entrant le domestique dit à son maître, sans pouvoir désigner autrement l'expéditeur, qu'on avait apporté quelque chose pour « *Monsieur;* » M. Em. Ollivier fut un peu déconcerté en voyant l'objet; — c'était un magnifique bronze de Barye représentant un lion. — « Eh bien, la séduction, la voilà, dit Gambetta, mais prenez garde, il vous dévorera. »

Cette prophétie ne devait pas tarder à se vérifier.

La mort de V. Noir, tombant comme la foudre au milieu de cette lune de miel qu'on nommait l'empire libéral, troubla si profondément M. Ollivier comparé par A. Daudet à « Phrosine mariant l'Adriatique avec le Grand Turc, » qu'il en arrivait à bredouiller à la tribune et à dire 450 millions d'hommes pour 450 mille.

Le 16 janvier, dans le cours de la discussion relative à la demande de poursuites contre M. Rochefort qui, dans la *Marseillaise*, avait appelé Pierre Bonaparte assassin et avait réclamé son exécution, en rappelant celle de Troppmann, il y avait eu entre le ministre et Gambetta un échange de répliques dont l'insertion à l'Officiel donna à ce dernier l'occasion d'infliger une verte semonce à l'homme qui avait pénétré dans la politique impériale, *avec un chapeau rabattu sur les yeux et avec un cache-nez lui couvrant le reste du visage.*

Lorsque vous exprimiez le vœu de quitter le pouvoir sans avoir versé une goutte de sang, lui disait-il, je vous ai interrompu en disant qu'il vous suffisait pour cela d'avoir un éclair de bon sens, et de retirer la demande de poursuites. Vous m'avez répondu : « Il vous faudrait à vous un éclair de patriotisme ; » je n'ai pas entendu les mots : « et de conscience, » que je trouve au *Journal officiel.*
C'est contre ces derniers mots que j'ai protesté, j'ai dit que je ne voulais pas, en votre absence, qualifier avec énergie votre réponse, mais, puisque vous êtes présent, je dis que je ne reconnais à personne le droit d'exprimer une appréciation sur ma conscience, et j'ajoute que je vous accorde moins qu'à tout autre ce droit, *votre conscience étant trop mobile et trop variable pour vous l'obtenir....* Je ne vous conteste pas le droit de changer d'opinion, mais il y a une chose que vous n'expliquerez jamais, *c'est que votre changement a coïncidé avec votre fortune.*

Cette séance valut à Gambetta son premier rappel à l'ordre de la part de M. Schneider qui, lui demandant de conserver « le calme nécessaire dans cette enceinte, » en reçut cette réponse : « *L'indignation exclut le calme.* »

L'empire sentait le terrain se dérober sous ses pas, il voulait régulariser sa situation et celle de ses anciens souteneurs ; il imagina de se purifier et de se rafraîchir dans les ondes salutaires d'un *plébiscite.*

Cette idée magistrale, née, dit-on, dans le cerveau de M. Emile Ollivier et qui devait surtout éclairer la Prusse sur le mirage trompeur des effectifs de nos contingents militaires, — car le recensement général des votes ne donnait pour l'armée intérieure et extérieure qu'un chiffre de 331,702 hommes, — allait fournir à Gambetta l'occasion de se poser d'emblée en chef de parti. Le 5 avril, il prononça contre le plébiscite un discours où, tour à tour inspiré, ironique, prophétique, il stigmatisa, les procédés par lesquels on espérait galvaniser la constitution de 1852.

Il demandait d'où avait pu naître ce besoin d'échanger, après dix-huit ans, le régime constitutionnel du pays, et il n'hésitait pas à en reporter tout l'honneur au suffrage universel.

Est-ce que l'on fait, disait-il, des expériences politiques sur un peuple? et ce mot si froid « d'expérience » lorsqu'il est appliqué au corps social, ne cache-t-il pas tout ce qu'il y a de plus cruel dans les étapes successives de l'humanité? On peut faire des expériences avec un peuple, mais on n'en a pas le droit. J'imagine que si l'on mettait réellement en jeu, au point de vue de la conscience, comme au point de vue du peuple et de l'histoire, la responsabilité de l'auteur de la constitution de 1852, il serait fort embarrassé pour éviter la punition encourue par les hommes d'Etat qui ont pris en main, d'une manière ou d'une autre, la direction de leur pays, qui ont imposé un régime à une nation, et qui, au bout de dix-huit ans, lorsque ce régime a tourné contre les prétentions du maitre, se retournent vers le pays pour lui dire : *Je me suis trompé et nous allons remonter dans le passé, rapprocher des morceaux composites de constitutions déjà défaites et déjà condamnées, et vous replacer sous une de ces formes contre lesquelles j'avais dirigé, à l'origine de ma tentative, toutes mes forces.*

Il discutait ensuite la compétence de la Chambre à se prononcer sur la question du plébiscite et, par l'étymologie même du mot, il prouvait que le peuple seul est compétent et doit prononcer, après débats et discussions, s'il y a lieu à provoquer un plébiscite.

Puis rappelant ce que Ledru-Rollin avait fait pour donner au suffrage universel la plénitude de son action bienfaisante, et déclarant nécessaire de poser librement la discussion dans les assemblées électorales, dans la presse et dans des réunions politiques tenues *ad hoc*, sous peine de faire du plébiscite « un leurre et un piège, » il continuait ainsi :

Messieurs, la situation que nous traversons nécessite, je le reconnais, de la part du gouvernement impérial, plus que de tout autre, un plébiscite. Je m'explique à merveille que les amis de la première heure, ceux qui avaient pris part à la gestation même de l'œuvre constitutionnelle de 1852, ceux qui ultérieurement en avaient été les interprètes, les défenseurs les plus autorisés et les plus passionnés, aient été singulièrement alarmés lorsqu'ils ont vu poindre à l'horizon parlementaire une transformation constitutionnelle qui aurait contre elle cette objection, si bien formulée hier par M. le garde des sceaux, dans un langage passionné, contre un sénatus-consulte auquel on ne donnerait pas la sanction populaire.

Ah ! je comprends que ceux-là vous ont entourés, vous ont pressés ; je comprends que vous avez été obligés de vous rendre à merci ; je comprends que c'étaient eux qui étaient dans la logique impériale, et que c'étaient vous qui étiez dans la logique de la Charte.

Prenant alors directement à partie M. Emile Ollivier qu'il caractérise par ces mots : « Il y en a qui ont mis dix-huit ans révolus pour aller d'une certaine mairie de Paris à un certain palais. »

Comment! s'écrie-t-il, vous êtes entrés dans ce régime monarchique parlementaire, et vous allez le mettre aux voix, le soumettre à la ratification populaire? Mais que devient le principe héréditaire? Que devient le principe royal? Comment! cette monarchie on la mettra aux voix toutes les fois qu'on voudra toucher au pacte fondamental! Permettez-moi de vous dire qu'il n'y a rien de plus dangereux, de plus funeste pour le principe dynastique et héréditaire : ce sont les lettres de faire part, c'est l'acte de décès du principe monarchique.....
La vérité, c'est qu'alors qu'on a cru se rallier à une monarchie, on s'est rallié à une transaction démocratique ; c'est qu'alors qu'on a cru se rallier au régime héréditaire, on s'est rallié au régime plébiscitaire, c'est-à-dire au système électif, ou qui le deviendra de par la souveraineté du peuple.

Puis, faisant ressortir l'incompatibilité d'essence qui existe entre la monarchie parlementaire et le suffrage universel : « C'est là, dit-il, ce qui honorera éternellement la révolution de 48, qui sera grande entre toutes les révolutions, parce qu'elle a été la plus haute consécration de la dignité humaine. » Et passant en revue les libertés que le régime parlementaire a values à l'Angleterre, il établit que la différence des milieux exige d'autres procédés, et qu'en France il faut faire du nouveau : faire la république.

Non une république mensongère, mais une république réelle, et si on ne l'a pas essayée, c'est une raison de plus pour le faire.....

Lorsque nous disons au gouvernement : « Reconnaissez-vous le suffrage universel comme la seule expression légitime de la souveraineté nationale? » et qu'il répond : « Oui, » il faut le mener au bout des conséquences d'une pareille déclaration, quoi qu'il arrive, quoi qu'il puisse en résulter; et voici pourquoi : c'est que nous ne sommes pas les mandataires de la dynastie, nous sommes les mandataires du peuple....

Il ne saurait y avoir de droit contre le droit....

Je suppose que le pays veuille la paix et que le pouvoir exécutif veuille la guerre. Eh bien! pour que vous ayez une constitution où la souveraineté nationale soit respectée, il faut que cette souveraineté se trouve garantie, il faut qu'un texte écrit ne soit pas à la merci d'une capitulation, d'un conflit ou d'une révolution, il faut, pour que cette constitution respecte la souveraineté nationale, que le dernier mot appartienne au pouvoir électif. Vous avez beau me dire : « Mais le vote du contingent, mais le vote de l'impôt, ce sont des freins, ce sont des moyens assurés, » je réponds : cela n'est pas vrai dans la pratique, dans la réalité des choses. On se résigne, on est ainsi sous l'empire du despotisme, on courbe la tête, on s'incline, et la volonté nationale est faussée, la souveraineté du peuple est violée, la nation est jouée....

Lorsque les masses sauront saisir et retenir le rapport étroit qu'il y a entre la diminution du contingent, la diminution des impôts, l'augmentation des lumières, la gratuité et l'obligation de l'enseignement laïque et le vote politique ; oh! lorsqu'elles auront bien saisi ce lien et ce rapport, alors il faudra bien s'incliner devant le suffrage universel, parce que ce suffrage universel en France sera animé d'une logique impitoyable, et il s'apercevra rapidement que s'il est la souveraineté, il ne cède, ni n'aliène, ni ne transmet sa souveraineté et qu'il doit régner et gouverner.

En examinant le fonctionnement normal du suffrage universel, il signale les conséquences qui en découlent : la mobilité et la responsabilité des fonctionnaires, la caducité du pouvoir, et l'élimination, l'expulsion fatale de l'exécutif monarchique et dynastique, et il prononce ces paroles prophétiques : « *Quand un fonctionnaire disparaîtra il sera remplacé.* » Il oppose ces résultats à ce qui a été fait jusque-là en violant le suffrage universel par l'établissement du dogme de l'hérédité, par l'immuabilité de la constitution, par la création de deux chambres, et par l'irresponsabilité du chef de l'exécutif ; il prouve qu'en posant la question plébiscitaire, pour être dans le vrai, le gouvernement devrait la poser nettement « sous la formule d'une spoliation et en ces termes : « *Consentez-vous à vous démettre de tel ou tel droit ?* » et faire que cette formule soit discutée partout, ainsi que le droit de la poser, parce que « le suffrage universel ne se limite ni dans le temps ni dans l'espace, » et il ajoute :

Réfléchissez à ce fait qu'à chaque seconde il y a une volonté qui meurt, qui s'efface, qui disparait, qui se modifie et qui est changée, remplacée par une volonté contraire ou différente....

Le sénatus-consulte qui prétend, par une simple disposition, clore, fermer à tout jamais la Constitution, non seulement pour toute modification accessoire, mais pour-

toute modification du pouvoir, établir et assurer l'éternité, la perpétuité du pouvoir dans une même famille ; *ce sénatus-consulte est de nullité absolue. Une telle question ne peut pas être posée, le peuple n'a pas compétence pour répondre, parce qu'on ne peut pas se suicider....*

En ce qui concerne la Chambre Haute, il signale les différences qui existent entre la France et l'Angleterre, les Etats-Unis, la Belgique où fonctionne cette institution, et dont le gouvernement a cité les exemples; il rappelle que John Brigt, devant une résistance obstinée de la Chambre des lords, avait dit qu'il n'hésiterait pas à mettre à l'étude la question de sa *suppression*, et il fait comprendre que ce n'est pas au moment où, dans ce pays de tradition, on n'hésiterait pas à supprimer la Chambre Haute, qu'on doit songer à en consacrer l'existence en France, où la nouvelle charte qu'on propose doit laisser le chef de l'Etat absolument le maître de juger s'il a ou s'il n'a pas encouru une responsabilité quelconque, et décider « quel jour, à quelle heure il voudra bien venir confesser ses torts devant le pays : responsabilité dérisoire qu'il vaudrait mieux supprimer purement et simplement en la remplaçant par l'irresponsabilité de la Couronne. »

Il n'hésite pas à dire que, si le gouvernement n'organise pas la responsabilité, il y a quelqu'un qui, à des moments terribles, se charge, sans organisation préalable, de l'appliquer et que ce quelqu'un *c'est la révolution.*

Passant à la question du pouvoir constituant qui appartient à la nation, comme on l'a démontré en 1789, il se demande comment, la nation consultée, en l'enlevant au Sénat on ne le restitue pas à la représentation de la nation.

Ce n'est pas tout, ajoute-t-il, on lui en retire un autre. L'empereur, ou plutôt le prince président de la République, en homme qui prévoit toutes les conditions, toutes les mutations dont un pouvoir peut devenir l'objet, avait dit : Il faut un pouvoir fort, une constitution perfectible, des institutions qui garantissent les principes de 1789 ; je me charge, en vertu du mandat que j'ai reçu du peuple, de protéger la constitution contre les attaques de la rue ; comptez sur moi ! mais contre mes propres entraînements, contre ce que je pourrais tenter ou faire, il me faut aussi un frein ; ce frein ce sera le Sénat ; il sera gardien du pacte fondamental.

Le Sénat, messieurs, n'a jamais fait une observation à toutes les tentatives que le prince a pratiquées !

Aussi, c'est à vrai dire un des meilleurs arguments que l'on puisse produire, parce qu'il est expérimental et d'hier, contre la vigilance superflue des textes constitutionnels.

On dit : écrivons solennellement dans cette constitution que le chef du pouvoir exécutif sera mis, en ce qui touche les modifications constitutionnelles, sous la garde d'un Sénat conservateur ! Mais voici ce qui arrive : on ne trouve personne pour garder le Sénat : *Quis custodiet custodes ipsos ?* Et la constitution est comme la fille mal gardée....

Pour n'y plus revenir, permettez-moi de dire au ministère, sans aucune intention provocatrice : Vous êtes les complices d'une véritable spoliation du droit national. Je le dis avec une profonde tristesse, parce que je suis convaincu qu'il appartenait aux ministres qui siègent sur ces bancs d'être le ministère du désarmement du pouvoir personnel, et qu'ils n'ont été que le ministère des déceptions.

Je suis convaincu que, si l'on veut rendre à ce pays-ci

sincèrement le pouvoir constituant, il ne peut s'agir de ces procédés, qui consistent à rendre dans une phrase et à retenir dans la réalité; cela ne saurait être digne d'un peuple ; si l'on veut garder le pouvoir constituant, il faut avoir la fierté de le réclamer et de le détenir. Mais ne dites pas que vous avez rendu à ce pays le droit inaliénable qu'il ne vous a jamais concédé, alors que la réalité vous donne le démenti le plus flagrant.

Messieurs, je ne sais pas si cette discussion, qui n'est que de principes, ne vous engagera pas à entrer dans le détail même du sujet, et à vous livrer à l'élaboration minutieuse du sénatus-consulte et de chacun de ses articles, et si, puisant votre volonté de faire respecter désormais les droits de la nation dans votre caractère même de représentants du peuple, vous n'imposerez pas cette volonté à ce ministère qui est le vôtre, et qui la fera prévaloir aux Tuileries.

Voilà la vérité parlementaire, la vérité politique. L'histoire dira que vous avez été les maîtres de la situation, et l'histoire jugera si vous ne l'avez pas abandonnée.

Dans ce remarquable discours Gambetta venait d'arracher le masque à ces sinistres cabotins qui avaient espéré jouer, aux applaudissements du monde, la comédie de l'empire libéral, et par un trait merveilleux d'audace rappelant son triomphe dans l'affaire Baudin, il posait tranquillement, catégoriquement la question de république.

Le conseil était sage, l'empire aveuglé passa outre, et crut se faire voter l'éternité en insistant sur la question du plébiscite.

Le président du Corps législatif, M. Schneider, alla en grande pompe, le 20 mai, porter à l'autocrate déguisé le résultat du vote. Il semblait voir les Romains de la décadence s'incliner devant César et le saluer du nom de maître du monde. Le gouvernement triomphait à la Chambre, mais il était battu devant l'opinion publique grâce à Gambetta qui, peu de jours après, invité au *banquet de la jeunesse* organisé par les étudiants, et en réponse à une chaleureuse allocution du président de la réunion, prononçait un nouveau discours, complément de celui qu'il venait de prononcer à la Chambre et dont le symbole était : *la paix à l'extérieur, la politique à l'intérieur*.

Dans cette réunion, après avoir exprimé la joie qu'il ressentait de se trouver au milieu de la génération dont on avait bien voulu dire qu'il était l'organe, il s'exprimait à peu près en ces termes :

S'il m'était permis de dire que j'ai une ambition particulière, ce serait celle de résumer et de traduire vos aspirations et vos droits, et de poursuivre infatigablement la réalisation définitive de la liberté dans la forme républicaine.

Certes, ce n'est pas moi, messieurs, qui médirai jamais de nos glorieux devanciers. Non ! non ! ce passé est sacré ; c'est avec leur héroïsme qu'ils nous ont permis de toucher à la terre promise de la liberté par la science.

Car je crois qu'ici je ne rencontrerai pas de contradicteurs, quand je dirai qu'à côté des sentiments et des aspirations idéales, nous avons pour nous la démonstration rationnelle, la possession de la vérité.

Certes, beaucoup, — et je suis du nombre, — sont républicains par tradition, par famille et par race. C'est une noblesse aussi ! Mais le sentiment n'a pas de prise suffisante sur les autres hommes, et pour conquérir leur adhésion, pour leur imposer la foi, il faut autre chose que de naturelles et éloquentes aspirations, il faut avoir pour soi cette lumineuse et décisive force qu'on appelle l'évidence. Eh bien, j'ai cette conviction absolue, et que l'on peut opposer à toutes les séductions comme à toutes les injures, comme à tous les défis des partis : c'est que seuls, à travers la mêlée et la confusion des partis rivaux, nous avons raison, et nous le prouverons.

Avoir raison, messieurs, c'est cesser d'être un parti; c'est prendre dans l'humanité cette place éminente où on n'est plus attaquable; c'est dire à la nation : Tu m'appartiens! tu m'appartiens parce que seul je peux réaliser ton émancipation morale et assurer sur les bases de la justice l'ordre véritable et la sécurité matérielle.

Eh bien, je dis que les temps héroïques du parti républicain sont clos. Ah! non pas, entendez-le bien, que si dans une heure de vertige ou de provocation au mépris du droit éternel, un homme osait pour la seconde fois tenter les aventures de la violence, je veuille dire qu'on ne puisse pas opposer la force à la force!

Après avoir fait comprendre que l'usage de la force ne pouvait avoir lieu tant que les citoyens pourront se voir, se pénétrer, s'entendre entre eux, et dit que le mot d'ordre est : *travail*, mais le travail compris dans sa plus large acception, sans distinction de classes, il ajoute que la génération nouvelle ne doit pas laisser se lever sur la France le centenaire de 1789 sans avoir fait quelque chose pour *l'avènement de la justice sociale, sans avoir achevé la Révolution française.*

Oui, s'écrie-t-il alors, notre génération entre dans la vie sous des signes précurseurs de sa grandeur morale, au moment où la légende du despotisme qui avait gangrené deux générations avant nous s'est effacée, s'est dissipée au contact de la critique et de l'investigation historique. — Oui, la génération qui nous a précédés, qui n'avait vu dans le Dix-huit Brumaire qu'une espèce de syndicat protecteur de la sécurité publique contre je ne sais quelle aventure et quelle conspiration du Directoire, — cette génération tenue en tutelle, élevée au tambour, élevée au catéchisme impérial, corrompue par les convoitises et les excitations des appétits matériels, — cette génération s'était fait, pour elle-même, entendez-le bien, elle s'était fait une légende, elle adorait ses propres vices dans la personne impériale.

Et c'est ainsi qu'elle inocula dans les veines de la France ce virus de corruption et de mort, qu'on appelle le culte de Napoléon Ier.

Eh! messieurs, c'est là l'origine de tous nos maux.

En effet, grâce à l'éblouissement factice, à cette sorte de coopération frauduleuse de tous les vaincus de 1814 à 1848, on avait assisté à l'accouplement le plus hideux qui se puisse voir, l'alliance entre ceux qui se présentaient comme les héritiers de la Révolution française, et les gardiens de la tradition de l'homme qui, bien qu'il se glorifiât d'être un Robespierre à cheval, n'était que la parodie sanglante et sinistre du césarisme byzantin.

De cette alliance sortit une véritable dépravation du sens politique de la nation; les ouvriers, les paysans, les bourgeois que l'on trouve belliqueux à leur heure et dans leurs propos, se mirent à regretter et à pleurer le sort du martyr de Sainte-Hélène.

Expliquant alors comment, par la légende napoléonienne, ce n'était pas seulement le peuple, mais aussi les classes élevées qui avaient été trompées, comment le peuple en était arrivé, sous le feu de canons et sous la pression de la police, à appliquer cette légende, et comment enfin, grâce aux *travailleurs érudits* qui ont feuilleté l'histoire, on a pu, sur les aveux mêmes du coupable, appliquer à Napoléon Ier le mot que l'abbé Grégoire appliquait à un roi : « C'est un monstre au moral comme les monstres le sont au physique, » écarter définitivement la figure imposante de l'empereur et acquérir la connaissance, de jour en jour grandissante, de la constitution intime de la démocratie française.

Il montre ensuite la révolution sortant des entrailles mêmes du peuple et constituant une nouvelle base à l'édifice politique, et, pour expliquer par quels moyens les partisans de l'ordre déchu ont réussi à triompher du suffrage universel, il dit :

> Ils se sont adressés à lui, et ils l'ont systématiquement troublé, ils l'ont continuellement apeuré et alarmé, ils ont mis le paysan dans l'inquiétude sur la possession de sa terre, ils ont distillé jour et nuit le fiel sur la République, et empoisonné la conscience de ce pays.
>
> A cette tactique, nos amis n'ont eu ni l'à-propos, ni l'art d'opposer une tactique analogue.
>
> Ils avaient le suffrage universel, et ils ne le comprenaient pas, et ils n'y croyaient pas. Alors il s'est passé ce qui se passera toujours, il s'est passé que le suffrage universel s'est défié de qui se défiait de lui. On ne se livre qu'à celui qui aime ou qui a l'apparence d'aimer.
>
> Maintenant nous savons ce qu'est le suffrage universel, nous savons que le suffrage universel c'est nous, que le suffrage universel ne peut avoir de droits, d'intérêts, d'aspirations, de colères, qui ne soient nos intérêts, nos aspirations, nos passions, nos colères et nos droits; car nous sommes le peuple et il est le peuple.
>
> Il faut donc nous adresser au suffrage universel, il faut le guider et l'éclairer, il faut que chacun de nous, dans la mesure de ses forces, se livre à un apostolat incessant du suffrage universel.
>
> Et voici ce que cela commande. Nous sommes ici, au moins en majorité, des jeunes gens qui ont eu cette faveur

du sort et de la fortune de pouvoir, les uns sans imposer des sacrifices à leurs familles, les autres, au contraire, au prix de durs labeurs, d'épargnes méritantes arrachées au patrimoine domestique, conquérir ce levier supérieur de l'indépendance qu'on appelle l'éducation et l'instruction.

Ce jour-là, nous tous, nous avons contracté une dette, un engagement que nous ne pouvons rompre sans faire ontrage à la plus sacrée de toutes les lois humaines, la solidarité sociale.

Nous avons pris l'engagement devant nous et pour les autres, de nous vouer incessamment à l'émancipation de ceux qui n'ont pas joui du même bénéfice de la fortune, de les attirer vers nous et de travailler à leur assurer tous les jours plus de lumière et plus de bien-être.

Nous n'aurons pas autrement, messieurs, dans ce pays l'ordre et la stabilité; car je tiens à l'ordre et à la stabilité. Oui, croyez-le, si je veux, si j'appelle de toutes mes forces l'avènement de notre forme républicaine, c'est que ce sera un vrai gouvernement qui aura conscience de ses devoirs et qui saura se faire respecter.

Après avoir dit qu'il faut un gouvernement! « notre gouvernement! » il termine ce discours, cent fois interrompu par les bravos et les acclamations de cette bouillante et intelligente jeunesse des écoles, par un mot qui le caractérise : *laboremus !* et il prépare ainsi des vulgarisateurs pour la campagne de propagande démocratique qu'il doit lui-même entreprendre plus tard, avec tant de succès, pour le triomphe de la démocratie.

CHAPITRE IV

Discours de Belleville. — Les commencements de la guerre. — La capitulation de Sedan. — Déchéance. — Gambetta, ministre de l'intérieur. — La République proclamée à l'hôtel de ville. — Le gouvernement de la Défense nationale.

Peu de jours après le discours du banquet de la jeunesse des écoles, Gambetta était à Belleville, sur ce qu'on considère comme le mont Aventin de Paris, au milieu de cette population de travailleurs, ses électeurs, prêts à tous les sacrifices quand il faut combattre pour les libertés, et dont les grondements sont bien faits pour effrayer les tyrans ; il y expliquait clairement quelles étaient les conséquences du vote du plébiscite et s'exprimait ainsi :

Il y a un an, messieurs, en m'honorant pour la première fois du mandat législatif, vous accomplissiez un acte qui était la négation de tout pouvoir monarchique héréditaire. Je réclamais de vous un mandat d'*opposition irréconciliable*. Votre vote est un acte irrévocable, et le résultat du vote d'il y a un an n'y a rien changé.

Le plébiscite, comme on l'a dit, avait porté le débat plus haut que les réformes constitutionnelles. Nous non plus, nous ne le regrettons pas ; et je le dis même en présence de ce chiffre de 1,500,000 votes négatifs, que des gens, imprudents dans leurs espérances avant le scrutin, ont considéré comme un signe de défaite.

Quel est ici le véritable vaincu ? C'est le principe monarchique. On a beau dire que sept millions et demi de *oui* ont tout tranché; rien ne réprimera l'insurrection de ma conscience.

L'empire, qui se réclame de la démocratie, s'était, il y a dix-huit ans, déclaré éternel, héréditaire, et voilà qu'après ces dix-huit ans, il sent le besoin de chercher une consécration nouvelle, de se remettre en question. Et ce qu'il a fait le 8 mai, il déclare qu'il pourra le refaire tous les jours. Eh bien! je vous le demande : qu'est-ce qu'un pouvoir qui, après avoir proclamé l'éternité de son existence, vient vous demander par intervalles si vous lui reconnaissez le droit d'exister?...

Il y a là, messieurs, un fait qui cache un droit.

Celui qui se met et se remet aux voix, reconnaît par là qu'il n'a ni titre personnel, ni légitimité personnelle.

Où donc est la légitimité? Dans la souveraineté nationale. Voilà le droit qui prime le fait plébiscitaire.

Et voilà aussi ce qui montre le ridicule de cette assimilation de l'empire à une chaumière. En prétendant assimiler le pouvoir à une propriété individuelle, vous niez la souveraineté nationale; à leur tour, ceux qui la défendent vous renient, et c'est là, messieurs, que gît la théorie des *irréconciliables*.

L'irréconciliable est celui qui n'a recours ni à la violence, ni à l'émeute, ni aux complots. Le principe sur lequel il s'appuie n'est pas de ceux qui attendent leur triomphe de la force. Les irréconciliables savent que le suffrage universel se réconciliera avec eux quand la lumière sera complète, quand de toute part on saura que leur système politique n'est menaçant ni pour la justice ni pour la morale, ni pour les intérêts matériels.

Les irréconciliables doivent donc répudier ceux qui voudraient recourir à des moyens autres que la persuasion; et s'il y a des assassins quelque part, quels qu'ils soient, qu'on les livre à la loi : ils n'ont rien de commun avec la politique.

Ce chiffre de quinze cent mille suffrages obtenus malgré la terreur, acceptant la révolution immédiate, effraie tellement nos adversaires, qu'ils ne savent que faire de leur victoire; ils sont incertains, divisés, ils ajournent tout; il n'est pas sûr que ceux qui ont conduit la fête soient demain à la noce.

Ils considèrent aussi la qualité de leurs oui. Or, savez-vous de quoi se compose surtout ce contingent? de votes bourgeois, dit-on.

Eh bien! je vous le demande, si on démontrait à la bourgeoisie que ses terreurs n'ont pas de fondement, que ses intérêts ne courent aucun risque, est-ce que vous croyez qu'elle continuerait à donner ce triste exemple?

Gambetta montre alors ce qu'il y a à faire pour rassurer la bourgeoisie :

Prouver que la question sociale n'existe pas et que la réforme politique réclame seulement l'accession à la propriété, au travail, à l'association, et que ces droits ne font courir aucun risque à la propriété qui en court de si grands avec les guerres, les dépenses et le favoritisme inséparables du système monarchique.

Quant au suffrage universel, dit-il, malgré ses erreurs récentes, il faut se garder de récriminer, et si l'on voulait y porter la main, il n'hésiterait pas à faire appel à la force. Il considère les sept millions de votants qui ont dit oui comme autant de créanciers qui veulent bien être gouvernés, mais non exploités, et qui réclameront surtout *l'instruction gratuite et obligatoire et le droit d'association*, ces deux réformes indispensables.

Ce qu'il faut leur démontrer pour les débarrasser de la peur de l'inconnu qui les a dominés au moment du plébiscite, c'est qu'après avoir défait un gouvernement, on a la certitude d'en avoir un meilleur et d'être bien gouverné en montrant dès aujourd'hui qu'on sait se gouverner soi-même....

Le parti démocratique doit avoir une discipline démocratique; qu'il ait une avant-garde, un corps d'armées et même des trainards, rien de mieux, mais il faut que tout forme une seule phalange marchant vers l'avenir.

Si Paris donnait l'exemple d'une démocratie disciplinée, rangée en bataille, écoutant les conseils de ses chefs, répudiant toute anarchie, la France se verrait en face d'un régime déterminé, d'un système précis, et la confiance en nous renaîtrait.

La discipline est surtout nécessaire sur le champ de bataille, qui est la Chambre. Sur ce point, un progrès a été fait; il existe maintenant une vraie gauche, fermée à tout député qui n'est pas républicain. D'un autre côté, le plébiscite a provoqué la formation du comité où les représentants de la presse sont unis aux députés. La campagne que l'on vient de tenir a prouvé que, de ce côté, on était capable d'entente et de discipline.

Si chacun consent à accepter la direction conseillée à tous, si les chefs ne se divisent pas entre eux, ce sera la réalisation d'un gouvernement, et ce sera en même temps la preuve qu'avec nous on ne court pas le risque d'être mal gouverné.

Cette modération et cette discipline vaincront l'indécision et dissiperont les terreurs sans fondement de ceux dont les cœurs sont depuis longtemps avec nous; car s'il est un point où l'on nous donne raison, c'est la sublimité de notre idéal et l'excellence de nos principes.

Il aurait peut-être fallu citer ce discours en entier, car il avait une importance capitale.

Il y avait, qu'on le croie bien, un véritable courage à venir tenir un pareil langage, sage, sensé, politique, au milieu d'une population irritée depuis longtemps par les vexations des agents de l'empire; il provoqua quelques interruptions malveillantes, entre autres celle du citoyen Gaillard, qui n'hésita pas à lancer à la tête de l'orateur l'épithète de traître; mais le bon sens de la masse étouffa ces révoltes de l'impatience contre la modération résolue, et l'effet de ce discours fut immense ; son retentissement apporta comme un vent glacial de sourde tempête sous les lambris dorés des Tuileries.

Elle n'allait pas tarder à se précipiter sur la France, cette tempête. Diplomates et ministres, sourds, aveugles, menteurs, allaient entreprendre, d'un cœur léger, cette fatale guerre pour laquelle on se disait plus que prêt, et que rien ne put conjurer, ni les objurgations et la haute prévoyance de M. Thiers, ni les rodomontades burlesques de certains officiers d'estaminet qu'on voyait parcourir les boulevards, précédés ou suivis par des escouades de blouses blanches payées par la police pour chanter la *Marseillaise* et pour crier : A Berlin !

A Berlin ?

Les désastres pleuvaient dru sur notre pauvre France; après la victoire de Saarbrück dont le nom aurait dû figurer à la quatrième page des journaux, entre la revalescière Dubarry et l'insecticide Vicat, plutôt que dans des dépêches officielles ou privées de la maison Montijo-Bonaparte, arrivèrent coup sur coup les nouvelles des batailles de Wissembourg, de Forbach, de Wœrth et de Freschwiller.

A Paris le peuple commençait à crier *Aux armes!* comme aux grands jours de la Révolution.

Puis arrivèrent les nouvelles du passage de l'armée sur la rive gauche de la Moselle, de la retraite du général Frossard sur Metz, de celle du maréchal de Mac Mahon sur Châlons et du combat de Borny; quelques jours après, les récits des batailles de Rezonville, de Gravelotte, de Beaumont, enfin de la concentration à Sedan.

C'est le 1er septembre que le héros couronné du 2 décembre 1851 capitula à Sedan; le lendemain il rendait son épée à son cher cousin de Prusse, et il partait en calèche, la cigarette aux lèvres, pour le château de Wilhelmshœhe.

Les journaux officiels et officieux n'avaient pas encore cessé d'entretenir le public de succès fantastiques et d'espérances chimériques, mais il n'était plus possible de tromper personne, et le 3 septembre, dans une séance de nuit, le nouveau ministre de la guerre, le maréchal Palikao, après un préambule embarrassé, fit cette déclaration :

« L'armée a capitulé et l'empereur a été fait prisonnier. »

Un instant après M. Jules Favre déposait sur le bureau de la Chambre la proposition suivante :

Louis-Napoléon Bonaparte et sa famille sont déclarés déchus des pouvoirs que leur a conférés la constitution.

Dans toutes les rues avoisinant le Corps législatif, sur les quais, sur le pont et la place de la Concorde, la foule était compacte et bruyante. Dans la salle des séances le silence était grave, solennel.

A la proposition de Jules Favre, pas un ministre

n'avait répondu ; les favoris, les courtisans de la veille se taisaient, pas une voix ne s'élevait pour défendre Bonaparte ni sa famille.

Cette séance de nuit avait à peine duré vingt minutes, elle fut remise à midi, mais elle continuait par le fait dans les couloirs et dans les bureaux, pendant qu'au dehors retentissaient, incessants et prolongés, les cris de : *A bas la droite ! la déchéance !*

Le *pouvoir étant vacant*, Jules Favre avait demandé *qu'il fût formé un conseil de gouvernement et de défense nationale composé de cinq membres.*

On discutait sur des questions de forme, pendant que déjà les envahisseurs marchaient sur Paris et que l'impatience commençait à gagner la foule mêlée aux gardes nationaux, qui n'avaient pas cessé de stationner au dehors ; elle envahit bientôt les cours et les tribunes, d'où l'on entendit partir le cri de Vive la République ! répété comme un formidable écho par la foule du dehors.

Dans la salle, les députés étaient en très petit nombre, Gambetta monta à la tribune où était encore M. Crémieux, et dit au milieu de l'agitation croissante :

Citoyens, vous pouvez donner un grand spectacle, celui d'un peuple unissant l'ordre à la liberté..... Que dans chaque tribune un groupe se charge d'assurer l'ordre. Puis, attendez en silence ; la gauche s'est engagée vis-à-vis de la Chambre à faire respecter la liberté de ses délibérations.

Et comme, de leur côté, le président Schneider, MM. Glais-Bizoin et Giraud parlaient dans le même sens :

Citoyens, — reprit Gambetta, reparaissant à la tribune, — veuillez m'écouter encore. Il est nécessaire que tous les députés présents dans les couloirs et dans les bureaux où ils délibèrent sur notre proposition de déchéance, soient à leur poste pour que la Chambre puisse voter cette déclaration. Il faut que vous les attendiez dans l'attitude de la modération et de la dignité. — Ils vont venir.

L'agitation cessa et il ajouta :

Vous avez compris, et je vous en remercie, que l'ordre était la plus grande des forces. Gardez donc, je vous en conjure, le calme, le silence solennel qui conviennent aux habitants de cette grande cité menacée.
Vous allez tout à l'heure entendre proclamer le résultat des délibérations de la Chambre, qui sera, il va sans dire, affirmatif dans le sens que vous désirez.

Mais vers trois heures une poussée formidable se produisit et la salle des séances fut envahie : alors le président Schneider leva la séance. La voix des représentants, les cris de la foule et des gardes nationaux se mêlent, se croisent, la confusion est au comble, on s'impatiente contre la lenteur des délibérations, on s'irrite contre la levée de la séance.

Citoyens, s'écrie encore Gambetta — d'une voix qui domine le tumulte et qui ramène bientôt le silence :

Citoyens, attendu que la patrie est en danger; attendu que tout le temps nécessaire a été donné à la représentation nationale pour prononcer la déchéance ;

Attendu que nous sommes et que nous constituons le pouvoir régulier issu du suffrage universel libre;

Nous déclarons que Louis-Napoléon Bonaparte et sa dynastie ont à jamais cessé de régner sur la France!

« Et la République? » criait-on au milieu de la foule.

Jules Favre venait de dire : « Ce n'est pas ici que nous devons la proclamer. »

« La République? — ajouta Gambetta, — Allons la proclamer à l'hôtel de ville ».

En même temps que Gambetta et Jules Favre arrivaient au palais municipal, Rochefort, sorti depuis quelques instants de Sainte-Pélagie où il était détenu, y entrait aussi, et après une courte délibération, au milieu d'un profond silence, Gambetta lisait ce document :

« RÉPUBLIQUE FRANÇAISE

Il est constitué un gouvernement de la défense nationale.

Ce gouvernement est ainsi composé : Emmanuel Arago, Crémieux, Jules Favre, Jules Ferry, Garnier-Pagès, Glais-Bizoin, Pelletan, E. Picard, Rochefort, et Jules Simon; avec le général Trochu comme président du gouvernement.

Immédiatement après, du haut du balcon de l'hôtel de ville, il en donna connaissance à la foule, qui l'acclama et courut de suite répandre la bonne nouvelle dans tous les quartiers de la capitale. La République était proclamée; dans la ville tout entière ce fut un immense cri de soulagement : on oubliait presque le désastre de l'armée à Sedan pour ne se souvenir que de la chute de l'empire. Le chant ailé de la *Marseillaise* courait des fonds de la Cité vers les hauteurs du Panthéon, de Montmartre et de Belleville ; les soldats et les gardes nationaux, les proscrits à peine rentrés, en toute hâte, de l'exil mêlaient leur voix à celle des ouvriers et des bourgeois dans une immense acclamation de Vive la République ! C'était comme une halte au milieu de nos malheurs.

Le 5 septembre, au matin, on lisait sur tous les murs de Paris cette proclamation de Gambetta, nommé ministre de l'intérieur :

La patrie est en danger. Le nouveau gouvernement est avant tout un gouvernement de défense nationale.

A côté était aussi placardée une proclamation signée par tous les membres du gouvernement, ainsi conçue :

Français,

Le peuple a devancé la Chambre, qui hésitait. Pour sauver la patrie en danger, il a demandé la République.
Il a mis ses représentants non au pouvoir, mais au péril.
La République a vaincu l'invasion en 1792 ; la République est proclamée.
La révolution est faite au nom du droit, du salut public.
Citoyens, veillez sur la cité qui vous est confiée ; demain vous serez, avec l'armée, les vengeurs de la patrie !

Le lendemain on lisait sur les murs en province :

A MM. les préfets, sous-préfets, généraux, gouverneur général de l'Algérie, et à toutes les stations télégraphiques de France.

La déchéance est prononcée au Corps législatif.
La République a été proclamée à l'hôtel de ville.
Un gouvernement de défense nationale, composé de onze membres, tous députés de Paris, a été constitué et ratifié par l'acclamation populaire.
Pour le gouvernement de la défense nationale.

Le ministre de l'intérieur,
Léon Gambetta.

« Que chaque Français reçoive ou prenne un fusil et se mette à la disposition de l'autorité, » telle était l'invitation sommaire que Gambetta adressait à la population de la France. Il confiait aussi à M. Valentin, ancien représentant, la mission de pénétrer dans Strasbourg, déjà investi, pour y administrer, comme préfet de la République.

Les journaux de Paris et de la province, même les plus réactionnaires, étaient unanimes pour applaudir aux mesures prises par le ministre de l'intérieur ; les feuilles les plus avancées, dont plusieurs étaient nées spontanément au premier mot de *déchéance,* vantaient son énergie et son patriotisme.

Mais ce n'était pas tout que d'écrire des proclamations, il fallait agir, et Gambetta n'y manqua pas ; dès le 6 septembre il lançait un décret par lequel tous les gardes nationaux de Paris, c'est-à-dire *tous les électeurs inscrits sur les listes électorales,* étaient convoqués dans les mairies de leurs arrondissements respectifs à l'effet de procéder à la nomination des sous-officiers et officiers.

Nos armées étaient détruites, notre matériel de guerre était enfermé dans les villes investies, il fallait des hommes et des armes, et pendant que M. Dorian, nommé ministre des travaux publics, improvisait des moyens pour faire fabriquer des engins de guerre, des munitions et des moulins pour les subsistances de Paris qui allait à son tour être investi, Gambetta faisait des soldats avec ces hommes des faubourgs, ces bourgeois du Marais, ces financiers des quartiers riches qui savent si bien se grouper, se sentir les coudes au moment du danger suprême.

C'est ainsi que le général Trochu allait pouvoir, dès le 14 septembre, passer devant le front des gardes nationaux armés et des mobiles qui s'étendait sur toute la ligne des boulevards, de la place de la Concorde et des Champs-Élysées, et dire dans son ordre du jour, après la revue :

Jamais aucun général d'armée n'a eu sous les yeux le grand spectacle que vous venez de me donner...
Avec votre formidable effectif, le service journalier de la garde de Paris ne sera pas moins de 70,000 hommes en permanence... Si l'ennemi perçait l'enceinte, il rencontrerait des réserves échelonnées... Préparez-vous à souffrir avec constance... A cette condition vous vaincrez.

Mais les Prussiens avançaient ; le 11 septembre ils étaient à La Ferté ; le 12 ils arrivaient devant Soissons, et le 13e corps d'armée bavarois était dans la Haute-

Marne, à Vaucouleurs; le 15 les chemins de fer de l'Est et du Nord étaient au pouvoir de l'ennemi qui arrêtait un convoi de voyageurs à Senlis.

C'est à ce moment que le gouvernement de la défense se décida à se scinder en deux, et que MM. Crémieux, Fourichon et Glais-Bizoin se rendirent à Tours.

Gambetta demandait que le gouvernement tout entier quittât Paris. Que n'a-t-il du moins, dès le premier jour, suivi MM. Crémieux, Fourichon et Glais-Bizoin en province ?

Le 19 septembre l'ennemi était à Vitry, Chevilly, Clamart, Bourg-la-Reine et Gonesse.

Le 19, la retraite de la division Exéa, du corps d'armée du général Vinoy, assurait à l'ennemi la possession de Versailles, où s'établit le grand quartier général de l'armée allemande. — Paris était investi. — Quelques bataillons, qui n'avaient des zouaves que le costume, avaient donné le triste spectacle d'une débandade, d'une *panique inqualifiable*, suivant l'expression du général Trochu. A ce sujet, Gambetta fit afficher la proclamation suivante :

Citoyens,

Le canon tonne. Le moment suprême est arrivé.

Depuis le jour de la révolution, Paris est debout et en haleine. Tous, sans distinction de classes ni de partis, vous avez saisi vos armes, pour sauver à la fois la ville, la France et la République.

Vous avez donné, dans ces derniers jours, la preuve la plus manifeste de vos mâles résolutions, vous ne vous êtes laissé troubler ni par les lâches, ni par les tièdes;

vous ne vous êtes laissés aller ni aux excitations, ni à l'abattement : vous avez envisagé avec sang-froid la multitude des assaillants.

Les premières atteintes de la guerre vous trouveront également calmes et intrépides, et si les fuyards venaient, comme aujourd'hui, porter dans la cité le désordre, la panique et le mensonge, vous resteriez inébranlables, assurés que *la cour martiale qui vient d'être instituée par le gouvernement pour juger les lâches et les déserteurs*, saura efficacement veiller au salut public et protéger l'honneur national.

Restons unis, serrés les uns contre les autres, prêts à marcher au feu, et montrons-nous les dignes fils de ceux qui, au milieu des plus effroyables périls, n'ont jamais désespéré de la patrie !

Le 21 septembre, jour anniversaire de la proclamation de la première République, Gambetta, dans une nouvelle proclamation, rappelait ainsi aux volontaires de 70 les hauts faits de leurs aînés de 92 :

Citoyens, c'est aujourd'hui le 21 septembre ; il y a soixante-dix-huit ans, à pareil jour, nos pères fondaient la République, et se juraient à eux-mêmes, en face de l'étranger qui souillait le sol sacré de la patrie, de vivre libres ou de mourir en combattant.

Ils ont tenu leur serment ; ils ont vaincu, et la République de 92 est restée dans la mémoire des hommes comme le symbole de l'héroïsme et de la grandeur nationale.

Le gouvernement installé à l'hôtel de ville, aux cris enthousiastes de : Vive la République ! ne pouvait laisser passer ce glorieux anniversaire, sans le saluer comme un grand exemple.

Que le souffle puissant qui animait nos devanciers passe sur nos âmes, et nous vaincrons.

Honorons aujourd'hui nos pères, et demain sachons comme eux forcer la victoire en affrontant la mort.

Vive la France ! Vive la République !

En sa qualité de ministre des affaires étrangères, Jules Favre avait eu à Ferrières une entrevue avec M. de Bismarck; il croyait aux paroles de la proclamation du roi de Prusse, disant, en mettant le pied sur le sol français :

J'ai pris le commandement des armées allemandes pour repousser une agression, et j'ai été amené par les événements militaires à passer les frontières de la France. Je fais la guerre aux soldats et non aux citoyens français.

Les armées impériales avaient disparu comme les feuilles d'automne sous un vent d'orage, le roi Guillaume n'avait plus à combattre que des citoyens, mais Jules Favre avait trop compté sur la parole du roi, et trop peu sur la ténacité des mathématiciens de l'état-major prussien à pousser jusqu'à la solution pratique leur problème longuement étudié.

L'entrevue de Ferrières n'avait réussi qu'à rendre plus évidents les appétits féroces des envahisseurs, décidés pour prendre Paris « *à faire tout ce qu'il faudra,* » ainsi que le disait le chancelier allemand, M. de Bismarck.

Jusqu'au 30 septembre, le rôle de Gambetta, comme ministre de l'intérieur, était assez effacé; Trochu, gouverneur de Paris, et Jules Favre étaient plus en évidence; jusqu'à la date où eut lieu le combat inutile de Chevilly, aucun désordre intérieur n'était venu jeter le trouble dans l'administration civile. La population s'aguerrissait, jour par jour, dans des engagements d'avant-postes, elle était recueillie; les théâtres avaient été fermés. On lisait l'austérité sur tous les visages.

C'est alors seulement que, dans son journal, Félix Piat parla pour la première fois de la *Commune* : « Nous la voulons, nous l'aurons avec vous ou sans vous et, s'il le faut, contre vous, » disait-il aux gouvernants de Paris, dans le journal qu'il rédigeait, *le Combat*.

Gambetta avait déjà fait afficher, après l'entrevue de Ferrières, pour répondre aux prétentions prussiennes, une proclamation où, par mesure d'ordre général, il ajournait les élections pour l'Assemblée constituante et les élections municipales :

Citoyens, — disait-il encore le 2 octobre, — le gouvernement vous doit la vérité, sans détours, sans commentaires. Les coups redoublés de la mauvaise fortune ne peuvent plus déconcerter vos esprits ni abattre vos courages. Vous attendez la France, mais vous ne comptez que sur vous-mêmes.

Prêts à tout, vous pouvez tout apprendre : Toul et Strasbourg viennent de succomber.

Cinquante jours durant, ces héroïques cités ont essuyé avec la plus mâle contenance une véritable pluie de boulets et d'obus.

Épuisées de munitions et de vivres, elles défiaient encore l'ennemi. Elles n'ont capitulé qu'après avoir vu leurs murailles abattues crouler sous le feu des assaillants.

Elles ont, en tombant, jeté un regard vers Paris pour affirmer, une fois de plus, l'unité et l'intégrité de la patrie, l'indivisibilité de la République, et nous léguer, avec le devoir de les délivrer, l'honneur de les venger.

Paris ne communiquait déjà plus avec la province que par le moyen de ballons.

Une dernière fois, le 6 septembre, en réponse aux agitateurs qui, dans les clubs comme dans les journaux, pouvaient entraver l'œuvre exclusive de la défense à laquelle les membres du gouvernement se croyaient appelés, il fit afficher cette dépêche courte, mais faite pour rassurer les vrais patriotes :

> La province se lève et se met en mouvement.
> Les départements s'organisent.
> Tous les hommes valides accourent aux cris de : *Ni un pouce de terrain, ni une pierre de nos forteresses, sus à l'ennemi, guerre à outrance.*
> Signé : GLAIS-BIZOIN.
> Pour copie conforme,
> LÉON GAMBETTA.

Puis, de l'avis unanime de tous ses collègues du gouvernement, il se décida à aller rejoindre à Tours les délégués de la province : Crémieux, Fourichon et Glais-Bizoin, et dit, en montant dans la nacelle en osier de l'*Armand Barbès* : « C'est peut-être *mon avant-dernier panier.* »

CHAPITRE V

Le ballon l'*Armand Barbès*. — Arrivée de Gambetta à Tours.
— La délégation. — Etat de la France au 10 octobre 1870.—
Proclamation de Gambetta à la province.

Le ballon l'*Armand Barbès*, le jour même de son départ, prit terre à une très faible distance des postes prussiens, sur la lisière de la forêt d'Épineuse, à Tricaut, département de l'Oise, et Gambetta, accompagné de son ami Spuller parti de Paris avec lui, se rendit à Saint-Dizier dans le chariot d'un paysan, et de là à Amiens, au milieu de la nuit.

Dans la matinée du 9, un train spécial l'emporta vers Rouen, où il arriva vers trois heures un quart.

Un bataillon de la garde nationale formait la haie sur le quai d'arrivée ; les autorités de la ville, au milieu des vivats enthousiastes de la foule, lui remirent l'adresse suivante qu'on avait fait circuler et qui, dans un moment, avait été couverte de signatures :

Illustre citoyen Gambetta,

Le dévouement abonde, mais l'énergie et la direction font défaut.

Soyez pour la province, comme pour Paris, cette énergie, suscitez cette direction et l'ennemi sera chassé, la France sauvée, et la République définitivement et à jamais fondée.

Vive la France ! Vive la République !

Le silence se rétablit dès qu'on vit que Gambetta allait parler. Il traça d'abord rapidement un tableau de Paris où la plus énergique résistance s'organise, où la concorde règne dans tous les partis, où tous les citoyens, ne voyant qu'un seul but, le salut de la patrie, se préparent aux combats et s'exercent, sans perdre une minute, au maniement des armes : « Paris, dit-il, résistera à tous les assauts de l'ennemi, mais cet ennemi dispose de forces immenses, et il faut que la province vienne au secours de la capitale ; Paris compte sur vous. »

S'adressant alors à la population de la Normandie, il fait un énergique appel à son patriotisme, afin que ce beau pays ne devienne pas un grenier d'abondance pour les Prussiens :

Qu'elle se défende, s'écrie-t-il, qu'elle agisse, que tous les intérêts particuliers disparaissent, que chacun fasse abnégation de tout sentiment personnel pour ne songer qu'au salut du pays.

Il termine enfin par ces mots qui électrisent la foule :

Si nous ne pouvons faire un pacte avec la victoire, faisons un pacte avec la mort.

Se dérobant alors aux ovations, il rentre dans la gare et part pour Tours, où il entre sans bruit le 10 dans la matinée. L'annonce de son arrivée prochaine y avait ranimé toutes les énergies, tous les courages affaissés jusque-là devant les stériles efforts de la délégation.

Certes, MM. Crémieux, Fourichon et Glais-Bizoin avaient fait de grands efforts pour préparer la défense en province, et pour effacer les divisions politiques qui s'étaient manifestées dans quelques-unes de nos grandes villes ; mais, soit à cause de leur grand âge, soit pour d'autres raisons, on les avait vus arriver sans enthousiasme, et on commençait à comprendre qu'ils étaient au-dessous de la mission qu'ils avaient acceptée ; l'aspect même de la ville et des bureaux de l'administration de la défense indiquait clairement cette préoccupation.

C'est M. Laurier, dirigeant le département de l'intérieur, qui, par une certaine activité de convention, personnifiait la virilité au sein du gouvernement ; il était installé avec M. Marc-Dufraisse à la préfecture, et son scepticisme inné pour les grandes et nobles aspirations politiques lui faisait gaspiller inutilement un temps précieux en subtilités diplomatiques.

M. Crémieux avait installé ses bureaux au palais de l'évêché qu'il habitait en même temps que le prélat.

L'amiral Fourichon était à la division militaire.

M. Steenackers centralisait la direction générale des postes et des télégraphes à l'hôtel de la préfecture.

Les autres services, y compris celui des affaires

étrangères, à la tête duquel était M. de Chaudordy, étaient installés dans des hôtels particuliers.

Toute la journée, dans les rues, dans les bureaux, on voyait une circulation non interrompue de solliciteurs de la province venant réclamer des destitutions de fonctionnaires, et souvent des nominations pour eux-mêmes; d'autres venant dénoncer les agissements dangereux ou réclamer des moyens de consolidation de ce qu'on appelait alors les ligues du Midi, du Centre ou de l'Ouest, au sein desquelles se manifestaient quelques velléités isolées de décentralisation. Une quantité considérable de chefs improvisés de corps francs, venant demander des commissions militaires, encombraient les antichambres de la délégation, mêlés à des échappés de Sedan venant chercher des ordres de service; mais, malgré cette foule, l'aspect de la ville restait froid et l'on s'y sentait mal à l'aise.

Tout au plus l'animation et la confiance régnaient-elles au milieu d'un groupe de *jeunes* qui avaient quitté Paris en même temps que la délégation, et qui suppléaient à l'insuffisance du personnel des services par un redoublement d'activité.

Le 9 au matin cependant la ville s'était comme réveillée de son assoupissement : Garibaldi était arrivé en silence, de très bon matin, sous une pluie fine et pénétrante, entouré seulement de quelques rares amis.

Il avait dû errer pendant plusieurs heures à travers la ville avant de pouvoir s'y loger, et il ne dut qu'aux bontés du préfet de Tours de pouvoir trouver enfin un gîte dans les appartements particuliers de la préfecture.

Il y a loin de là à cette réception pompeuse et ridicule, inventée par certains journaux bien pensants de l'époque représentant le vieux patriote universel marchant, de la gare à la préfecture, à travers les rues encombrées de peuple, et escorté par de nombreuses *chemises rouges*, la carabine à la cuisse ou le pistolet au poing.

C'est dans l'après-midi seulement que de nombreuses députations vinrent le remercier d'avoir apporté le secours de son expérience et de son bras à la France envahie.

Mais dès qu'on apprit que Gambetta était sorti de Paris en ballon et qu'il allait arriver, cette coïncidence, dans laquelle on voyait un heureux présage, fit courir dans la population comme une secousse électrique, et l'on vit partout, dans les rues et dans les bureaux, des groupes se félicitant à l'envi de l'arrivée simultanée du vétéran de la liberté et du jeune citoyen, du patriote inspiré.

Gambetta, ainsi qu'il l'a dit plus tard devant la commission d'enquête sur les actes du gouvernement du 4 septembre, avait toujours considéré que la résistance de Paris ne pouvait être efficace qu'à la condition que la province s'y associerait, qu'il fallait une armée de secours, sans savoir encore d'où et comment elle pourrait surgir.

4.

Il avait réclamé, dès l'origine, que le gouvernement tout entier sortît de la capitale, et qu'une ville qui allait être assiégée et bloquée, et par conséquent réduite à un rôle purement militaire et stratégique, ne conservât pas dans son sein le gouvernement national.

On peut dire que l'opposition à cette idée fut une des principales causes, sinon la seule, des insuccès de la défense, car, au lieu de n'avoir à songer qu'à l'ennemi, il fallait songer d'abord à débloquer la capitale.

L'idée que Paris devait présenter seul une résistance sérieuse avait prévalu, et seul, de ce gouvernement exclusivement parisien, Gambetta venait réchauffer de sa bouillante ardeur le zèle des délégués de la défense en province et relever les courages.

Depuis le 16 septembre, les délégués étaient à l'œuvre; le garde des sceaux, M. Crémieux, dès le premier jour, avait, dans une proclamation chaleureusement accueillie, donné une espèce d'élan aux nouvelles administrations départementales, mais il faut bien le reconnaître, hélas! on s'était agité beaucoup sans obtenir de sérieux résultats.

M. Fourichon, ministre de la guerre, n'avait trouvé, en arrivant, qu'un petit corps de 15,000 hommes environ, commandé par le général Polhès et n'ayant qu'une seule batterie de campagne attelée.

Dans le mois qui suivit, il était parvenu à réunir 15,000 hommes de la légion étrangère, 18,000 gardes mobiles ou francs-tireurs, 3,500 hommes de cavalerie et quelques batteries d'artillerie; c'étaient là les seules forces dont on disposât sur la Loire au moment de l'arrivée de Gambetta.

Quant au reste de la France, les places de Sedan, Strasbourg, Toul, Schlestadt et Wissembourg étaient déjà aux mains de l'ennemi ; celles de Metz, Marsal, Laon, Vitry-le-François, Soissons, Phalsbourg, Mézières, Thionville, Bitche, Montmédy, Verdun et Neuf-Brisach, étaient investies ; Belfort et Besançon étaient menacés.

Quant aux forces tenant la campagne, il n'y avait dans l'Est que l'armée de Cambriels, forte d'abord de 50,000 hommes, mais réduite déjà de moitié et reculant des Vosges dans la direction de Besançon ; dans l'Ouest il n'y avait qu'une trentaine de mille gardes mobiles non embrigadés, sans cavalerie, sans artillerie, à peine équipés et très mal armés ; dans le Nord les places seules avaient de faibles garnisons, aucun corps n'y tenait la campagne.

On ne pouvait tenir compte de l'armée que Bazaine se disposait déjà à livrer à l'ennemi sous les murs de Metz.

Tous les contingents s'élevaient à peine à 50,000 hommes, avec une centaine de canons et 5 à 6,000 cavaliers, le tout en mauvais état et fortement éprouvé déjà, tandis que les Allemands avaient en France 7 à 800,000 soldats pourvus de tout le nécessaire, 2,000 canons de campagne, de nombreuses batteries de siège, et de puissantes réserves échelonnées sur le Rhin pour remplir les vides que la guerre ferait dans les cadres.

En outre, la Commune installée à Lyon, la ligue du Midi comprenant quinze départements tendant à s'administrer en dehors de l'ingérance centrale, les villes de Marseille, Toulouse et Saint-Étienne méconnaissant l'autorité du gouvernement de la défense nationale, telles étaient les difficultés administratives qui venaient s'ajouter à celles des préparatifs militaires, et les facteurs du problème qu'il fallait résoudre.

Gambetta n'hésita pas ; lorsque dans la première de ces villes le préfet Esquiros couvrit de son autorité des mesures prises par les comités du parti avancé contre les jésuites et contre un journal ultra-légitimiste, il blâma cet apôtre de la démocratie, pour le caractère duquel il avait cependant la plus grande estime, et fit respecter dans la province les pires ennemis de la liberté de la presse et de la liberté de conscience.

A peine entré à la préfecture, il publia la proclamation suivante :

Citoyens,

Par ordre du gouvernement de la République, j'ai quitté Paris pour venir vous apporter, avec les espérances du peuple renfermé dans ses murs, *les instructions et les ordres* de ceux qui ont accepté la mission de délivrer la France de l'étranger.

Paris, depuis dix-sept jours investi, donne le spectacle de plus de deux millions d'hommes qui, oubliant tous les dissentiments pour se ranger autour du drapeau de la République, déjoueront les calculs de l'envahisseur qui comptait sur les discordes civiles.

La révolution avait trouvé Paris sans canons, sans armes ; maintenant 400,000 gardes nationaux sont armés ; 100,000 mobiles ont été appelés ; 60,000 hommes de troupes régulières sont groupés.

Les ateliers fondent des canons ; les femmes fabriquent un million de cartouches par jour ; la garde nationale a deux mitrailleuses par bataillon. On lui fait des canons de campagne pour des sorties contre les assiégeants. Les forts sont occupés par les marins et garnis d'une artillerie merveilleuse, servie par les premiers pointeurs du monde.

Jusqu'à présent, leur feu a empêché l'ennemi d'établir le moindre ouvrage. L'enceinte qui, le 4 septembre, avait seulement 500 canons, en a maintenant 3,800 avec les munitions de 400 coups pour chacun.

La fonte des projectiles continue avec fureur ; chacun a son poste marqué pour le combat ; l'enceinte est perpétuellement couverte par la garde nationale, qui, du matin au soir, s'exerce à la guerre avec patriotisme.

La solidité et l'expérience de ces soldats improvisés grandissent quotidiennement. Derrière l'enceinte existe une troisième enceinte formée de barricades, derrière lesquelles les Parisiens ont retrouvé, pour défendre la République, le génie du combat des rues ; tout cela, exécuté avec calme et ordre. Le concours enthousiaste de tous n'est pas une vaine illusion.

Paris est inexpugnable ; il ne peut être ni pris ni surpris ; deux autres moyens restaient aux Prussiens : la sédition et la famine ; or, la sédition ne viendra pas ; la famine non plus. Paris, sachant se rationner, a de quoi défier l'ennemi pendant de longs mois, grâce aux vivres accumulés, et il supportera avec une mâle constance la gêne et la disette pour donner à ses frères des départements le temps d'accourir.

Telle est, sans déguisement, la situation de Paris.

Cette situation vous impose de grands devoirs.

Le premier de tous, c'est de ne vous laisser divertir par aucune préoccupation qui ne soit pas la guerre, le combat à outrance ; le second, c'est, jusqu'à la paix, d'accepter fraternellement le commandement du pouvoir républicain sorti de la nécessité et du droit. Ce pouvoir, d'ailleurs, ne saurait, sans déchoir, s'exercer au profit d'aucune ambition. Il n'a qu'une passion et qu'un titre : arracher la France à l'abime où la monarchie l'a plongée. Cela fait, la République sera fondée et à l'abri des conspirateurs et des réactionnaires.

Donc, toutes autres affaires cessantes, j'ai mandat, sans tenir compte ni des difficultés ni des résistances, de remédier, avec le concours de toutes les libres énergies, aux vices de notre situation, et, quoique le temps manque, de suppléer, à force d'activité, à l'insuffisance des délais. Les hommes ne manquent pas. Ce qui a fait défaut, c'est la résolution, la décision, et la suite dans l'exécution des projets.

Ce qui a fait défaut, après la honteuse capitulation de Sedan, ce sont les armes. Tous nos approvisionnements de cette nature avaient été dirigés sur Sedan, Metz et Strasbourg ; et l'on dirait que, par une dernière et criminelle combinaison, l'auteur de tous nos désastres a voulu, en tombant, nous enlever tous les moyens de réparer nos ruines. Maintenant, grâce à l'intervention d'hommes spéciaux, des marchés ont été conclus, qui ont pour but et pour effet d'accaparer tous les fusils disponibles sur le marché du globe. La difficulté était grande de se procurer la réalisation de ces marchés : elle est aujourd'hui surmontée.

Quant à l'équipement et à l'habillement, on va multiplier les ateliers et requérir les matières premières, si besoin est ; ni les bras, ni le zèle des travailleurs ne manquent ; l'argent ne manquera pas non plus.

Il faut mettre en œuvre toutes nos ressources qui sont immenses, secouer la torpeur de nos campagnes, réagir contre les folles paniques, multiplier la guerre de partisans, et à un ennemi, si fécond en embûches et en surprises, opposer des pièges, harceler ses flancs, surprendre ses derrières et enfin *inaugurer la guerre nationale*.

La République fait appel au concours de tous ; son gouvernement se fera un devoir d'utiliser tous les courages, d'employer toutes les capacités. C'est sa tradition à elle d'armer les jeunes chefs ; nous en ferons ! Le ciel lui-même cessera d'être clément pour nos adversaires, les pluies d'automne viendront, et retenus, contenus par la capitale, les Prussiens, si éloignés de chez eux, inquiétés, troublés, pourchassés par nos populations réveillées, seront décimés pièce à pièce, par nos armes, par la faim, par la nature.

Non, il n'est pas possible que le génie de la France se soit voilé pour toujours, que la grande nation se laisse prendre sa place dans le monde par une invasion de cinq cent mille hommes.

Levons-nous donc en masse et mourons plutôt que de subir la honte d'un démembrement. A travers tous nos désastres et sous les coups de la mauvaise fortune, il nous reste encore le sentiment de l'unité française, l'indivisibilité de la République. Paris cerné affirme plus glorieusement encore son immortelle devise qui dictera aussi celle de toute la France : Vive la République une et indivisible!

Au moment même où Gambetta lançait cette proclamation, le général Lamotterouge qui avait pris le commandement des troupes de la Loire, en remplacement du général Polhès, et disposait de 35,000 hommes environ, était aux prises, devant Orléans, avec le corps d'armée bavarois commandé par Von der Thann qui en avait environ 48,000 (y compris la division Wittich), avec 130 pièces de canon.

Après avoir d'abord obtenu quelques avantages devant Toury, le général Lamotterouge était obligé d'évacuer Orléans et par conséquent de découvrir la ville de Tours, après avoir une dernière fois combattu a Cercottes et à Marigny, dans la journée du 11, et il se retirait en Sologne.

Dans cette même journée, Gambetta, pénétré de la

nécessité, en de telles circonstances, de réunir dans une seule main les pouvoirs civil et militaire, pour éviter l'inconvénient d'établir une prépondérance de l'un sur l'autre, prenait la direction des ministères de l'intérieur et de la guerre, soumettant à la même impulsion préfets et généraux, puisqu'ils étaient, au même titre, les uns dans la préparation, les autres dans l'action, les agents de la défense nationale.

Il nommait le général d'Aurelle de Paladines, en remplacement du général Lamotterouge, pour réorganiser les restes de l'armée de la Loire, et donnait à Garibaldi le commandement de tous les corps francs de la zone des Vosges et d'une brigade de mobiles.

Peut-être, dès lors, au lieu de ne penser qu'à la grande guerre, eût-il mieux fait, comme il le disait dans sa proclamation, de développer davantage la guerre de partisans, *la guerre nationale*, terrible pour les armées envahissantes dont elle épuise rapidement les forces par les veilles continuelles qu'elle leur impose, et par la surprise de ses convois de munitions et de ravitaillement.

Il n'y avait ni matériel, ni personnel, pas plus à la direction de la guerre qu'à celle de l'intérieur; il fallait tout créer. Nous allons voir à l'œuvre celui que la réaction appelait déjà le *dictateur* et qui, respectant la forme autant que possible, ne s'écartait de la règle que lorsqu'il s'agissait de sauver le pays plutôt que de le laisser périr selon l'ordonnance.

CHAPITRE VI

Organisation des services. — Décrets du ministre de l'intérieu et de la guerre. — Les armes, les munitions, l'argent. — Décret après la défense de Châteaudun. — Organisation de la première armée de la Loire. — Gambetta à Besançon. — Circulaire aux préfets après la capitulation de Chartres.

Le premier soin de Gambetta fut d'ajourner les élections dont la date avait été fixée au 16 octobre, au moment où M. Thiers était parti pour Londres, Saint-Pétersbourg, Vienne et Florence, et où M. Jules Favre essayait de négocier un armistice avec M. de Bismark, pour permettre à la nation de se prononcer sur la question de la continuation de la guerre ou de la conclusion de la paix.

Il appela au ministère de la guerre, avec le titre de délégué, M. de Freycinet, connu seulement jusque-là comme ingénieur des chemins de fer, mais qui allait se révéler organisateur militaire de premier ordre. Au ministère de l'intérieur il appela, avec le titre de secrétaire général, M. J. Cazot, jurisconsulte éminent, savant distingué, travailleur infatigable. M. Spuller, juste appréciateur des hommes et des choses, resta, ainsi qu'il l'expliqua plus tard devant la commission d'enquête, sans aucun titre officiel auprès de lui, en qualité d'ami et de conseiller.

M. Ranc, dont la pénétration politique ne fut jamais mise en défaut, sorti de Paris seulement le 12, ne se réunit à cette espèce de conseil intime que le 15 octobre.

Dès le lendemain du 4 septembre, à Paris, Gambetta avait envoyé à tous les préfets ces instructions :

La défense d'abord! occupez-vous de la défense. N'hésitez pas *à maintenir les conseils municipaux, élus sous l'empire, qui se montreront prêts à vous seconder dans votre œuvre.* Bornez-vous à briser ceux qui, par leur mauvais vouloir déclaré ou par leur inertie, pourraient la compromettre.

Il allait lui-même mettre en œuvre ces préceptes et exagérer la tolérance dans plus d'une circonstance ; des paroles il allait passer aux actes.

Moins de vingt-quatre heures après son arrivée, l'aspect des bureaux avait changé, et les quelques huissiers du Sénat, de la Chambre ou des ministères, qui avaient suivi la délégation, ne voyaient pas sans étonnement ces jeunes employés, patriotes et dévoués au chef incontesté dont ils suivaient l'exemple, travailler avec acharnement, sans relâche, se relayant et passant les nuits, afin que le travail ne fût pas un seul moment interrompu, et faisant à eux seuls la besogne de l'ancien personnel dix fois plus nombreux.

Moins que personne Gambetta avait cru au succès de la mission pacificatrice de MM. Thiers et Jules Favre, et c'est à tort qu'on lui attribua plus tard, dans quelques journaux allemands, des démarches auprès de lord Lyons pour obtenir, par son entremise, un armistice qui eût permis le ravitaillement de Paris, sous le prétexte de faire sanctionner, par le corps électoral, les pouvoirs du gouvernement provisoire.

Tous ses soins furent tournés vers la défense, et cependant, par une série de décrets, sans autres armes que la persuasion et l'énergie, il sut rétablir l'ordre et faire respecter l'autorité du gouvernement qui paraissait ébranlée dans quelques localités.

L'énumération suivante suffira pour donner la preuve de cette activité à la fois dévorante et réfléchie :

Le 13 octobre : décret sur la nomination des grades dans l'armée.

Le 14 : 1º sur les conseils de guerre relatifs aux chefs de corps qui se seront laissé surprendre par l'ennemi ;

2º Sur la création de l'armée auxiliaire ;

3º Sur l'organisation de la défense locale.

Le 19 : sur la création des conseils administratifs des divisions territoriales.

Le 20 : 1º sur la création des camps d'instruction, tenant les troupes éloignées des villes qui ne devaient conserver que 2,000 hommes de garnison pour le maintien de l'ordre ;

2º Sur la création d'une commission d'études des moyens de défense ;

3º Sur l'obligation des officiers de ne pas revêtir des vêtements bourgeois et de vivre au milieu de leurs soldats.

Le 22 : sur le règlement des questions d'approvisionnements et des réquisitions, et sur les moyens de faire le vide devant l'ennemi.

Le 23 : sur la faculté laissée à l'Etat de suspendre la circulation des trains de voyageurs sur les chemins de fer.

Le 24 : sur la création du bureau central et du service des reconnaissances.

Le 2 novembre : sur l'appel de tous les hommes valides de 21 à 40 ans.

Le 3 : 1° sur la création des batteries départementales ;

2° Sur la création des commissions provisoires pour les officiers, laissées aux chefs d'armée et aux commandants territoriaux.

Le 4 : sur la dépendance de tous les corps de francs-tireurs de l'autorité militaire voisine des localités sur lesquelles ils se trouvent.

Le 8 : sur le service d'inspection des trains, pour les approvisionnements et le matériel.

Le 10 : sur la faculté laissée aux chefs des ateliers requis par l'Etat de conserver les ouvriers nécessaires aux travaux de l'armement.

Le 11 : sur la création des corps d'ingénieurs civils attachés aux armées.

Le 14 : sur le comité technique d'artillerie.

Le 25 : sur la création des grands camps d'instruction et de défense.

Le 26 : sur la réglementation de l'organisation des

cadres de l'infanterie et de l'inspection du service des remontes.

Le 6 décembre : 1° sur la réglementation des services administratifs attachés aux armées et sur le service sanitaire ;

2° Sur le règlement, le contrôle et la liquidation des marchés passés depuis le commencement de la guerre.

Le 20 : sur la création des dépôts de convalescents et des ambulances provisoires.

On ne saurait se rendre compte de toutes les difficultés qui se rattachaient à la mise à exécution de tous ces décrets, étant donné que toutes les archives et presque tous les modèles réglementaires des pièces administratives étaient restés enfermés dans la capitale.

Il fallait des hommes, des armes, de l'argent.

Quant aux hommes, il ne restait en province que les dépôts, les quartiers des divisions territoriales et ce qu'on pouvait rappeler d'Afrique, le tout considérablement affaibli déjà par les saignées qu'y avait pratiquées l'administration impériale, et n'existant, pour ainsi dire, qu'à l'état rudimentaire.

Le problème était : avec rien ou presque rien faire tout ! Créer une armée de 4 à 500,000 hommes et improviser des officiers pour les commander.

Par le décret du 13 octobre, il suspendait les lois ordinaires de l'avancement pendant toute la durée de la guerre, de façon à permettre de supprimer les délais réglementaires entre chaque grade, et même de faire franchir à un officier méritant plusieurs grades à la fois ; le décret disait que ces grades ne seraient conservés, après la guerre, que s'ils étaient justifiés par quelque action d'éclat ou par quelque service extraordinaire, dûment constaté.

Par le décret du 14, il instituait une armée auxiliaire sur des bases analogues à celle qui avait été créée en Amérique, lors de la guerre de la sécession, — ce qui permettait de donner des commandements à des officiers de marine inactifs, par suite du peu de part que notre flotte prenait aux opérations de la guerre ; — à des officiers démissionnaires, à des citoyens de toutes les classes de la société préparés par leur éducation à ces fonctions, à des étrangers même qui prenaient du service pendant la durée de la guerre, — ce qui facilitait la création de quelques légions confiées indistinctement aux représentants des partis les plus opposés, mais animés également de la même volonté : la défense du sol de la patrie.

Par un second décret de la même date, il organisait la défense locale dans les départements, afin de mettre un terme à ces prises de possession, par quelques uhlans, des villes et des contrées où nos envahisseurs trouvaient à se nourrir et à s'approvisionner.

Ce décret disait : « Tout département dont la frontière se trouve, par quelque point, à moins de cent kilomètres de l'ennemi est par là même déclaré en état de guerre. Un comité militaire de cinq membres au moins et de neuf au plus, réuni sous la présidence du général commandant le département, a tout pouvoir pour organiser la défense dans le périmètre du département, désigner les points à défendre, les routes à barrer, les fortifications passagères à élever. — Il a droit de réquisition sur les personnes et sur les choses. »

Les instructions données à ce comité étaient de défendre, autant que possible, les villes hors des villes mêmes, en créant à une distance suffisante des obstacles permettant de disputer le passage à l'ennemi et d'empêcher le bombardement des centres de population, procédé généralement adopté par nos envahisseurs pour s'emparer, sans s'exposer en aucune façon, des villes ouvertes qui manifestaient quelques velléités de résistance.

Par le décret du 22 octobre, il chargeait M. de Kératry d'organiser l'armée de Bretagne et nommait M. Carré-Kérizouet commissaire général de toutes les forces de cette contrée.

Grâce aux autres décrets, il put pourvoir à l'organisation du corps de l'intendance, celui qui présentait le moins de ressources et le plus de difficultés, en empruntant des fonctionnaires à toutes les branches du service des finances, et en faisant appel à plusieurs négociants réputés pour leurs aptitudes.

Il en fut de même pour le service de santé qui manquait à la fois de matériel et de personnel et qui fut, grâce au concours des villes de province, rapidement organisé.

Enfin le bureau centralisateur du service des reconnaissances, qui permettait d'être renseigné dans les bureaux de la guerre et de renseigner ensuite tous les chefs de corps les mouvements et sur la force des colonnes ennemies, suppléa aux défectuosités et à la pénurie des corps de l'état-major, et contre-balança très avantageusement le vaste système d'espionnage organisé par nos ennemis longtemps avant le commencement de la guerre.

Un bureau spécial pour la confection des cartes qui faisaient complètement défaut permit aussi de mettre entre les mains des officiers un instrument absolument indispensable.

Quant aux armes et aux munitions, la commission d'armement instituée par le gouvernement de Paris pour accaparer les fusils sur tous les marchés du globe, relevant, on ne saurait dire pourquoi, du ministère des travaux publics et qui n'avait encore rien fourni à l'administration de la guerre ni à celle de l'intérieur, vit immédiatement augmenter ses attributions et élever son crédit de seize à deux cents millions.

Les usines Schneider, Petin Gaudet et Voruz furent mises en réquisition et, transformant une partie de leur matériel, purent livrer rapidement des mitrailleuses et des canons dont le nombre s'éleva à 1,400 en moins de trois mois.

De plus, chaque département allait fournir, par chaque 100,000 habitants, une batterie prête à entrer en ligne, avec tout son personnel.

Relativement à la difficulté presque insurmontable de se procurer des munitions et des capsules pour chassepots, dont tous les éléments de fabrication étaient restés enfermés dans Paris, — au point qu'on s'était vu, un moment, obligé de s'en faire expédier par ballons, — on organisa des ateliers spéciaux et l'on fut assez heureux, grâce à l'industrie privée, pour résoudre promptement ce difficile problème.

Quant à l'argent enfin, Gambetta, dès les premiers jours de novembre, expédia à Londres, avec pleins pouvoirs, son ami Clément Laurier, éminemment apte à ces sortes d'opérations, afin d'y contracter un emprunt de 250 millions.

Cet emprunt, qu'on appela l'emprunt Morgan, du nom de la maison de banque avec laquelle il fut conclu, fut émis à 85 0/0 et rapportait 6 0/0, conditions évidemment très favorables dans la situation où se trouvait la France.

Mais au milieu de tous ces travaux qu'on pourrait considérer comme des travaux de cabinet, d'autres soins attiraient l'attention de Gambetta.

La ville d'Orléans, comme point stratégique, est très importante, car c'est là que se rencontrent les chemins de fer de Nantes, Bordeaux, Toulouse, Brest et Cherbourg, ainsi que celui du Centre qui met en communication Lyon avec Paris, par Bourges.

L'occupation de cette ville par les Bavarois coupait presque toutes les communications du Midi et du Centre avec le Nord ; de plus, elle rendait périlleuse la situation de la délégation, qui reculait cependant devant l'abandon de Tours, dans la crainte d'ébranler la confiance si nécessaire des départements dans les ressources dont disposait la défense nationale.

Il importait donc, à la fois, de créer au plus tôt cette armée de secours destinée à débloquer Paris, ce qui était l'objectif principal, et en même temps de ranimer la foi dans la résistance.

Un événement vint fort à propos relever le moral des populations : le 18 octobre, la petite cité de Châteaudun, attaquée par la division Wittich détachée du corps d'armée de Von der Thann et forte de 12,000 hommes environ, avec 24 canons, avait été vaillamment défendue par une poignée de francs-tireurs parisiens réunis à la garde nationale sédentaire, — en tout 1,200 hommes, — qui mirent 2,300 Prussiens hors de combat. Les Allemands, pour la réduire, avaient été obligés de l'incendier. La ville entière avait été détruite, mais l'honneur du drapeau français y avait été noblement relevé.

Gambetta avait immédiatement promulgué un décret qui signalait le noble exemple donné par la ville de Châteaudun, disait qu'elle avait bien mérité de la patrie et ouvrait un crédit de 100,000 francs pour subvenir aux besoins les plus immédiats de ses habitants.

En même temps, brisant bien des résistances, ayant raison de la mauvaise volonté de plus d'un chef militaire, il faisait procéder, avec la plus grande activité, à la réorganisation de l'armée de la Loire qui, des 25,000 hommes restant du premier échec devant Orléans, se trouva bientôt élevée au chiffre de 80,000 hommes, pourvus de tout le matériel nécessaire et rompus déjà à la discipline par les soins du général d'Aurelle, à qui on ne pouvait contester l'activité et le rigorisme nécessaires pour bien organiser son corps d'armée, mais qui n'était malheureusement pas l'homme des entreprises hardies, dans lesquelles les calculs d'une prudence exagérée doivent faire place à une audacieuse initiative.

Cette première armée de la Loire était amplement pourvue de cavalerie et d'artillerie, grâce à l'active et intelligente direction de M. de Freycinet qui, dès ce moment, était parvenu à mettre en ligne, chaque jour, une moyenne de 5,000 hommes, ou de deux régiments avec leur artillerie réglementaire.

Sur ces entrefaites, une nouvelle fâcheuse arriva à Tours.

Le préfet de Besançon, M. Ordinaire, annonçait la retraite définitive, après l'affaire de la Bourgonce, du général Cambriels jusqu'au faubourg de Saint-Claude, sous les murs de Besançon, et l'abandon à l'ennemi de tout le ballon des Vosges.

Sans hésiter un seul instant, Gambetta, accompagné de son ami Spuller, monta en chemin de fer et arriva à Besançon le 17 octobre, à 6 heures du matin.

Garibaldi, également appelé de Dôle où il avait son quartier général, y était arrivé depuis la veille.

M. Albert Grévy, commissaire du gouvernement pour les départements du Nord-Est, y récriminait violemment contre la conduite du général Cambriels et, devant une proposition de Gambetta de faire une enquête sur les événements, il déclarait que l'enquête était toute faite et qu'il n'y avait pas à hésiter...

Telle ne fut pas l'opinion de Gambetta, — et ceci soit dit surtout pour ceux qui ont prétendu qu'il donnait partout, et systématiquement, la prédominance à l'élément civil sur l'élément militaire, — le général Cambriels fut appelé à s'expliquer et, malgré l'injonction qui lui fut faite de reprendre immédiatement la campagne pour réoccuper les défilés des Vosges où n'existaient encore que des forces ennemies en très petit nombre, il se récusa, ce qui n'empêcha pas Gambetta de lui conserver son commandement.

C'est dix jours après seulement que, par euphémisme, il fut appelé à d'autres fonctions et qu'on lui donna pour remplaçant, d'abord le général Michel, puis le général Crouzat.

Qui peut dire ce qui serait advenu du sort de la campagne de 1870, si l'on avait plus sérieusement disputé ou si l'on avait repris à l'ennemi les défilés des Vosges, ce qui était facile à ce moment ?

Avant de quitter Besançon, Gambetta s'entretint longuement avec Garibaldi et lui manifesta toute la satisfaction qu'il éprouvait de voir son entente parfaite avec le commandant en chef de nos forces dans l'Est, pour arrêter, dans cette région, les progrès de l'armée allemande; mais il ne tint pas assez de compte, par la suite, des conseils que l'expérience du vieux soldat de la liberté avait cru devoir lui donner.

Garibaldi avait admirablement compris la situation difficile d'un homme qui, de simple avocat la veille, allait être appelé à commander à des généraux de l'ex-armée impériale, la plupart imbus et quelques-uns gangrenés par le caporalisme des dix-huit dernières années : « Vous êtes dictateur de fait, — lui disait-il, — ayez-en toutes les audaces, comme vous en aurez toutes les responsabilités et tous les déboires. »

Après quarante-huit heures de séjour à Besançon, Gambetta retournait à Tours où l'attendait encore une fâcheuse nouvelle.

La ville de Chartres, devant une démonstration de la division Wittich qui venait de placer quelques pièces d'artillerie en demi-cercle au Sud-Est de la ville, en avant de Morancez, avait, par l'intermédiaire du curé de ce village qui s'était rendu près du général ennemi, négocié une convention qui n'était autre qu'une capitulation sans combat.

Gambetta, sous le coup de cette nouvelle, envoya aux préfets la circulaire suivante :

Le ministre de l'intérieur et de la guerre aux préfets.

Veuillez prévenir toutes les maisons de toutes vos communes que la résistance à l'ennemi est plus que jamais à l'ordre du jour, que tout le monde doit faire son devoir, notamment les magistrats municipaux, qui ne pourront faire moins que les gardes nationaux mobilisés.

Après les héroïques exemples donnés par des villes ouvertes telles que Châteaudun, Saint-Quentin et autres, par des villages exclusivement gardés par des compagnies de sapeurs-pompiers, il est d'absolue nécessité que chaque ville, chaque commune paie sa dette à la défense nationale ; que tout le monde se pénètre du devoir qui est imposé à la France.

Les villages et communes qui se rendraient sans avoir tenté la résistance seraient dénoncés au pays par le *Moniteur*.

MM. les maires sont priés de faire afficher immédiatement dans les communes la circulaire qui précède.

Le style c'est l'homme, et il est utile, dès à présent, pour peindre l'homme tel qu'il fut pendant cette période si controversée de son existence, de faire, pour ainsi dire, suivre chaque fait caractéristique des impressions qu'il a ressenties et qu'il a exprimées dans ses circulaires et dans ses proclamations.

Ce sera l'homme peint par lui-même ; amis ou ennemis pourront juger avec connaissance de cause, bien mieux que par de simples récits ou par des commentaires.

CHAPITRE VII

Les plans de marche vers Paris. — Proclamation après la chute de Metz. — Victoire de Coulmiers. — Reprise de possession d'Orléans.

Dans la nuit du 14 au 15 octobre, un conseil de guerre auquel assistaient l'amiral Fourichon et le général Bourbaki récemment arrivé de Metz, avait conclu d'abord à ramener sur Gien et Briare les troupes qui, après la retraite d'Orléans, étaient venues se mettre à cheval sur la route de Vierzon ; mais un second conseil tenu le lendemain décida qu'on devait se tenir sur la résistance à Salbris, derrière la Sauldre.

On pouvait craindre en effet que, profitant de ses avantages devant Orléans, le général Von der Thann ne s'avançât jusqu'à Vierzon, et de là à Nevers et à Bourges — pour y détruire nos établissements militaires, — ou à Tours — pour y enlever la délégation du gouvernement.

La position de Salbris était bien choisie pour une campagne défensive, mais l'ennemi ne s'aventura pas jusque-là, et pendant qu'il laissait au général d'Aurelle le temps de reconstituer solidement le 15ᵉ corps, on décida immédiatement la formation du 16ᵉ à Blois, sous les ordres du général Pourcet.

A la fin d'octobre, le 15ᵉ corps se composait déjà de 60,000 hommes, le 16ᵉ en comptait 35,000, avec 200 pièces d'artillerie. Il était possible dès lors d'étudier un plan pour reprendre l'offensive, et c'est ici, qu'après s'être montré puissant organisateur, Gambetta allait se révéler habile stratège.

Deux combinaisons avaient été mises en avant et présentaient toutes les deux des avantages : se jeter dans l'Est pour couper les communications de l'ennemi, ou marcher directement sur Paris pour tenter de le débloquer.

La première de ces combinaisons, en coupant la retraite aux Prussiens, en arrêtant leurs vivres et leurs munitions, pouvait les obliger à lever le siège de Metz, rendre libre l'armée de Bazaine, la réunir à l'armée de secours, et former ainsi un corps de plus de deux cent mille hommes qui, réunis sous une main ferme, pouvaient, en quelques jours, faire lever le siège de Paris.

La seconde permettait, sans découvrir les points qu'on avait pris tant de peine à défendre, de continuer à les protéger et de relever promptement le moral des départements, auxquels il importait de rendre quelque confiance, car on exigeait d'eux de grands sacrifices pour la création des batteries départementales et des camps régionaux.

Il y avait en effet, dans ce second plan, moins de route à parcourir pour atteindre l'objectif, et en marchant vers Paris des deux centres de Vierzon et de

Blois où étaient les quartiers des 15e et 16e corps, on passait naturellement par Orléans qui était le premier point tactique et où, dès la première étape, on prenait une éclatante revanche de l'échec subi le 10 octobre.

Ce qui acheva d'enlever toute hésitation sur le choix à faire entre ces deux plans, ce fut une dépêche de Jules Favre, datée du 17, arrivée à Tours le 21, et disant que, vers le 6 novembre, le général Trochu comptait sur un mouvement de l'armée de secours pour lui donner la main et qu'il serait à cette date « *en mesure de passer sur le corps de l'ennemi.* »

Il ne restait donc plus qu'à étudier les détails d'une marche sur Paris et à s'entendre, pour l'exécution, avec le général d'Aurelle, chef désigné de l'expédition.

Une partie du 15e corps réunie au 16e, en tout 70,000 hommes, sous le commandement direct du général en chef, devait, suivant le plan arrêté, se porter sur Orléans par la rive droite de la Loire, pendant que les 25,000 hommes restant du 15e corps, sous les ordres du général Martin des Pallières, passeraient la Loire à Gien et, par un mouvement tournant, viendraient tomber sur les derrières de l'armée bavaroise et la prendre entre deux feux, au moment où elle serait fortement engagée avec le gros de l'armée venu de Blois.

Dans une conférence qui eut lieu au quartier général du 15e corps, le général d'Aurelle souleva plusieurs objections dont voici les plus sérieuses : « Les troupes étaient bien jeunes, *surtout celles du 16e corps*, pour une attaque en rase campagne, — il valait mieux *attendre* dans les bonnes positions où l'on se trouvait ; — on courait le risque, en avançant, d'être tourné sur la gauche par des troupes venues de Chartres et de Châteaudun. »

Attendre ? mais Paris réclamait un effort immédiat et, pendant qu'on se fortifierait dans ses positions, l'ennemi se renforcerait aussi dans les siennes. Telles étaient les raisons qui poussaient Gambetta à l'action.

Après quelques hésitations, les généraux Borel, Martin des Pallières et Pourcet, présents à la conférence, acceptèrent le projet dans son ensemble, et rendez-vous fut pris pour le lendemain à Tours, afin d'arrêter les détails de l'exécution en présence de Gambetta. C'est lui qui, le 26, présida la conférence dans laquelle, après quelques nouvelles objections du général en chef, on tomba d'accord sur tous les points.

Le mouvement commença le 27, et comme une attaque venait d'être dirigée contre nos troupes cantonnées au Mans, on put tromper l'ennemi sur le véritable but du déplacement d'une partie du 15e corps, de Salbris à Blois, où l'on voulait, d'après le plan arrêté, la réunir au 16e.

Une nouvelle dépêche de Jules Favre, datée du 23, disait :

Paris débloqué, la guerre est finie ! il faut donc marcher sur Paris qui doit être l'objectif. — Nous pouvons agir efficacement le 25; — il faut que vous agissiez à ce moment; cent vingt mille hommes de vos meilleures troupes au point convenu.

Ce point était Fontainebleau, où devait se diriger le général Ducrot dans la sortie qu'il préparait.

L'hésitation n'était plus permise, il n'y avait plus de temps à perdre, et cependant le 28, à 10 heures 20 du soir, le général d'Aurelle annonça « que l'expédition n'aurait pas lieu, — que le temps était mauvais, les routes difficiles, l'équipement de la garde mobile défectueux, etc., etc. »

Mais déjà le général Martin des Pallières, ayant une plus longue route à faire, s'était mis en marche pour se trouver, au moment voulu, au point désigné, et la nouvelle de la capitulation de Metz qui commençait à circuler dans l'armée et que confirmait, le soir même à 9 heures, le général Tripart qui commandait aux avant-postes, rendait plus nécessaire encore une vigoureuse offensive, car, rendue libre par cette capitulation, l'armée du prince Frédéric-Charles pouvait désormais venir renforcer celle de Von der Thann.

Quoique absolument pénétré de la nécessité de l'offensive, Gambetta répondit au général d'Aurelle :

Vos hésitations et les craintes exprimées dans votre dépêche, en date de Blois, le 28 octobre, 10 h. 30, m'obligent à renoncer à un plan sur la valeur duquel mon opinion n'a pas varié. En conséquence, arrêtez le mouvement et prenez de bonnes positions, en faisant exécuter immédiatement des ouvrages de défense, en utilisant la forêt de Marchenoir et en commandant les deux rives de la Loire.

Avertissez des Pallières auquel j'envoie d'ailleurs une dépêche.

Le lendemain la capitulation de Metz était officiellement connue du gouvernement, et Gambetta l'annonçait aux départements, le 30, par la proclamation suivante :

Français,

Elevez vos âmes et vos résolutions à la hauteur des effroyables périls qui fondent sur la patrie.

Il dépend encore de nous de lasser la mauvaise fortune et de montrer à l'univers ce qu'est un grand peuple qui ne veut pas périr, et dont le courage s'exalte au sein même des catastrophes.

Metz a capitulé.

Un général sur qui la France comptait, même après le Mexique, vient d'enlever à la patrie en danger plus de cent mille de ses défenseurs.

Le maréchal Bazaine a trahi.

Il s'est fait l'agent de l'homme de Sedan, le complice de l'envahisseur, et, au mépris de l'armée dont il avait la garde, il a livré, sans même essayer un suprême effort, cent vingt mille combattants, vingt mille blessés, ses fusils, ses canons, ses drapeaux, et la plus forte citadelle de la France, Metz, vierge jusqu'à lui des souillures de l'étranger.

Un tel crime est au-dessus même des châtiments et de la justice.

Et maintenant, Français, mesurez la profondeur de l'abîme où nous a précipités l'empire... En moins de deux mois, deux cent vingt-cinq mille hommes ont été livrés à l'ennemi : sinistre épilogue du coup de main militaire de décembre.

Il est temps de nous ressaisir, citoyens, et, sous l'égide de la République que nous sommes décidés à ne laisser capituler ni au dedans ni au dehors, de puiser, dans l'extrémité même de nos malheurs, le rajeunissement de notre moralité et de notre virilité politique et sociale. Oui, quelle que soit l'étendue du désastre, il ne nous trouve ni consternés, ni hésitants.

Nous sommes prêts aux derniers sacrifices, et, en face d'ennemis que tout favorise, nous jurons de ne jamais nous rendre. Tant qu'il restera un pouce du sol sacré sous nos semelles, nous tiendrons ferme le glorieux drapeau de la Révolution française.

Notre cause est celle de la justice et du droit : l'Europe le voit, l'Europe le sent..., elle s'est émue, elle s'agite. Pas d'illusions ! ne nous laissons ni alanguir ni énerver, et prouvons, par des actes, que nous voulons, que nous pouvons tenir de nous-mêmes l'honneur, l'indépendance, l'intégrité, tout ce qui fait la patrie libre et fière.

Une autre triste nouvelle, quoique de moindre importance, arrivait à Tours, le 31.

Le général Werder, négligeant, sur sa gauche, les troupes que le général Cambriels laissait dans l'inaction à Besançon, avait poussé une pointe vers Dijon et y était entré malgré une vigoureuse résistance des troupes que la défense locale y avait organisées et de celles que le colonel Fauconnet y avait amenées de Lyon.

Garibaldi, dont le quartier général était à Dôle, n'avait pu, avec son embryon d'armée, qu'inquiéter faiblement sur son flanc gauche le général prussien, par suite de la destruction du pont de Pontailler qu'il avait expressément recommandé au colonel Lavalle de conserver. Cependant, par les combats de Brazey, de Genlis et de Saint-Jean de Losne, il avait empêché l'ennemi de se répandre dans la vallée de la Saône et d'occuper également Saint-Jean de Losne Beaune et Chagny, comme il avait essayé de le faire après son entrée à Dijon.

Les périls augmentaient à chaque minute, mais il était encore possible d'arriver aux lignes d'investissement de Paris, avant que le prince Frédéric-Charles fût descendu de Metz vers la Loire.

Il fallait en finir au plus vite avec les hésitations du général d'Aurelle, augmentant plutôt que de décroître, alimentées peut-être par les bruits d'armistice auxquels avait donné naissance le passage récent de M. Thiers à travers les lignes allemandes et à Tours.

Attendre encore, attendre toujours ! Paris ne le pouvait plus, et lorsque M. de Freycinet, pour dégager sa propre responsabilité au sujet des ordres qu'il était obligé d'envoyer pendant l'absence de Gambetta, lui écrivit « afin de ne plus voir, à l'avenir, les combinaisons militaires déjouées par la politique, » il en reçut la réponse suivante le 4 novembre :

Monsieur le délégué,

Je constate avec vous, avec une égale inquiétude, la détestable influence des hésitations politiques du gouvernement, dont le résultat évident est d'énerver et de déconcerter nos efforts militaires et le moral de nos généraux et de nos soldats. Mais il faut réagir et redoubler d'énergie. J'ignore si le gouvernement de l'hôtel de ville est enclin à traiter. Pour moi je ne connais que mon mandat et mon devoir, qui est la guerre à outrance.

En conséquence, en dépit de toutes fausses manœuvres, de toute mauvaise direction diplomatique ou autre, ne vous laissez arrêter ni retenir par des tentatives de négociations dont je repousse la responsabilité.

Nous avons eu le malheur de voir une première fois notre plan offensif, si sagement combiné, entravé par l'intervention de M. T. Il ne faut point rester plus longtemps sous le coup de cette ingérence. Il faut reprendre notre ligne de conduite et arrêter dès aujourd'hui nos mouvements en avant dont vous me communiquez tous les moyens d'exécution. Je mettrai à votre disposition les mesures les plus énergiques, et, si la fortune peut être forcée par notre résolution, nos études, nos dévouements, la patrie ne pourra rien nous reprocher et nous trouverons dans notre conscience la récompense du devoir accompli.

Donc c'est la guerre, ne perdez pas une minute et en avant !

Des ordres précis furent alors envoyés au général d'Aurelle, qui se mit enfin en marche le 7 novembre, chose qu'il aurait pu faire dès le 28 octobre.

Il n'y a pas lieu de faire ici le récit des batailles, mais, pour dégager les responsabilités, il faut dire, néanmoins, que pendant que le général en chef, avec deux divisions du 25e corps marchait à la droite, en s'appuyant au fleuve, le général Chanzy, qui avait remplacé à la tête du 16e corps le général Pourcet relevé de ses fonctions pour cause de santé, s'avançait au centre dans la direction de Coulmiers, ayant à sa gauche la division de cavalerie du général Reyau et les francs-tireurs du colonel Lipowski.

Quant au général Martin des Pallières, il marchait sur l'autre rive du fleuve pour exécuter le mouvement tournant dont il a été question plus haut, et, ayant une plus longue route à parcourir, il avait commencé son mouvement vingt-quatre heures plus tôt.

En comptant une division de 12,000 hommes qui avait été envoyée directement vers le pont de pierre qui traverse la Loire, en face d'Orléans, afin d'y opérer une diversion, l'armée de secours s'élevait en tout à 110,000 hommes.

Le ministre de la guerre avait donc mis dans les mains du général en chef de l'armée de la Loire tout ce qu'il lui fallait pour vaincre un ennemi numériquement plus faible, car ce 16e corps en qui le général d'Aurelle avait témoigné peu de confiance allait, en nombre égal et même inférieur, lutter avec avantage dès le début de la campagne. Cependant, après quelques combats d'avant-garde favorables, ce général n'en remettait pas moins tout en question dans une nouvelle dépêche qui n'était qu'une répétition de celle qu'il avait envoyée de Vierzon.

Ces perpétuelles hésitations présentaient les plus grands dangers ; néanmoins, celui qu'on appelait le *dictateur* et à qui on devait reprocher plus tard ses tendances autoritaires, répondait encore au général d'Aurelle dans des termes qui n'avaient rien de comminatoire :

Qu'une personne ayant traversé Orléans, la veille, n'y avait trouvé que 15,000 hommes environ; qu'on le laissait juge et qu'on ne pouvait lui donner aucun ordre, mais qu'on *désirait vivement* que le plan primitif pût s'accomplir; qu'il ne fallait pas renoncer légèrement à la marche en avant.

Enfin, le lendemain matin à 8 heures, l'armée s'ébranlait de nouveau et, avec un entrain admirable, ce 16e corps, que le général d'Aurelle avait trouvé *trop jeune*, avait raison de la résistance acharnée des Bavarois; à la nuit tombante toutes leurs positions derrière la Mauve étaient enlevées, et ils se retiraient en toute hâte d'Orléans à Artenay, laissant entre nos mains plus de 2,000 prisonniers, sans compter tous leurs blessés.

Cette victoire prenait le nom de victoire de Coulmiers.

Les corps engagés dans cette journée, de part et d'autre, étaient à peu près égaux en nombre, car le général Martin des Pallières, malgré ses vingt-quatre heures d'avance calculées sur une plus longue résistance de l'ennemi, et quoique ayant marché pendant quatorze heures dans la journée du 9, n'avait pris aucune part à cette bataille qui aurait pu avoir lieu douze jours plus tôt, si le général d'Aurelle avait suivi les inspirations de Gambetta.

Pendant la nuit, dans une reconnaissance poussée jusqu'à Saint-Peravy, on avait encore pris à l'ennemi deux canons, un convoi de munitions et une centaine de prisonniers dont cinq officiers.

La débâcle était complète dans le corps d'armée de Von der Thann, et si la cavalerie du général Reyau — 30 escadrons — avait donné à la fin de la journée, pas un seul Bavarois n'eût échappé. Le général d'Aurelle cherchavainement à excuser son camarade Reyau qu'un décret du ministre de la guerre mit immédiatement en disponibilité. Que n'a-t-il dans d'autres circonstances plus graves agi de même avec d'autres chefs incapables!

La garde bavaroise qui avait été laissée à Orléans ne put échapper que par une longue marche de nuit, s'opérant à portée d'oreille des deux divisions du 15e corps.

Au sujet de l'affaire de Coulmiers, on lisait dans le *Spectator*, journal d'un pays où l'on nous aime médiocrement en temps ordinaire, mais où l'on ne nous aimait pas du tout alors :

Il est évident qu'il (Gambetta) possède à un degré extraordinaire la faculté de s'imposer. Il avait à gouverner immédiatement le corps le plus exigeant et le plus indépendant du monde : les généraux de l'ancienne armée française, des hommes qui l'abhorraient comme républicain, le détestaient comme *pékin*. Et, pourtant, dès le moment où il a pris le pouvoir à Tours, personne, dans toute la France, n'a contesté sérieusement son autorité.

Le trésor était vide, et il l'a rempli ; les arsenaux étaient à moitié vides, et, à l'heure qu'il est, une grande armée, deux armées peut-être, ont de l'artillerie, des chevaux et des artilleurs.

Les difficultés à surmonter étaient énormes. Sous l'empire, les officiers s'étaient habitués à une tolérance excessive ; ils n'osaient plus donner un ordre désagréable. La tradition de l'obéissance avait complètement disparu.

On dira que ces résultats pouvaient être obtenus par tout homme énergique ; mais M. Gambetta avait à résoudre trois questions d'une importance infiniment plus grande pour l'avenir de la France et de la guerre, et, selon toute apparence, il les a résolues avec succès.

Il s'agissait d'affirmer un principe oublié en France

depuis vingt ans, à savoir, qu'un général n'est qu'un serviteur de l'Etat, aussi strictement que le plus humble gendarme.

M. Gambetta affirme ce principe par le seul moyen possible, par une assertion inflexible de la suprématie des autorités civiles, en révoquant les généraux sans explication ni excuse, en révoquant des officiers et en en nommant d'autres. Et quand les généraux furent revenus à la raison, restait l'œuvre plus difficile encore de réprimer le mauvais vouloir des soldats, de leur enseigner l'obéissance.

S'élevant à la hauteur de la situation, l'avocat énergique qui, pour le moment, représente la France, a décrété que, dans cette heure suprême de danger, tout soldat coupable de désobéissance, d'insubordination ou de pillage serait puni avec la dernière rigueur.

De tous ces décrets il est résulté que la France a maintenant une armée qui peut livrer bataille en rase campagne.

Maintenant, que nos lecteurs jugent si l'homme qui a fait tout cela pour son pays, qui a montré l'énergie d'un jacobin et la modération d'un ministre anglais, mérite d'être méprisé.

Nous souhaitons que l'Angleterre, quand l'heure du danger aura sonné pour elle, trouve un homme qui, aux vertus de Gambetta, joigne la seule vertu du silence.

CHAPITRE VIII

Hésitations du général en chef de l'armée de la Loire. — Garibaldi envoyé dans le Morvan.— L'armée de l'Est à Gien.— Camp retranché devant Orléans. — Reprise de la marche vers Fontainebleau.

Nos pertes dans les journées du 9 et du 10 avaient été relativement faibles, — en tout 1,500 hommes tués ou blessés, — et dans ce chiffre le 16e corps comptait 146 morts, 918 blessés et 220 hommes disparus. Il etait donc possible de poursuivre la marche en avant, mais le général en chef en décida autrement et l'armée de la Loire stationna sur les positions suivantes :

Les deux divisions de cavalerie éclairaient tout le front de nos lignes en avant et parallèlement à la route de Châteaudun.

La première division du 16e corps (amiral Jauréguiberry) occupait la ligne de Saint-Sigismond à Coulimelle et celle de Saint-Peravy à Boulay ; la deuxième (général Barry) occupait la Haute-Épine, Geminy, Rosières et Coulmiers.

Les parcs et les réserves étaient à Clos-Aubry.

Aux avant-postes, à Patay, étaient les francs-tireurs de Paris ; à Sougy et à Terminiers ceux de la Sarthe ; Péronville ceux de Saint-Denis.

Les deux divisions du 15e corps s'étendaient à droite entre Gidy et Chevilly, avec une brigade à Orléans.

Le 12 novembre, Gambetta alla à Orgères, où le général d'Aurelle avait établi son quartier général, porter à l'armée l'expression de la reconnaissance de la France, ses félicitations et des récompenses, et lui adressa le 13, de Tours, la proclamation suivante :

Soldats de l'armée de la Loire,

Votre courage et vos efforts nous ont enfin ramené la victoire, depuis trois mois déshabituée de nos drapeaux ; la France en deuil vous doit sa première consolation, son premier rayon d'espérance. Je suis heureux de vous apporter, avec l'expression de la reconnaissance publique, les éloges et les récompenses que le gouvernement décerne à vos succès. Sous la main de chefs vigilants, fidèles, dignes de vous, vous avez retrouvé la discipline et la force ; vous nous avez rendu Orléans, enlevé avec l'entrain de vieilles troupes depuis longtemps accoutumées à vaincre.

A la dernière et cruelle injure de la mauvaise fortune, vous avez montré que la France, loin d'être abattue par tant de revers inouïs jusqu'à présent dans l'histoire, entendait répondre par une générale et vigoureuse offensive. Avant-garde du pays tout entier, vous êtes aujourd'hui sur le chemin de Paris ; n'oublions jamais que Paris nous attend et qu'il y va de notre honneur de l'arracher aux étreintes des barbares qui le menacent du pillage et de l'incendie. Redoublez donc de confiance et d'ardeur ; vous connaissez maintenant nos ennemis. Jusqu'ici leur supériorité n'a tenu qu'au nombre de leurs canons ; comme soldats, ils ne vous égalent ni en courage ni en dévouement ; retrouvez cet élan, cette *furie française*, qui ont fait notre gloire dans le monde et qui doivent aujourd'hui nous aider à sauver la patrie. Avec des soldats tels que vous, la République sortira triomphante des épreuves

G.

qu'elle traverse, car, après avoir organisé la défense, elle est en mesure, à présent, d'assurer la revanche nationale.

Il avait vainement essayé de persuader au général en chef qu'il y avait tout avantage à aller de l'avant, et, de fait, la consternation était grande au quartier de Von der Thann et à celui du grand-duc de Mecklembourg qui accourait en toute hâte de Chartres et de Châteaudun au secours des Bavarois en déroute. A Versailles même, la surprise des Allemands était extrême, et on y concevait de telles inquiétudes que des préparatifs de départ y étaient déjà faits pour le cas où l'armée de la Loire, continuant sa marche sur Paris, viendrait donner la main aux assiégés.

En effet, il ne fallait que cinq jours de marche ordinaire, sans ennemis devant soi, pour arriver aux lignes d'investissement de Paris.

Quoi qu'en ait dit le baron Von der Goltz, dans l'ouvrage qu'il a publié sous ce titre : *Gambetta et ses armées*, à la reprise de l'offensive devant Orléans, l'affaire de Coulmiers avait une très grande importance, et jamais des ordres, passant par-dessus la tête du commandant en chef, ne vinrent, gêner ni compromettre les mouvements, toutes les dépêches de l'époque le prouvent surabondamment. Au contraire, s'il y eut à ce moment, comme plus tard, quelque chose à reprocher à Gambetta, c'est de n'avoir pas été assez énergique et de n'avoir pas répondu à des hésitations systématiques par des révocations immédiates.

L'armée de Frédéric-Charles était encore loin, et, dans tous les cas, on pouvait défaire complètement les Bavarois avant de se rencontrer avec ses têtes de colonne. Si les chemins et le temps commençaient à être mauvais pour nous, ils l'étaient également pour nos ennemis.

Cependant le général d'Aurelle en était arrivé jusqu'à prétendre qu'il serait dangereux de rester à Orléans et qu'on devrait se retirer sur les anciennes positions de Salbris et de Blois. Tout ce qu'on put obtenir de lui, c'est qu'on n'évacuerait pas Orléans et qu'on s'y fortifierait par l'établissement d'un camp retranché, devant servir de base d'opération.

Toutes les dispositions furent immédiatement prises par l'administration de la guerre pour l'établissement de ce camp; des ingénieurs civils, réunis aux ingénieurs militaires, y déployèrent une grande science et une prodigieuse activité; en quelques jours 150 pièces de marine, de fort calibre, armèrent ces fortifications, admirablement disposées et construites, au dire de tous. Après les avoir inspectées, le général en chef lui-même, qui voulait quelques jours avant abandonner Orléans, disait à Gambetta dans une nouvelle entrevue : « Avec 40,000 hommes je me ferais fort d'y tenir tête à 200,000. »

Quant à Gambetta, il continuait à donner plus qu'il ne promettait; admirablement secondé par le délégué à la guerre, suivant heure par heure, par le bureau des reconnaissances, tous les mouvements de l'armée ennemie sur tous les points du territoire et renseignant exactement tous les chefs de corps, il préparait les moyens d'exécution et ne cessait d'aller animer par sa présence et par ses encouragements tous ceux qui collaboraient à l'œuvre de la défense : à vrai dire, il trouvait, dans ces voyages, plutôt du repos que de la fatigue, car, en chemin de fer ou en voiture, il pouvait du moins dormir, tandis qu'à Tours il n'avait jamais un moment de tranquillité, recevant pendant les quelques heures consacrées au sommeil vingt dépêches à la plupart desquelles il répondait aussitôt.

L'armée de la Loire subissait encore une fois le contre-coup des manœuvres politiques de nos hommes d'État, qui espéraient toujours conclure un armistice avec un ennemi dont les sentiments étaient clairement exprimés dans cet ordre du jour du prince Frédéric-Charles :

Soldats,

Employez toute votre activité ; marchons pour partager cette terre impie.

Il faut exterminer cette bande de brigands qu'on appelle l'armée française.

Le monde ne peut rester en repos tant qu'il existera un peuple français.

Qu'on les divise en petites parties, ils se déchireront entre eux, mais l'Europe sera tranquille pour des siècles.

Soldats ! vous qui avez du cœur, le moment est venu de vaincre ou de mourir.

Du moment où l'armée de la Loire redevenait momentanément stationnaire, il fallait à la fois la renforcer et lui créer des appuis sur les points par lesquels elle aurait pu être menacée.

Déjà, ne laissant à Besançon qu'un corps de 15 à 16,000 hommes, on avait dirigé de cette place vers Chagny l'ancienne armée du général Cambriels, passée sous les ordres du général Crouzat.

Quant aux petites armées de Faidherbe et de Garibaldi, Gambetta ne les destinait pour le moment qu'à opérer de vigoureuses diversions; très utiles au début, elles pouvaient devenir plus tard des centres d'action, sur lesquels aurait pu se reporter la base d'une opération générale qui aurait déconcerté l'ennemi.

Garibaldi venait de quitter Dôle, dans la matinée du 10 novembre, et il s'était porté dans le Morvan, à la suite de la dépêche suivante :

Nous nous décidons à abandonner la ligne du Jura, en laissant des garnisons à Besançon et à Auxonne; l'ennemi paraît, par diverses routes, se porter sur le Morvan et tâcherait peut-être de gagner Nevers en évitant Chagny ; je pense que ce qui serait le plus avantageux, c'est qu'avec vos vaillantes troupes vous alliez défendre les défilés du Morvan, propices pour vos mouvements et vos hardis coups de main. Tâchez de couvrir la direction de Nevers, le colonel Bonnet est à Chagny, avec des forces et de l'artillerie, prêt à vous donner la main.

Sans objecter que le temps et *les chemins étaient mauvais,* que ses troupes étaient jeunes et qu'elles étaient mal armées et pitoyablement équipées, Garibaldi avait répondu simplement : « Merci de votre confiance, j'exécuterai l'ordre demandé; » et avec ses volontaires se souvenant de leurs aînés de 92, il avait, en effet, exécuté son mouvement en vingt-quatre heures et il devenait, à dater de ce moment, comme l'a dit M. de Freycinet dans son livre la *Guerre en province*, « le seul défenseur des intérêts de la France dans l'Est. »

Enfin, le corps d'armée du général Crouzat, après avoir d'abord séjourné dans les environs de Chagny, était appelé à Gien pour donner un solide appui, sur la droite, à l'armée de la Loire dans sa marche vers Paris, et y était transporté en trois jours, sans que l'ennemi en eût connaissance.

La lettre suivante avait été adressée au général d'Aurelle :

Général,

Ainsi que je vous l'ai dit hier avec insistance, vous devez considérer Orléans comme une nouvelle base d'opération. Dès lors, il importe de ne pas s'y enfermer indéfiniment, mais il faut au contraire envisager le camp retranché que vous y faites établir comme un refuge dans lequel vous rentrerez après des expéditions heureuses.

Il serait dangereux, selon moi, d'attendre patiemment à Orléans que des forces supérieures vinssent vous attaquer. Si, par exemple, une occasion favorable s'offrait d'écraser à quelque distance un corps inférieur en nombre, vous devriez évidemment en profiter.

Or, la situation présente est celle-ci : d'un côté, au delà d'Artenay, sont réunies des forces que les évaluations les plus élevées mettent à 55,000 hommes, et que je suppose devoir être d'une quarantaine de mille, avec une nombreuse artillerie. En même temps des corps paraissent vouloir venir du côté de Pithiviers et de Montargis. Peut-être que d'autres encore viennent de Paris ou de Chartres. Je n'en suis point inquiet, car je crois fermement que vous serez en mesure de résister à leurs efforts combinés.

Mais la question se pose de savoir s'il ne serait pas avantageux pour vous de vous porter au-devant de ces diverses forces et de les écraser successivement. Ainsi, n'y aurait-il pas lieu, par exemple, de vous porter en avant d'Artenay et d'y livrer la bataille avant l'arrivée des renforts.

Je vous prie d'étudier attentivement cette question, et, dans le cas où vous la résoudriez dans le sens de l'affirmative, vous me le feriez connaitre par le télégraphe. En ce cas, vous devriez évidemment commencer par faire dès demain des reconnaissances approfondies pour déterminer avec exactitude l'importance et la position des corps prussiens, et ce ne serait que si la partie vous semblait vraiment belle que vous la tenteriez. Vous vous mettriez en marche après-demain mardi, et vous livreriez bataille mercredi. Pendant ce temps-là, vos travaux de défense continueraient au camp d'Orléans avec persistance.

Quelle que soit votre décision à cet égard, ne perdez pas de vue que vos troupes doivent, en tout cas, faire de longues promenades, vraies expéditions militaires, autour de vous. Lancez chaque jour une colonne de 20 à 30,000 hommes pour nettoyer le pays.

Où sont donc, après la lecture d'un pareil document, ces prétendus ordres qui passaient par-dessus la tête du général en chef et dont parle M. le baron Von der Goltz, et ne peut-on pas défier n'importe qui d'exprimer, en termes moins autoritaires, de meilleures idées; ne devrait-on pas plutôt reprocher au *dictateur* son langage par trop parlementaire ?

Aussi rien ne fut fait et l'on arriva jusqu'au 19 novembre, époque à laquelle, sans se départir de sa longanimité vis-à-vis du chef de l'expédition, Gambetta écrivait encore :

Je vous engage à étudier, avec vos généraux, la meilleure direction à donner à cette force totale de 250,000 hommes que vous allez avoir sous la main. Nous ne pouvons demeurer éternellement à Orléans. Paris a faim et nous réclame. Etudiez donc la marche à suivre pour arriver à nous donner la main avec le général Trochu qui marcherait à notre rencontre avec 150,000 hommes, en même temps qu'une diversion serait tentée dans le Nord. De notre côté, nous étudions un plan ici. Dès que vos idées seront un peu arrêtées sur cette grave affaire, prévenez-moi; nous nous réunirons à Tours ou à votre quartier général, pour en disserter.

Le 20, le général d'Aurelle répondait :

Pour étudier un plan à suivre, pour arriver à donner la main au général Trochu, il est nécessaire que je sois au courant de ce qui se passe à Paris et des intentions de cet officier général.

Et le soir même, Gambetta lui télégraphiait :

A ce sujet, je vous prie de méditer de votre côté un plan d'opération ayant pour suprême objectif Paris. Je ne peux accepter que cette préparation implique pour vous la connaissance préalable des projets du général Trochu.

Que de temps perdu! que de délais laissés à l'ennemi pour accumuler ses forces vers les points qui étaient maintenant clairement désignés, par les manœuvres antérieures, comme devant être le théâtre de nos efforts et de notre marche vers Paris !

Cependant, le 21, M. de Serres, employé au cabinet

de M. de Freycinet, apporta au général d'Aurelle, sous forme de mémorandum, le billet suivant provoqué par ces dangereuses hésitations :

AVIS

1º Marche de des Pallières avec environ 30,000 hommes sur Pithiviers, le 23 de ce mois.
2º Occupation de Pithiviers, le jeudi 24, par le même.
Ordre formel est donné au général d'Aurelle d'avancer pendant la journée du 22, et il lui est expressément ordonné de continuer le mouvement prescrit ci-dessus.
La journée de demain sera consacrée à l'exploration complète du terrain.
Tours, 21 novembre 1870.
Le délégué du ministre de la guerre,
FREYCINET.

C'est le 23 seulement que, sans avoir rien fait, le général d'Aurelle répondait :

Vous me recommandez de méditer un projet d'opération ayant Paris pour suprême objectif. La solution de ce problème n'est pas la moindre de mes préoccupations. Pour la résoudre, il faut la coopération et l'entente du gouvernement et de l'armée représentée par les chefs que vous avez investis de votre confiance.
En ce qui me concerne, vous pouvez compter sur mon dévouement absolu. Dieu veuille mettre mes forces à la hauteur de mon dévouement.

S'il y a lieu de s'étonner d'une chose, après un pareil échange de correspondances, c'est de la longanimité de Gambetta et de la persistance du général en chef à garder la direction d'une opération pour le succès de laquelle il manquait au moins de confiance. Parler ainsi, c'est essayer d'être aussi parlementaire que le fut Gambetta dans ses rapports avec le général d'Aurelle, qui négligea absolument d'étudier lui-même un plan, et, s'il l'avait étudié ainsi qu'il y avait été convié, d'en faire part au ministre de la guerre.

Cependant, les premières colonnes de l'armée du prince Frédéric-Charles commençaient à se montrer sur la Loire, il fallait à tout prix essayer de les retenir dans leur marche vers Orléans, et pour cela Gambetta résolut de diriger vers Pithiviers et Beaune-la-Rolande le corps d'armée du général Crouzat, avec le double objectif d'assurer la droite du général d'Aurelle et de vaincre ses hésitations, en même temps que de déblayer le terrain à parcourir par l'armée de secours dans sa marche vers Fontainebleau.

En outre, pour donner les mêmes avantages au général d'Aurelle, sur la gauche, il avait créé au Mans le 21e corps, destiné à garder les positions en arrière à mesure que l'armée principale s'avancerait sur Pithiviers.

Il convient de dire que ce 21e corps, formé de troupes très jeunes et peu solides, avait eu le désavantage dans une attaque dirigée contre lui, le 21 novembre, par le duc de Mecklembourg; mais Gambetta, qui déjà ne quittait pour ainsi dire plus les quartiers généraux de nos armées, était arrivé dès le 22 au Mans, et de ce corps débandé il avait reformé, en moins de trois jours, un noyau de 35,000 hommes dont il confiait le commandement au général Jaurès, officier de marine, qu'il renforçait encore par 10,000 hommes de troupes régulières expédiées de Tours en moins de trente-six heures, avec une nombreuse artillerie, et destinées à garder Montoire et Vendôme. En même temps, il expédiait du camp de Conlie, où il s'était rendu le 24, un renfort sérieux au général de Sonis qui occupait Châteaudun et la ligne de la Conie avec le 17e corps.

Ces différents corps d'armée, le 17e et le 21e à gauche, le 18e et le 20e à droite, quoique ne faisant pas encore officiellement partie de l'armée de la Loire proprement dite, n'en constituaient pas moins pour elle de solides appuis.

A tous les plans que Gambetta lui soumettait, le général d'Aurelle, ainsi qu'on l'a vu déjà, soulevait des objections, mais il ne proposait lui-même aucune modification, encore moins un plan d'ensemble.

On ne pouvait cependant le laisser passer l'hiver à Orléans, car les Prussiens d'une part, l'humidité du sol de l'autre, les deux objections principales toujours mises en avant par lui, ne pouvaient qu'augmenter pendant longtemps encore, et devaient durer bien plus que les approvisionnements de la capitale de la France, si l'on ne venait pas à son secours.

Pour sortir de cette trop longue période d'inaction, l'administration de la guerre fit commencer, le 24 novembre, le mouvement des 18e et 20e corps dans la direction de Beaune-la-Rolande.

Les journées du 24 et du 25 se passèrent sans incidents ; l'ennemi, qui ne se sentait pas en force, évacua Montargis et se retira précipitamment vers Beaune-la-Rolande et Pithiviers.

Les journées du 27 et du 28 furent marquées par une série d'engagements heureux à Ladoue, Maizières et Juranville ; ce n'est qu'à la suite d'un renfort amené à Beaune-la-Rolande par le prince Frédéric-Charles, que nos troupes, après en avoir d'abord délogé l'ennemi, durent reculer à une très faible distance. Il est incontestable que, si à ce moment le général d'Aurelle avait fait avancer les troupes de des Pallières vers Pithiviers, on se serait emparé de cette position, car, malgré le mouvement de recul, fort peu accentué du reste, de nos troupes devant Beaune-la-Rolande, le prince, reconnaissant qu'il ne pouvait y tenir, l'abandonna après l'avoir incendiée ; ces faits d'armes eurent pour conséquence d'arrêter le mouvement que le duc de Mecklembourg avait commencé pour nous tourner par la gauche, et il était au moins bizarre d'entendre plus tard le général d'Aurelle contester que le gain de cette journée fut pour nous, car il n'y avait qu'à lui opposer ses propres rapports qui ne laissaient pas subsister le moindre doute à cet égard.

Il est indispensable ici de bien préciser la position de toutes les forces pour bien fixer les responsabilités, car, après l'insuccès, on n'a pas plus manqué d'accuser Gambetta d'impéritie dans la combinaison de ses plans.

que de prépotence et de cruauté envers les généraux qui n'avaient pas su les exécuter.

La petite armée de Garibaldi s'élevant à peine à 16,000 hommes, tout en défendant les défilés du Morvan, exécutait sur les derrières de l'armée du prince Charles les coups de main de Châtillon-sur-Seine et d'Auxon-sur-Aube; le 26, Garibaldi lui-même tentait, avec une poignée de soldats, une surprise de nuit sur Dijon et en délogeait Werder qui y était cantonné, depuis le 31 octobre, avec 35,000 hommes et 70 pièces de canon.

Sachant que la ville d'Autun, où était son centre d'action, était menacée, Garibaldi se repliait en toute hâte vers ces défilés du Morvan dont on lui avait confié la garde, et où l'ennemi le retrouvait le 1er décembre, lui disputant victorieusement le passage dans Autun même, et lui barrant à la fois la route de Nevers par où il pouvait se porter sur les derrières de la seconde armée de la Loire, ou celle du Creuzot dont il voulait, en passant, brûler les établissements pour descendre ensuite sur Lyon.

Le 27 novembre, le général Farre, qui avait remplacé le général Bourbaki à l'armée du Nord et qui disposait de 25,000 hommes, avait un sérieux engagement à Villers-Bretonneux, à la suite duquel le général Manteuffel descendait vers Rouen.

Le général Depointe, dans le Nivernais, tenait en éveil l'ennemi dans cette direction par des engagements quotidiens d'avant-poste.

L'administration de la guerre, dirigeant l'ensemble

de tous ces mouvements, empêchait donc les efforts de l'ennemi de se concentrer sur l'armée de la Loire, en le forçant à veiller sur tous les points à la fois. Ce n'est qu'avec les dépêches, les ordres de service et de marche que cette relation est écrite, et, sans se laisser égarer par les attaques malveillantes des ennemis de celui dont on raconte la vie, ou par les louanges exagérées de quelques imprudents amis, on ne dit ici que la vérité sans passion ni crainte.

Le 29 novembre, la dépêche suivante fut envoyée au général d'Aurelle :

Le mouvement tournant de l'ennemi sur la gauche se trouve aujourd'hui arrêté, par suite des dispositions que nous avons prises, tant à Montargis, Pithiviers, que vers Saint-Calais, Vendôme. Nous ne voyons plus d'inconvénient à ce que le 17e corps se rapproche de vous, ainsi que vous en avez témoigné le désir au moment où nous l'avons fait rétrograder sur Marchenoir.

En conséquence, si vous jugez que le voisinage du 17e corps soit nécessaire pour renforcer vos positions, vous pouvez rappeler vers vous de Sonis, auquel nous envoyons copie de la présente. Si vous le rappelez, en effet, il nous semble que le mieux, quant à présent, serait d'établir son centre vers Coulmiers, appuyé à droite sur le bois de Montpipeau, et à gauche vers Prénouvellon. Les troupes de Vendôme pourraient remonter vers Morée et observer Cloyes. La forêt de Fréteval continuerait à être gardée. De notre côté, nous occuperons Vendôme directement. Au surplus, le 17e corps étant sous vos ordres, vous vous en servirez comme vous le jugerez utile.

Une dernière fois, nous le répétons, était-il possible de mieux faire et de mieux dire, du moment où l'on était décidé à ne pas opposer la rigueur aux indécisions, et les critiques les plus malveillantes peuvent-elles trouver quelque chose à reprendre dans la conduite d'un homme qui faisait sortir des armées de terre, les équipait et les armait en un clin d'œil, et les disposait de cette façon sur le terrain de la lutte ?

Gambetta avait reçu du général Trochu, en date du 18, une dépêche ainsi conçue :

> Je lis à l'instant votre dépêche à J. Favre, annonçant la victoire de Coulmiers. — Elle excite au plus haut point mon intérêt et mon zèle. — Il me faudra au moins huit jours pour être en mesure. — Nous avons de quoi vivre largement jusqu'à la fin de l'année, mais l'esprit public pourrait ne pas nous suivre jusque-là, et il faut que notre problème soit résolu bien avant.

La dépêche étant du 18, les huit jours prévus reportaient au 26.

Dans celle qu'il adressa à la date du 24, mais qui n'arriva à Tours que le 30, car le ballon était allé tomber en Norwège, le gouverneur de Paris disait encore :

> Les nouvelles reçues de l'armée de la Loire m'ont naturellement décidé à sortir par le sud et à aller au-devant d'elle, coûte que coûte. C'est lundi (28 novembre) que j'aurai fini mes préparatifs poussés de jour et de nuit. Mardi 29, l'armée extérieure, commandée par le général Ducrot, le plus énergique de nous, abordera les positions fortifiées de l'ennemi et, s'il les enlève, poussera vers la Loire, probablement dans la direction de Gien ; j'estime que si votre armée est décidément tournée vers la gauche, elle doit passer la Loire, se retirer vers Bourges par

Lamotte-Beuvron et Vierzon. Il faut prendre garde au *Morvan où l'on dit que pourrait arriver le corps prussien qui allait vers Lyon et dont on n'a pas de nouvelles.*

Or, on sait que par le mouvement en avant du Mans, la gauche de l'armée de la Loire était déjà à l'abri, et que sur sa droite, par la bataille d'Autun, Garibaldi allait arrêter la marche du corps prussien qui donnait des inquiétudes au général Trochu.

A posteriori, que les plus savants stratégistes prononcent! où trouver quelque chose à redire aux plans du ministre de la guerre et à l'ensemble des mouvements ordonnés?

Que ne put-il être à la fois à Tours et à Paris; devant sa table de travail et courbé sur des cartes, en même temps qu'à la tête des armées? La sortie du général Ducrot aurait eu probablement d'autres résultats et la campagne de la première armée de la Loire eût certainement mis fin à la guerre.

CHAPITRE IX

Retraite du général d'Aurelle.— L'armée de la Loire coupée en deux tronçons. — Abandon d'Orléans. — Circulaire aux préfets. — Gambetta aux quartiers généraux du Mans et de Bourges.

L'objectif étant la forêt de Fontainebleau, il n'y avait qu'à continuer l'opération commencée par la marche des 18e et 20e corps vers Beaune-la-Rolande.

Les cinq corps d'armée étaient désormais sous les ordres directs du général d'Aurelle.

Les 15e, 16e, 18e et 20e corps, ensemble 170,000 hommes, formaient l'armée expéditionnaire; le 17e, soutenu à gauche par le 21e, devait rester à Orléans.

Le 16e, traversant la route de Paris, devait attaquer Pithiviers par la plaine, pendant que le 18e et le 20e continueraient, dans la même direction, leur mouvement déjà dessiné dans la journée du 28 novembre.

Des dépêches avaient été envoyées aux généraux Briant à Rouen et Farre à Lille, leur demandant de seconder par des démonstrations concentriques, dans la direction de Paris, l'action commune des généraux Ducrot et d'Aurelle.

Gambetta, en parcourant tous les champs de bataille, avait pu s'assurer que, partout où l'armée prussienne avait passé, rien n'avait été épargné : que les écuries étaient vides, les greniers sans blé, les caves sans vin, que tout ce qui n'avait pu être emporté avait été brûlé sur place, que les arbres et jusqu'aux palissades des jardins avaient été arrachés, — système de dévastation qui entrait pour beaucoup dans le programme de l'ennemi ; — aussi, de nombreux convois de vivres étaient prêts à s'avancer ; ils portaient huit jours de subsistance pour une armée de 300,000 hommes.

Tout avait donc été prévu et préparé.

Au moment même où le mouvement commençait, on recevait à Tours une dépêche annonçant la sortie du général Ducrot et ses premiers succès, et Gambetta la faisait connaître à la province dans une proclamation où l'on remarquait ces mots : « L'armée de sortie est commandée par le général Ducrot, qui, avant de partir, a fait, à la manière antique, le serment solennel, devant la ville assiégée et devant la France anxieuse, *de ne rentrer que mort ou victorieux.* »

La journée du 1er décembre nous fut favorable ; malgré le froid intense et les chemins défoncés, nos troupes furent admirables d'entrain ; le 16e corps avait été engagé presque seul sur la gauche, et il gagna cependant la bataille de Villepion, du nom d'un village qui fut vivement disputé. Sur la droite, quoique moins importants, quelques avantages avaient été obtenus par les 18e et 20e.

En apprenant ces nouveaux succès, la France tout entière tressaillit d'allégresse, et l'on voyait déjà nos jeunes soldats entrant dans Paris débloqué, et l'armée allemande fuyant en déroute ; mais il ne faut pas oublier qu'on était au 2 décembre, que la victoire de Coulmiers, quoique ayant pu avoir lieu bien plus tôt, datait déjà du 10 novembre, que quinze à seize jours devaient suffire à l'armée du prince Charles pour arriver de Metz devant Orléans, et enfin que sa jonction avec le duc de Mecklembourg venait de s'opérer sans entraves, grâce à l'immobilité du général d'Aurelle.

Le 2 décembre, le 16e corps continua sa marche, il avait devant lui le duc de Mecklembourg, avec 60,000 hommes de troupes aguerries, dont l'objectif était de se glisser entre le 15e et le 16e corps et de séparer le général Chanzy du général d'Aurelle.

Le général Chanzy, qui avait d'abord pris l'offensive, dut, vers le soir, se résigner à la défensive, mais, dans l'une comme dans l'autre phase, il fut, et ses divisionnaires furent, ainsi que lui, admirables d'élan, de précision et de sang-froid.

Médiocrement soutenu sur sa droite par la division Morandy, du 17e corps, il dut reculer devant un mouvement général du duc de Mecklembourg sur son flanc droit, et prit position au nord-est de Patay, en donnant avis au général en chef « qu'il était indispensable que, dès le point du jour, le 15e corps se mît en mouvement de ce côté, de façon à faire entendre son canon sur les derrières de l'ennemi qui cherchait à le tourner sur sa gauche et peut-être sur sa droite. »

Pendant la journée du 2, les 18e et 20e corps n'avaient pris aucune part à la lutte, et n'avaient plus cependant devant eux le prince Frédéric-Charles qui, après un combat devant Loigny, et par un mouvement très hardi de conversion sur sa droite, avait fait sa jonction avec le duc de Mecklembourg, de manière à opposer à notre centre un corps compact de 110 à 120,000 hommes, et à séparer ainsi notre armée en deux tronçons, rejetant le 16e et le 17e corps sur sa droite, et le 15e et le 21e sur sa gauche.

Cette journée fit ressortir les vices de notre organisation, qui ne laisse, pour ainsi dire, aucune initiative aux chefs de corps, et qui la réserve tout entière au général en chef : il en résulte que, si celui-ci manque de coup d'œil ou de sang-froid, une partie des forces est stérilisée ; c'est ce qui arriva dans la journée du 2 décembre aux 18e et 20e corps, qui restèrent inactifs devant Beaune-la-Rolande, et à qui on aurait dû faire exécuter le même mouvement qui avait si bien réussi au prince Frédéric-Charles, dont le succès eût été transformé en revers.

Le général d'Aurelle favorisa singulièrement la manœuvre du prince qui cherchait à entrer comme un coin entre les deux moitiés de notre armée, en ordonnant au général Chanzy de se retirer sur Saint-Peravy et en revenant lui-même à Chevilly, comme il le télégraphiait à Tours dans sa dépêche du 3 décembre, 3 heures 45 du matin.

Un journal anglais publia, sur cette journée du 2 décembre, le compte rendu suivant d'un de ses correspondants qui suivait l'état-major de l'armée allemande. Il convient de laisser ici la parole à un témoin qui était loin de nous être sympathique :

> Le résultat de cette bataille, quoiqu'il ne constituât pas un succès pour les Français, n'était nullement décourageant, au point de leur rendre la reprise de l'offensive impossible pour le lendemain, et on supposait généralement que le 2 décembre n'était que le prélude d'une bataille décisive pour le jour suivant.
> Au lieu de cela, la matinée du 3 vit les Français en pleine retraite. Pour une raison ou pour une autre, le général de Paladines prit ses arrangements pour retirer son armée immédiatement après la fin de l'action où il avait reçu un échec, mais sans être le moins du monde battu, et pendant la nuit du 2, ses plus lourds bagages filèrent à l'arrière. Le point mystérieux est de savoir pourquoi le général de Paladines s'est retiré d'Artenay, le samedi (3 décembre), au lieu de défendre ses positions un jour de plus, avec une armée de près du double de celle de ses adversaires.

Il suffit d'opposer cette relation à celle du baron Von der Goltz qui prétend qu'une des causes les plus sérieuses de l'insuccès venait des ordres lancés pardessus la tête du général en chef, et que Gambetta ne cherchait qu'à couvrir des combinaisons erronées, en rejetant ses fautes sur ses subordonnés militaires.

Il fallait bien que Gambetta fît des plans de campagne, puisque le général en chef n'en faisait pas; mais après la rencontre, et dès que l'action était commencée, son rôle finissait et il avait scrupuleusement rempli tous ses devoirs en mettant largement entre les mains du général d'Aurelle, qui avait discuté et accepté ces plans, tous les moyens pour les exécuter.

Il est faux de dire que nos jeunes milices n'étaient pas en état de lutter contre les soldats allemands. Partout où l'exemple du chef ne leur a pas manqué elles ont lutté avantageusement, à nombre égal et même en nombre inférieur, sous la pluie, sous la neige, au milieu des routes défoncées et des terrains labourés par la mitraille. Elles ont étonné même leurs ennemis par leur mâle attitude, et, après des succès transformés quelquefois en revers par la mauvaise direction donnée aux opérations sur le terrain, les os glacés et l'estomac vide, elles avaient encore le mot pour rire, et disaient tout bas que Paladines n'était que la femelle de Paladin.

Des mesures rigoureuses pouvaient seules conduire au but. Gambetta recula plus d'une fois devant celles que lui proposait M. de Freycinet.

Révolutionnaire lui-même, et improvisé homme d'Etat et stratégiste, il n'aurait pas dû hésiter. En un mois il avait fait de Cremer, simple capitaine en second, un général de brigade ; en dix jours, du colonel Billot il a fait un général de division, il pouvait, sans qu'on trouvât la chose plus extraordinaire, en faire un général en chef ; et Chanzy, qui à Coulmiers et à Villepion venait de donner des preuves d'une rare fermeté au feu, ne pouvait-on pas aussi augmenter ses attributions au milieu de ce terrain où il avait promené victorieusement nos mobiles et nos mobilisés ? et Garibaldi enfin, dont les succès dans l'Est étaient incontestables, qui, au lieu de se laisser surprendre, avait dix fois surpris l'ennemi, ne pouvait-on pas, méprisant les clabauderies des faux patriotes et des faux dévots, augmenter sérieusement ses moyens d'action ? Mais comme l'a dit M. de Goltz lui-même, à ce sujet, Gambetta eut « la main molle, » et M. de Freycinet avait raison de lui dire dans une dépêche : « Le fétichisme des grandeurs militaires est ce qui nous a précipités dans la ruine. Je sais bien que, si j'étais le maître, il y a longtemps que j'aurais rompu avec ce préjugé. »

Ces tempéraments ne devaient, d'ailleurs, que rendre plus acrimonieuses les critiques rétrospectives de la plupart des officiers de l'ex-armée impériale, que Gambetta espérait vainement convertir.

Les conséquences de la retraite ordonnée le 2 au soir devaient être terribles.

Ce n'était rien encore que d'avoir reculé sans nécessité, on allait reculer encore : dans la nuit du 3 au 4 décembre, le général qui avait dit : « Dans le camp retranché d'Orléans, je me fais fort, avec 40,000 hommes, de tenir tête à 200,000, » télégraphiait à Tours qu'il lui était impossible de ne pas battre en retraite derrière la Loire. Et cependant, avant le commencement de l'action, l'ennemi était loin de s'élever à ce chiffre, et il avait en outre perdu beaucoup de monde dans les engagements du 2 et du 3.

Il est inutile de rappeler encore quelles étaient les forces qui composaient l'armée de la Loire.

Malgré les observations du gouvernement, et après avoir cependant, le 4, à 11 h. 55 du matin, télégraphié à Tours : « Change mes dispositions ; dirige sur Orléans 16ᵉ et 17ᵉ corps ; appelle 18ᵉ et 20ᵉ, organise résistance, suis à Orléans, à la place, » et reçu les félicitations du gouvernement pour cette nouvelle résolution, le général d'Aurelle disait une dernière fois, à 5 h. 15 du soir : « J'avais espéré, jusqu'au dernier moment, pouvoir me dispenser d'évacuer la ville d'Orléans, tous mes efforts ont été impuissants. Cette nuit la ville sera évacuée. » Puis il disparaissait et l'on n'entendait plus parler de lui.

Gambetta qui, à la suite de l'avant-dernière dépêche, était immédiatement parti pour Orléans, vit son convoi arrêté à la Chapelle par un détachement de cavalerie ennemie qui avait barré la voie avec des madriers et des abatis d'arbres, et avait établi une batterie qui lança plusieurs obus sur le train.

Le général en chef, quoique informé de l'heure exacte de son départ de Tours, n'avait pas prévenu le ministre de la guerre qu'en accourant vers Orléans il pouvait tomber au milieu d'un parti ennemi.

Gambetta rétrograda avec le train jusqu'à Beaugency, de là il alla à Blois en voiture, et ne rentra à Tours qu'à trois heures du matin, après avoir reçu une dépêche de M. de Freycinet, qui lui annonçait l'évacuation définitive d'Orléans. Toute cette situation était clairement indiquée dans une circulaire qui fut immédiatement expédiée à tous les préfets, et qui contenait aussi une dépêche que le général Trochu avait expédiée par le ballon *Franklin*, signalant *les victoires du 2 et du 3* et les grandes pertes de l'ennemi en présence de qui, pour la première fois de la campagne, on avait effectué en plein jour *le passage d'une rivière*.

Le 4 décembre à minuit, c'est le général des Pallières qui adressa au gouvernement la dépêche suivante :

L'ennemi ayant proposé notre évacuation d'Orléans à onze heures et demie du soir, sous peine de bombardement de la ville, comme nous devions la quitter cette nuit, j'ai accepté au nom du général en chef (?).
Les batteries de la marine ont été enclouées, la poudre et le matériel détruits.

De fait Orléans était officiellement évacué à minuit, mais les Prussiens y entraient déjà à onze heures et demie, « presque sans munitions, » dit le secrétaire général de la préfecture, dans une dépêche qu'il expédiait de la Ferté-Saint-Aubin à Tours, le 5 décembre, à 4 heures 25 m. du matin. Mais par les actes d'héroïsme innombrables qu'on peut signaler pendant cette terrible journée, par les résultats partiels obtenus par quelques-uns de nos officiers généraux, par le respect que notre armée sut imposer à nos ennemis eux-mêmes étonnés de leur victoire, on se demandera : Que ne peut-on obtenir avec de pareils soldats animés du souffle patriotique et commandés par des chefs capables ?

Qu'étaient devenues ces troupes sur lesquelles la France avait fondé tant d'espoir, qu'on n'avait réunies, armées, instruites et disciplinées qu'après des efforts et des sacrifices inouïs? Une partie, — environ 16,000 hommes, — surprise par le court délai accordé dans la convention, n'eut pas le temps de quitter la ville et fut faite prisonnière ; le reste se retira péniblement, divisé en trois tronçons, sur Vierzon, Blois et Gien, inquiété encore par l'ennemi dans ces deux dernières directions, mais faisant toujours bonne contenance.

La résistance du général Chanzy, à Josnes, fut surtout remarquable.

Il ne faut rien dire de plus de la direction donnée aux mouvements, ni des hésitations fâcheuses qui empêchèrent l'armée de la Loire de profiter des succès obtenus à Coulmiers, à Villepion et à Beaune-la-Rolande.

Il suffit d'exposer tous ces faits pour prouver qu'on ne peut se montrer à la fois plus infatigable travailleur, plus ardent patriote, plus profond organisateur et plus habile stratège que ne le fut Gambetta dans cette deuxième phase des malheurs qui tombèrent sur la France, alors que tout avait été préparé par lui pour la sauver.

Que ne suivit-il l'exemple que donne l'administration de la marine chaque fois qu'un commandant perd son navire ? Un conseil de guerre décide si l'officier a fait son devoir, et souvent celui qui a perdu son navire est honoré et récompensé s'il a bien agi. On le punit s'il a été coupable.

Quelques malveillants ont reproché deux choses à Gambetta, au sujet de la marche sur Pithiviers :

1° La précipitation de la mise en mouvement.

Mais elle était indispensable, et tous les moyens d'action étaient prêts; les dépêches de Trochu et de J. Favre commandaient d'ailleurs impérieusement de ne pas retarder l'action d'une seconde.

2° La prétendue erreur géographique qui fit confondre Epinay-lès-Saint-Denis, où mourut Dagobert, avec Epinay-sur-Orges, station du chemin de fer d'Orléans, à 24 kilomètres de Paris. Mais la faute, si faute il y a, ne pouvait être imputée qu'au rédacteur de la dépêche qui, après avoir parlé précédemment de la sortie du général Ducrot et de sa marche vers Fontainebleau et Gien, parlait, à propos d'un mouvement de nos troupes de marine en avant de Saint-Denis, et sans le spécifier, de l'occupation d'Epinay, sans autre désignation, et faisait nécessairement supposer que les lignes d'investissement avaient été franchies et que le général Ducrot, suivant le programme annoncé, descendait entre le Loing et l'Yonne à la rencontre de l'armée de la Loire.

Au lieu de le blâmer, on ne pouvait que féliciter Gambetta de sa précipitation à agir, et l'on peut de même réfuter toutes les critiques qu'on lui a adressées, après la guerre, pour si misérables qu'elles soient.

La disposition nouvelle de nos armées, divisées en trois tronçons et séparées par la Loire, ne comportant plus de commandement en chef, le général d'Aurelle fut *naturellement* relevé de ses fonctions.

Il avait annoncé qu'il publierait le récit de cette campagne et, toujours hésitant, il est mort sans l'avoir fait; c'est regrettable, mais ils sont bien mal inspirés ceux qui, à propos de cette campagne de l'armée de la Loire, du général d'Aurelle et de Gambetta, prodiguent des éloges au premier et des critiques au second.

n'y a qu'un reproche à adresser au ministre de la guerre dans la campagne devant Orléans : il fut plein de mansuétude, il devait être impitoyable.

Gambetta, ayant pris l'habitude de se porter partout où était le danger, se rendit au quartier du général Chanzy, dont la ténacité à résister dépassait celle que le prince Frédéric-Charles mettait à le poursuivre en croyant avoir devant lui la plus grande partie de l'armée de la Loire.

Il faut laisser encore cette fois la plume au correspondant anglais qui suivait l'état-major allemand, et qui, également dans l'erreur sur le chiffre des contingents du général Chanzy, écrivait :

Le fait est que les Français nous sont supérieurs en nombre, deux contre un au moins, peut-être davantage, et qu'ils reçoivent continuellement des renforts. Ils ont en outre un choix de positions et un général qui semble ne pas ignorer quand il en possède une bonne et qui sait la tenir.

Les combats des quatre derniers jours ont probablement encouragé les Français, car ils ont été si longtemps étrangers à la victoire qu'ils doivent reprendre espérance quand ils ne sont pas battus. Ils ont maintenant combattu pendant huit jours sur dix, et des troupes de nouvelle formation qui peuvent accomplir cela contre des vétérans et ne pas être défaites le dixième jour, ont tout droit d'espérer que la chance tourne en leur faveur. Les Allemands, de leur côté, commencent à être stupéfaits de cette persistance extraordinaire. Ils ont été si longtemps accoutumés à des succès étonnants que c'est une expérience nouvelle pour eux d'être tenus en échec quatre jours consécutifs par cette armée de la Loire si méprisée, et d'être obligés d'appeler des renforts.

Ce n'est donc pas sans raison, après la retraite d'un corps de 20,000 hommes que le prince Frédéric-Charles avait conduit vers Blois sur les derrières du général Chanzy, que Gambetta, à qui on a injustement reproché encore d'avoir plusieurs fois trompé le pays sur la véritable situation de nos armées, put envoyer la circulaire suivante :

L'armée de la Loire est loin d'être anéantie, elle est séparée en deux armées d'égale force.
Le mouvement de retraite des Prussiens s'est accentué. Ils paraissent fatigués de la guerre; si nous pouvons durer, et nous le pouvons, si nous le voulons énergiquement, nous triompherons d'eux.
Ils ont déjà éprouvé des pertes énormes, suivant des rapports qui m'ont été faits; ils se ravitaillent difficilement; mais il faut se résigner aux suprêmes sacrifices, ne pas se lamenter et lutter jusqu'à la mort.
A l'intérieur, l'ordre le plus admirable règne partout.
Le gouvernement de la défense nationale est partout respecté et obéi.

Gambetta songea un instant à faire reprendre l'offensive à la deuxième fraction de l'armée de la Loire qui se reformait autour de Bourges, et à la diriger une seconde fois vers Fontainebleau, entre le Loing et l'Yonne, de manière à la protéger par la première de ces rivières contre les troupes de Frédéric-Charles, et par la seconde contre celles qui auraient pu venir de l'Est.

A son retour de Josnes où il était resté plusieurs jours au milieu des troupes du général Chanzy, il s'était rendu à Bourges près du général Bourbaki, afin de relever le moral des troupes dont on venait de lui donner le commandement. Il les renforça par 20,000 hommes nouveaux, ceux qui s'étaient retirés d'Orléans vers Gien et Vierzon ; mais l'aspect de ces soldats, désorganisés bien plus par le froid et la confusion de la retraite qu'ils ne l'eussent été par des engagements meurtriers, lui fit abandonner ce projet.

Il ne restait plus qu'une chose à faire : réorganiser au plus vite l'armée de Bourbaki, et, la position du gouvernement à Tours ne pouvant que préoccuper et gêner le général Chanzy dans l'admirable retraite qu'il opérait et qui sera son plus beau titre de gloire, lui enlever cette préoccupation en déplaçant le siège de la délégation.

Gambetta se décida donc à abandonner la capitale de la Touraine et à transporter tous les services à Bordeaux.

CHAPITRE X

Transfert des services de Tours à Bordeaux. — Gambetta à Lyon. — Son arrivée à Bordeaux. — Discours du 1er de l'an. — Préparatifs de la campagne de l'Est. — Le général Bourbaki à Chagny.

Pendant que s'opérait le transport des services de Tours à Bordeaux, Gambetta retourna à Josnes, et du 5 au 27 décembre ne cessa un seul instant de parcourir tous les points du territoire où l'on combattait, sinon pour aller activer, soit à Bourges, soit au camp de Conlie, soit dans le Nord, l'organisation des nouveaux corps d'armée qu'on préparait pour la lutte suprême.

Il avait pu, dans ces différents voyages, se rendre compte des privations et des souffrances endurées par les troupes campées sous des abris insuffisants; aussi des ordres de cantonnement furent-ils immédiatement envoyés à tous les généraux pour qu'ils eussent à loger, autant que possible, les troupes dans les édifices publics et ensuite dans les maisons particulières.

L'idée de marcher sur Fontainebleau lui revint une troisième fois, le 11 décembre, après qu'il se fut bien assuré de la vigoureuse résistance de Chanzy et après les succès obtenus par les troupes territoriales de Nièvre qui venaient de chasser les Bavarois de Briare, Ouzouer et Gien, et de déblayer, pour ainsi dire, tout le terrain qu'aurait à parcourir une armée de secours partant des environs de Bourges dans la direction de Fontainebleau.

Il avait écrit à ce sujet à Bourbaki, en lui signalant cette absence presque complète d'ennemis devant lui, et la gloire qu'il pouvait retirer d'une marche rapide sur Fontainebleau d'où l'on n'était plus qu'à deux journées de marche de Paris, avec des troupes reposées, des commandants jeunes et actifs, ne demandant qu'à aller de l'avant, ayant toutes les qualités de la race franque : « Vous leur parlerez, disait-il, vous les entraînerez ; » mais le nouveau commandant de la 2e armée de la Loire avait catégoriquement répondu qu'il était impossible de rien tenter avec les troupes dont on lui avait donné le commandement, avant qu'elles ne fussent mieux reposées et entièrement réorganisées.

Gambetta renonça dès lors définitivement à l'idée de la marche sur Fontainebleau, et s'appliqua spécialement à organiser fortement l'armée qui allait devenir la nouvelle armée de l'Est.

Le 18 décembre avait eu lieu la bataille de Nuits, qui fut très meurtrière pour les légions mobilisées du Rhône dont la belle contenance avait réussi à disputer aux Badois la possession de cette ville.

Dans les clubs de la Croix-Rousse, à Lyon, quelques énergumènes, exagérant encore des versions erronées, répandues par la malveillance sur cette bataille, avaient prétendu que « les légions du Rhône, à Nuits, avaient été écrasées sous les yeux de la troupe qui les avait laissé massacrer; » ces excitations funestes avaient provoqué des manifestations indignées au sein de la population des faubourgs.

Le 20 on avait sonné le tocsin et on se préparait à se porter sur l'hôtel de ville. Quelques meneurs du club de la salle Valentino voulurent forcer M. Arnaud, commandant du 22e bataillon de la garde nationale sédentaire, à se mettre à la tête du mouvement, et comme il s'y refusait et cherchait à sortir de la salle, il avait été injurié, bousculé, et dans la mêlée avait été légèrement blessé au front d'un coup de baïonnette.

Pour se mettre en défense il avait mis le revolver à la main, et fait feu deux fois sans atteindre personne; mais le bruit de ces deux coups de feu avait exaspéré la foule, on l'avait ramené dans la salle où un semblant de tribunal venait d'être improvisé.

Le commandant Arnaud avait été de là entraîné au clos Jouve et fusillé.

A peine informé de ce funeste événement, Gambetta accourut à Lyon où depuis longtemps déjà M. Challemel-Lacour, préfet, se débattait difficilement contre les menées ultra-révolutionnaires, et, après avoir assisté aux funérailles solennelles qui furent faites à la victime de nos discordes civiles, il s'occupa activement de ramener la paix et la concorde au milieu de la population de cette seconde ville de France, sans transiger nullement avec les devoirs qu'imposaient au gouvernement la poursuite et la punition des coupables.

A la veille de partir de Lyon, et poussé peut-être à

cette mesure par son ami Challemel-Lacour, il décréta la dissolution des conseils généraux ; ce n'est que le 28 décembre qu'il arriva à Bordeaux.

Cette ville, depuis qu'on y avait transporté tous les services de la délégation, avait pris une physionomie essentiellement martiale ; les gardes nationales sédentaires y faisaient chaque jour l'exercice, notamment sur la promenade des Quinconces, aux abords de laquelle on voyait rangées ces nombreuses pièces d'artillerie des batteries Parrott qui devaient plus tard, devant la commission des marchés et à la Chambre, fournir à Gambetta une si belle occasion de montrer jusqu'où peuvent aller les calomnies contre ceux qui furent toujours purs de tout tripotage.

La température, moins rigoureuse à Bordeaux qu'à Tours, y rendait plus facile et moins triste la circulation, sur les promenades et dans les rues larges et bordées d'élégants édifices, d'une foule d'oisifs venus là, de tous les points de la France, pour s'y abriter.

Les hôtels étaient pleins jusqu'aux combles, les cafés et les restaurants regorgeaient de consommateurs, mais, quoique la ville s'enrichît en raison directe de l'appauvrissement des pays occupés, les habitants étaient loin de se désintéresser des affaires du pays, et imposaient, par leur attitude, la décence et le respect à un certain nombre d'émigrés à l'intérieur, qui avaient eu des velléités de critiques réactionnaires contre un gouvernement trop respectueux de la liberté de pensée et de parole.

L'administration de l'intérieur et de la guerre était à l'hôtel de la préfecture.

M. Crémieux avait installé ses bureaux dans un hôtel particulier de la rue des Fossés de l'Intendance.

M. Glais-Bizoin, promenant, quelque temps qu'il fît, ses guêtres blanches et son parapluie, était partout et nulle part.

La direction générale des postes et télégraphes occupait le local d'un cercle situé dans le bâtiment du grand théâtre.

Les bureaux des affaires étrangères et des finances étaient dans des maisons particulières de la rue Esprit des Lois, et c'était, du matin au soir, un va-et-vient continuel de personnages aux costumes exotiques, moins étranges quelquefois que ceux de certains indigènes.

Malgré quelques velléités réactionnaires ou ultra-démagogiques, manifestées dans des espèces de clubs improvisés et rapidement étouffées sous le bon sens et le véritable patriotisme de la population, sans que le gouvernement songeât à intervenir, on était, à Bordeaux, plein d'espoir dans le succès final de la campagne, et les revers récents n'avaient pas abattu les courages; il y régnait l'ordre le plus parfait et, lorsque Gambetta y arriva, une immense acclamation l'accueillit sans pouvoir le détourner cependant des questions brûlantes qui réclamaient tout son temps et toute son énergie.

Pendant quelques jours il fut, pour ainsi dire, invisible à tous, travaillant sans relâche avec M. de Freycinet et les autres chefs de service.

Le 1er janvier cependant, une foule innombrable, le tout Bordeaux d'alors, s'était portée dans la cour et aux abords de la préfecture, acclamant le *dictateur* et saluant en lui l'incarnation, l'âme de la France.

Le conseil municipal était venu lui faire la visite officielle du premier de l'an, et pendant les causeries intimes on entendait au dehors les cris formidables de : Vive la République ! Vive Gambetta ! interrompus seulement par les fanfares et la musique municipales jouant la *Marseillaise* que chantaient aussi plus de cent mille voix, et quelles voix que celles des Bordelais !

Gambetta se présenta au balcon de la préfecture et, un silence solennel succédant aussitôt aux bruits assourdissants, il prononça une allocution dans laquelle, après avoir rendu hommage à la persévérance et à la ténacité des efforts, il flétrissait le pouvoir corrupteur qui avait livré la France à l'étranger ; il rappelait que c'était à Bordeaux même que l'homme de Sedan avait dit cette mémorable imposture : *l'empire c'est la paix*, et que la République avait assumé le devoir et l'honneur de sauver la France.

Il parla de ces hommes du pouvoir fuyant au 4 septembre la responsabilité et laissant nos arsenaux vides après avoir livré nos armées, mais essayant, lorsque la République leur a assuré la quiétude et la sécurité, de venir contester la légitimité de son origine, en médisant des républicains prêts à descendre du pouvoir dès qu'ils auront accompli leur tâche qui est d'expulser l'étranger.

Cette tâche, dit-il, qu'il faut conduire jusqu'au bout, qu'il faut accomplir à tout prix jusqu'à l'entière immolation de soi-même, ce succès qu'il faut atteindre, sous peine de périr déshonorés, implique deux conditions essentielles : la première, la garantie et le respect de la liberté de tous, la liberté complète, la liberté jusqu'au dénigrement, jusqu'à la calomnie, jusqu'à l'injure; la seconde, le respect pour tous, amis et dissidents, du droit et de la puissance gouvernementale. Le langage doit être libre comme la pensée, respecté dans ses écarts jusqu'à cette limite fatale où il deviendrait une révolution et engendrerait des actes. Si on franchissait cette borne, et j'exprime ici l'opinion de tous les membres du gouvernement, vous pouvez compter sur une énergique répression.

Remerciant ensuite la population de Bordeaux au nom de Paris dont l'exemple soutient, guide et enflamme la province, il termine par ces mots :

Oh! que ne sont-ils témoins, nos chers assiégés, de toutes les sympathies, de tous les dévouements que suscite leur vaillance! leur foi dans le succès s'en accroîtrait encore, si toutefois elle peut s'accroître. Nous leur transmettrons vos vœux, citoyens; puissions-nous bientôt, nous frayant un passage à travers les lignes ennemies, les leur porter de vive voix, avec l'expression de l'admiration du monde et de la profonde et impérissable gratitude de la France! Vive la France! Vive la République!

Il serait impossible à ceux qui n'ont pas assisté à cette scène de se faire une idée du délire patriotique de la population de Bordeaux à la suite de cette allocution. Ce que peut une parole puissante et inspirée sur les masses, on le reconnaissait à la frénésie de tout ce peuple décidé à tout pour seconder dans ses efforts celui qui personnifiait si complètement la résistance à l'envahisseur.

On savait ce qu'il avait fait déjà, on devinait aussi, par l'activité déployée dans tous les services et peut-être aussi par suite de quelques indiscrétions, qu'un grand coup allait être tenté, sans qu'on pût cependant savoir où ; malgré les nombreux espions soldés ou inconscients que l'ennemi avait au cœur même du pays, il faut dire que ces indiscrétions n'apprirent rien, en Prusse ni au grand quartier général à Versailles. des projets déjà en cours d'exécution de l'administration de la guerre, car, dans les rapports du grand état-major allemand, au sujet de la campagne de l'Est, on déclare que ce n'est que longtemps après le passage de l'armée de la vallée de la Loire dans la vallée de Saône, et, pour ainsi dire, au moment du choc devant Villersexel, que nos ennemis purent avoir connaissance du mouvement préparé dans l'Est.

Les plans de cette campagne avaient été longuement élaborés dans les bureaux de M. de Freycinet, pendant les voyages de Gambetta au commencement du mois de décembre. Les chefs d'état-major avaient été appelés à Bordeaux ; M. de Serres, intermédiaire entre M. de Freycinet et Bourbaki, et M. de Freycinet lui-même étaient allés plusieurs fois discuter le plan de la nouvelle campagne au quartier général du nouveau commandant en chef.

On avait, en somme, repris l'idée première, émise

à Tours, d'une campagne dans l'Est qui, en séparant l'armée ennemie, sous Paris, de sa base d'opération, devait amener infailliblement la levée du siège de Belfort et, par une marche rapide, débloquer Paris.

M. de Freycinet avait vainement essayé de persuader à Gambetta que le général Bourbaki n'était pas l'homme voulu pour bien mener cette campagne qui exigeait des qualités spéciales.

Ce n'est pas, en effet, parce qu'un officier, au début de sa carrière, aura montré du courage, de la témérité même, comme colonel d'un régiment ou comme chef d'une brigade, qu'on peut en inférer qu'il aura la prévoyance et la résolution nécessaires à la conduite d'une grande armée.

Personne ne pouvait douter du courage personnel du général Bourbaki qui, autrefois en Afrique et en Crimée, avait tenu à se montrer plus casse-cou que son collègue Tarbouriech ; mais, eût-on même, à la suite d'un défi, sauté à cheval du haut d'un pont dans la Seine, on n'en est pas pour cela plus capable de conduire un corps d'armée, encore moins une grande armée. Comme pour le général d'Aurelle devant Tours, Gambetta eut la main malheureuse en persistant à laisser au général Bourbaki le commandement en chef de la campagne de l'Est dont le plan est ainsi indiqué dans l'ouvrage de M. de Freycinet, *la Défense en province :*

On renoncerait, quant à présent, à marcher directement sur Paris. On séparerait les 18e et 20e corps du 15e et on les porterait rapidement en chemin de fer à Beaune. Ces deux corps, conjointement avec Garibaldi et Cremer, seraient destinés à s'emparer de Dijon, ce qui semblait très réalisable puisqu'on ferait agir 70,000 hommes environ contre 35 à 40,000 ennemis. Pendant ce temps, Bressoles et son armée se porteraient par chemin de fer à Besançon, où ils ramasseraient les 15 à 20,000 hommes de garnison. Cette force totale de 45 à 50,000 hommes, opérant de concert avec les 70,000 victorieux de Dijon, n'aurait pas de peine à faire lever, même sans coup férir, le siège de Belfort, et offrirait une masse compacte de 110,000 hommes, capable de couper les communications dans l'Est, malgré tous les efforts de l'ennemi. La seule présence de cette armée ferait lever le siège de toutes les places fortes du Nord et permettrait au besoin de combiner plus tard une action avec Faidherbe. En tout cas, on aurait la certitude de rompre définitivement la base de ravitaillement de l'ennemi.

Quant au 15e corps, séparé des 18e et 20e, il aurait pour mission essentielle de couvrir Bourges et Nevers en se retranchant dans les positions de Vierzon et en occupant solidement la forêt.

Plus tard, quand le 25e corps serait suffisamment formé, il pourrait relever, — comme il le fit en effet, — le 15e corps dans sa faction et lui permettrait de grossir, s'il y avait lieu, l'armée de l'Est.

On peut porter aux stratégistes du monde entier le défi de trouver quelque chose à redire à ce plan et aux moyens qui furent préparés par Gambetta pour en assurer le succès.

Le 20, le mouvement commença et les débuts de la campagne furent des plus heureux. L'armée du général Bourbaki avait pu commencer sa concentration à Chagny, sans que l'ennemi pût se douter de son déplacement, masqué qu'il était à la fois par la présence du 15e corps resté devant Bourges et Vierzon, et par les troupes légères de l'armée de Garibaldi qui escadronnaient entre Autun, Semur, Saulieu, Montbard et Nuits-sous-Ravières, et immobilisaient le corps d'armée du général Zastrow, cantonné dans le département de l'Yonne.

On ne peut en donner de meilleure preuve que l'extrait suivant de l'œuvre la plus diffamatoire, la plus immonde qu'on puisse imaginer, du rapport de M. Perrot de la commission d'enquête de Versailles. On y lit à la page 16, 3e paragraphe :

Les publications officielles faites en Allemagne depuis la guerre ne se sont pas trouvées d'accord avec cette appréciation. On peut voir dans le livre du major Blume, comme dans celui du colonel Vantersleben, que, jusqu'au 5 janvier, les états-majors prussiens, trompés d'un côté par la présence du 15e corps à Vierzon et de l'autre par des informations erronées, avaient cru le général Bourbaki sur la Loire, prêt à marcher sur Montargis.

Le premier objectif de la campagne était de s'emparer de Dijon que tenait le général Werder avec 35,000 hommes, et de se porter ensuite rapidement vers Lure et Vesoul. Or, pendant que les premières troupes de l'armée arrivaient à Chagny, sans que l'ennemi en eût connaissance grâce au rideau interposé par Garibaldi, les francs-tireurs de l'armée des Vosges faisaient sauter le pont de Buffon sur l'Armençon sous le feu des troupes de Zastrow, le 26 au soir, et entraient à Dijon dès *le 27 décembre à 6 heures du matin*, alors qu'au quartier général de Bourbaki on ignorait encore cet événement le 28 au matin, ainsi qu'en témoignent les dépêches officielles des généraux des troupes d'avant-garde dans la vallée de la Saône, Billot, de Busserolles, Cremer, et de M. de Serres lui-même.

Garibaldi avait donc pu tout seul, non seulement masquer la marche du général Bourbaki, mais réaliser encore la première partie du programme de la campagne : la possession de Dijon. De son côté, le général Faidherbe obtenait à la même époque de grands avantages sur l'ennemi dans le Nord.

On comprend donc, quoi qu'en disent les critiques malveillants, que Gambetta avait raison de parler comme il le fit du haut du balcon de la préfecture de Bordeaux et de dire :

> Il a fallu du temps, c'est-à-dire quelques mois, pour se procurer des armes, organiser des forces, les soumettre à la discipline; du rang des officiers faire surgir des chefs pour remplacer les vieux généraux qui, n'ayant pas confiance dans cette nouvelle organisation militaire, ne pouvaient en inspirer aux soldats.
> Aujourd'hui tout cela est fait, nous avons autant de canons que les Prussiens. Nos défaites même nous ont servi d'enseignement, et la confiance règne partout dans notre armée, tandis que nos ennemis qui se sont avancés témérairement vers la France sont découragés, fatigués même de leurs triomphes qui les affaiblissent et les déciment. Ils croyaient faire une campagne de Sadowa et Paris les retient depuis trois mois.
> Les pertes qu'ils ont éprouvées sont énormes, l'Allemagne est épuisée d'hommes et d'argent. Quelques jours encore, un mois d'énergie et d'efforts, et la défaite de

l'armée prussienne est certaine. Aidez-nous dans cette œuvre de résistance et nous aurons la satisfaction d'avoir sauvé le pays du plus grand danger qu'il ait jamais couru.

On comprend aussi, quand on voit de pareils succès obtenus par des troupes peu nombreuses et improvisées, quand on a la preuve des soins apportés par le gouvernement à mettre sous les ordres des chefs des armées de la *Loire* et de l'*Est,* des forces suffisantes pour sauver le pays, combien sont misérables les critiques de ceux qui ont qualifié Gambetta de fou furieux parce qu'il avait foi dans le génie de la France et *voulait la guerre à outrance,* et qui disaient, contre l'évidence, que « la prépondérance qu'il avait donnée au pouvoir civil sur le pouvoir militaire devait continuer à être fatale au pays, en empêchant tout effort sérieux, » ce qui est absolument le contraire de la vérité. Il suffit d'en donner pour preuves sa conduite envers le général en chef de l'armée de la Loire jusqu'à l'extrême limite de la tolérance, et celle qu'il allait encore tenir envers le commandant en chef de l'armée de l'Est.

CHAPITRE XI

Lenteurs dans la marche de l'armée. — Dépêche de Gambetta au général Bourbaki. — Villersexel. — Lettres de Gambetta au général Chanzy et à J. Favre. — Héricourt. — Opinion de *la Revue allemande de l'armée et de la marine* sur ces journées. — Retraite du général Bourbaki.

Dans les efforts, impuissants devant l'histoire, tentés par les membres de l'enquête sur les actes du gouvernement de la défense nationale, qui dépassaient de beaucoup en malveillance les historiens officieux à la solde de la Prusse, on a vainement essayé, pour refaire une virginité au général Bourbaki et expliquer à la fois ses lenteurs et ses hésitations à marcher en avant ou à se décider à une retraite en temps et lieu convenables, de faire croire que les agissements de M. de Freycinet et que l'incurie ou le mauvais vouloir de Garibaldi avaient compromis le succès de la campagne de l'Est et causé les désastres de l'armée qui devait sauver la France.

On lit dans le rapport de M. Perrot, membre de cette commission : « *M. Gambetta commit la faute de confier au général Garibaldi une mission de laquelle dépendait le sort d'une de nos armées, il était d'autant moins pardonnable qu'il ne pouvait ignorer comment cette mission allait être remplie.* »

La vérité est que Garibaldi remplit, et au delà, la mission plus que difficile qui lui avait été confiée, qu'il avait obtenu déjà à lui seul ce que l'armée de l'Est se proposait comme premier objectif, l'évacuation de Dijon par le corps de Werder et que, la campagne une fois décidée, toutes les ressources, tous les moyens d'action furent mis à la disposition du général en chef à qui incombe toute la responsabilité de nos désastres, ainsi que le prouvent les documents suivants :

Freycinet à Gambetta.

Vous me demandez un ordre détaillé des mouvements, qu'entendez-vous par là ? Ces ordres ne peuvent être faits ici et sont toujours faits par l'état-major du général qui commande. C'est Borel qui a dû les établir pour l'embarquement des troupes et qui les établira pour les marches quotidiennes, le ministère n'y est et n'y peut être pour rien.

En effet, Bourbaki disposait pour ses mouvements et pour ses approvisionnements de tous les chemins de fer qui cessèrent, pendant longtemps, de pouvoir être utilisés, sous n'importe quel prétexte, par les autres troupes qui évoluaient dans la Côte-d'Or, dans Saône-et-Loire et dans le Morvan ; les compagnies lui fournirent jusqu'à soixante-quatorze trains militaires par jour dans la direction de Chagny ; et cependant, quoique ayant pu s'avancer jusqu'à Villersexel, sans voir un casque à pointe, il mit plus de quatorze jours à se rendre à Montbozon, faisant soixante-dix kilomètres en quatorze jours, soit cinq kilomètres par jour ; ses mouvements étaient si lents, si embarrassés, qu'on pourrait à peine les marquer sur une carte d'état-major.

Aussi la confiance que Gambetta avait en lui commençait-elle à s'ébranler, ainsi qu'on peut le voir dans la dépêche qu'il adressa à la suite d'une fausse alerte, après laquelle il avait ordonné à la division Cremer de rétrograder, et qui était ainsi conçue :

4 janvier.

Gambetta à Bourbaki.

... En ce moment même où nous aurions tant besoin d'être renseignés, nous ne connaissons point la répartition de vos forces, ni la direction de vos mouvements.

... J'ai remarqué avec une pénible surprise le *vague de certaines de vos dépêches* ; ainsi dans celle d'hier soir, onze heures cinquante-cinq minutes, vous dites : « Le général Cremer, qui couche ce soir entre Champlitte et Dijon rétrogradera sur cette dernière ville, pour concourir à sa défense, *s'il le juge nécessaire.* » Il semble résulter de là que vous ne connaissiez pas le point exact où se trouve ce général et que vous abandonniez à votre subordonné l'appréciation d'une question aussi grave que celle de savoir s'il doit ou s'il ne doit pas secourir Dijon. C'est à vous, général en chef, de décider de telles questions, et le général Cremer doit recevoir à ce sujet des ordres nets et précis et ne jamais rester dans l'arbitraire. Je vous demande une prompte réponse.

Les lenteurs et les hésitations du général en chef, qui devaient avoir infailliblement pour résultat de faire diriger par l'ennemi des troupes de renfort vers l'Est, contraignirent le gouvernement à renforcer également notre armée; aussi le 15e corps tout entier fut-il envoyé au général Bourbaki qui, en comptant les troupes venues de Lyon avec le général Bressolles, se trouva bientôt à la tête de plus de 140,000 hommes, représentés par les 15e, 18e, 20e et 24e corps, la division Cremer forte de 15,000 hommes, et 8 à 9,000 hommes commandés par le capitaine de vaisseau Pallu de la Barrière, avec 400 bouches à feu. A ce moment il n'avait encore devant lui que les 35,000 hommes de Werder tenant la campagne, et qu'il rencontra enfin, le 9 janvier, devant Villersexel.

Cette journée que l'armée prussienne essaya vainement de présenter comme lui ayant été favorable, fut véritablement une victoire sérieuse pour l'armée de l'Est; elle eut cependant à enlever des positions soigneusement fortifiées dont elle délogea définitivement l'ennemi à coups de canon, dans la nuit du 9 au 10.

Comme au début de la campagne de la Loire, pour la journée de Coulmiers, l'affaire de Villersexel causa dans toute la France un immense soulagement, et M. de Freycinet, qui avait jusque-là vigoureusement protesté contre les éternelles temporisations du général Bourbaki et, disons le mot, qui lui était hostile, s'empressa, comme Gambetta lui-même, de lui adresser de chaleureuses félicitations :

Gambetta dans la dépêche qu'il lui envoya à Onans s'exprimait ainsi :

J'ai envoyé à Paris les résultats heureux de vos opérations dans l'Est. L'entreprise a été approuvée unanimement par tous : les résultats déjà obtenus les ont remplis de confiance. Je leur ai dit combien vous aviez déployé de qualités, d'énergie et de brillante bravoure dans les divers combats qui ont eu lieu. *Je suis personnellement heureux de vous exprimer, en mon nom et en celui de tous mes collègues, la confiance complète que nous avons mise en votre loyauté; et, pour ma part, je me félicite tous les jours de n'avoir jamais douté des grandes qualités militaires que vous deviez mettre au service de la France envahie.* Je compte bien recevoir promptement de vous de plus complètes et plus fortifiantes nouvelles.

Il ne faudrait pas croire d'ailleurs que Gambetta se contentât de fournir à Bourbaki tout ce qu'il lui fallait pour vaincre dans l'Est; dès le 5 janvier il avait répondu au général Chanzy qui lui proposait un plan de marche sur Paris par le Nord :

Je réponds à votre lettre du 3, relative à votre plan de campagne tendant à débloquer Paris.

Il se rapproche sensiblement de celui que nous avions conçu nous-mêmes. Il s'en écarte toutefois par un point, la direction suivie par le général Bourbaki. Nous avons jugé plus avantageux de le faire opérer dans l'extrême Est, de manière à amener la levée du siège de Belfort, à occuper les Vosges et à couper les lignes ferrées venant de l'Allemagne. Actuellement Bourbaki est près de Vesoul et, vers le 10 ou le 12, nous pensons que le siège sera levé. A partir de là, commencera la période la plus active des opérations. A la tête de ses 150,000 hommes, Bourbaki se retournera vers Paris et avancera dans cette direction, en occupant simultanément, autant que possible, les deux lignes ferrées de Strasbourg et de Metz.

C'est à ce moment aussi, c'est-à-dire du 12 au 15 courant, que devra commencer, selon nous, votre marche sur Paris par les points que vous avez choisis. Pour préparer votre action nous formons deux nouveaux corps, le 19e et le 25ᵉ, environ 80,000 hommes, l'un à Cherbourg, l'autre à Vierzon, qui vous sont destinés et qui formeront, en quelque sorte, l'aile droite et l'aile gauche de votre armée forte de 200,000 hommes. Ils seront prêts à marcher le 12 courant. Dans notre appréciation, la période des grandes opérations s'ouvrirait pour vous le 14 ou le 15 courant...

Quant au général Faidherbe, il manœuvre dans le Nord, à la tête de 50,000 hommes, avec autant d'habileté que d'énergie. Il vient de remporter, le 2 et le 3 courant, un important succès à Bapaume et il tient en échec toute l'armée de Manteuffel.

Il est destiné vraisemblablement, à un moment donné, à tendre la main à Bourbaki, et à former ainsi, à l'est de Paris, une masse de 200,000 hommes, égale par conséquent à celle que vous amènerez vous-même de l'Ouest.

Derrière ces deux grandes armées, d'importantes troupes de mobilisés se concentrent graduellement pour occuper les positions en arrière...

Dans ces conditions, général, et avec l'aide de chefs tels que vous, la France peut compter sur la victoire. La Prusse fait aujourd'hui un suprême effort, elle doit succomber devant notre persistance. Ses armées ont dû jusqu'ici leurs succès à nos fautes. Mais une expérience cruellement acquise nous apprendra à en éviter le retour.

Gambetta ne pouvait douter que le gouvernement de Paris ne se décidât enfin à une action vigoureuse pour rompre les lignes d'investissement qui n'étaient plus qu'un mince rideau facile à déchirer, et il écrivait à ce sujet à Jules Favre, le 14 janvier :

Je ne peux me lasser de vous le redire et chaque jour avec plus d'insistance ; il faut sortir, sortir tout de suite, sortir à tout prix ; sortez aussi nombreux que possible, sortez sans espoir de retour. Près de 300,000 hommes vous ont abandonnés pendant cinq jours pour courir, les uns sur Chanzy, les autres sur Bourbaki. Nous les retiendrons le plus possible. Mais n'attendez pas qu'ils reviennent pour sortir, ne les laissez pas remonter sur Paris.

Votre dépêche du 10 janvier, reçue et déchiffrée aujourd'hui, m'a causé autant de douleur que de colère. Comment se fait-il que, voyant et jugeant aussi clairement les hommes et les choses, vous puissiez subir un joug sous lequel Paris, la France et la République vont succomber?

Il n'est nulle convenance, nulle relation, nul intérêt, qui puisse vous faire réfléchir ni hésiter. Votre dépêche est un arrêt rendu contre lui et contre vous également.

Que diront la France et l'histoire quand elles connaîtront la vérité écrite par vous-même?

Quand je pense que le 8, suivant ce que vous dites, tout était préparé, ordonné, et que sans motif rien ne s'est exécuté, je me demande si vous mesurez bien l'étendue de telles fautes et l'étendue de nos responsabilités, car je ne me sépare jamais de vous. Je vous remercie d'ailleurs de toutes les facilités politiques que vous avez obtenues pour moi, mais je n'ai pas le courage, pour le moment, de traiter ces questions, et je termine comme j'ai commencé en vous criant : Sortez, sortez si vous ne voulez pas laisser périr la France, et je ne saurais me lasser de vous le redire.

Vous n'avez autour de vous qu'un simple cercle de feu, derrière lequel nos audacieux et habiles ennemis dérobent tous leurs mouvements.

La province fait d'ailleurs écho au cri unanime de Paris, et se demande à son tour pourquoi cette persistante inaction.

Chanzy s'est remis de son échec d'hier et nos affaires dans l'Est ont bonne tournure.

Il est des gens à qui la calomnie et le mensonge ne répugnent pas et qui, malgré l'évidence, en font l'essence de leurs écrits. De ce nombre sont les auteurs de certaines publications faites à l'étranger, et au premier rang celle d'un baron déjà cité et portant le nom d'un officier général prussien chargé de faire le siège de la place de Langres ; à les lire on les croirait élevés dans des jésuitières, car ils excellent à habiller les vérités de façon à les rendre méconnaissables.

C'est ainsi que, malgré les documents qu'on vient de lire, ils représentent le gouvernement de la défense nationale, et plus spécialement Gambetta, comme paralysant les efforts des généraux, les brutalisant et compromettant les succès de la résistance ; c'est ainsi qu'ils transforment leurs échecs en victoires, qu'à propos de l'affaire du 26 novembre à Dijon, par exemple, où Garibaldi avec 6,000 hommes chassa Werder de la ville qu'il occupait avec 35,000 Badois et 80 pièces de canon, ils écrivent :

« Garibaldi est mis en déroute (1). »

Malgré les rapports officiels de l'état-major allemand, ils parlent de la journée de Villersexel comme d'un échec pour l'armée de l'Est : on lit en effet dans le livre du baron Von der Goltz, page 233, à la fin du récit de la bataille :

« La fusillade dura fort avant dans la nuit, dans les rues et dans le parc du château. Enfin, Villersexel retomba entre les mains des Allemands. » On peut se contenter, contre cette version intéressée, de citer quelques lignes d'une publication impartiale, la *Revue suisse*.

M. Ed. Tallichet y dit : « Les personnes qui ont vu

---

(1) *Histoire de la guerre de* 1870-71. Bruxelles, J. Rozez. Librairie universelle, page 258, ch. L.

passer ensuite les colonnes prussiennes marchant ensemble, mais en désordre, et tous les corps mélangés, savent à quoi s'en tenir sur ce point. »

Règle générale ainsi que le dit fort bien M. Claretie, page 507, premier volume du livre qu'il a publié sous le titre : *Histoire de la Révolution de* 1870-71 : « Lorsque nous voulons connaître la valeur de nos hommes de guerre, demandons-la à nos ennemis. Ceux qu'ils haïssent bien, ceux-là méritent notre affection. »

A posteriori, et d'après les récits de la campagne publiés à l'étranger, on peut ajouter que, si nous voulons connaître la faiblesse, l'incurie, l'incapacité ou la trahison, il faut aussi le demander à nos ennemis. Le baron Von der Goltz a présenté, dans son livre, Bazaine comme un héros, d'Aurelle comme une victime expiatoire des fautes de Gambetta, et tant d'autres comme des martyrs. Cette preuve par l'absurde donne la mesure de sa sincérité.

Après l'affaire de Villersexel, les hésitations et les lenteurs recommençaient ; et cependant pour donner une dernière fois la preuve du ton conciliant, et non comminatoire, qu'on essaie de prêter aux communications du gouvernement avec le général en chef de l'armée de l'Est, on n'a qu'à lire cette dépêche :

Bordeaux, 12 janvier 1871, 1 h. 30 matin.

GUERRE A GÉNÉRAL BOURBAKI, A BOURNEL.

J'ai reçu votre dépêche de cette nuit une heure et demie, elle me suggère les réflexions suivantes :

1° La prise d'Arcey que vous projetez pour demain ne me paraît pas ajouter beaucoup à l'interception des communications de l'ennemi, telle que vous l'avez déjà obtenue par la prise de Villersexel. Le temps exigé pour cette opération est-il bien en rapport avec le résultat que vous en retirerez?

2° Vous paraissez abandonner, au moins quant à présent, la marche sur Lure. Ne craignez-vous pas, en inclinant ainsi tout entier vers la droite, de permettre à divers groupes d'ennemis de Belfort et de Vesoul de se rejoindre par la route de Lure?

3° Vos mouvements successifs s'accomplissent avec une grande lenteur, puisque trois jours se seront écoulés entre Villersexel et Arcey, points distants de huit à neuf kilomètres.

Je ne nie point les difficultés, mais mon devoir est de vous prévenir que, d'après l'ensemble de nos renseignements, *des renforts arrivent de divers côtés à l'ennemi* et qu'en ajournant ainsi, même pour les meilleurs motifs, vous trouverez l'ennemi en grande force numérique.

Telles sont les réflexions que je vous soumets. Vous apprécierez dans quelle mesure les circonstances permettent d'en tenir compte.

C'est le 11 seulement que l'armée reprit sa marche; le 13 elle rencontra l'ennemi à Arcey. Elle y obtint un nouveau succès, mais l'ennemi avait eu le temps de fortifier toutes les positions en arrière, de garnir de pièces de gros calibre les hauteurs dominantes, et notamment Héricourt et Montbéliard; partout dans les endroits favorables des retranchements avaient été élevés, et le général Treskow avait pu déjà faire sa jonction avec Werder, quand notre armée arriva le 14 au soir devant Héricourt, c'est-à-dire vingt-cinq jours après le départ de Bourges, dix jours plus tard qu'il était permis de l'espérer.

Néanmoins les grosses pièces de siège qui couronnaient les hauteurs et qui seules nous empêchèrent de vaincre, n'avaient été mises en batterie que la veille, et certainement si, malgré toutes les lenteurs antérieures, Bourbaki avait mis vingt-quatre heures de moins à venir de Villersexel, il aurait enlevé la position d'Héricourt, car, au dire même des officiers prussiens, nos soldats s'y battirent « avec un acharnement sans exemple dans les annales militaires (1). »

D'après l'extrait suivant de la *Revue allemande de l'armée et de la marine*, on peut juger, d'ailleurs, de l'état d'affaissement où se trouvaient nos ennemis au soir de notre dernière tentative contre Héricourt.

Toutes les troupes de siège dont on put se passer dans l'investissement furent mises à la disposition de Werder, entre autres le 67e régiment, un bataillon du 54e de landwehr et les compagnies de pionniers qui interrompirent les communications en avant et établirent une partie de celles de retraite.

Suivirent les journées des 15, 16 et 17 janvier. Quelle anxiété, quelle impatience ! D'un côté, la forteresse qui ferait sans doute tous ses efforts pour donner la main à l'armée libératrice ; de l'autre, le faible corps de Werder, — 35,000 hommes, — attaqué par des forces quatre fois supérieures. Cependant, toutes les batteries tirèrent comme d'habitude, montrant à l'ennemi cette ténacité germanique qui ne démord jamais d'une entreprise commencée avant que tous les moyens soient épuisés.

(1) Ed. Tallichet, revue déjà citée.

Il était clair que, si Bourbaki perçait, une grande quantité d'artillerie et de matériel de parc resterait abandonnée à sa place. Des attelages étaient, il est vrai, disposés en divers endroits, mais ces mesures n'auraient pu répondre que bien imparfaitement au but, en cas de succès de Bourbaki et d'une retraite précipitée.

Il fallait donc perdre le fruit de tant de peine et de misère et voir l'ennemi victorieux envahir l'Allemagne, brûlant et pillant, comme on l'avait dit, tout sur son passage. Cette pensée semblait s'être incarnée dans chaque homme : tenir quand même jusqu'au dernier soupir.

Enfin, le 15 au matin, on entendit du côté de Montbéliard le bruit du canon et de la mousqueterie, sans s'affaiblir un instant. Les pièces de siège continuaient à tirer comme si de rien n'était. Les cantonnements veillaient nuit et jour aux sorties; *les bagages de toutes les troupes étaient déjà reportés à huit kilomètres en arrière et chaque détachement avait reçu sa ligne de retraite.*

La plus mauvaise nuit fut celle du 16 au 17. La nouvelle était arrivée que l'aile droite était rejetée jusqu'à Frahier; bien vite on mit en batterie à Chalonvillers les dernières pièces du parc d'artillerie; quatre canons français de 24, courts.

La situation était critique; l'assiégé et l'armée de secours se trouvaient séparés à peine de douze kilomètres.

C'est, on le voit, à l'ennemi lui-même, plus encore qu'à des témoins désintéressés, que ces preuves sont empruntées, et elles établissent que le gouvrenement de la défense avait, en temps opportun, donné un excellent plan de campagne, qu'il avait mis à la disposition du général en chef des forces plus que suffisantes, et que ces forces se composaient de soldats *« se battant avec un acharnement sans exemple dans les annales militaires. »*

La même observation peut être faite, d'ailleurs, au sujet des premiers événements de la guerre; à Vissembourg, si, le 6 août, le maréchal Mac Mahon avait reçu du général de Failly les renforts qu'il était en droit d'en attendre, les Prussiens eussent été définitivement battus et l'union des duchés, à peine commencée, eût été irrévocablement rompue, car les Bavarois battus, et se retirant en désordre jusqu'à Lembach, protestaient déjà hautement contre les Prussiens qui les mettaient toujours en avant, parce que, disaient-ils, ils tremblaient d'essayer notre premier feu.

Que faut-il de plus pour donner le plus sanglant démenti à ceux qui représentent Gambetta comme un fou furieux, rêvant des choses impossibles, rejetant sur les chefs d'armée, malmenés par lui, les fautes qu'il commettait, et sacrifiant la patrie elle-même à son amour du pouvoir? M. le baron Von der Goltz lui-même a écrit page 280 :

Que ceci soit pour nous un enseignement : le plan le plus hardi n'est pas un chef-d'œuvre de génie, tant que les moyens d'exécution n'y répondent pas. Mais oserait-il encore prétendre que le ministère de la guerre à Bordeaux n'avait pas mis à la disposition du général en chef tous les moyens d'exécution nécessaires pour le succès des plans les mieux combinés?

Dans la nuit qui suivit l'affaire d'Arcey, Bourbaki avait télégraphié au ministre de la guerre :

J'ai réservé l'honneur de cette journée aux 15e et 24e corps, et ces deux corps ont campé le soir sur le champ de bataille. *Leur moral est excellent.*

Je gagne encore du terrain. Je ne perdrai pas de temps, et *demain ou après-demain*, j'utiliserai tous les avantages de mon succès pour emporter Héricourt et faire lever le siège de Belfort. Je me hâterai de poursuivre l'exécution du programme que nous avons concerté. Je prie le ministre de bien se convaincre qu'il ne m'accuserait pas de lenteur s'il se reportait au moment où nos opérations ont commencé. Grâce à mes manœuvres, *j'ai délivré Dijon* (?), Gray et Vesoul que nos éclaireurs ont occupé hier, et maintenant encore je délivre Lure.

Les journées de Villersexel et d'Arcey font beaucoup d'honneur à la première armée, car, depuis six semaines, elle n'a pas cessé d'opérer par la température la plus rigoureuse. Malgré la neige, malgré le froid et malgré la glace, elle a marché continuellement.

Le 15 dans la journée il se présentait devant Héricourt et y luttait inutilement trois jours durant.

Le baron Von der Goltz, s'oubliant sans doute, écrit page 254 que, dans les désastres des journées des 15, 16 et 17 janvier, « le ministère de la guerre, c'est-à-dire MM. Gambetta et de Freycinet, n'ont rien à se reprocher. » Mais c'est encore dire qu'il n'en avait pas été ainsi auparavant. Dans l'ouvrage déjà cité : *Histoire de la guerre de 1870-71*, on lit également à la page 295 :

Bourbaki n'avait pas beaucoup de temps devant lui ; sa situation le poussait à des résolutions rapides. S'il voulait réussir, il fallait vaincre promptement, car le général Manteuffel s'approchait en venant du plateau de Langres, et l'armée française risquait de voir sa ligne de retraite qui suit la vallée de la Saône entre le Jura et la Côte-d'Or, sérieusement menacée, si les troupes allemandes réussissaient à emporter les positions de Garibaldi, qui avait à surveiller Dijon et la porte de la vallée de l'Ouche.

De là les attaques quotidiennes contre le général Werder. Comme elles échouèrent, Bourbaki fut forcé, pour sauver son armée, de la faire reculer vers le sud.

Sans entrer dans les détails de la lutte stérile devant Héricourt et Montbéliard, on doit se contenter, pour en finir avec la partie active de cette campagne, de reproduire ici, avant de parler de l'agonie de la résistance, les paroles que le général Borel, chef d'état-major de Bourbaki, a prononcées dans sa déposition devant la commission d'enquête sur les actes du gouvernement du 4 novembre : « On s'est battu un jour de trop sur la Lizaine. »

CHAPITRE XII

Voyages de Gambetta dans le Nord. — Défense de Dijon. — Lettres de M. de Freycinet à Gambetta et de Gambetta au général Bourbaki et à Garibaldi. — Le général Clinchant remplace le général Bourbaki. — L'armistice et la dépêche de Jules Favre. — La *Revue suisse* à propos de l'armée de l'Est et de l'armistice. — Lettre de Gambetta à Jules Favre. — Récapitulation des actes de la délégation de Tours et de Bordeaux.

Du moment que les projets du général en chef étaient dévoilés aux Prussiens et qu'ils avaient pu renforcer leur gauche et armer de pièces de gros calibre le mont Vaudois, clef de la position, il était impossible de poursuivre le plan que ce général avait combiné, et l'offensive devenait impossible sur le terrain où il s'était placé.

Une décision rapide était plus nécessaire que jamais, et tout pouvait encore être réparé, car, à la date du 17, les troupes envoyées de Paris, sous les ordres de Manteuffel, n'avaient point encore fait leur apparition dans l'Est. Il faut le dire, hélas! les indécisions et les lenteurs furent encore plus grandes dans la marche en arrière que pendant la marche en avant : — *on s'était battu un jour de trop sur la Lizaine*, — et se décidant à la retraite, on perdait encore un temps précieux dans les marches et contre-marches, et dans le choix précis de la ligne de retraite que rien n'empêchait encore de choisir vers les points les plus convenables.

Aussi de véritables angoisses patriotiques commençaient-elles à assaillir Gambetta qui se trouvait en ce moment à Laval.

La marche de l'armée commandée par Manteuffel était signalée et allait mettre Bourbaki dans une situation des plus critiques. Les 21, 22 et 23 janvier devant Dijon, la droite de l'armée prussienne, composée de Poméraniens, ces soldats que leurs concitoyens appelaient *les turcos de l'Allemagne*, attaquait pendant trois journées consécutives, et sans relâche, la position défendue par l'armée des Vosges et dont la conquête, ainsi qu'on l'a vu dans le document cité plus haut, était le premier objectif de la campagne de Manteuffel dans l'Est. Cette attaque échouait misérablement, mais ce succès partiel de nos armes ne pouvait rassurer suffisamment Gambetta ni M. de Freycinet.

On se hâta de proposer au général Bourbaki un nouveau plan consistant à l'enlever rapidement en chemin de fer pour le porter sur un autre terrain d'opération, plan auquel il avait acquiescé avec enthousiasme, car il s'éloignait ainsi du péril immédiat et se débarrassait en partie des suites d'une campagne mal conduite; mais il fallut renoncer à cette combinaison, par suite des échecs que venait d'éprouver le général Chanzy dans l'Ouest, et il ne restait plus de salut que dans une résolution rapide, énergique, que la nature molle du général de l'armée de l'Est ne permettait pas d'espérer de lui; aussi M. de Freycinet télégraphiait-il à son chef, le 24 janvier, à cinq heures du soir :

GUERRE A GAMBETTA. SAINT-MALO.
(Chiffre spécial, strictement confidentiel.)

Vous m'engagez à veiller sur l'armée de l'Est. Il me sera facile de vous montrer par mes dépêches que je n'ai pas manqué à ces devoirs et que j'ai suivi tous les mouvements de Bourbaki avec une sollicitude minutieuse, ne lui ménageant ni les renseignements ni les avis. Le télégraphe, de son côté, l'a très exactement mis au courant de tout ce qui pouvait l'intéresser.

Malheureusement, il en a peu tenu compte. Sous l'influence de je ne sais quelles idées préconçues, il s'est refusé à voir le mouvement qui s'est opéré de la part de l'ennemi, dans la direction de Dijon, Dôle et Mouchard. De plus, toutes ses manœuvres, depuis le combat d'Héricourt, se sont effectuées, comme avant, avec une lenteur désespérante. Il en résulte que sa position, aujourd'hui, sans être précisément critique, est de nature à préoccuper. Je lui télégraphie sans relâche de se hâter et de quitter des positions où il est menacé d'être bloqué définitivement. J'espère qu'il le fera et je crois qu'il en a encore le temps, mais à la condition d'apporter à ses allures un peu plus de décision que par le passé.

Le lendemain Gambetta recevait à Laval de plus graves nouvelles :

« Je vous envoie en communication, lui disait M. de Freycinet, la dépêche de Bourbaki dont le général Chanzy pourra vous donner la traduction :

La situation dans l'Est est très grave, beaucoup plus grave que je ne pensais. Tous ces jours-ci, j'avais reçu de Bourbaki des dépêches émollientes qui ne me satisfaisaient pas. Sommé par moi de sortir de son immobilité et de suivre un plan quelconque, il me dévoile aujourd'hui une armée profondément démoralisée sous un chef plus démoralisé encore. Ce ne sont que troupes qui se replient, que positions abandonnées, qu'ordres inexécutés. Qu'a-t-il donc fait de son commandement? Oh! je retrouve bien l'homme que je soupçonnais, c'est-à-dire le chef plein de bravoure sur le champ de bataille, mais sans énergie, sans suite, sans conviction hors du combat! Il offre presque sa démission! il dirige son armée sur Pontarlier, c'est-à-dire en Suisse! Il n'a plus de confiance en ses troupes ! en un mot, pour employer une expression vulgaire : il jette le manche après la cognée.

Je n'ai point l'autorité suffisante pour résoudre de telles difficultés : je vous prie de me donner vos instructions.

Pendant que, pressé par ces questions brûlantes, Gambetta revenait en toute hâte à Bordeaux, il recevait aussi de Jules Favre une dépêche vieille déjà de dix jours, dans laquelle il disait : « Le ciel est décidément contre nous, mon cher ami; Paris résisterait indéfiniment s'il avait des subsistances; mais elles manquent, et, le cœur brisé, nous sommes en présence de cette affreuse nécessité : — la cessation de la résistance. »

Le général Borel annonçait, à la date du 26 janvier, sept heures trente minutes du soir, que « le général Bourbaki venait de se tirer un coup de pistolet dans la tête, » et sa dépêche se croisait avec les suivantes, datées, la première de cinq heures cinquante minutes, la seconde de cinq heures cinquante-six minutes du soir.

GUERRE A GÉNÉRAL CLINCHANT.

A la réception de cette dépêche, vous prendrez le commandement général de la 1re armée, en remplacement du général Bourbaki, que j'avise à l'instant même. Je suis sûr que la résolution et la confiance qui vous animaient à Bourges ne vous ont pas abandonné et que vous saurez ramener vos forces. Vous nous aviserez de vos dispositions.

P. S. Vous pourvoirez vous-même à votre remplacement à la tête du 20e corps, provisoirement ou d'une manière définitive, avec l'officier général qui vous agréera le mieux. Vous remplacerez également le général Bressolles à la tête du 20e corps par le général Commagny qui appartient à ce corps.

LÉON GAMBETTA.

GUERRE A GÉNÉRAL BOURBAKI.

En face de vos hésitations et du manque de confiance que vous manifestez vous-même sur la direction d'une entreprise dont nous attendions de si grands résultats, je vous prie de remettre votre commandement au général Clinchant. Jusqu'à ce que cette remise soit effective et efficace, vous assurerez, sous votre responsabilité, l'exécution des mesures que commande l'intérêt de l'armée.

LÉON GAMBETTA.

Il faut remarquer la date précise de ces trois dépêches et constater qu'elles se croisaient sur les fils télégraphiques pendant qu'avait lieu ce que, par euphémisme, on a nommé l'ACCIDENT; en même temps arrivait à Garibaldi la dépêche suivante :

Bordeaux, 27 janvier, 11 h. 45 soir.

GUERRE A GÉNÉRAL GARIBALDI. DIJON.

Je viens confier à votre grand cœur la situation de notre armée de l'Est et vous demander votre appui pour elle. Vous seul pouvez en ce moment tenter une diversion efficace.

L'armée est en retraite sur Pontarlier. Elle abandonnera cette direction au point le plus favorable pour se rabattre vers le sud, Bourg, par exemple. Le seul moyen de conjurer cette dangereuse situation me paraît être de venir inquiéter les communications de l'ennemi lui-même. Pour cela, il faudrait porter votre centre d'action à Dôle et enlever par conséquent cette place à l'ennemi qui s'y est soigneusement fortifié. Un tel résultat à atteindre exigerait selon moi que vous partiez de Dijon avec presque toutes vos forces disponibles, ne laissant à Dijon qu'un chef très vigoureux et 8 à 10,000 mobilisés, des moins aptes à faire campagne. Votre mouvement devrait commencer le plus tôt possible, le 30 courant ou même, préférablement, le 29.

L'entreprise que nous vous demandons est très difficile, *impossible pour tout autre que pour vous*, puisqu'il s'agit, avec de faibles forces, de préserver Dijon contre un coup de main et d'arracher Dôle à l'ennemi, en même temps que de vous maintenir dans des positions étendues, comme la forêt de Chaux que l'ennemi occupe déjà sans doute.

Cette entreprise est digne de votre génie. Croyez-vous pouvoir la tenter ? Répondez-nous d'urgence, je vous en prie.

La réponse du général en chef de l'armée des Vosges ne s'était pas fait attendre ; il télégraphiait immédiatement :

Merci de votre confiance, *j'exécuterai vos ordres* avec tout mon dévouement. Menotti Garibaldi part pour Bourg pendant qu'envoyons officiers vers Pontarlier et civils en Suisse, car sommes sans nouvelles de Bourbaki.

GARIBALDI.

Mais il n'avait pas attendu cette demande du ministre pour agir et, avant qu'elle arrivât, il avait déjà envoyé une expédition vers Dôle et s'était emparé du mont Rolland qui domine la ville couchée à ses pieds, et que la nouvelle prochaine de l'armistice pouvait seule permettre aux Prussiens de conserver; il partait lui-même avec le gros de ses forces pour Bourg, Montrevel et Lons-le-Saulnier (1).

Au même moment lui arrivait de Bordeaux l'annonce de l'armistice et l'ordre de suspendre les hostilités.

C'est en vain que, dans son livre, le baron Von der Goltz et beaucoup d'autres, d'après lui, essaient d'insinuer que les injustes exigences, la pression autoritaire et l'ingratitude de Gambetta furent cause du pseudo-suicide de Bourbaki; les dates des dépêches le prouvent. Il était impossible d'ailleurs d'user envers un chef incapable et compromettant de plus de tempéraments et de plus de longanimité.

Ici encore, s'il y a un reproche à faire à Gambetta, c'est de n'avoir pas agi plus tôt et plus vigoureusement; il devait bientôt regretter amèrement de ne pas s'être

---

(1) Voir *Garibaldi et l'armée des Vosges*, et *Réponse au rapport U. Perrot* par le général Bordone.

appliqué à lui-même les conseils qu'il donnait à Jules Favre, à propos du général Trochu qui, en recommandant tout spécialement son camarade Bourbaki à la délégation de Tours, avait écrit avec vérité : Il sauvera la province, comme *nous sauverons Paris.*

Le général Clinchant, qui avait assumé, avec une abnégation dont on ne saurait trop lui tenir compte, la tâche pénible, presque insurmontable, de ne pas laisser faire prisonnière l'armée de l'Est tout entière, ne pouvait plus, hélas ! éviter le passage en Suisse.

Il importe de signaler ici les termes précis de la dépêche par laquelle Jules Favre annonçait à Gambetta la conclusion de l'armistice :

Versailles, 28 janvier 71, 11 h. 15 du soir.

Nous signons aujourd'hui un traité avec M. le comte de Bismark. Un armistice de 21 jours est convenu, une assemblée convoquée à Bordeaux pour le 15 février.

Faites connaître cette nouvelle à toute la France ; faites exécuter armistice et convoquez les électeurs pour le 8 février.

Un membre du gouvernement va partir pour Bordeaux.

Il faut aussi, avant d'examiner les conséquences de cette dépêche, citer le passage suivant de la *Revue suisse :*

A ce moment, son armée (celle de Bourbaki) était presque complètement cernée par le général Manteuffel, après toute une série de combats malheureux qui avaient eu pour effet de rétrécir chaque jour davantage le demi-cercle de fer où on voulait l'enfermer, sans autre issue que la frontière suisse. Pourtant elle n'était pas perdue.

Il lui restait *la route du Jura et les défilés du Saint-Laurent*, dont une marche rapide pouvait lui permettre de se saisir. Une attaque simultanée en force contre les colonnes prussiennes qui s'avançaient sur le flanc de l'armée en retraite aurait permis de la protéger complètement. Enfin Garibaldi, à la tête de 50,000 hommes, s'avançait sur Dôle après avoir battu les troupes qui lui étaient opposées, et, en prenant ainsi l'aile droite prussienne par derrière et de flanc, il la menaçait à son tour d'un désastre, lorsqu'une fatalité encore inexpliquée vint perdre l'armée française.

C'est à ce moment que Garibaldi et le général Clinchant, qui avait succédé à Bourbaki, reçurent du gouvernement une dépêche qui leur annonçait qu'un armistice avait été signé à Paris, et leur donnait l'ordre de suspendre les hostilités et les opérations de guerre ; Garibaldi, la mort dans le cœur, obéit immédiatement, se repliant sur Dijon, qu'il dut bientôt évacuer, tandis que, près de Besançon, les Prussiens complétaient leur mouvement de concentration. Tout à coup ils attaquèrent les Français, qui se reposaient sur l'armistice annoncé à l'armée par une proclamation.

Le général Clinchant fit aussitôt demander des explications au général Manteuffel, qui lui apprit que la convention de Paris ne s'appliquait pas aux armées de l'Est. Bien des heures furent perdues en pourparlers, pendant lesquels l'armée allemande acheva de prendre les positions les plus favorables, de telle sorte que lorsqu'ils furent terminés par le refus de Manteuffel de conclure un armistice séparé de trente-six heures, qui permît de demander des explications à Versailles, il ne restait plus à l'armée française d'autre alternative que de passer en Suisse avec armes et bagages.

C'est ce qu'a fait le général Clinchant. Ses troupes sont entrées sur le territoire neutre à partir du 1er février, non sans avoir à soutenir encore contre les Prussiens des combats où elles ont perdu quelques mille hommes, surtout en prisonniers ; mais quelques troupes ont réussi à s'échapper sur Lyon, par *cette route même du Jura où toute l'armée aurait pu suivre, surtout protégée par l'armée de Garibaldi, si elle n'avait pas perdu quarante-huit heures sur la foi de l'armistice et sur l'ordre positif qui lui avait été donné de suspendre ses opérations.* Il y a ici un mystère dont il faut attendre l'explication.

L'équivoque n'est plus possible, mais il était indispensable de donner ce récit d'un auteur impartial, pour réfuter les misérables calomnies de M. le baron Von der Goltz, qui dit, page 295 :

L'armée du Sud, formée des 2e et 7e corps et de la brigade Dannenberg, attachée à ce dernier corps, était partie de Nuits et de Châtillon. Elle était en situation de se porter sur Dijon, de s'y ouvrir les grandes routes et en même temps *d'infliger une sévère leçon aux aventuriers de l'Europe entière rassemblés sous les drapeaux de Garibaldi.*

Il dit encore, page 213 :

L'opinion publique tout entière s'est mise avec lui (Bourbaki) pour désigner Garibaldi comme l'auteur de son malheur, et a su mauvais gré au vieux chef de partisans des services qu'il avait offerts inconsidérément. La coupe de la colère fut largement déversée sur lui...

Enfin, page 314, il couronne son édifice de calomnies en disant :

Il est vrai que Garibaldi n'avait rien fait pour arrêter l'armée allemande du Sud : il avait au contraire attendu la tournure que prendraient les choses derrière les solides retranchements de Dijon, qu'il se garda bien de quitter. Mais on se demande si vraiment il pouvait faire quelque chose. Ses 20,000 volontaires et gardes mobiles, mal armés, étaient tout à fait impropres à opérer en rase campagne, et le départ d'un plus grand nombre eut sûrement amené la chute de la vieille capitale de la Bourgogne.

Cet honorable professeur de stratégie et de morale semble ignorer que Gambetta avait mis sous les ordres de Garibaldi, outre les volontaires français ou étrangers, des troupes de l'armée régulière, des mobiles et des mobilisés, de l'artillerie et du génie, de la cavalerie de l'armée et des marins canonniers, qui étaient heureux et fiers de combattre avec ceux qu'aucune loi ne contraignait à défendre le sol de la France et la République.

Ces aventuriers de l'Europe entière, ces volontaires avaient prouvé, en rase campagne, comme aux abords des villes dont on leur avait confié la garde, à Châtillon-sur-Seine et à Auxon-sur-Aube, les 19 et 23 novembre, le 26 à Prénois et à Dijon, le 1er décembre à Autun, le 15 janvier à Prauthoy, les 21, 22 et 23 janvier devant Dijon, le 28 à mont Rolland, sans compter cent engagements d'avant-garde, qu'ils étaient de taille à se mesurer avec les meilleures troupes du mystique Guillaume, même avec ses *turcos* poméraniens, et ce n'est pas sans raison que, convaincus des qualités militaires de leur illustre chef, le délégué à la guerre, comme suprême ressource, télégraphiait la longue dépêche qu'on a lue plus haut et disait à Gambetta, vaincu enfin par l'évidence :

Décidément, Garibaldi est notre premier général. — Je

vous prie donc, si vous n'êtes pas encore de retour à cette époque, de m'autoriser à prendre cette mesure à laquelle j'attache une très grande importance, et qui me paraît la seule qui puisse sauver notre situation dans l'Est.

L'organisation de chaque corps en particulier resterait simplement telle qu'elle est actuellement, et il n'y aurait qu'à substituer la direction de Garibaldi à celle de Bourbaki. Avec cette disposition, je m'engage à reconquérir les Vosges.

Par suite de quelle étrange aberration la dépêche de Jules Favre ne mentionnait-elle pas l'exception faite pour les départements du Jura, du Doubs et de la Côte-d'Or?... Il faut laisser à leurs auteurs la responsabilité de toutes les incroyables maladresses, tromperies ou actes de félonie qui incombent aux négociateurs allemands ou français.

Cependant tout pouvait encore être sauvé, sans cet oubli qu'il est impossible de qualifier; tout fut perdu par cet acte fatal, sur lequel ne planera pas toujours le sombre voile qui l'a couvert jusqu'ici.

Le 30 janvier, à deux heures trente du soir, Gambetta, ignorant encore cette monstrueuse exception pour les armées de l'Est, télégraphiait à Jules Favre :

J'ai reçu le télégramme par vous adressé à la délégation de Bordeaux, le 28 janvier, à onze heures un quart du soir, et parvenue à destination à trois heures du matin, le 29 ; nous l'avons porté sans commentaires, en le certifiant conforme, à la connaissance du pays tout entier. Depuis lors, nous n'avons rien reçu. Le pays est dans la fièvre ; il ne peut pas se contenter de ces trois lignes. Le membre du gouvernement dont vous nous annoncez l'arrivée et dont vous ne nous avez pas dit le nom, n'est pas encore signalé par voie télégraphique ni autrement, aujourd'hui, 30 janvier, à deux heures. Cependant il nous est impossible, en dehors de l'exécution pure et simple de l'armistice pour les troupes et dont nous avons assuré le respect, de prendre les mesures administratives que comporte la convocation des électeurs, en l'absence de toutes explications de votre part et sans connaitre le sort de Paris.

Ce n'est pas Jules Favre, c'est M. de Bismark qui répondit à Gambetta, le 31, à midi quinze minutes du matin :

Que les hostilités continueraient devant Belfort et dans le Doubs, le Jura et la Côte-d'Or, *jusqu'à entente*. — Que toutes les fortifications de Paris devaient être rendues et avaient été occupées le jour même par les Prussiens, — que l'armée de Paris était prisonnière de guerre, sauf l'effectif nécessaire pour maintenir la sûreté intérieure, — et enfin — que l'Assemblée déciderait la question de la guerre ou les conditions de la paix.

Quoique des bruits d'armistice eussent déjà circulé et que le *Times* l'eût signalé comme imminent, cette révélation fut pour Gambetta comme un coup de foudre et, *ab irato*, il écrivit à Jules Favre :

Nous ignorons encore quelle est la vérité officielle, et, jusqu'à ce que nous ayons reçu de vous l'assurance que vous êtes décidés à une si lamentable fin, nous tenons les bruits anglais pour mal fondés, et nous y voyons une nouvelle manœuvre de M. de Bismark. Toutefois la situation intérieure de Paris apparait comme fortement troublée ; l'expulsion du général Trochu de toutes ses fonctions et commandements militaires et sa conservation, dès lors inexplicable, à la tête du gouvernement, le choix ridicule d'un sénateur de soixante-quinze ans pour présider aux suprêmes efforts de l'héroïque capitale, la suppression du droit de réunion et des journaux révolutionnaires, ainsi que les tentatives faites sur Mazas et l'hôtel de ville, tout accuse clairement que dans la population, comme dans le gouvernement, il n'y a plus ni accord, ni fermeté ni clairvoyance.

Je ne puis croire cependant que ces négociations pour la reddition de notre capitale aient pu être entamées sans qu'on ait fait ce gigantesque et puissant effort qu'on promet et qu'on annonce depuis quatre mois, mais qu'il faut faire pour pouvoir arborer avec honneur, s'il échoue, le drapeau parlementaire.

Si cette province, qui, depuis trois mois, prodigue son sang et son or, supporte l'invasion et l'incendie de ses villes, apprenait ce qui paraît être la triste et cruelle vérité : — que Paris a été systématiquement amolli, énervé, découragé par ceux qui le gouvernent, et dont le mandat n'est sacré que parce qu'il avait pour but d'organiser et d'employer les forces militaires et révolutionnaires de Paris, — c'est l'indignation chez les uns, la défaillance chez les autres qui feraient place à l'enthousiasme qu'excitait parmi eux le gouvernement du 4 septembre...

Que dira cette province, si surtout elle apprend que ce chef militaire introduit dans le gouvernement civil, et doté de la prépotence, n'était qu'un discoureur infatigable et un militaire irrésolu, que ses collègues le connaissent sous cette double face, et qu'ils ont préféré, pour ne pas blesser cette présomption personnelle, laisser capituler Paris et compromettre la France; qu'ils ont poussé l'inertie, la culpabilité, par leur solidarité avec ce chef, jusqu'à ce point de rester sourds aux réclamations unanimes de l'opinion parisienne...; et c'est ainsi que vous vous êtes laissé conduire jusqu'aux derniers jours, subissant, vous républicains, un pouvoir personnel, méconnaissant la première règle de la tradition révolutionnaire qui est de subordonner les chefs militaires, quels qu'ils soient, à la magistrature politique et civile. A ces fautes, vous allez en ajouter une autre, et, après vous être laissé traîner en longueur par le général Trochu, vous allez, si les renseignements anglais sont véridiques, vous laisser mener jusqu'à vos derniers grains de blé, par les lenteurs habiles et calculées de notre ennemi le plus redoutable, M. de Bismark. Mais non, ces renseignements sont faux ; je n'y crois pas. Vous changerez les généraux qui manquent de cœur, et ce ne sera qu'après une grande bataille perdue que vous vous résignerez sous la force.

Quant à la guerre et à la situation militaire, Faidherbe couvre les places du Nord, Chanzy pourra bientôt sortir de sa position de retraite. Garibaldi a remporté une véritable victoire en avant de Dijon, dans une bataille qui a duré trois jours et qui a mis plus de 10,000 Prussiens hors de combat. Un drapeau ennemi, pour la première fois, est resté entre nos mains. Malheureusement l'armée de l'Est est dans une situation critique. A la suite de cette marche glorieuse, marquée par cinq journées et cinq succès : Villersexel, Arcey, Montbéliard et Lizaine, Bourbaki est venu le deuxième jour devant Héricourt. Accablé par le nombre, il s'est vu forcé de reculer. Il aurait promptement perdu l'esprit, sa tête s'est égarée, et, se voyant poursuivi et presque cerné, il s'est *tué* d'un coup de pistolet.

Clinchant vient de prendre le commandement de l'armée et cherche à la sauver des étreintes de l'ennemi et de la mauvaise situation où elle se trouve. Certes le tableau est sombre, et la fortune nous est bien contraire ; mais si nos envahisseurs savaient bien qu'il faudra arroser de sang allemand chaque motte de terre française pour la conquérir et la garder, ils sentiraient l'impossibilité de s'acharner à la lutte, à l'extermination de la France.

Donnons-leur, à force de constance dans les revers et d'activité dans l'organisation de nos forces, la conviction que nous resterons inflexibles dans la politique de la guerre à outrance, et nous aurons gagné sur eux une grande victoire... Nous les condamnons à une occupation aussi ruineuse pour eux que pour nous, nous n'aurons pas compromis l'intégrité de la France, et à la première occasion de trouble ou de conflit européen, nous serons l'allié nécessaire de tous ceux qui auront à se venger des prétentions germaniques... Au moment de finir, nous recevons à l'instant une dépêche de Londres qui annonce votre retour de Versailles à Paris, avec les conditions de la capitulation. La prévision de la dépêche ne laisse guère de doute dans mon esprit, et je reste muet devant une telle catastrophe... L'expiation est rude, le châtiment démesuré ; seul, le souffle de la révolution française peut encore nous sauver. C'est lui que j'appelle et que j'invoque. C'est par lui seul que je compte vivifier ce qui reste encore dans le pays de vitalité et d'énergie.

Le passage de cette lettre qui a été le plus critiqué est celui qui a rapport à la subordination des chefs militaires à la magistrature civile, mais on peut demander aux adversaires de cette tradition révolutionnaire, datant des temps de la Convention, s'ils trouvent préférable la morgue impériale qui séparait l'armée de la nation, et qui faisait des pékins une couche inférieure contre laquelle on excitait les soldats, appelés au contraire par la morale et par le droit à la protéger et à la défendre.

Ne se laissant pas abattre par cette fatalité qui semblait peser sur la France et qui eût écrasé de moins vaillants que lui, espérant encore que la durée de l'armistice pouvait être mise à profit, Gambetta se hâta d'ordonner à tous les chefs de corps :

De faire passer une revue d'effectif de toutes les troupes sous leurs ordres, de détailler par arme tout ce qui existait et tout ce qui manquait en tout genre, y compris le matériel, et d'envoyer tous ces documents à Bordeaux, le 12 au plus tard, par un officier ayant toute leur confiance et parfaitement au courant de leur situation.

Mais, hélas! au moment où il prenait toutes les mesures nécessaires avec une énergie que rien ne pouvait abattre, en vue de la reprise des hostilités après l'armistice, les effets de la convention de Versailles se produisaient dans l'Est et le général Clinchant parvenait à grand'peine à sauver les restes de son armée en la faisant passer en Suisse.

Pour tous les Français, mais surtout pour Gambetta, qui avait déjà vu, en parcourant tous les champs de bataille, nos braves troupes affrontant les fatigues, le froid, la faim, et ne maudissant qu'à demi d'infâmes fournisseurs qui ne leur avaient livré souvent que des chaussures et des vêtements abominablement mauvais, et des officiers d'intendance dont l'imprévoyance ou l'incapacité les condamnaient à un jeûne perpétuel, il était terrible de songer à nos malheureux soldats de l'Est se traînant avec peine sur les chemins accidentés de la frontière suisse, gravissant sur les genoux ces rampes que la neige et le verglas rendaient brillantes et glissantes comme des miroirs, et sur lesquelles on avait de la peine à tenir debout, louvoyant au milieu des fourgons abandonnés et des chevaux qui succombaient de privations et de fatigues sous le seul poids de leurs harnais, et passant, sans pouvoir les secourir, à côté de leurs camarades plus épuisés, et qu'ils voyaient, les affres de la mort sur le visage, couchés dans la neige, avec leurs sacs pour oreillers, et engourdis déjà par ce sommeil du froid qui n'est que le prélude de la mort.

Mais Gambetta voulait lasser la mauvaise fortune, il comptait que, les mauvais chefs ayant disparu désormais avec les funestes événements qui avaient mis leur dangereuse insuffisance en relief, si la guerre ne pouvait pas être continuée avec avantage, il fallait prouver qu'elle pourrait l'être, ne fût-ce que pour diminuer les exorbitantes exigences du vainqueur.

De fait voici quels étaient, au 5 février, d'après les revues d'effectifs ordonnées, les contingents sous les armes et sur la ligne de délimitation arbitraire que M. Jules Favre avait acceptée, en traitant pour la France entière, alors qu'il ne pouvait, tout au plus, que traiter pour Paris, comme place forte :

Hommes de toute provenance en ligne. . . .	534,452
Troupes diverses (principalement mobilisés) dans les camps, en Algérie, dans les dépôts, etc.	354,000
Bouches à feu complètes.	1,232
Bouches à feu des batteries départementales, également complètes.	228

Le général Le Flô, qui dirigeait le département de la guerre après la démission de Gambetta et entre les mains de qui arrivèrent tous ces documents, disait hautement « qu'avec cela on pouvait encore résister avec avantage. »

Gambetta courut à Lille auprès de Faidherbe, pour

aider par sa présence à l'augmentation rapide de la vaillante petite armée du Nord, et il disait :

Pour le pays tout entier, de quoi s'agit-il ? D'être ou de ne pas être. Voilà la raison de la guerre.

La paix, ne l'oubliez pas, c'est la cession et la mutilation de la patrie. Avons-nous le droit de sacrifier trois millions de Français à cette avide Allemagne ; n'aurions-nous pas honte d'abandonner ces milliers d'Alsaciens s'échappant de leur patrie pour protester contre cet abominable attentat d'une annexion repoussée par le vœu national, et venant se serrer autour de l'étendard de la nation française, au mépris des prescriptions et sans souci des persécutions et des fusillades du roi Guillaume ?

Il n'appartient à personne, minorité, majorité, unanimité même de céder la France. Celui-là viole le droit de tous et de chacun qui croirait pouvoir céder une partie de notre pays comme le maitre cède une partie de son troupeau. La France est le bien commun de tous les Français, et chaque motte de terre que la France couvre de son drapeau m'appartient comme elle vous appartient, comme elle appartient à tous.

Le sentiment de solidarité et de nationalité nous impose donc notre politique, c'est celle de la résistance à outrance.

Pas de faiblesse, mes chers concitoyens ! Si nous ne désespérons pas, nous sauverons la France. Faisons-nous un cœur et un front d'airain et le pays sera sauvé par lui-même et la république libératrice sera fondée.

Enfin, il écrivait à Garibaldi :

Cher et illustre ami, combien je vous remercie de tout ce que vous faites pour notre République ! Votre grand et généreux cœur vous porte toujours là où il y a quelque danger à courir. Oh ! quand donc viendront les jours où mon pays pourra dire tout ce qu'il vous garde de reconnaissance ! Je vous recommande bien notre département de Saône-et-Loire, puisque notre Côte-d'Or a été abandonnée; couvrez Lyon et pour cela maintenez-vous à Chagny aussi fortement que vous le pourrez. Vous savez maintenant, par les mesures que j'ai prises, comment je crois qu'il est encore possible de tirer parti de la situation qui nous est faite. Aidez-moi par votre action militaire et par votre influence; évitons les complications. En attendant la reprise des hostilités, conduisons-nous en républicains connaissant la politique et sachant la pratiquer. Je vous remercie de votre belle lettre, elle m'est bien précieuse, je vous embrasse.

L. GAMBETTA.

Le rôle militaire du *dictateur* était terminé; on a vu de quelle façon il l'a rempli. Il est inutile d'ajouter quoi que ce soit, tous les commentaires sont superflus quand les faits parlent si haut, mais il importe de résumer en quelques mots ce qu'a fait l'administrateur, l'organisateur de la défense :

Du 10 octobre jusqu'à *la fin de janvier*, l'administration de la guerre a réuni, équipé, armé et envoyé devant l'ennemi, sans compter les troupes restées en Algérie, dans les camps d'instruction ou dans les dépôts :

Infanterie de ligne : 208 bataillons.	230,009
Garde mobile : 31 régiments à 3,000 hommes l'un.	111,600
Garde mobilisée.	180,000
Cavalerie : 54 régiments.	32,000
Artillerie et génie, environ.	20,000
Francs-tireurs, environ.	30,000
	606,300

En chiffres ronds : 600,000 en 120 jours, soit 5,000 hommes ou **deux régiments et deux batteries par jour**.

Les fournitures de toute sorte faites à ces troupes dans la même période se décomposent ainsi :

Couvertures.	779,200
Capotes	667,400
Ceintures de flanelle.	1,157,300
Pantalons	957,200
Tuniques, vareuses.	714,500
Gilets de laine, tricots	608,000
Chemises.	1,805,000
Paires de souliers.	1,813,700
Caleçons.	732,000
Peaux de mouton.	385,000
Havre-sacs.	697,000
Rations de biscuit.	17,000,000
— ritz.	40,000,000
— lard	11,000,000
— sel.	35,000,000
— sucre et café	35,003,000
— eau-de-vie	12,000,000
— avoine.	6,400,000

Ne sont pas comprises dans ces chiffres les rations de pain et de viande faites au jour le jour, ni les quantités de blé ou farine (environ 30 millions de rations), envoyées comme ravitaillement à Paris, pendant l'armistice, ni les premiers équipements des mobiles et immobilisés qui étaient à la charge du ministère de l'intérieur, non plus que le matériel des ambulances et du service de santé.

Tout cela réalisé au moyen de 20,000 marchés divers, dont les comptes ont été, après la guerre, minutieusement passés au crible et apurés par une commission dite des marchés, essentiellement hostile à tous les hommes du gouvernement du 4 septembre et spécialement à Gambetta, sans qu'elle ait pu relever un seul fait blâmable.

Les achats d'armes sur les marchés étrangers relevaient exclusivement d'une commission dépendant du ministre des travaux publics, les ministères de la guerre et de l'intérieur n'y étaient pour rien. Et toutes les dépenses nécessitées pour cette vaste et vertigineuse organisation, tout compris, s'élèvent à 600 milions (soit 1,000 francs par homme), se décomposant ainsi : 36 0/0 pour la solde des troupes, — 20 0/0 pour les vivres et les fourrages, — 17 0/0 pour l'équipement et le campement, — 12 0/0 pour le matériel d'artillerie et de génie, — 11 0/0 pour articles divers.

C'est peut-être dans cette dernière classification — *articles divers* — que les réactionnaires avaient espéré trouver la source de « la grande fortune que Gambetta, suivant leurs perfides calomnies, a si habilement déguisée, après être descendu du pouvoir. »

A tous les points de vue, on doit reconnaître que, dans la campagne de 1870-71, sans Gambetta tout aurait été perdu, même l'honneur.

CHAPITRE XIII

Proclamation au sujet des élections. — Décret des inéligibles.— M. Jules Favre à Bordeaux. — Circulaire de Gambetta aux préfets. — Sa démission et sa retraite à Saint-Sébastien.

Il restait à celui que les réactionnaires avaient si improprement surnommé *le dictateur* à assurer les élections législatives qui, même d'après les termes de la convention de Versailles, ne devaient donner aux représentants que le mandat de se prononcer sur la question de la paix ou de la guerre.

L'unique voie de salut consistait donc à avoir une chambre animée de véritables sentiments patriotiques, et Gambetta disait aux départements, dans une proclamation datée du 31 janvier :

CITOYENS,

L'étranger vient d'infliger à la France la plus cruelle injure qu'il lui ait été donné d'essuyer dans cette guerre maudite, châtiment démesuré des erreurs et des faiblesses d'un grand peuple. Paris, inexpugnable à la force, vaincu par la famine, n'a pu tenir en respect plus longtemps les hordes allemandes. Le 28 janvier il a succombé. La cité reste encore intacte, comme un dernier hommage arraché par sa puissance et sa grandeur morale à la barbarie : ses forts seuls ont été rendus à l'ennemi.

Toutefois, Paris en tombant nous laisse le prix de ses sacrifices héroïques. Pendant cinq mois de privations et de souffrances, il a donné à la France le temps de se reconnaître, de faire appel à ses enfants, de trouver des armes et de former des armées, jeunes encore, mais vaillantes et résolues, auxquelles il n'a manqué jusqu'à présent que la solidité qu'on acquiert à la longue.

Grâce à Paris, si nous sommes des patriotes résolus, nous tenons en main tout ce qu'il faut pour nous venger et nous affranchir. On a signé, à notre insu, sans nous avertir, sans nous consulter, un armistice dont nous n'avons connu que tardivement la coupable légèreté, qui livre aux troupes prussiennes des départements occupés par nos soldats, et qui nous impose l'obligation de rester trois semaines en repos, pour réunir, dans les tristes circonstances où se trouve le pays, une Assemblée nationale...

Nous attendions l'arrivée d'un membre du gouvernement de Paris. Personne n'est encore venu et il faut agir. La Prusse compte sur l'armistice pour amollir, énerver, dissoudre nos armées. La Prusse espère qu'une assemblée réunie à la suite des revers successifs, et sous l'effroyable chute de Paris, sera nécessairement tremblante et prompte à subir une paix honteuse.

Il dépend de nous que ces calculs avortent et que les instruments mêmes qui ont été préparés pour tuer l'esprit de résistance le raniment et l'exaltent...

Employons ces trois semaines à préparer, à pousser avec plus d'ardeur que jamais l'organisation de la défense et de la guerre.

A la place de la Chambre réactionnaire et lâche que rêve l'étranger, installons une assemblée vraiment nationale, républicaine, voulant la paix, si la paix assure l'honneur, le rang et l'intégrité de notre pays, mais capable de vouloir aussi la guerre, et prête à tout plutôt que de céder à l'assassinat de la France.

Français! songeons à nos pères qui nous ont légué une France compacte et indivisible; ne trahissons pas notre histoire, n'aliénons pas notre domaine traditionnel aux mains des barbares. Qui donc signerait?

Ce n'est pas vous, légitimistes, qui vous battez si vaillamment sous le drapeau de la République, pour défendre le sol du vieux royaume de France; ni vous, fils des bourgeois de 1789, dont l'œuvre maîtresse a été de sceller les vieilles provinces dans un pacte d'indissoluble union ; ce n'est pas vous, travailleurs des villes, dont l'intelligent et généreux patriotisme s'est toujours représenté la France dans sa force et dans son unité comme l'initiatrice des peuples aux libertés modernes ; ni vous enfin, ouvriers, propriétaires des campagnes, qui n'avez jamais marchandé votre sang pour la défense de la révolution à laquelle vous devez la propriété du sol et votre dignité de citoyens !

Non, il ne se trouvera pas un Français pour signer ce pacte infâme. L'étranger sera déçu; il faudra qu'il renonce à mutiler la France, car tous, animés du même amour pour la mère-patrie, impassibles dans les revers, nous reviendrons forts, et nous chasserons l'étranger.

Pour atteindre ce but sacré, il faut y dévouer nos cœurs, nos volontés, notre vie, et, sacrifice plus difficile peut-être, laisser là nos préférences; il faut nous serrer tous autour de la République, faire preuve surtout de sang-froid et de fermeté d'âme. N'ayons ni passions ni faiblesses; jurons simplement, comme des hommes libres, de défendre envers et contre tous la France et la République. *Aux armes! Aux armes!*

Le 2 février, Gambetta promulgua un décret qu'on lui a *cruellement* reproché et qui fut, avec la dissolution des conseils généraux, le seul acte révolutionnaire et dictatorial de sa carrière comme membre de la délégation nationale.

On sait que par ce décret étaient déclarés inéligibles tous ceux qui avaient eu des attaches avec le gouvernement qui était la cause première de tous nos malheurs, ces hommes qui au 4 septembre avaient *filé sur la Belgique*, abandonnant, toute honte bue, cette régente qui avait dit : *c'est ma guerre à moi*.

Malgré les objurgations de M. Jules Simon, envoyé de Paris, Gambetta ne voulut point d'abord rapporter ce décret, qui était d'ailleurs signé par tous les membres de la délégation de Bordeaux.

A ce sujet, M. de Bismark, qui avait déjà fait des observations à M. Jules Favre, télégraphia le 3 février :

A M. Léon Gambetta. — *Bordeaux.*

Au nom de la liberté des élections, stipulée par la convention d'armistice, je proteste contre les dispositions émises en votre nom pour priver du droit d'être élus à l'Assemblée des catégories nombreuses de citoyens français. Des élections faites sous un régime d'oppression arbitraire ne pourraient pas conférer les droits que la convention d'armistice reconnaît aux députés librement élus.

Bismark.

Gambetta, en faisant publier ce document, ajouta ces mots :

Nous devinons que la Prusse comptait, pour satisfaire son ambition, sur une assemblée où, grâce à la brièveté des délais et aux difficultés matérielles de toute sorte, auraient pu entrer des complices et des complaisants de la dynastie déchue, alliée à M. de Bismark.

Les décrets d'exclusion, rendus le 31 janvier, ont déjoué ces espérances.

L'insolente prétention du ministre prussien d'intervenir dans la constitution d'une assemblée française est la justification la plus éclatante des mesures prises par le gouvernement de la République.

La leçon ne sera pas perdue pour ceux qui ont le sentiment de l'honneur national.

Gambetta.

Le promoteur de l'unité allemande avait parlé en maître, et les membres du gouvernement de Paris avaient passé sous les fourches caudines et envoyé, pour faire exécuter les ordres de l'Allemand, le moins énergique d'entre eux, Jules Simon, qui était arrivé à Bordeaux le 4 et avait aussitôt protesté contre le décret.

Il dépendait absolument de la volonté de Gambetta de faire un coup d'Etat auquel on ne pouvait opposer aucune force, mais sans doute le spectre de la guerre civile l'arrêta, et le 5, lorsque arrivèrent MM. Emmanuel Arago, Garnier-Pagès et Pelletan, avec un décret signé par les membres du gouvernement de la défense nationale qui annulait celui de la délégation de Bordeaux et remettait en vigueur celui du 9 janvier, Gambetta envoya sa démission et en informa les préfets par une dépêche dans laquelle il leur signalait l'arrivée des *membres du gouvernement de Paris*, et leur demandait, comme *un suprême service à rendre* à la République, de faire procéder aux élections du 8 février. Il se retira aussitôt après, au delà des quinconces, dans une toute petite maison qu'habitaient avec lui ses amis Ranc et Spuller, n'espérant plus le salut de la France que du sens patriotique de la nation.

On sait ce que fut cette assemblée *nommée dans un jour de malheur*, et comment les élections se firent sur ces seuls mots : *Paix quand même* ou *résistance à outrance*. La majorité réactionnaire dut sa nomination, non à ses opinions politiques, mais à cette seule pensée.

qu'avec elle la paix serait faite, quelles qu'en fussent les conditions, et le pays s'abandonna lui-même en abandonnant Gambetta.

Il n'en fut pas moins nommé député dans neuf départements, et arriva troisième sur la liste de Paris, directement après Louis Blanc et Victor Hugo, immédiatement avant Garibaldi.

Il était à la séance le 17, jour où M. Keller protesta au nom de l'Alsace et Lorraine, et à celle du 1er mars où fut présenté le projet de traité de paix et où l'on conclut ce qui portera dans l'histoire le nom de pacte de Bordeaux. Ce jour-là il vint, l'âme déchirée, assister à la consécration de la mutilation de la France, s'imposant peut-être la vue d'un si cruel spectacle pour mieux se fortifier encore, et se promettant de consacrer son existence tout entière à la revanche de cette heure de honte et de deuil national, où l'Alsace et la Lorraine ont été arrachées du sein de la mère-patrie.

Il put entendre, après cette immolation prononcée par 546 voix contre 107, le vote méprisant de déchéance acclamé contre la funeste dynastie impériale qui nous avait valu toutes ces hontes, toutes ces misères, puis il se retira triste et recueilli à Saint-Sébastien, sur la frontière espagnole, où, jusqu'au mois de juin, succéda pour lui, à la vie surmenée de la période de la défense nationale, une vie de douloureuse réflexion et de recueillement patriotique.

Cette retraite, diversement interprétée par les amis ou les dissidents de Gambetta, ainsi qu'il appelle lui-même ceux de son parti qui ne pensent et n'agissent pas absolument comme lui, était nécessaire, indispensable, pour les projets futurs de ce patriote éminent. Il ne pouvait certainement douter qu'avant peu de terribles événements allaient se passer en France, et que le conflit éclaterait nécessairement entre ce gouvernement émasculé et la population virile de nos grandes villes et surtout de Paris; mais les votes du 8 février lui avaient prouvé que la France avait cessé momentanément d'avoir confiance en lui, et dans cette situation il ne pouvait rien pour la sauver des misères de la guerre civile; il lui fallut plus de courage pour se tenir éloigné de la lutte que pour s'y mêler.

Il faut laisser à de petits esprits la pensée qu'il voulut fuir le danger, et reconnaître qu'en voyant la composition et les tendances de l'Assemblée du 8 février, il était de son devoir de se réserver et de préparer, dans le silence du recueillement, le programme de la revanche, de la revanche complète, sous toutes les formes.

Sa carrière, comme militaire, n'est ici qu'interrompue, elle n'est pas finie, et, quoiqu'il paraisse désormais l'homme des combinaisons diplomatiques, à longue, trop longue échéance quelquefois, s'exposant par cette longueur même à ébrécher sa juste popularité, il n'en porte pas moins, dans le bagage de ses combinaisons, l'éventualité d'une nouvelle campagne qu'il ne désire pas, mais qu'il est toujours prêt à recommencer, si cela était nécessaire pour le salut de la République et pour l'intégrité du sol français.

Les ennemis de la République l'avaient surnommé avec ironie le Carnot de la défaite ; il réserve peut-être à ses détracteurs des surprises auxquelles ils sont loin de s'attendre, et on pourrait citer une foule de nos officiers, et des meilleurs, qui seraient on ne peut plus heureux de consacrer au succès de ses conceptions militaires toute leur science et tout leur dévouement.

Par les résultats de la campagne de 1870-71 Gambetta a prouvé qu'il ne faut pas, comme on l'avait dit naguère, croire que désormais les grandes guerres, comme les petites, ne seront que de courte durée ; ces résultats prouvent seulement qu'avec les nouveaux moyens employés les conditions sont complètement changées.

La conduite de M. de Bismark et de ses légions écarte à tout jamais de nos futurs conflits l'esprit chevaleresque qui faisait dire à nos aïeux : Messieurs les Anglais, tirez les premiers, et l'on sait parfaitement aujourd'hui que M. de Moltke, qui passait encore naguère pour un grand homme de guerre et pour le créateur des états-majors modèles, est dépassé de beaucoup, dans les causes de succès de la guerre franco-allemande, par l'ingénieur-constructeur Krupp.

Gambetta le sait, et soit comme homme d'Etat, soit comme organisateur militaire, il n'aura garde de l'oublier dans l'avenir.

Quand des touristes allaient visiter l'Allemagne et

les bords du Rhin, le *cicerone*, en leur montrant des burgs démantelés et en ruine, disait : Les *Français ont passé par là;* — c'est à notre tour de dire maintenant, en songeant à la guerre de 1870-71 : Les Prussiens sont venus ici.

Le temps n'épargne pas ce que l'on fait sans lui. Nos armées improvisées eussent certainement acquis plus de solidité si la lutte avait duré plus longtemps, et il convenait, dès lors, de glisser au milieu des écueils et de se préparer à une victoire définitive, avec le moins d'effusion de sang possible, et, si cela se pouvait, sans effusion de sang.

A propos de cette retraite à Saint-Sébastien, un de nos écrivains les plus distingués, très lu et très apprécié à l'étranger, un poète autrefois très lié avec Gambetta qui continue à lire avidement toutes ses productions, avait publié un livre où l'ex-dictateur était sévèrement jugé. Plus tard, comme Gambetta louait avec chaleur deux nouveaux ouvrages de cet auteur, un ami lui dit : Tu as donc pardonné la *Lettre d'un absent ?* Il répondit en souriant : « A qui n'ai-je pas pardonné ! »

Il eut raison de parler ainsi, car cet écrivain enfermé dans Paris pendant le siège, le quittant au moment de l'armistice, les yeux troublés par la fièvre de sang, Parisien trompé sur la province comme bien des provinciaux le furent sur Paris, lorsqu'il fut mieux éclairé sur tous les faits de cette lugubre époque, il prouva, à ceux qui avaient pu en douter après la publication de la *Lettre d'un absent,* que chez lui l'homme de talent est doublé par l'homme de cœur, par le républicain sincère, et qu'il sait sous la seule pression de sa conscience renier les faux dieux et revenir au culte de la liberté et à la juste appréciation de ceux qui combattent pour elle.

CHAPITRE XIV

Rentrée de Gambetta en France. — Discours de Bordeaux. — Fondation de la *République française*. — Opinion du *Times* sur Gambetta. — Discours de Saint-Quentin.

Par un décret du 9 juin, les électeurs étaient convoqués pour les élections complémentaires fixées au 2 juillet, et la France, sans être encore revenue de la surprise qui avait causé le succès des monarchistes, au 8 février, allait donner un premier avis à cette majorité réactionnaire qui croyait déjà que le temps était venu de préparer la rentrée solennelle du roi dans Paris.

De tous les mobiles ou mobilisés partis avec la haine de la république au cœur, pas un seul n'était retourné dans ses foyers, après les captivités ou l'internement en Suisse, sans avoir mûrement réfléchi, et c'est surtout par eux que devait commencer la réconciliation définitive des campagnes avec les villes, commencée au feu des bivouacs et dans la confraternité des champs de bataille.

Gambetta quitta Saint-Sébastien et, avant de rentrer à Paris, il crut devoir faire sa première visite à cette population de Bordeaux qui lui avait témoigné un si profond attachement; il y prononça, le 20 juin, un discours qu'il faudrait citer tout entier, et dont voici les principaux passages :

Je n'ai pas voulu remettre le pied sur le sol d'où j'étais parti, après les fatigues que vous savez ; je n'ai pas voulu rentrer en France pour y prendre ma part de responsabilité et d'efforts dans les travaux du parti républicain, sans m'arrêter à Bordeaux.

J'ai voulu, à propos des élections, à propos de la situation si grave où se trouve le pays, vous dire, sans aucune arrière-pensée personnelle, puisque je ne suis pas candidat dans ce département, ce que j'espère, ce que je désirerais accomplir.

Après avoir fait comprendre la nécessité d'examiner quelle est la situation de la France en face des compétitions des partis monarchiques et des hommes qui s'efforcent d'attribuer à la République les excès des derniers mois, il indique l'analogie qui existe entre le moment présent et ce qui se passait au mois de mai 1870.

On lui pose aujourd'hui, dit-il, sous des noms divers, la même question : veut-elle, une fois encore, abdiquer et verser dans l'ornière des dynasties ?...

Chose consolante, malgré les excès qui ont été commis, et les crimes qui ont marqué la chute de la Commune à Paris, malgré le courant de calomnies qui avait été déchaîné contre le parti républicain, en pleine guerre civile le pays a conservé son sang-froid ; les élections municipales ont attesté qu'au lendemain de cette effroyable crise, le pays ne se laissait pas aller à la réaction. Il y a là une espérance qui doit nous inspirer la patience et la sagesse dans l'action politique. Je crois que, grâce à l'union faite entre les diverses nuances de l'opinion républicaine, nous pouvons donner à la France le spectacle d'un parti disci-

pliné, ferme en ses principes, laborieux, vigilant et résolu à tout pour arriver à convaincre la France de ses facultés gouvernementales. En un mot, un parti acceptant la formule : Le pouvoir au plus sage et au plus digne.
Il faut donc être les plus sages. Eh bien ! cela ne nous coûtera pas, par cette excellente raison qu'il n'y a de politique vraiment sage, vraiment féconde, que celle du parti républicain.

Acceptant pleinement le programme du pouvoir aux plus sages, aux plus dignes, il montre que c'est là le dogme des républicains, et que si jusqu'alors leur opposition à un pouvoir fondé sur le crime et maintenu par la corruption fut légitime dans le passé, ils doivent maintenant presser, contrôler et non détruire, et laisser le suffrage universel prononcer entre ceux qui les dédaignent et ceux qui ont eu la patience et la constance de lutter pour la République et la liberté.

Il dit ensuite, et à tort certainement, que *l'âge des temps héroïques, chevaleresques est passé,* — car il faudra encore de l'héroïsme à ceux qui, dans l'ordre civil, en supposant que la guerre n'ensanglante plus notre sol, devront sacrifier leur fortune, leur santé et leur vie pour lutter contre les calomnies et les persécutions ; puis, qu'il faut centraliser les efforts sur un point donné et susciter des auxiliaires dévoués dans les rangs du suffrage universel, car l'unité et la simplicité du but doivent être le mot d'ordre et l'instruction le moyen, car la cause seule de nos revers c'est l'infériorité de notre éducation nationale et l'ignorance dans laquelle on laissait croupir les masses et qui engendre périodiquement les vastes tempêtes sociales.

Insistant alors sur la nécessité d'achever la révolution, il explique ce qu'il entend par ces mots, et comment, jusque-là, ses bénéfices ont été purement matériels et insuffisants pour les ouvriers et les paysans dont il faut faire des citoyens libres et complets, parce que l'organisation de la société les laisse intellectuellement en arrière de quelques siècles sur la partie éclairée du pays.

Ah! s'écrie-t-il alors, ce paysan voué au travail de la terre, qui porte si courageusement le poids du jour, sans autre consolation que de laisser à ses enfants le champ paternel allongé d'un arpent, toutes ses passions, ses joies, ses craintes sont concentrées sur le sort de ce patrimoine. Il ne perçoit du monde extérieur, de la société où il vit, que des rumeurs, des légendes; il est la proie des trompeurs et des habiles; il frappe sans le savoir le sein de la Révolution, sa bienfaitrice; il donne loyalement son impôt et son sang à une société pour laquelle il éprouve autant de crainte que de respect. Mais là se borne son rôle, et si vous lui parlez principe, il ignore, et naturellement il vous répond intérêt! C'est justice! C'est donc aux paysans qu'il faut s'adresser sans relâche, c'est eux qu'il faut relever et instruire. Les mots que les partis ont échangés, de *ruralité*, de Chambre *rurale*, il faut les relever et ne pas en faire une injure.

Ah! il faudrait désirer qu'il y eût une Chambre rurale dans le sens profond et vrai de ce mot, car ce n'est pas avec des hobereaux que l'on fait une Chambre rurale, c'est avec des paysans éclairés et libres, aptes à se représenter eux-mêmes; et alors, au lieu d'être une raillerie, cette qualification de Chambre rurale serait un hommage rendu aux progrès de la civilisation dans les masses...

Il faut mettre partout, à côté de l'instituteur, le gymnaste et le militaire, afin que nos enfants, nos soldats, nos concitoyens, soient tous aptes à tenir une épée, à manier un fusil, à faire de longues marches, à passer les nuits à la belle étoile, à supporter vaillamment toutes les épreuves pour la patrie. Il faut pousser de front ces deux éducations, car autrement vous ferez une œuvre de lettrés, vous ne ferez pas une œuvre de patriotes.

Oui, messieurs, si l'on nous a devancés, oui, si nous avons subi cette suprême injure de voir la France de Kléber et de Hoche perdre ses deux plus patriotiques provinces, celles qui contenaient à la fois le plus d'esprit militaire, commercial, industriel, démocratique, nous ne devons en accuser que notre infériorité physique et morale...

S'il faut attendre dix ans, vingt ans, dit-il ensuite, on attendra, mais il faut commencer tout de suite, nous guérir du mal vaniteux qui nous a causé tant de désastres... et ne produire aucune réclamation avant celle-là : l'éducation la plus complète de la base au sommet des connaissances humaines... Que quiconque se dérobe au double devoir d'instruction civile et militaire soit impitoyablement privé de ses droits de citoyen et d'électeur... et que celui qui n'est pas apte à prendre sa part des douleurs de la patrie soit déclaré indigne de prendre part à son gouvernement.

Après avoir exposé que de nombreuses expériences ont prouvé qu'il faut commencer l'instruction par les sciences exactes, et sans vouloir discuter un programme d'éducation, il exprime sa conviction que le parti démocratique, ne demandant pas autre chose que l'instruction et l'éducation ainsi comprises, mais les demandant avec sagesse et résolution, arriverait bientôt à montrer au paysan, qui le considère comme hostile, qu'il est son plus sincère ami ; et il ajoute :

Messieurs, ces idées ne m'appartiennent point. Elles sont familières à tous les penseurs, à tous les patriotes. Le propre de la politique est de s'emparer de ces idées essentiellement justes et de les fixer dans les lois. Oh! les politiques qui inventeraient, qui auraient la prétention de faire des choses inopinées, imprévues, ne seraient pas des politiques! Qu'il y a d'années que l'ignorance est combattue, et qu'elle est encore épaisse et terrible! Nous offrons au monde ce spectacle d'avoir été le peuple qui a le premier revendiqué les droits de la raison, et d'être encore réduits à ne les point pratiquer et enseigner pour notre propre compte.

Enfin, après avoir fait un tableau saisissant de ces hommes qui, ne connaissant la société que par le côté qui les irrite, apparaissent, à un jour donné, sur la place publique avec des passions effroyables et sont tantôt les soutiens d'un coup d'Etat, tantôt les auxiliaires des violences de la rue, il rappelle le mot de Channing :

Les sociétés sont responsables des catastrophes qui éclatent dans leur sein, comme les villes mal administrées où on laisse pourrir les charognes au soleil sont responsables de la peste.

Et pour prouver que l'erreur chez le paysan vient de la même source que chez l'ouvrier, il montre comment le premier, croyant que sa propriété avait été instituée et maintenue par Napoléon Ier et n'avait été menacée que par l'invasion, trouve la seule garantie de son domaine dans ce Code civil qu'il attribue au premier empereur, et oublie que c'est par la Révolution seule qu'il est devenu propriétaire et citoyen.

Je voudrais, dit-il, pour me résumer, que notre opposition fût une opposition de gouvernement; je voudrais n'y apporter d'autre préoccupation que celle de faire le bien ou de forcer les autres à le faire ; *car je connais une passion plus vive que celle d'exercer le pouvoir : c'est de surveiller avec équité, avec fermeté, avec bon sens, un pouvoir loyal*, et sous la simple pression des idées et de l'esprit public, de voir accomplir par d'autres mains que les siennes les réformes les plus éclatantes.

Quant à moi, je m'emploierais parfaitement, je l'avoue, à cette tâche, sous un état politique dans lequel la République serait acceptée comme le gouvernement de droit ; car, contre le droit, il ne saurait surgir que des prétentions illégitimes, et il ne peut pas se faire qu'on nous oppose, pour l'abattre et le fouler aux pieds, ni un consentement surpris à l'ignorance et à la faiblesse, ni un coup d'État de prince, ni un complot de la rue.

Anticipant alors sur les mots symboliques de *République ouverte*, il déclare qu'il accepterait, même pour entrer aux affaires, des monarchistes convertis ayant reconnu la République, ayant déjà affirmé leurs talents et forcés, par la cohésion du parti républicain et la légitimité de la République, d'accomplir les réformes qu'elle demande.

Il termine enfin ce discours, souvent interrompu par les bravos des assistants, par ces mots :

Mais il faut pour cela que le parti républicain soit d'une absolue sévérité sur les principes ; et nous le déclarons ici : oui, nous serons indulgents pour les personnes ; oui, nous nous montrerons faciles à ouvrir la porte, mais nous demeurerons implacables sur les principes. Nous admettrons que des hommes se trouvent éclairés ; nous admettrons que d'autres, sans être encore tout à fait convaincus, mais à cause des nécessités d'une situation sociale exceptionnelle, acceptent de bonne foi les conséquences du principe de la République. Sur le devoir seul nous ne transigerons point.

Si on fait cette garde sévère autour des institutions, soyez convaincus que nous maintiendrons la République beaucoup mieux avec une minorité républicaine, ferme, énergique, vigilante sur les actes de la majorité, qu'avec une majorité d'hommes inconsistants et tièdes, qui serait exclusive des personnes, et facile aux compromis sur les principes.

Après cette première ligne de conduite, je voudrais qu'on démontrât, au pays tout entier, qu'il n'y a pas possibilité de tenter aujourd'hui autre chose, en fait de réforme, que l'éducation et l'armement national, et je prendrais patience de ne pas voir légiférer sur d'importantes questions qui peuvent attendre, qui ne sont que des questions latérales, subordonnées à la réalisation de ces premières et capitales nécessités.

Le peuple, soyez-en sûrs, ne marchandera pas les millions pour l'éducation de ceux qui souffrent et qui ignorent ; il les marchanderait pour ceux dont les desseins ne tendent jamais qu'aux restaurations monarchiques, aux dépenses fastueuses et à l'écrasement du pays ; et, en passant, voilà, messieurs, une des raisons qui démontrent qu'il n'est plus possible de relever la monarchie parmi nous : nous ne sommes plus assez riches pour la payer.

En conséquence, nous aurions résolu, par là, le plus vital de tous les problèmes, que je résume ainsi: égaliser les classes, dissiper le prétendu antagonisme entre les villes et les campagnes, supprimer le parasitisme, et, par la diffusion de la science pour tous, rendre au pays sa vigueur morale et politique.

Et ainsi vous mettriez à une double caisse d'assurances : l'une, contre les crimes de droit commun, par l'élévation du niveau de la moralité ; l'autre, contre les risques de révolution, en donnant satisfaction et sécurité aux droits acquis des uns, aux aspirations légitimes des autres.

Tel est le programme à la fois radical et conservateur

que la République seule peut accomplir. Et alors, dans le monde entier, les amis de la France pourront se rassurer : elle sortira régénérée de ces grandes épreuves, et, sous les coups mêmes de la mauvaise fortune, elle apparaitra plus grande, plus prospère, plus fière que jamais.

Ne trouve-t-on pas dans ces discours, concentrés, réunis en un faisceau serré et présentés sous une forme séduisante, les principes et les procédés à l'abri desquels les prétendus conservateurs des centres vont essayer de donner le change aux deux partis entre lesquels ils se placent comme seuls arbitres de la situation : la République sans républicains, la République aimable, formules qui dans leur bouche, et sans la franchise qu'y met Gambetta, ne peuvent satisfaire les uns ni calmer l'irritabilité des autres?

Dans les élections complémentaires, Gambetta venait d'être de nouveau nommé à la fois à Paris, dans le Var et dans les Bouches-du-Rhône : cette triple élection prouvait que le soldat qui avait défendu à *outrance* l'honneur de nos armées était aussi considéré comme nécessaire pour défendre à *outrance* nos libertés qu'on savait encore menacées, malgré les promesses solennelles de M. Thiers aux délégués des grandes villes de province, au moment de la Commune.

Il s'occupa, à peine rentré à Paris, de la fondation du journal la *République française,* et s'y entoura d'amis sur le talent et le patriotisme desquels il savait pouvoir compter.

La ligue d'Alsace contribua pour une grande part à

la création de cet organe qui devenait, dès le premier jour, comme le *Journal des Débats* de la République. Gambetta avait compris que les plus sérieux efforts devaient être faits pour ramener à nous cette bourgeoisie qui a pu avoir, dans le passé, le tort de vouloir se substituer comme caste à une autre caste, mais sans laquelle, en France ni ailleurs, on ne pourra jamais fonder rien de solide.

M. Thiers venait d'échanger son titre de chef du pouvoir exécutif contre celui de Président de la République ; il fallait d'abord, sans obséquiosité d'aucun genre, sans transaction sur les questions de principes, amener celui qui avait dit : « La République sera aux plus sages, » à voir dans l'ex-*fou furieux* de la défense nationale, dans le patriote inflexible, le parlementaire correct même au milieu de ses légitimes colères, et le tacticien plus habile que tous les vieux doctrinaires de nos anciennes assemblées, quoique toujours prêt à revenir aux rugissements du lion et à la ténacité du dogue, si l'on tentait de faire de l'*essai loyal* une duperie pour les hommes de bonne foi.

Il est bon de citer, dès cette époque, le langage de la presse étrangère, au sujet de l'attitude de Gambetta. Le *Times* disait :

M. Gambetta mérite de grands éloges. Malgré son tempérament passionné, il a fait preuve, dans des questions essentielles, d'un esprit de conciliation et d'une disposition à coopérer avec ses adversaires, qui sont des qualités trop rares dans l'histoire de la politique française pour ne pas être tout particulièrement notées. Si la politique de M. Thiers a paru récemment pencher vers la gauche et conclure à l'établissement définitif de la République, c'est parce que la gauche a loyalement appuyé le gouvernement dans ses efforts de régler les comptes de l'Allemagne, tandis que les partis monarchiques, tour à tour craintifs ou insolents, ont constamment entravé l'action du président. M. Gambetta et son parti ont ainsi aidé plus efficacement à fixer ce qui était provisoire, que n'aurait pu le faire la plus grande dépense de violente rhétorique républicaine...

M. Gambetta et ses amis appuient M. Thiers, non parce qu'ils sont disposés à tout revendiquer dans sa carrière passée ou même à tout soutenir dans sa politique actuelle, mais parce qu'ils sont convaincus que son maintien au pouvoir sera très profitable à la fois aux intérêts de la France et de la cause républicaine.

Un autre journal anglais disait aussi :

Il arriva à un moment où l'opposition avait besoin d'un champion d'une nature plus énergique que ceux qu'elle possédait déjà. Jules Favre, nature passionnée, pleine de cœur, manquait d'énergie dans l'attaque ; Pelletan discourait comme un enthousiaste, Jules Simon comme un professeur, Picard comme un homme d'esprit, Thiers comme un homme d'État. Gambetta était un athlète.

Il y avait dans ses discours l'énergie, le feu et cette confiance agressive propre à la jeunesse... Quand les débats s'échauffaient (sous l'empire), on pouvait voir quelques membres plus calmes de la gauche le retenir par les pans de son habit, et le bourgeois qui assistait à la séance revenait chez lui en murmurant avec terreur : « Il manque absolument de tenue : ce n'est pas un homme sérieux. » Le Gambetta de 1872 est bien différent. Le pouvoir a passé par ses mains, le sang sous ses yeux, la calomnie sur sa tête. Il peut encore bondir sur ses pieds comme un lion attaqué et s'écrier d'une voix tonnante : *C'est un mensonge!* lorsqu'un membre de la droite lance contre lui quelque venimeuse insinuation ; mais, d'une façon générale, il est devenu aussi *sérieux* que peut le désirer un bon épicier de la rue Saint-Denis ; il s'habille même avec un certain soin, ce qui paraît être un grand soulagement pour quelques dignes personnes, qui se sont résignées à l'idée de le voir devenir président de la République, mais qui seraient terrifiées à la pensée d'être gouvernées par un simple mortel sans gants.

Mais Gambetta sera-t-il jamais élu président de la République?... La politique a des hauts et des bas, et il y a beaucoup de Français (même parmi les ennemis de Gambetta) qui commencent à songer en eux-mêmes que peut-être le jugement des générations futures sur la dictature de Tours ne sera pas le même que celui de l'impartiale presse qui prend son mot d'ordre à Chislehurst.

Lorsqu'il fit sa rentrée à la Chambre de Versailles, Gambetta n'était certes plus ressemblant au portrait à la *marguerite*, il paraissait vieilli, fatigué, il avait pris de l'embonpoint et quelques fils d'argent moiraient sa noire chevelure, mais il semblait encore plus résolu que par le passé.

A peine entré en séance, il prit part à la discussion sur la pétition des évêques qui demandaient l'intervention de la France en faveur du Saint-Siège et du rétablissement du pouvoir temporel, ensuite sur la loi du conseil d'Etat, et il ne cessa de réclamer l'enquête sur ses actes pendant la délégation.

Dans la première quinzaine de septembre, plusieurs projets de loi furent discutés à la Chambre : tels que les nouveaux impôts à établir, le contingent à fixer de la classe de 1870, l'indemnité de 100 millions à titre de dédommagement pour les départements envahis, et surtout le projet Ravinel qui, en installant définitivement les ministères et les services publics à Versailles, espérait *décapiter* Paris en le *décapitalisant*. On aurait lieu de s'étonner de l'absence de Gambetta à ces débats si l'on ne savait que, dès le commencement du mois de septembre et deux mois durant, il était gisant sur son lit, condamné au repos le plus absolu, par suite d'une phlébite de la veine crurale gauche qui inquiéta beaucoup ses amis et mit ses jours en danger.

C'est à propos de cette grave maladie qu'on pouvait lire à la fois dans les feuilles bonapartistes au sujet de Gambetta : « L'ex-dictateur ne tardera pas à disparaître en état de décomposition, » et au sujet de M. Thiers : « Nous sommes gouvernés par un vieillard de soixante-seize ans, que la mort réclame. »

Les chambres s'étaient prorogées jusqu'au 17 novembre ; pour parler au pays autrement que par les fenêtres de l'Assemblée, il fallait adopter un autre genre de propagande, et c'est alors que, pendant les vacances, Gambetta commença cette campagne des discours en province qui devait avoir un si grand retentissement et de si heureux résultats.

Il attaqua le taureau par les cornes et résolut d'aller d'abord dans les départements dont la députation était réactionnaire.

A peine remis et pendant que Noël Parfait et Henri Martin prononçaient à Châteaudun, le jour anniversaire de la bataille, des discours dignes de cette mémorable journée, Gambetta alla d'abord à Saint-

Quentin, ville ouverte, comme Châteaudun, et qui avait comme sa sœur résisté bravement sans subir, comme elle, l'incendie et les outrages de l'ennemi ; là devant une nombreuse assemblée, il se demandait d'abord ce qui serait arrivé, si toutes les villes de France avaient imité l'héroïque exemple de Châteaudun et de Saint-Quentin, et il reconnaissait qu'au lendemain de Sedan, nous n'étions pas dans un état moral, social et militaire qui permît à un peuple de se lever tout entier.

Il passa ensuite en revue les véritables causes de nos désastres : La guerre préméditée, savamment conduite, admirablement préparée par nos ennemis ; notre résistance de six mois, Paris ne succombant que par le concours réuni de la famine et de la... mollesse ;... le pays donnant tout, son sang, son or, avec générosité, et vaincu seulement parce que, pendant vingt ans, un pouvoir indigne avait abaissé les âmes et avili les consciences ; il fit entrevoir la revanche assurée, « en ne prononçant jamais un mot téméraire, en ne parlant jamais de l'étranger, mais en y pensant toujours. »

Quand on a la satisfaction morale d'appartenir au parti républicain démocratique, disait-il, on ne doit avoir qu'une ambition, c'est de lui gagner des adhérents, d'augmenter sa puissance, afin qu'il exprime par le suffrage universel et son esprit et sa volonté indiscutable...

Si vous tous, qui êtes placés dans le milieu de cette démocratie rurale et qui pouvez vous faire à vous-mêmes cette démonstration, que ce n'est jamais en vain qu'on appelle le peuple à discuter sur ses intérêts, vous vouliez vous charger, entre vous et pour vous, de cette propagande nécessaire, vous ne tarderiez pas à voir les fruits naître sous vos mains, et chaque scrutin vous apporterait une récompense, un encouragement et une victoire...

Puis, revenant à l'anniversaire de la bataille de Saint-Quentin, il continuait ainsi :

Messieurs, ne craignez pas que j'oublie l'objet principal de notre réunion, c'est-à-dire le sacrifice héroïque par lequel vous vous êtes immolés et où vous avez perdu des héros inconnus, mais des héros. Non, je ne les oublie pas, ces morts qui vous sont si chers, mais c'est à dessein que je ne veux plus parler de ce qui pourrait aviver les plaies de la patrie. J'aime mieux vous inviter à nous replier sur nous-mêmes. Il faut que nous examinions nos questions intérieures et que nous n'ayons d'autre ambition que celle d'un peuple qui veut vraiment se refaire lui-même. Car, sachez-le, vous ne serez véritablement en état de vous faire respecter en Europe que le jour où vous serez puissants à l'intérieur; et quand je me demande quelle est la plus urgente de toutes les réformes, j'en reviens à considérer que rien ne sera fait, que rien ne pourra pacifier les âmes, rapprocher les classes, — car, malgré la loi, il y a encore des classes, quoi qu'on en dise, — comme une bonne somme d'éducation, d'instruction bien distribuée, obligatoire, gratuite, et, permettez-moi le mot, quoiqu'il ne soit pas fort à la mode, absolument laïque.

Développant cette pensée de la laïcité de l'instruction, il élargissait encore la question et émettait le vœu personnel de séparer non seulement les églises de l'Etat, mais encore les écoles de l'Eglise.

C'est pour moi, dit-il, une nécessité d'ordre politique, j'ajoute d'ordre social...
Je ne suis pas hostile à la religion : c'est même pour cela que je demande la séparation de l'Église et des écoles.

Je suis convaincu que c'est parce qu'un parti dominant dans l'Eglise s'est arrogé le droit presque exclusif de distribuer l'enseignement dans nos écoles, de pétrir et de former l'enfant pour saisir l'homme et le citoyen, pour arriver à l'État lui-même, que le clergé a cessé d'être un grand corps religieux pour tomber au rang d'une faction politique. C'est ainsi qu'on les a vus eux-mêmes perdre le sentiment de leur propre dignité, au point de n'être plus que des agents passifs entre les mains d'un pouvoir occulte et étranger, s'habituant à ne plus se considérer comme des citoyens de France, se faisant honneur d'être les serviteurs de la puissance théocratique qui leur envoie ses dogmes et ses ordres.

Après avoir expliqué comment le clergé ne serait pas pour cela destitué de toute influence sociale, comment chaque père de famille choisirait pour son enfant le culte qui lui conviendra, et comment la religion serait enseignée dans les endroits consacrés à la religion, il disait :

Qu'à l'école sera réservé le droit d'enseigner les vérités de la science, dans leur rigueur et leur simplicité majestueuse, et qu'on conciliera ainsi le respect de la liberté de conscience avec le devoir imposé à l'État de faire des citoyens.

Puis, faisant ressortir l'antagonisme des doctrines du Vatican avec les principes immortels de 89, il arrive à examiner ce problème posé depuis si longtemps : la séparation de l'Eglise et de l'Etat, et, après avoir montré l'Eglise de France se tenant au-dessus des prétentions ultramontaines, il en signale la disparition, et les hauts dignitaires du clergé français conduisant le *bas clergé* comme un régiment et se ruant dans le domaine de la politique.

Avec une grande habileté, il fait ressortir les services humbles de ce *bas clergé* si facile à démocratiser, en l'arrachant à la domination absolue de l'autorité diocésaine et en le ramenant aux traditions démocratiques de ses aînés de la grande Constituante ; il revient encore sur la question des écoles et sur leur fréquentation obligatoire.

Mais, dit-il, cette tâche réclame beaucoup d'efforts, du travail et de la persévérance : le travail, c'est la loi même de la démocratie. Il y a maintenant une politique du travail : c'est l'opposé de l'ancienne politique de la guerre et de la conquête. Ne séparons pas cette politique de travail de l'idée même de la grandeur et de la richesse de la patrie.

Pourquoi désormais le peuple sera-t-il prêt au dernier sacrifice, quand il croira l'heure du sacrifice venue ? Ce sera pour sauver les conquêtes du travail, pour ne rien laisser perdre de cette richesse créée à force de labeur et d'épargne, pour ne pas laisser porter atteinte à cette civilisation dont on l'aura rendu capable de goûter tous les fruits, et à laquelle il sera redevable du capital par excellence, qui est le capital intellectuel.

Après avoir indiqué que c'est avec le bulletin de vote qu'on peut conquérir tous ces biens, et que les hommes qui traitaient autrefois de pur sophisme l'avènement de la République en devenaient les défenseurs officiels, après avoir reconnu que leur conversion peut être sincère, et qu'il suffit de veiller sur eux sans trêve ni repos, il ajoute :

Nous ne sommes pas, en effet, dans la situation où nous étions autrefois, et notamment à la veille du plébiscite de mai 1870. Nous n'en sommes pas au désespoir ni à l'impatience ; notre âme, au contraire, est pleine de confiance, pleine d'espoir. Oui, nous avons la conviction qu'après les leçons répétées de la fortune, sauf le sinistre coupe-jarret de Décembre, il n'est pas de prétendant qui puisse tenter par la force une restauration monarchique.

Non, nous n'avons aucune inquiétude sur la consolidation de la République ; mais pour qu'elle ne perde pas la faveur populaire, qu'on ne puisse nous la dérober, il faut qu'elle soit féconde, qu'elle soit agissante, et que ce soit sous son égide qu'on voie s'accomplir le progrès.

C'est pour cela que nous invitons tous nos amis à se réunir à nous pour demander, non pas dans un intérêt de parti, mais dans un intérêt exclusivement national, qu'une Assemblée nouvelle, une majorité incontestable et certaine prenne en main la préparation de toutes ces réformes.

Que peut-on objecter à cette conduite? Que le pays s'est prononcé? Non ! non! car le moindre examen de ses votes et de ses scrutins démontre jusqu'à l'évidence que la volonté du pays c'est de fonder la République. Mais en dehors même des scrutins solennels, il y a un fait qui s'impose et qui est encore plus significatif, si c'est possible, c'est l'impuissance de l'Assemblée elle-même à rien oser, à rien tenter de contradictoire à ces récents arrêtés de la volonté nationale. Quoi ? lorsque, d'une part, la nation a ordonné, et que, de l'autre, l'Assemblée a reconnu qu'elle ne peut contredire cette volonté, pourrait-on ajourner encore, se traîner plus longtemps dans le provisoire, refuser de résoudre aucune question et dire obstinément : Nous avons reçu un mandat et des pouvoirs non limités; toutes les manifestations électorales postérieures ne peuvent rien contre ce titre primitif dont nous sommes revêtus : la France n'a pas le droit de parler; nous allons décider de son sort?...

Il montre alors l'empire, au mois de mai 1870,

trompant la France à l'aide d'une question captieuse, donnant la guerre aux six millions de votants qui demandaient la paix ; puis, après la catastrophe de Sedan, la République surgissant de la conscience populaire et des nécessités du salut national lorsque la France était à deux doigts de sa perte, héritant d'un passé que rien ne pouvait liquider, ramassant le pouvoir au milieu de l'épuisement de toutes nos ressources et sauvant le bien le plus précieux des nations, *l'honneur.*

Décomposant ensuite l'ensemble des six millions de suffrages qui se sont rencontrés dans l'urne plébiscitaire, il dit :

J'admettrais que, en dehors des excitations, des manœuvres de toute sorte auxquelles se livraient les agents de l'empire, il y ait eu une certaine fraction de voix acquises, coûte que coûte, au gouvernement impérial ; mais le reste, on peut le décomposer en deux parts, dont la plus considérable — au moins quatre millions — représentait, sous l'empire même, ce qu'on appelait la démocratie césarienne, qui voulait l'installer dans le pays, et qui croyait à ses progrès, à son organisation, par la main d'un maître, au dedans et même au dehors.

Erreur fondamentale qui a coûté à la France l'avilissement de ses mœurs et ses deux plus belles et plus fières provinces. Oui, ces électeurs confiants et trompés demandaient le développement des principes de 89, inscrits au frontispice de la Constitution. L'empire, lui, les réclamait pour les exploiter, pour séduire les masses, garder les ouvriers et garder les paysans ! Mais il les réclamait néanmoins.

Je dis et je répète que, parmi ces voix plébiscitaires, ils étaient nombreux les esprits honnêtes, loyaux, qui ont été abusés, car ils voulaient la suprématie des principes de 89 dans la société démocratique ; c'étaient des gens trompés qui croyaient à la suite de la révolution, et qui croyaient possible l'alliance adultère de l'empire et de la démocratie. Par conséquent, nous avons le droit de les revendiquer. Oui, j'ai cette conviction qu'à part la bande dorée des parasites qui depuis vingt ans avait mis la France en coupe réglée, à part ces conducteurs de la mascarade impériale, le suffrage universel, dans ses masses, s'est laissé tromper.

Se berçant alors de l'espoir que les hommes du passé sauront renoncer à un idéal usé et qui a disparu à jamais, il montre la France se rappelant les pages glorieuses écrites par leurs aïeux dans son histoire, et le pouvoir républicain, le plus libéral de tous, acceptant leurs aptitudes, leurs talents, leur éducation, et faisant d'eux comme la parure de l'Etat.

Enfin il désigne aussi ces hommes qui se disent conservateurs libéraux, sans idéal, ni en avant ni en arrière, ces sceptiques qui n'ont que des intérêts et qui, croyant les défendre, après avoir donné pendant vingt ans des blancs-seings à ce fameux sauveur qui répondait de l'ordre, ont été tout surpris de se trouver à l'expiration de ce bail un peu moins riches, plus troublés et plus menacés qu'auparavant, et tout cela pour ne pas avoir pris eux-mêmes la protection de leurs intérêts et pour s'être obstinés à ne concevoir la société que comme une association en commandite où le gérant se charge de fournir les soldats, les prêtres et les gendarmes. Il termine ce dénombrement en disant :

Il faudra bien qu'avant peu tous les partis se renouvellent, et que les plébiscitaires, désabusés comme les conservateurs instruits par l'expérience, comprennent les garanties d'ordre et de liberté qu'offre seul le parti républicain, et alors la nation pourra se tourner vers l'Europe et se faire rendre ce qui lui appartient et la place qui lui est due.

Dans ces discours, on le voit, Gambetta était comme le pionnier des idées sociales les plus hardies, idées qu'on ne trouvait jusque-là développées que dans les livres peu lus de quelques philosophes dont le nom était encore un épouvantail, idées qu'il devait faire accepter peu à peu en les présentant sous une forme pratique.

CHAPITRE XV

Campagne électorale.— Discours de Toulon, d'Angers, du Havre.
— Allocution aux délégués d'Alsace.

Le 7 janvier 1872, de nouvelles élections complémentaires devant avoir lieu dans plusieurs départements, et notamment dans le Var et les Bouches-du-Rhône, Gambetta jugea utile de rappeler aux électeurs quel était leur devoir, et il se rendit à Toulon où, dans une réunion, il passa rapidement en revue les événements passés, en indiquant les solutions à venir :

... Il s'agit aujourd'hui plus que jamais, disait-il, de choisir des représentants dont le nom représente l'idée de République, qui soient depuis longtemps acquis à cette cause, qui soient connus de vous, afin d'éviter les déceptions, afin de ne pas envoyer un traître ou un ambitieux, alors qu'on croyait choisir un ami ou un mandataire.

Que le drapeau arboré soit donc le nôtre, que le candidat ne nous paie pas seulement de paroles, mais d'actes, et d'actes connus de nous, d'actes républicains. Avant toute autre chose, en effet, nos amis à l'Assemblée n'ont qu'une cause à soutenir et à défendre : celle de la République.

Il ne s'agit plus aujourd'hui seulement de lutter contre le régime odieux tombé dans la boue de Sedan, et que vous avez été les premiers en France à repousser; il s'agit de lutter contre les coalitions des partis monarchiques de cette Assemblée qui ne veut connaître, de son mandat, ni la teneur ni la durée.

Il faut que votre mandataire choisi et nommé, celui qui [au]ra votre confiance, demande avec nous la dissolution de [ce]tte Assemblée dont le mandat expire chaque jour, qui, [née] d'une surprise, ne tient compte ni des avertissements, [ni] des manifestations de la souveraineté du peuple.

Dans un autre discours, il disait encore :

Le parti de la démocratie républicaine n'est plus au[jo]urd'hui une fraction de l'opinion publique, il est la France [el]le-même. Il doit donc s'affirmer catégoriquement, nette[m]ent, énergiquement, mais avec réflexion, avec certitude [d]e continuer scientifiquement son œuvre, par ses manda[ta]ires, non seulement à la tribune, mais partout où il y a [d]es erreurs à vaincre et des vérités à faire triompher.

Il ne faut pas que vos représentants soient comme des [a]moureux transis qui n'osent seulement toucher leur idole, [q]ui ne savent que prier et s'agenouiller devant elle; il faut [q]u'ils sachent vouloir, qu'ils sachent exiger, qu'ils sachent [o]btenir.

Inspirez-vous donc sérieusement de ces idées, mûrissez[-le]s dans votre esprit, et soyez bien persuadés que de leur [a]pplication dépendent peut-être l'avenir du pays et le [s]alut de la République.

Gambetta, qui tenait essentiellement à faire réussir [la] candidature de son ami Challemel-Lacour, à Mar[s]eille, alla dans le chef-lieu des Bouches-du-Rhône [o]ù il y avait encore quelques dissidents qui lui conser[v]aient rancune du désaveu infligé à Esquiros, après les [é]vénements du 4 septembre; il n'y prononça pas de [d]iscours publics, mais il se rendit au cercle de l'A[t]hénée, véritable bureau du comité central des élec[t]ions, et là, après avoir dit combien Marseille lui était [c]hère, car c'était elle qui l'avait fait entrer dans la vie politique, au mois de novembre 69, elle qui avait cru en lui alors que personne n'y croyait, il termina ainsi sa causerie :

Tolérons-nous, unissons-nous, soutenons-nous, que rien ne nous sépare, ou bien jamais nous ne pourrons donner à la France ce qu'elle désire, ce que le cours de ses destinées lui impose : un gouvernement réellement républicain, mettant en pratique toutes les vérités de la Révolution.

Désormais presque toutes ses paroles publiques comme ses conversations intimes, vont devenir des actes politiques; il faudrait pouvoir les citer toutes

Mettant à profit les vacances de Pâques et après qu'on avait agité devant la Chambre la question des municipalités, il alla à Angers et, dans un banquet présidé par le procureur général Guilton assisté du maire et des conseillers municipaux, il dit :

Il m'est particulièrement doux de me trouver au milieu d'une démocratie qui a des représentants comme ceux qui sont assis à cette table; il m'est particulièrement doux de sentir, dans l'accueil que vous me faites, que vous avez voulu surtout distinguer le sentiment, le zèle avec lesquels il m'a été donné d'unir, d'allier ensemble le drapeau de la République à celui de la France.

Car ce sont de véritables calomniateurs, des détracteurs du passé comme de l'avenir, ceux qui prétendent que pendant une seule minute, à une époque quelconque de notre histoire, nous avons mis en opposition ou en balance l'intérêt du parti et l'intérêt de la France.

Non, pas plus que nous n'avons séparé le suffrage universel de la République, nous n'avons jamais séparé la France de la République.

C'est avec le prestige de cette indissolubilité que le parti républicain a droit de se présenter devant les factions rivales et devant le monde entier ; c'est dans ces sentiments de solidarité, d'union indissoluble que nous devons toujours nous placer, pour la contradiction, en face de ceux qui disputent encore à la France la constitution permanente et définitive du gouvernement républicain.

Après avoir rappelé les vérités qui se dégageaient d'un discours du président de la réunion, M. Guilton, exposant quelles étaient les espérances des populations et leur foi dans la politique républicaine protectrice de l'ordre, de la liberté et de tous les intérêts, il parla de l'avenir du pays et du germe de vitalité qu'on voyait reparaître dans toute la France et qui devait lui faire reprendre bientôt le rang qui lui appartient dans le monde.

Il fit ensuite remarquer que c'est bien à tort qu'on considère les pays circonscrits par la Loire et par l'Océan comme une espèce de forteresse pour les idées du passé, que c'est pour cela qu'il a voulu visiter cette partie de la France à laquelle on ne rend pas toute la justice qui lui est due : la justice du patriotisme. Sur cette terre des privilèges par excellence, où il en a le plus coûté pour installer les bienfaits de la Révolution française, où sévit la guerre civile, et où maintenant dans les villes comme Angers, Saumur, Baugé et tant d'autres, ce sont des républicains qui sont à la tête du pouvoir municipal, il affirme qu'on saura bien empêcher désormais des surprises comme celle du plébiscite, et il ajoute avec ironie :

Pendant que les uns me font voyager au delà des frontières, que d'autres me promènent au milieu des populations du Midi, que d'autres enfin me contestent même le droit de me déplacer, je me suis dit que le meilleur moyen d'utiliser les quelques jours de vacances que les conseils généraux font à l'Assemblée de Versailles, c'était de venir parmi vous, pour vérifier une fois de plus à quel point l'Assemblée de Versailles ne représente plus le pays, même dans les endroits d'où étaient venus les plus arrogants de ses membres, lesquels, à l'heure qu'il est, ne représentent plus qu'eux-mêmes, et, en vérité, ce n'est pas assez!

Eh bien, je suis fort satisfait de mon voyage, et veuillez croire, messieurs, que je n'ajoute rien de trop personnel dans cette satisfaction. Je ne suis pas seulement édifié sur les dispositions que vous avez bien voulu me manifester, mais je trouve qu'il y a une telle concordance entre vos idées et les idées des populations qui sont de l'autre côté de la Loire, qui sont sur les bords du Rhône, sur les bords du Var, qui bordent toute la Méditerranée, que je me dis : Il est percé à jour ce calcul de nos adversaires qui consiste à représenter une partie de la France comme étrangère à l'autre, ceux-ci à ceux-là. Non! c'est toujours le même esprit, partout homogène et partout semblable à lui-même, qui anime, qui enflamme et qui réunit toutes les parties de la France et, au nom des intérêts républicains, je salue l'unité morale de la patrie...

Aux populations du Nord ou de l'Ouest ils disent, en parlant du Midi : C'est une population absolument volcanique; on n'y parle que de s'égorger; c'est une race indisciplinée et impossible à gouverner, c'est un peuple de démons!

Et voilà comment on présente les deux frères l'un à l'autre!

Or, messieurs, à voyager, à visiter les différentes localités des pays, on acquiert cette conviction, toujours grandissante, que la République est la même partout, que les populations obéissent à leurs tempéraments qui sont différents : les unes la réclament, les autres la préparent ; les unes la pressent, d'autres l'attendent, d'autres enfin l'exigent.

Mais toutes ces variétés, — n'en déplaise aux moroses et aux chagrins de la monarchie, ne signifient qu'une chose : nous avons la République, nous voulons la garder, nous voulons la développer.

Puis, examinant plus spécialement, parmi les partis adverses, l'attitude du parti légitimiste, il le dépeint comme jouant au milieu de la société le rôle d'un paladin inconvertissable, refusant de voir la démocratie qui progresse comme un fleuve coulant à pleins flots, sans débordements et d'un cours régulier et sûr, la terre qui est aux mains du paysan, l'atelier aux bras de l'ouvrier et l'armée qui se démocratise ; après avoir dit encore quelques mots sur l'épuisement successif de ce parti qui a le goût de la tradition et la défend sans la comprendre, il termine cette période en posant ce dilemme : *ou il n'y a pas de souverain ou il n'y en a qu'un seul, et c'est le peuple;* et il ajoute que c'est pour cela que les légitimistes ne veulent pas entendre parler de dissolution ; ils savent en effet que, s'ils s'en vont, ils ne reviendront pas, car ceux qui les ont nommés le 8 février 1871 ne leur avaient donné qu'une mission, et, cette mission terminée, ils doivent leur rendre leur souveraineté. Il pose ainsi carrément la question de la dissolution de la Chambre, devenue nécessaire par les résultats obtenus dans les élections pour les conseils municipaux et pour les conseils généraux.

Rappelez-vous, dit-il, dans quelles circonstances ont eu lieu ces élections.

On disait qu'il y avait une centralisation trop forte depuis longtemps, que les préfets avaient trop d'action, qu'il fallait les mater ; c'est qu'on était en République, vous comprenez bien ! car, sous une bonne monarchie héréditaire ou quasi héréditaire, on n'eût pas été si pressant ; mais il y avait là une démocratie qui montait toujours et dont les flots finissent par engloutir tout ce qui reste des anciens privilèges.

On regardait monter le flot et l'on disait : Nous ne trouverons donc pas le moyen d'endiguer ce flot débordant; il faudrait peut-être mettre la main sur les départements.

Et alors on organisa cette petite loi que vous connaissez, qui ne paraissait être rien ; qui avait un air innocent; elle rencontra, dans la discussion, bien des résistances, mais enfin elle fut votée et on arriva à l'exécution. C'était fort simple, il s'agissait de faire en sorte que leurs amis, que l'état-major qui avait préparé la loi, fussent nommés conseillers généraux, entrassent dans la forteresse, en prissent les clefs et les missent dans leur poche.

Intervient alors le suffrage universel, et il choisit ses mandataires départementaux avec un tact parfait, et à 120 députés, appartenant à ce parti rétrograde parfaitement connu, on a opposé des républicains, quelquefois des républicains de la nuance la plus accentuée. Et que s'est-il passé ? Ce sont les fils des croisés qui ont mordu la poussière...

A peine avait-on enregistré ce double résultat des élections aux conseils municipaux et généraux que les partis sont entrés véritablement en scène, et alors nous avons vu le parti légitimiste — non pas précisément celui dont je parlais tout à l'heure, — mais le parti légitimiste d'une autre nuance et le parti orléaniste se mettre à l'œuvre. Il y a bien eu en scène aussi le parti bonapartiste, mais de celui-là nous n'en parlerons pas, si vous le voulez bien. Car ce n'est pas un parti politique, c'est une bande, c'est une horde, et rien de plus.

Il fallait montrer comment les élections municipales et sénatoriales ayant trompé l'attente des réactionnaires coalisés, le désarroi s'était mis dans leur camp, après leur échec dans les lieux où leur influence paraissait devoir être le plus considérable. Il ne néglige pas de les représenter hésitant à aborder une arène plus large et trouvant préférable, en pleine République, d'aller chercher un roi à l'étranger, pour y rencontrer cette nouvelle difficulté : qu'il y avait trop de prétendants et qu'il leur était impossible de s'entendre. Et cela pendant que les républicains, prêtant leur appui au chef du gouvernement, assuraient la paix sociale et prouvaient que s'ils étaient, par un pur hasard, minorité dans la Chambre, ils étaient la majorité dans le pays et laissaient passer les intrigues, en les surveillant et sans s'émouvoir, parce qu'elles paraissaient ridicules à la France.

Ouvrez donc l'histoire depuis quarante-cinq ans, dit-il, et demandez-vous qui on a frappé, emprisonné, proscrit et déporté ? Cherchez si ce sont ces sensibles qui s'émeuvent, ou si ce ne sont pas eux qui, avec la sensibilité la plus grande, ont toujours impitoyablement frappé sur nous ?

Non, nous ne sommes pas le parti de la violence, le parti de l'émeute, ce n'est pas vrai !

La Révolution française, depuis qu'elle a commencé, a apporté l'ordre ; il y a des esprits timides, défiants, circonvenus, à qui l'on jette, comme un venin détestable, que l'esprit de la République est un esprit de désordre, un esprit antisocial ; c'est une calomnie et on le sait.

On dit que nous sommes les ennemis ou plutôt que notre parti menace la propriété, la famille, la liberté de conscience; c'est là une calomnie qu'on colporte de chaumière en chaumière.

Notre parti, l'ennemi de la propriété, de la liberté de conscience, de la famille! O triples mensonges, et triples vipères qui colportez ce mensonge! Le parti républicain, le parti de la Révolution française serait l'ennemi de la propriété, lui qui l'a introduite dans le monde français! Lui qui a pris les deux tiers de la fortune publique, qui ne payaient rien, qui étaient détenus par les mains que vous savez, pour les donner au travail par la division, par l'industrie, et qui a fait qu'à la place du domaine du roi, qu'à la place des majorats, il y a eu la propriété individuelle! La Révolution française, la République, c'est elle qui a donné la terre au paysan, qui l'a arraché de l'esclavage, qui l'a pris dans le limon, l'a enlevé au-dessus du sol, qui en a fait un propriétaire et un citoyen, qui en a fait un homme.

Expliquant enfin ce qu'il faut entendre par ces mots liberté de conscience, et comment la République est seule à ne pas la violenter, il en arrive à la question de la famille, et montre que c'est la Révolution qui a affranchi l'homme par le mariage civil, et qui a délivré tous les anciens parias de la société, — juifs et protestants, — dont on ne faisait que des adultérins quand l'Eglise n'intervenait pas; il dit aussi que cette révolution n'est pas achevée et qu'il faut qu'elle s'achève malgré le ramassis d'impuissants et d'incorrigibles qui en ont compromis les bienfaits de tout temps, et qui voudraient encore effacer la plus belle page de notre histoire; il ajoute que ce qui doit donner foi dans l'avenir, c'est que le chef du gouvernement ne peut oublier son origine, ni ses études, ni les leçons de l'expérience, et qu'après avoir écrit les annales de la Révolution française, il comprend qu'il y a quelque chose de plus beau à faire, « c'est de l'achever en couronnant son œuvre par la loyauté et la sincérité de son gouvernement. »

C'est ainsi que peu à peu, et par la seule logique des faits, Gambetta arrivait non seulement à conquérir la bourgeoisie à la République, mais à effacer de plus en plus les appréhensions des républicains avancés contre M. Thiers qui était la plus haute expression de cette bourgeoisie.

Le 18 avril, Gambetta allait au Havre, et dans un banquet présidé par le maire, assisté des conseillers généraux et municipaux, il accentuait encore davantage son adhésion au gouvernement de M. Thiers, au point de faire dire à quelques journaux de la gauche « qu'il n'était autre chose que son complice : » il s'agissait là, comme à Angers, de préparer les élections municipales et générales et la campagne de la dissolution.

Ce discours n'était, à vrai dire, qu'une répétition des deux précédents, avec quelques applications spéciales aux efforts faits par la ville du Havre, au moment de la guerre, et au concours d'un de ses habitants, M. Lecesne, qui se consacra spécialement à l'achat des armes sur tous les marchés de l'Europe.

Ce gouvernement républicain, disait-il, on lui reproche souvent des griefs sur lesquels nous nous expliquons sans cesse. Nos adversaires ne se lassent pas de les reproduire ; nous nous épuisons à en avoir raison, mais nous ne nous lasserons pas d'y répondre : « Oui, certes, disent-« ils, voilà un gouvernement qui se présente assez bien, « sous une forme acceptable pour l'ordre et la liberté, c'est « vrai ; mais il cache derrière lui et traîne à sa suite un « cortège épouvantable de noirceurs. Ce qu'il dit est pure « comédie, artifices, mensonges! *ce sont des déclama-« teurs!* » J'en sais quelque chose, c'est avec ce bagage-là que je voyage !...

Il y a même des gens, je puis dire des hommes d'esprit, ma foi! qui ont cru en faire preuve en m'appelant *commis-voyageur!* Cela n'est pas fait pour m'humilier. S'ils ont cru toucher en quoi que ce soit ma vanité ou mon amour-propre, en répétant cette plaisanterie, ils se sont cruellement... j'allais dire grossièrement trompés! Je n'en rougis pas ; je suis, en effet, un voyageur et le commis de la démocratie. C'est ma commission, je la tiens du peuple. Tant pis pour ceux qui passent leur vie à débiter ces misères.

Partout où je me suis présenté face à face avec la démocratie, à qui j'ai voué tout ce que j'ai d'intelligence et de force, je n'ai tenu qu'un langage ferme, à coup sûr régulier, légitime, et je n'ai jamais cherché qu'une chose : le bien de la France! Eh que voulez-vous! si je ne le comprends pas autrement et si je crois mon pays perdu en dehors de la République, il faut bien que je le dise! c'est ma mission! je la remplis, advienne que pourra.

A ceux qui nous suivront dans une génération ou deux, il appartiendra d'assurer un développement plus complet de notre œuvre. Quant à moi, je borne mes vœux, mes réclamations, mes exigences, à ces deux choses : faire une nation armée et une nation instruite.

Bornons là nos exigences, ne nions pas les misères, les souffrances, les douleurs légitimes d'une partie de la démocratie... mais tenons-nous en garde contre les *utopies...*

Il n'y a pas de remède social, parce qu'il n'y a pas *une question sociale.* Il y a une série de problèmes à résoudre, de difficultés à vaincre, variant avec les lieux, les climats, les habitudes, l'état sanitaire, problèmes économiques qui changent dans l'intérieur d'un même pays; eh bien! ces problèmes doivent être résolus un à un et non par une formule unique. C'est par le travail, par l'étude, par l'association, par l'effort toujours constant d'un gouvernement d'honnêtes gens, que les peuples sont conduits à l'émancipation. Il n'y a pas, je le répète, de panacée sociale, il y a tous les jours un progrès à faire, mais non pas de solution immédiate, définitive et complète.

Après avoir expliqué, comme à Angers, qu'il ne veut pas une république fermée, et dit quelques mots du retour de la Chambre à Paris, il termine ainsi :

Une majorité républicaine, tel est notre premier besoin. Nous encourrions devant la postérité et devant nos contemporains le reproche de défaillance si cette majorité ne sortait pas des urnes. Il faut qu'elle en sorte, tôt ou tard.
Un dernier mot : Quand nous insistons, quand on nous voit ramener cette question de dissolution de la Chambre et lui refuser le pouvoir constituant qu'elle est impuissante à exercer, parce qu'elle est stérile, condamnée à l'avortement, eh bien, quand nous disons tout cela, on nous accuse d'être des esprits révolutionnaires, des agitateurs, des ambitieux qui ne songent qu'au pouvoir. Non, non, je vous prends à témoin, si je croyais que les heures et les minutes ne fussent pas précieuses, si je croyais que l'on pût attendre, dans l'état actuel de l'Europe... Attendre!... après la guerre étrangère, après la guerre civile et les ruines qu'elles ont faites; — attendre! quand l'instant nous presse d'agir, de sauver tout ce qui reste de la patrie, mais est-ce que c'est possible, messieurs?
Si nous avons hâte, ce n'est pas pour nous, ce n'est pas pour le parti républicain; si nous avons hâte, c'est que c'est une question d'existence nationale. Les minutes nous font perdre des siècles. Si cela dure trop longtemps, si

nous nous attardons dans ce provisoire qui nous énerve, qui lasse l'attente du pays, nous courons les plus grands périls. Ah! messieurs, n'hésitons pas! Quant à moi, ma conviction est faite, et je l'exprime ici avec toute l'ardeur de mon amour pour la France, entre la dissolution de l'Assemblée ou la dissolution de la Patrie, je vote pour la dissolution de l'Assemblée!

Louis Blanc, à propos du mot *utopies*, prononcé dans ce discours, avait écrit dans le *Rappel* qu'il n'y avait été dit que « pour rassurer la bourgeoisie, au risque de s'endormir dans une aveugle et oisive indifférence. » On lisait le lendemain dans la *République française*, en réponse à l'article de Louis Blanc :

La moindre petite loi dans les manufactures, le moindre petit règlement scolaire seront d'un effet infiniment plus précieux et feront avancer le progrès démocratique infiniment plus que des théories vagues et chimériques. Telle est la vérité que tous les démocrates qui veulent servir le peuple et non le bercer de vaines paroles, ont prise aujourd'hui pour règle de conduite.

La campagne que Gambetta poursuivait, en allant un peu partout prononcer ces discours dont le retentissement atteignait les points les plus reculés du globe, était également conduite avec beaucoup d'énergie dans la *République française* dont pas une ligne n'était imprimée, des meilleurs et des plus indépendants de ses rédacteurs, sans qu'elle eût passé sous ses yeux, et là encore, la fatigue était grande pour lui, car, après le travail du cabinet dans la matinée, après les voyages à Versailles pour la Chambre, il fallait chaque soir, et fort tard dans la nuit, venir à la rédaction du journal, rue du Croissant, inspirer ses collaborateurs, et *surveiller même leur rédaction*.

Que de fois ne l'a-t-on pas vu jeter au panier des articles sur lesquels leurs auteurs avaient compté pour obtenir ses félicitations, articles excellents dans le fond et dans la forme, mais manquant d'opportunité pour le *tigre*, comme ils l'appelaient alors ; que de fois ne l'a-t-on pas vu émonder de remarquables études sociales dont l'auteur n'était autre que M. Freycinet lui-même.

A la reprise des travaux de la Chambre, le 23 avril, la majorité rendait le gouvernement solidairement responsable des discours d'Angers et du Havre, et M. Thiers était obligé d'expliquer comment la loi était impuissante à empêcher ces manifestations.

Gambetta habitait, depuis son retour à Paris après la Commune, un petit appartement au premier étage du n° 12, rue Montaigne, composé d'un petit cabinet où travaillait Sandrique, son secrétaire ; d'une petite salle à manger où l'on retrouvait le dimanche les vieux amis et où la joie du propriétaire éclatait lorsque, par exception, au déjeuner, pour tout plat, on lui servait le *cassoulet* dans une grande terrine où, sous des haricots, se cachent des morceaux d'oie conservée ; d'un tout petit salon où l'on voyait une grande photographie du bas-relief de Rude, l'*Alsace* de Henner, les photographies des amis ou des tableaux militaires non reçus au Salon pour causes diplomatiques ; enfin d'une petite chambre à coucher pour lui sur la rue, et en retour sur la cour, de la cuisine et de la chambre de la Tatan.

Les étrangers et même beaucoup de Parisiens, voyant cette modeste maison devant laquelle stationnaient toujours des fiacres et souvent des voitures de maître, regardaient étonnés, ignorant que c'était là que l'ex-dictateur mangeait les rentes qu'il s'était amassées pendant la guerre.

C'est là qu'un jour de la fin d'avril 1872, une députation d'Alsace-Lorraine était venue offrir à Gambetta un groupe en bronze où le sculpteur Bartholdi, de Colmar, a reproduit l'Alsace sous la figure d'une femme accroupie, tenant sur ses genoux le cadavre d'un frère et étendant les mains menaçantes vers l'horizon qu'elle montre à un tout jeune enfant cramponné à ses flancs.

Gambetta, après avoir remercié et avoué qu'il ne savait, à la vue de ce groupe, quel était le sentiment qui l'oppressait le plus, si c'était celui de la reconnaissance ou celui de la douleur, rappela que l'Alsace, « par le grand chemin de l'invasion, s'était toujours trouvée la première et la dernière à défendre la patrie, » et il dit aux délégués de cette noble province :

Il ne faut pas, en dépassant la mesure, compromettre la cause qu'on veut servir, et les paroles doivent être des paroles de résignation, mais de résignation agissante.....

Ah! il est bien cruel de demander à ces frères, durement abandonnés, l'esprit de sacrifice et de résignation, et cependant c'est à eux que nous adresserons cette demande suprême de ne pas troubler la patrie dans son travail de reconstruction; il faut que vous donniez à la France l'exemple d'une population qui sait conserver ses sentiments sans sortir de la mesure, sans provoquer une intervention.

Vous devez à la mère patrie cette suprême consolation de lui faire savoir que, bien qu'elle soit impuissante à vous secourir, votre cœur lui est invinciblement attaché...

Tant qu'il y aura, en France, un parti national, n'ayez aucune crainte... Et soyez sûrs que ce parti national se recompose et se reconstitue, et l'on aperçoit que la France a été bien plus abattue que battue, bien plus surprise que prise...

Si un silence néfaste a pu accueillir la théorie de la force primant le droit, c'est parce que la France était abattue. Mais il n'est pas un pays, en Europe, qui ne pense qu'il faut que la France se refasse. On ne songe pas à l'assister, on n'en est pas là; la force des armes a réduit à cette position les plus bienveillants et les plus sympathiques. Nous n'avons reçu et nous ne recevrons de longtemps ni aide ni concours, mais le sentiment du voisinage s'est fait jour. On sent que l'orage, pour être passé sur nous, n'est pas entièrement dissipé et qu'il pourra visiter d'autres contrées, visiter d'autres peuples. Le sentiment de la conservation générale surgit, on regarde du côté de la France et on voit le monde occidental vide...

Voyez ce que produisent les intrigues monarchiques à nos portes : il n'est bruit que de fusillades, de l'autre côté des Pyrénées. Est-ce que cela ne nous dit pas très clairement ce qui arriverait chez nous si nous nous abandonnions aux mêmes aventures?

Toute autre combinaison politique que la République serait la guerre civile et l'occupation étrangère, et nous ne devons avoir qu'une passion, qu'un but : nous débarrasser de l'étranger. Nous devons répéter ce cri qui a fait l'Italie, qui n'avait pas nos ressources matérielles et morales, qui n'était, dans un langage cruel, mais vrai, qu'une expression géographique; il lui fallait des héros, elle en a trouvé à point nommé, et c'est une minorité qui, pour réaliser le grand programme de l'unité et de la liberté de l'Italie, a poussé le cri : « Dehors l'étranger ! »

Rappelant alors que pendant cette guerre funeste, dont l'Alsace et la Lorraine ont été la rançon, lorsque tous nos officiers avaient été livrés à l'Allemagne, à Sedan et à Metz, des hommes qui n'avaient jamais tiré un coup de fusil, chaque fois qu'ils étaient commandés par un homme de cœur, par un officier distingué, se montraient de taille à lutter contre les vétérans de Frédéric-Charles, il termina par ces mots :

Soyez persuadés, soyez certains qu'avec un gouvernement qui sera résolu à suivre une politique véritablement nationale, vous pourrez attendre et ne jamais désespérer...

A la séance du 21 mai, à la suite d'un discours où M. Rouher, cherchant à réhabiliter l'empire, avait rappelé ces mots de Gambetta au Havre : « Entre la dissolution de l'Assemblée et la dissolution du pays, je préfère la dissolution de l'Assemblée, » la fougue, revenant au tribun de 1869, le fit arriver au pied des marches de la tribune en même temps que M. d'Audiffret-Pasquier, inscrit pour répondre à l'ex-vice empereur et qui céda le pas à son collègue. Gambetta alors, au milieu d'un silence solennel, succédant aux bruyantes interruptions qui avaient déchiré en mille morceaux le discours de M. Rouher :

Messieurs, dit-il, je vais laisser la parole à l'honorable duc d'Audiffret-Pasquier, mais, auparavant, et comme j'ai été personnellement visé par le discours que vous venez d'entendre, vous me permettrez de dire un seul mot : c'est que, familier avec la tactique habituelle de ce *familier de l'empire* aux abois, je ne tomberai pas dans le piège ; *je ne réponds pas !*

Ce seul mot était plus éloquent que le meilleur des discours, et, tout aussi bien que par le vote de déchéance, l'empire fut exécuté ce jour-là à Versailles comme il l'avait été à Bordeaux, lorsque, renchérissant encore par un silence méprisant, M. Thiers prononça ces mots :

« On a raison d'étouffer la voix d'un tel homme ! son audace est une insulte à l'honnêteté. »

CHAPITRE XVI

Discours à l'anniversaire de Hoche. — Discours à la Chambre, dans le quinzième bureau, à propos de la loi sur l'organisation militaire. — Discours de la Ferté-sous-Jouarre. — Motion au sujet du traité pour hâter la libération du territoire.

Deux nouvelles occasions s'offraient pour réchauffer le zèle patriotique des populations : l'anniversaire de la naissance de Hoche, le 24 juin, et celui de la prise de la Bastille, le 14 juillet.

Gambetta alla à Versailles, et, dans un banquet auquel assistaient plus de 300 convives, après un remarquable discours de M. Rameau, député et maire de la ville, il remercia d'abord les Versaillais de l'avoir nommé député, au 8 février, en face même du quartier général prussien, et rappela combien ils étaient dignes de ce fils glorieux dont on célébrait la mémoire ; il passa ensuite en revue tout ce qu'avaient fait, pendant l'occupation, leurs élus et surtout M. Rameau, leur maire, combattant jusqu'au bout pour leur dignité et leur honneur.

Evoquant alors l'image chérie de Hoche :

Oui, dit-il, Hoche fut tout ce que l'on vous disait tout à l'heure : un grand citoyen, un capitaine d'élite, un homme d'État, un homme de guerre, un politique, un administrateur, une grande conscience et un grand héros. Hoche est une des plus nobles, une des plus radieuses, une des plus attirantes figures de la Révolution, et l'on ne saurait trop, dans le parti républicain, revenir sans cesse à ce grand modèle, non pas pour y chercher une imitation que ne comportent ni notre temps, ni nos mœurs, ni le milieu ambiant qui nous entoure, mais pour y choisir, avec intelligence, ce qui doit être et rester comme un enseignement permanent et profitable dans nos sociétés modernes. C'est afin que tous nous puissions nous retremper au feu du patriotisme d'un héros comme le général Hoche, qu'il est juste de lui donner, de lui reconnaître la maîtrise souveraine et le premier rang dans cette fête...

Eh bien! messieurs, puisque nous sommes ensemble, recherchons donc sous l'influence de quelles conditions,. avec le concours de quels éléments cette fortune, qui semble fabuleuse et qui paraît tenir du roman plus que de l'histoire, est échue à Hoche.

On vous l'a dit: Hoche était le fils d'un homme attaché au chenil de la monarchie. Il est bon que cette ville de Versailles offre ce contraste de réunir à la fois dans son histoire le passé et l'avenir, ce qu'il y a de plus haut et de plus illustre dans la monarchie, et ce qu'il y a de plus généreux, de plus spontané et, disons le mot dans la noble acception qu'il comporte, de plus noblement révolutionnaire.

Traçant alors, à grands traits, la carrière militaire et diplomatique de Hoche, il le montre alternativement à la tête des 15 à 20,000 indisciplinés de l'armée de la Moselle, jugeant à première vue les hommes qu'il voit dans le rang, improvisant des chefs nouveaux et disant à ses soldats que les armées qui n'ont pas de discipline sont toujours battues; pénétrant comme un coin entre les Prussiens qui occupaient le Palatinat et ceux qui occupaient les Vosges au nombre de 100,000 et, pour récompense de ses efforts, enlevé à son commandement par les intrigues de Pichegru et envoyé en Italie, où un ordre de la Convention le fait arrêter et enfermer à la Conciergerie. Il rappelle ensuite sa réponse à celui qui, au sortir de sa prison, l'excitait contre ses persécuteurs : *« Monsieur, est-ce que vous n'avez pas de patrie? »* Il le suit en Vendée, au milieu de la guerre civile, pénétré de cette idée : que ces rebelles sont des Français, des frères, qu'on doit faire grâce aux pauvres, aux paysans, et leur persuader qu'on vient les délivrer de la dîme et de la corvée; il le montre inexorable seulement pour les chefs qui avaient appelé l'étranger à leur aide.

Il le représente enfin seul, par un mélange de douceur et d'inflexibilité, pacifiant en six semaines et rendant à la République l'Anjou, le Maine, la Bretagne et la Normandie, où de nombreux commissaires extraordinaires, dix généraux, cent cinquante divisionnaires, et parmi eux Bonaparte lui-même, avaient échoué.

Il signale ce dernier, entre autres, craignant de s'engager dans une mauvaise voie, après avoir vu le pays, et revenant de la Vendée sans qu'il fût jamais plus possible de l'y faire retourner.

Messieurs, ajoute-t-il, les règles de la politique sont éternelles, parce qu'elles reposent sur la morale et qu'il n'y a pas de politique vraie, efficace, fructueuse, quand la force viole, même momentanément et passagèrement, les principes éternels de la justice et de l'humanité. Cet homme de guerre, qui a mis son honneur — c'est là certainement sa plus grande gloire — non pas à s'appeler un grand capitaine, mais à être un pacificateur, cet homme moissonné avant la saison, cet homme pouvait rendre à la France le plus complet, le plus noble de tous les services, oui, il pouvait montrer au monde de quoi la France est capable, dans la paix comme dans la guerre, quand elle a des enfants dévoués, résolus, que rien n'ébranle, qui ne veulent pas désespérer. En face de ces Anglais qu'il avait vus, — admirez la noblesse de cet homme, — qu'il avait vus à Quiberon canonner les royalistes acculés à la presqu'île, il avait conçu contre ce peuple une aversion, une colère qui sont heureusement passées de mode aujourd'hui ; il rêva, non pas ce rêve insensé, que plus tard voulut réaliser, pour son propre compte, un aventurier plus hardi, non, un rêve désintéressé qui n'avait pas pour but d'écraser une nation libre, mais d'affranchir une population noble et malheureuse, il rêva cette expédition d'Irlande ; on la traitait de chimérique ; mais que ceux qui en parlent sans avoir interrogé l'histoire, peut-être, se fassent apporter les rapports, les travaux qui se rattachent à ce projet.

Il prouve alors que cette expédition n'avorta que par la faute de la vieille organisation de la marine royale, et il suit son héros à l'armée de Sambre-et-Meuse et jusqu'à Vienne où, en quatre jours, et après quatre batailles, il faisait flotter le drapeau de la République, et où il disait, à l'annonce de l'armistice, au sein de son triomphe qu'il pouvait pousser plus loin :

« Ah ! *quel bonheur, nous avons la paix, et nous la devons à d'autres.* »

Gambetta ajoute :

Il poussa la modestie, qui est une autre qualité du guerrier républicain, jusqu'à éloigner cette couronne et à faire un rapport spécial où il établissait que c'était aux autres qu'il devait tout. Rare exemple, messieurs, qui devait se perdre bientôt dans les armées républicaines, car on vit, moins de deux ans après, toute l'habileté d'un homme s'appliquer, non pas seulement à gagner des batailles, mais à vouloir les avoir gagnées tout seul...

Hoche considérait la guerre, non seulement comme un exercice des plus difficiles et des plus nobles facultés de l'homme, il la considérait aussi comme un état passager, violent, momentané, et il gardait, aussi loin que le menait la fortune des armes, l'image de la patrie et du foyer, ne séparant jamais la profession militaire des droits et des devoirs civiques.

Parlant ensuite de la mort de Hoche, sur laquelle plane encore le mystère, Gambetta conclut qu'il faut nous inspirer de ce grand exemple et faire nôtres, comme il fit siennes, ces deux devises : *Res non verba* et *Ago quod ago*.

Oui, — dit-il en terminant ce magnifique exposé de la vie du héros versaillais, — faisons ce que nous faisons, ne cherchons pas à tout résoudre, ne pensons pas qu'il existe un moyen de rendre uniforme le bonheur général, de résoudre tous les problèmes à la fois, *ago quod ago*. Que tous nos amis qui sont ici, que ceux qui sont en province nous donnent cet exemple du travail à tous les degrés, dans les conseils municipaux, dans les conseils généraux, dans tous les corps électifs ; qu'ils se souviennent de la grande formule avec laquelle Hoche et d'autres délivrèrent la France, qui enfanta tant de prodiges et qui nous inspire aujourd'hui la grande formule moderne : « Du travail, toujours du travail, et encore du travail. »

Lorsque la discussion du projet de loi sur l'organisation militaire vint à la Chambre, dans les deux camps on s'était longuement préparé à la lutte, et l'on pressentait que l'existence du gouvernement de la République conservatrice était en jeu.

Au cours de la discussion on avait entendu le général d'Aumale parler du *drapeau chéri*, et l'ex-capitaine de la retraite de Constantine répondre au colonel Denfert-Rochereau : *Moi, je m'appelle modestement Changarnier*. Gambetta intervint et, comprenant que chaque chose doit venir en son temps, — tout en craignant que la susceptibilité de la Prusse effrayée de la résurrection de notre armée, alors que notre territoire n'était pas encore libéré, ne nous créât de nouvelles difficultés, — il n'hésita pas à compromettre sa popularité en s'opposant à la diminution de la durée du service militaire, proposée par quelques-uns de ses collègues de la Chambre; mais il appuya les sages mesures proposées pour faire disparaître de l'armée les vices de son organisation et pour effacer ces distinctions, plus ou moins déguisées, de soldats obligés, volontaires ou vendus, de façon à ce que, suivant l'expression d'Alfred de Vigny, le sang versé sur les champs de bataille ne fût plus du *sang anonyme*. Négligeant de répondre aux interruptions, il entra résolument en matière :

J'aborde directement, disait-il, l'article 23 (celui qui avait trait au sursis d'appel), et je dis qu'il suffit de le lire et qu'il suffit surtout de le rapprocher des articles qui suivent et des réformes que la commission vient d'y apporter, pour juger la valeur et les conséquences d'un pareil système, et combien cette même commission comprend aujourd'hui que ce système est fragile et difficile à faire accepter.

En effet il suffira, dans tous les départements et pour toutes les personnes, de faire une demande, on inscrira leur demande sur un tableau *ad hoc*, alors voici ce qui se passera :

Je parle du sursis comme d'une exemption, car j'ai la prétention d'établir tout à l'heure que le sursis équivaut à l'exemption; j'irai même plus loin, il équivaut au remplacement sans argent, au remplacement par la faveur.

Eh bien! voici la demande formée. Ici je touche d'un mot à une autre objection de l'honorable M. Bethmont. Il a dit: « Cette demande, on ne la porte pas au chef-lieu de canton, on la porte au chef-lieu du département, alors vous avez toute espèce d'impartialité. »

Je réponds : Non, et ce n'est pas le moindre péril de cette instruction, que, les quatre pour cent étant pris sur l'ensemble du département, la décision se rende au chef-lieu du département; il n'y a rien qui soit plus funeste et plus regrettable en pareille matière; inévitablement la désignation aura un caractère politique.

Messieurs, cela est infiniment regrettable à dire, mais c'est un fait d'observation constante : à mesure que l'instruction des affaires monte d'un degré, et qu'elle va de la commune au canton, du canton à l'arrondissement, de l'arrondissement au chef-lieu du département, chemin faisant, la politique se met du voyage. Il n'est pas un homme de bon sens qui puisse le nier.

Faisant alors ressortir que le corollaire obligé de la loi militaire était une loi sur l'instruction, il terminait ainsi :

Je voudrais bien savoir s'il y a une analogie avec le pays où cette loi fonctionne depuis tantôt cinquante-cinq ans (la Prusse), où elle a trouvé un milieu social parfaitement différent du nôtre et qui peut-être a plus que le nôtre l'instinct et l'habitude de la soumission à l'autorité hiérarchique.

Messieurs, je marque la différence de milieu, n'entendant, d'ailleurs, en tirer aucune espèce de jugement ni pour ni contre, et je dis que, dans l'organisation sociale, aussi bien qu'au point de vue de la propriété, qu'au point de vue du pouvoir et de l'intervention du pouvoir, il y a une différence absolue, complète, entre la constitution prussienne et la nôtre, et que vous serez bien obligés pour ne pas faire traverser à votre loi des défilés difficiles et tels qu'elle y pourrait rester, de tenir compte de la susceptibilité, des sentiments différents qui animent une démocratie ardente, passionnée, et que, tant que vous ne lui aurez pas assuré largement l'instruction obligatoire et l'instruction nationale, vous serez obligés de la considérer comme ombrageuse.

A propos de la fixation du service à cinq ans, du service obligatoire et du volontariat, M. Thiers avait menacé de sa démission si l'on ne se rangeait pas à ses idées et si l'on repoussait, soit du côté de la droite la question de l'obligation, soit du côté de la gauche la fixation à cinq ans, au lieu de trois, de la durée du service actif; il avait dit, non sans une irritation manifeste : « Si l'on fait opposition, je sortirai de cette enceinte profondément affligé. »

Au même moment, la loi sur l'emprunt pour la libération du territoire était à la veille d'être présentée; la gauche, et Gambetta à sa tête, fit donc, avec raison, de l'opportunisme en cédant à M. Thiers, et la loi fut votée ; le soir, la foule anxieuse attendait à la gare le retour des députés de Versailles, mais les *chevau-légers* de la réaction savaient qu'ils ne pouvaient rien encore contre M. Thiers ; ils voulaient laisser à la République nominale le soin de liquider les dettes laissées par l'empire banqueroutier; de part et d'autre, pour des motifs différents, on manœuvra pour laisser M. Thiers debout, jusqu'à ce que tout danger fût passé, aussi bien parmi les républicains que parmi les francs-routiers de la droite qui restaient embusqués sous les broussailles et dans les fossés des routes, l'escopette au poing.

Le 29 juin, un nouveau traité avait été signé entre le comte d'Arnim et le ministre des affaires étrangères, M. de Rémusat, en vue de modifier les conditions fixées par les deux traités de Versailles et de Francfort, et de hâter la libération du territoire français; une commission ayant été nommée pour le projet de loi de M. Thiers, résumé en un article unique, en date du 1er juillet 1872, Gambetta, dans le 15e bureau, où M. de Clercq avait été nommé président contre lui, défendit la convention proposée par M. Thiers par les arguments suivants :

1º Au point de vue militaire, parce qu'elle substituait le principe de l'évacuation graduelle à celui de l'évacuation totale;

Au point de vue financier, parce que tout en reculant d'une année le délai imposé à la France pour le paiement de l'indemnité, elle maintenait en faveur de la France la faculté de payer par l'anticipation, acceptée en principe par le traité de Francfort;

3º Au point de vue national et patriotique, parce que ce traité stipulait nettement et non plus vaguement la restitution de Belfort, lors de l'acquittement intégral de l'indemnité de guerre.

Il s'attacha ensuite à faire ressortir que l'effectif des

troupes d'occupation, fixé à 50,000 hommes par l'article 6 de la convention, pourrait être réduit, et qu'il n'était pas juste qu'à mesure qu'elles évacueraient le territoire, les départements qui étaient sur la ligne de retraite supportassent les lourdes charges de leur entretien; il demanda qu'elles fussent logées dans des baraquements et non chez l'habitant. Il réussit à faire adopter ces idées et prépara ainsi l'emprunt qui devait permettre de réaliser ce grand et patriotique projet : la *libération anticipée du territoire.*

Les conditions économiques qui n'avaient pas permis de régler, dès le début, la somme énorme de notre rachat, dont trois milliards n'étaient d'abord exigibles que le 2 mars 1874, allaient donc, grâce à un emprunt couvert quatorze fois, faire disparaître du sol français le dernier des envahisseurs. Deux milliards avaient été payés, trois milliards exigibles seulement le 2 mars 1874 restaient à notre charge, et jusque-là 50,000 Prussiens devaient encore conserver pour gage six de nos départements. M. Thiers venait d'obtenir que quinze jours après le paiement du cinquième demi-milliard les départements de la Marne et de la Haute-Marne seraient évacués.

La France demandait trois milliards, et la confiance européenne, en un clin d'œil, devait lui en apporter QUARANTE-DEUX, dans lesquels Paris lui-même comptait pour 13 milliards 445,002,000 francs, les départements pour 5 milliards 379,820,000 francs et l'étranger pour 24 milliards 265,243,000 francs !

Véritable miracle financier !

L'emprunt avait été voté à l'unanimité moins une voix, le 15 juillet ; la veille, Gambetta était allé à la Ferté-sous-Jouarre, où les frères Pradines, entrepreneurs de travaux publics, ses amis, avaient organisé un banquet colossal sous de vastes tentes, dans un enclos un peu éloigné de la ville ; l'*autorité* avait essayé de s'y opposer, mais toutes les précautions avaient été prises ; la réunion, malgré son importance, avait un caractère essentiellement privé.

On était à peine réuni, qu'un orage épouvantable éclata ; des torrents de pluie effondrant sous leur poids la toile des tentes avaient produit en certains endroits, sous les tables improvisées du banquet, de véritables petits torrents qui s'étaient creusé des lits sous les pieds des spectateurs obligés de monter sur les bancs.

C'est au milieu des bruits du tonnerre que, de sa voix puissante, Gambetta prononça le discours suivant :

En me levant au milieu de vous, chers concitoyens, ma première pensée est pour nos morts. Elle est pour ceux qui nous ont permis, par le sacrifice de leur existence, de nous rassembler librement aujourd'hui, ici, non loin de ce Paris, qui doit rester, quoi qu'on trame contre lui, l'initiateur de la France et la capitale intellectuelle du monde.

Oui, c'est une pensée pieuse avant tout qui nous rassemble, non seulement sous ces fragiles tentes, mais qui, dans toute l'étendue de la France, réunit tous les républicains. C'est une pensée pieuse que de fêter et célébrer la grande date de la Révolution française en recherchant avec calme, avec sang-froid, avec résolution, ce qui a été commencé par nos pères, ce qu'ils nous ont légué et ce qu'il nous reste à faire, ce que nous avons laissé d'incomplet et d'inessayé dans leur héritage...

Je tiens à le dire, ce n'est pas une pensée d'orgueil, ce n'est pas une pensée de joie qui nous a réunis ici; non, c'est une pensée presque triste. Si les écrivains de cette presse déshonorée qui, toutes les fois que nous cherchons à nous entretenir de nos intérêts communs, qui sont les intérêts mêmes de la patrie, osent affirmer devant le pays que nous ne recherchons que l'agitation et le désordre, étaient au milieu de vous, ils verraient que ce qui vous a attirés ici, de trente à quarante lieues, ce n'était pas la pensée de faire, au milieu d'un champ, un banquet, dont les restes qui sont là témoignent de votre sobriété. Ils verraient que ce n'était pas pour venir faire sous la pluie une réunion tumultueuse et agitée.

Aussi, messieurs, semble-t-il nécessaire d'apprendre par notre calme aux ignorants, aux simples, aux indifférents, qu'on abuse et qu'on exploite contre nous, que nous sommes mûrs pour l'exercice de toutes les libertés, et qu'on peut, en France, comme dans la libre Amérique, comme en Suisse, et comme dans l'aristocratique Angleterre, se réunir et discuter sans qu'un chenil immonde d'aboyeurs de la presse vienne jeter le trouble dans le pays.

Il manifeste alors sa joie de ce qu'à la même heure, dans toute la France, des ouvriers des villes et des paysans, dans une étreinte fraternelle, prouvent l'impuissante malveillance de ceux qui voulaient les tenir divisés, et les empêcher, étant le nombre, de devenir le droit.

Il fait alors le tableau de Paris au 14 juillet 89, réunissant en un seul faisceau le bourgeois, l'ouvrier, le peuple,— ce que l'on appelait le tiers,— le penseur, le publiciste, le garde-française, l'électeur, le marchand, le tâcheron, tous rassemblant leurs efforts contre le Royal-Allemand, les Suisses, les lansquenets, contre les tyrans, et renversant à la fois la Bastille de pierres et la Bastille des préjugés, le moyen âge, le despotisme, l'oligarchie et la royauté.

Il signale ensuite le mouvement d'arrêt des conducteurs de ce grand mouvement révolutionnaire, et montre les intrigants associant leurs efforts à ceux de l'Église et de l'aristocratie, et l'œuvre inachevée, alors que partout dans le monde entier on avait versé des larmes de joie en apprenant la chute de la Bastille.

Il s'écrie alors :

Il fallait à tout prix empêcher une telle victoire et surtout en réduire les effets, contenir l'expansion; il fallait l'empêcher de gagner de proche en proche, l'empêcher de passer la frontière et de se répandre sur toutes les contrées de l'Europe! et alors une ligue infâme commença. Les vaincus du dedans, trois jours après la prise de la Bastille, les d'Artois, les Conti, les Condé, tous les privilégiés, tous les aristocrates, les nobles, les prêtres, tous quittent la France et s'en vont chercher l'étranger...

Et voilà comment les faits s'enchaînent, l'un entraînant l'autre! Il est bien certain, en effet, que le 10 août, que le 22 septembre, que les journées les plus décisives de la Révolution française sont contenues, sont impliquées dans ce premier fait qui les enveloppe : le 14 juillet 1789.

Et voilà pourquoi aussi c'est la vraie date révolutionnaire, celle qui a fait tressaillir la France; celle qui l'a fait lever jusque dans la dernière de ses communes; celle qui a fait surgir, comme par un coup de baguette magique, un citoyen dans le dernier des serfs, dans le plus humble, dans le plus infime des travailleurs. C'est pourquoi le 14 juillet n'est pas une date monarchique, et vous voyez qu'on ne la revendique pas de ce côté, quoique ce grand fait ait eu lieu sous la monarchie ; on comprend que ce jour-là notre nouveau testament nous a été donné, et que tout doit en découler.

Il recherche ensuite pourquoi cet admirable mouvement s'est arrêté en route, quels sont ceux qui ont eu des défaillances dans le passé, afin qu'on n'ait plus ni hésitation ni couardise, et il prouve que ce n'est pas tout d'avoir fait un propriétaire du paysan, de la bête de somme d'hier, qu'il faut encore en faire une conscience, qu'il faut donner aux mandataires le mandat impératif de réclamer l'instruction populaire.

Il parle alors de l'emprunt nécessaire à racheter le territoire et de la nécessité de maintenir le crédit de la France au-dessus du pair.

Aujourd'hui il faut payer ! Avec quoi faut-il payer ? Il faut payer avec les fruits du travail, avec l'épargne, avec cet argent que tous les jours amassent péniblement, difficultueusement, ceux devant qui je parle en ce moment ; car vous, qui êtes des travailleurs, vous savez le prix de l'argent, vous savez ce qu'il coûte à gagner, vous connaissez la peine qu'on éprouve à en distraire, même une petite partie, sur ce qui est donné aux besoins de la vie de chaque jour, et pourtant vous y parvenez quand il faut subvenir à l'éducation des fils, assurer la dignité ainsi que l'honneur de la famille.

Eh bien, messieurs, croyez-le, si l'on s'était occupé de politique, si le peuple, instruit comme il doit l'être, avait été en état d'en faire, la guerre ne fût pas venue, car la guerre et ses conséquences effroyables, ne l'oubliez jamais, ne sont sorties que d'une chose, d'une chose immonde, qui a été présentée à la France comme une garantie d'ordre et de sécurité, et qui n'était qu'un complot perpétué contre la moralité publique, du plébiscite !

Après avoir clairement indiqué quels sont les desseins des ennemis de la République et réuni dans une commune réprobation les trois monarchies, que certains ont la prétention de distinguer surtout de la dernière, — de l'empire qu'ils ont cependant consenti à servir dans les ministères ou dans le Sénat, — il s'écrie : *qu'on a ou qu'on n'a pas de maître.*

Il montre la première de ces monarchies, *la légitime*, voulant mettre la France entière dans une Bastille et ne sortant de ses taupinières que lorsque les maux qu'elle a causés ont été réparés par le parti républicain, et toutes les trois disant à la Révolution, quand la patrie est relevée et que les milliards de la rançon sont payés : C'est vous qui avez fait la guerre, c'est vous qui avez livré nos armées et c'est en votre nom qu'on a capitulé.

Pour faire cesser à jamais cet état de choses, il demande que chaque républicain s'impose la tâche de fréquenter ceux qui, isolés, sans informations, sont la proie des sophistes qui préparent ouvertement des restaurations; il demande qu'on reforme le faisceau, qu'on rapproche le bourgeois de l'ouvrier et l'ouvrier du paysan; qu'on fasse, en un mot, la fédération des intérêts.

Songeant ensuite à la charge immense qui pèse sur la France, à l'emprunt devenu nécessaire et qui réclame l'épargne des champs et la ressource du petit comme le superflu du riche, il continue ainsi :

Messieurs, quand on aura payé cette rançon, notre situation sera, sans doute, allégée, mais on n'aura pas refait la patrie, il faut commencer par nous refaire nous-mêmes.

Pour cela, il y a trois moyens qu'il faut que la République nous donne, car autrement elle ne serait qu'un mensonge.

D'abord, une éducation véritablement nationale, c'est-à-dire une éducation imposée à tous.

Et qu'on ne vienne pas parler ici de violation de la liberté du père de famille. Ce n'est là qu'un ridicule sophisme à la portée de ceux qui ont fait vœu de ne pas avoir de famille.

Donc, l'éducation laïque, c'est-à-dire une éducation faite pour des hommes qui veulent agir et se conduire en hommes qui vivent, pensent, commercent, travaillent, luttent, combattent et s'entendent dans le domaine des réalités, c'est-à-dire dans le contact de l'homme en face de l'homme, en excluant tout ce qui n'est pas la réalité même des choses, c'est-à-dire la vie sociale...

Puis il faudra armer le citoyen libre et contractant librement avec ses concitoyens. Il faudra faire passer tout le monde sous le joug salutaire de la discipline de la nation armée, car il n'y a pas, il ne saurait y avoir de véritable citoyen, s'il n'est capable, sauf les cas d'infirmité physique, de donner non pas seulement son sang, mais en même temps son intelligence pour la défense de la patrie.

A ces deux moyens, il sera nécessaire d'en joindre un troisième qui sera, dans l'État, l'application rigoureuse de la souveraineté nationale, de telle sorte qu'il soit bien entendu qu'on en a fini, soit avec les privilèges, soit avec les usurpations d'un jour, soit avec les tentatives de conspiration.

La souveraineté nationale étant seule maîtresse et

reposant sur le suffrage universel, il en déduit que nul n'a le droit désormais de faire appel à la violence, et qu'il appartient aux hommes de la classe moyenne de se faire les éducateurs, les propagateurs des idées de conciliation et d'organisation républicaines.

A cette admirable fédération qui a été la pensée de nos pères, dit-il, donnons un frontispice, un préambule : L'AMNISTIE DE TOUS PAR TOUS; l'amnistie qui est le fond de la sagesse politique lorsqu'on a la force et qu'on peut braver a sédition d'où qu'elle vienne...

Pour l'organisation républicaine, n'oublions pas qu'il y a deux façons de porter atteinte à la propriété : l'une qui consiste à la laisser soumise à des lois de mainmorte, pour plaire à des maîtres paresseux ; l'autre qui est la violence brutale comme chez les sauvages, et qui consiste à prendre un champ pour en ravager les récoltes. Nous ne voulons ni de l'une ni de l'autre ; ce que nous demandons, c'est que la propriété soit accessible à tous, et surtout à ceux qui peuvent la féconder.

C'est par une plus équitable répartition des salaires et des charges, problème difficile à résoudre, mais qu'il faut aborder, et dont une partie, on le sent, est déjà mûre, qu'on peut espérer d'arriver à la solution ; c'est en rendant possible l'accumulation de l'épargne, et, par suite, l'acquisition du capital-terrain, qu'on augmente le capital-argent, et qu'on rend la propriété accessible au plus grand nombre ; car la Révolution française a fait de l'acquisition de la propriété une condition morale autant que matérielle de la liberté des sociétés et de la dignité du citoyen.

Que nos adversaires ne disent donc pas maintenant que nous sommes les ennemis de la propriété. Je pourrais leur démontrer immédiatement l'inanité de tous leurs autres sophismes et vous en faire apercevoir la méchanceté, mais c'est assez pour un jour et, avant de nous séparer, je vous le répète :

Entendez-vous. Que vos champs, vos veillées, vos réunions, vos marchés, vos foires deviennent pour vous des occasions d'entretien et d'instruction. Quant à moi, je serai largement récompensé quand vous me direz de revenir parmi vous.

Quand on a vu l'effet produit par un semblable discours sur cette masse de citoyens de toutes les conditions, venus de très loin pour écouter ces paroles patriotiques, on ne peut plus douter du bon sens et de la sagesse du peuple, et Gambetta pouvait être certain, en quittant la Ferté-sous-Jouarre, que le lendemain pas un de ses auditeurs, et ils étaient plus de deux mille, ne négligerait d'apporter ses économies à l'emprunt national.

CHAPITRE XVII

Discours à la Chambre sur les marchés de la défense nationale. — Discours chez M. Dorian. — Voyage de Gambetta à Chambéry. — Son allocution à la gare.

La réaction, qui voyait s'accentuer de plus en plus le rapprochement des deux fractions du parti républicain, dans la personne de M. Thiers et de Gambetta, s'apprêtait à porter un grand coup à ce dernier, à propos d'une discussion sur le rapport des Marchés. On a dit, avec raison, qu'en France le ridicule tue, on peut dire bien mieux encore que la malhonnêteté écrase, et l'on espérait, à propos des marchés passés par la défense nationale, impliquer Gambetta dans quelque affaire véreuse, alors même qu'il n'y eût pris aucune part.

Le 29 juillet, M. Naquet venait d'être attaqué avec virulence par M. d'Audiffret-Pasquier qui avait été souverainement injuste dans sa critique des marchés de Lille et de Lyon.

Pour de pareilles calomnies, avait dit Gambetta, le temps est un sûr auxiliaire.
J'en sais quelque chose.

Dans cette séance, sous le feu croisé des interruptions passionnées et incessantes, n'en laissant passer aucune sans marteler immédiatement une réponse ironique ou sanglante, il faisait successivement gémir sous ses paroles indignées MM. Gavardie, de Franclieu, baron Chaurand, Hervé de Saisy, Haentjens, Raoul-Duval et toutes les droites, conjurées, et, sans se laisser détourner un instant de son but, il relevait d'abord un mot de M. d'Audiffret-Pasquier qui avait voulu être malin et qui ne fut que maladroit. Il déclarait qu'il laissait à d'autres de dire : « Cela ne me regarde pas, ce n'est pas moi, » et qu'il revendiquait au contraire la responsabilité au sujet des deux marchés Maxwel-Lyte et Parrot, qui étaient le cheval de bataille de la réaction. Il expliquait clairement la façon dont ces marchés avaient été engagés, de manière à empêcher la calomnie de se répandre pendant les vacances, alors qu'il serait impossible de répondre à ceux qui l'appelaient *monopoleur*, ainsi que M. Lecesne et les membres de la commission d'études du gouvernement de la défense en province. D'un seul mot il montrait de quel côté était la loyauté et de quel côté étaient l'outrage et la perfidie, et il anéantissait les subtilités au moyen desquelles, aux yeux du pays, on voulait associer l'affaire des canons Parrot au paiement des milliards de l'indemnité de guerre ; puis se tournant vers la droite :

Ou vous êtes des juges, dit-il, ou vous ne l'êtes pas. Si vous êtes des juges, il faut maintenir vos conclusions telles qu'elles ont été formulées d'abord ; si vous n'êtes pas des juges, et très évidemment les altercations, la passion qui se dégagent de ce débat prouvent que vous n'en avez ni les uns ni les autres le tempérament et le caractère, et cela s'explique, puisque nous sommes une Assemblée politique, je demande que M. le duc d'Audiffret-Pasquier ne conserve pas le commentaire du dispositif en en supprimant le texte.

Abordant la question du fond, il parla de ce qui lui était personnel.

Quelle était donc cette question des canons Parrot?

Un négociant, M. Maxwel-Lyte, avait fait un contrat avec l'État; ce marché, préparé par la commission de défense, avait été soumis à Gambetta qui l'avait ratifié; M. Lecesne s'y était opposé, et appelé immédiatement pour expliquer les motifs de son opposition, il avait convaincu Gambetta qui résilia le contrat.

Le premier prix stipulé pour les canons avait été de 75,000 francs par batterie, ils devaient être rayés et porter à 4,000 mètres. Il survint une nouvelle offre de fournir les mêmes batteries au prix de 35,000 francs.

La différence du prix était grande, il restait à s'assurer si les canons étaient les mêmes, car il existe dans tous les arsenaux du monde un matériel qui a des qualités différentes, dont les pièces ont tiré 200, 500, d'autres 1,500 coups, et sont bonnes, médiocres ou de rebut.

Les arsenaux des États-Unis, au lendemain de la guerre, contenaient des batteries Parrot, les unes dans un excellent état, les autres dans un état médiocre, d'autres à l'état de rebut, et il était aisé de comprendre que les premières pouvaient être offertes à 75,000 francs et les autres à 35,000; la commission savait bien cela, mais elle n'avait pas voulu avoir l'air de s'en douter.

Ce qui restait à établir, c'était de savoir quelles étaient les circonstances qui avaient précédé la signature du contrat et celles qui l'avaient entourée, et là-dessus, Gambetta revendiquait sa vraie responsabilité en la limitant.

A ce sujet, et après avoir examiné tous les détails, il concluait en ces termes :

S'il m'était permis de formuler un vœu, savez-vous quel il serait ? c'est que vous fassiez une chose qui devrait être le devoir direct et primitif de la commission des marchés ; non pas de venir spéculer sur quelques affaires, mais de déférer à la justice, aux juges d'instruction, à vos parquets tous ceux que, de près ou de loin, eussent-ils été chefs de gouvernement, vous accusez de n'avoir pas les mains pures.

Voilà comme je comprendrais le devoir de votre commission ; mais que vous veniez ici, où il n'y a pas de juges, où nous avons des passions inconciliables et irréconciliables, agiter sur le dos de tel ou tel parti de véritables brandons de passions politiques, je ne l'admets pas.

Vous disiez tout à l'heure, et c'est un mot qui m'a profondément touché, car seul, s'il était fondé, il serait capable de changer nos convictions ; vous nous avez dit un jour que nous demandions la dissolution pour éviter de rendre nos comptes. Eh bien ! je vous propose un moyen expéditif et sûr de savoir la vérité : c'est de nommer une commission de juges enquêteurs qui verra ce que nous avions quand nous avons ramassé le pouvoir que d'autres désertaient... et ce que nous avons aujourd'hui.

Quant à moi, j'attendrai avec confiance le jugement du pays ; et j'ai la ferme conviction que ce jugement rendu par le seul juge, le seul souverain que je reconnaisse, le suffrage universel, sera à la fois la réhabilitation de notre conduite et la condamnation de nos calomniateurs.

Ainsi se termina cette séance du 29 juillet, où la réaction avait espéré infliger une flétrissure aux collaborateurs de la défense, et spécialement à Gambetta, et de laquelle elle sortit meurtrie, frappée par les armes dont elle espérait pouvoir se servir.

Avec la plus insigne honnêteté et au milieu de la tourmente de la guerre en province, il n'eût pas été impossible que la bonne foi de Gambetta eût été surprise et qu'on le considérât comme complice de quelque malversation; on ne put même trouver un seul fait de ce genre. Il y a en tête de ce volume un autographe de Gambetta, prouvant que, pour des cas spéciaux, il avait couvert de sa responsabilité ceux dont l'honnêteté ne pouvait être suspectée. La commission des marchés eut pour mission première d'examiner les comptes de l'armée des Vosges, et elle se précipita avec avidité sur ces comptes, si scrupuleusement et si rapidement rendus, en totalité, qu'on avait pu en terminer la liquidation avant même d'avoir réuni la moitié des documents pour celle des autres armées; force fut à la commission de déclarer que tout était en règle pour l'armée des Vosges et qu'elle avait coûté sensiblement moins, à nombre égal, que n'importe quelle autre.

Le possesseur de l'autographe en question n'en avait jamais fait usage.

Les chambres étaient en vacances, mais Gambetta ne put, à son grand regret, aller assister aux obsèques d'un vaillant citoyen, M. Alfred Kœchlin-Steinbach, un des premiers industriels de l'Alsace, mais M. Scheurer-Kestner y avait exprimé pour lui cette pensée, « qu'il espérait toujours et qu'il était chargé d'adresser son dernier adieu, à leur ami *qui ne désespéra jamais.* »

Le 19 septembre, quelques jours après qu'avaient eu lieu à Berlin les fêtes de la force et l'entrevue des trois empereurs, Gambetta allait célébrer la fête du ravail chez son ami M. Dorian, ancien ministre du 4 septembre et grand industriel dans les parages de la Ricamarie, où les souvenirs de l'empire socialiste étaient encore vivaces; dans une réunion de délégués de toute la contrée, il avait exposé le bilan de la monarchie et représenté la République comme la grande réparatrice.

La République, disait-il, arrive toujours comme le syndic d'une grande faillite nationale, pour régler une liquidation politique. Elle hérite de tous les désastres et elle doit tout réparer, non pas seulement les ruines intérieures, mais encore celles léguées par la guerre étrangère; elle succombe sous le fardeau; mais, comme elle a succombé pleine de désintéressement et de grandeur, tenant à la main le drapeau même de la France... elle remonte dans la faveur publique, elle rétablit les affaires, elle démontre qu'elle est, par son développement, l'émancipation morale et matérielle pour tous, si bien qu'elle écarte toutes les difficultés, et qu'elle dure!...

Le 21 septembre, jour de la proclamation de la République, les réactionnaires avaient espéré qu'il se produirait quelques manifestations dont ils comptaient profiter : le départ de Gambetta leur promettait ce résultat, et des émissaires, dont le nom est venu récemment se révéler dans le rapport des commissions d'enquête électorale, étaient allés dans les départements, essayer de fomenter quelques désordres, avec l'aide d'agents secrets de la police politique.

Tout s'était cependant passé avec calme.

A Marseille seulement, où existait l'état de siège, l'autorité militaire s'était opposée, sans rencontrer la moindre résistance, à un banquet organisé par les républicains.

Le *Nord*, un organe de la réaction, affichait effrontément ses regrets de ce calme, de cette sagesse, et écrivait :

Le gouvernement a *fait un signe* et partout l'on s'est abstenu sans mot dire. Cela prouve *la discipline* du parti, mais aussi sa confiance, car des gens aussi soupçonneux ne se laissent pas convaincre sans *gages*.

Cette date du 21 septembre était non seulement la date de la proclamation de la République, c'était aussi celle de la réunion de la Savoie à la France. Gambetta s'était rendu à Chambéry à l'appel des patriotes savoisiens; mais une circulaire de M. V. Lefranc, ministre de l'intérieur, vivement secondé par un homme de la race des préfets à poigne de l'empire, mit opposition au banquet projeté ; dix-neuf souscripteurs y avaient adhéré, c'était donc une réunion absolument privée, mais comme un journal, le *Patriote savoisien*, avait, dans un de ses articles, annoncé cette réunion,

— 255 —

Gambetta, respectueux jusqu'à l'excès de la susceptibilité de la loi, renonça et fit renoncer les habitants de Chambéry à cette fête patriotique. La caste cléricale de l'endroit avait espéré mieux, elle fut toute déconfite du résultat : à propos de l'interdiction de la réunion de Chambéry, Gambetta avait écrit au ministre :

... En conséquence, désirant attester une fois de plus la volonté arrêtée du parti républicain de ne jamais s'écarter de la stricte légalité, et dans l'intérêt supérieur de l'ordre et de la République, il a décidé que l'on renonçait à la réunion projetée pour demain. Le droit de réunion privée, tel qu'il a été reconnu par vous dans les instructions adressées aux préfets, étant ainsi sauvegardé et restant à la libre disposition des citoyens, mes amis de Chambéry se réservent d'en user, en se conformant encore plus rigoureusement aux prescriptions exigées à l'heure actuelle et en l'absence du droit de réunion publique, qui devrait appartenir sans contestation à un pays libre et républicain.

Néanmoins, Gambetta, éludant le texte de la loi sur les réunions publiques ou privées, et s'adressant familièrement à M. Parent, député de la Savoie qui était venu le recevoir avec une foule de citoyens de la ville, des villages et des cantons environnants, avait pu leur parlé ainsi à la gare :

Mes chers Concitoyens,

Je vous remercie d'avoir bien voulu faire si facilement contre mauvaise fortune bon cœur, et d'avoir compris que, pour des hommes de bonne volonté et de dévouement, — quels que soient les obstacles et les entraves que l'on multiplie devant l'exercice de leurs droits, — il ne saurait y avoir d'empêchements insurmontables, parce qu'ils sont décidés à faire toujours le nécessaire pour exécuter ce qu'ils ont entrepris.

En effet, messieurs, nous ne sommes pas portés, comme nous en accusent certains esprits, à faire des manifestations pour l'art, nous ne cherchons pas les manifestations pour elles-mêmes. Ce qui nous a poussés à cette réunion, ce qui nous provoque à célébrer cet anniversaire, c'est le besoin ressenti par des âmes républicaines de se mettre, à une certaine heure, en communication entre elles pour rechercher, dans les leçons que nous ont léguées nos pères, les enseignements et les exemples à l'aide desquels nous pourrons nous-mêmes, inspirés par eux, faire face aux difficultés de la situation actuelle.

C'est un calcul bien puéril que celui qui a eu pour effet d'interdire notre réunion.

Je dis, en effet, messieurs, que nous ne sommes pas des gens à prendre l'ombre pour la proie. Ce qui nous importait, dans le rendez-vous solennel pris pour le 22 septembre, c'était de nous voir face à face, de nous interroger, de rechercher où nous en sommes et de déterminer ce qui nous reste à faire. Peu importe donc que cette entrevue ait lieu dans un banquet ou dans cette chambre.

Je suis résolu à ne pas quitter ce grand et noble pays sans le parcourir tout entier. Et, veuillez remarquer que je parle de la Savoie et des départements limitrophes, car, pour moi, je suis absolument opposé à cette légende qui veut couper la France en morceaux, qui met, de divers côtés, des Bretons, des Picards, des Normands et des Savoyards. Non! non! en France, je ne connais que des Français, et s'il en est parmi eux que je fais passer avant les autres, ce sont ceux-là qui sont aux frontières.

J'entrerai en relations directes avec les populations des villes et des campagnes, qui aujourd'hui s'éclairent, s'élèvent, se rapprochent. Rappelez-vous combien étaient abominables et odieux les récits qu'on faisait sur les populations des villes; comme était habile et sacrilège cette politique qui reposait sur les dissensions qu'on cherchait à organiser entre le peuple des villes et le peuple des campagnes.

Non! non! messieurs, il n'y a pas deux Frances, une France rurale et une France citadine; il n'y a qu'une France, la France de ceux qui travaillent, qui besognent, qui peinent pour rendre la patrie paisible, libre et prospère au dedans, grande et forte au dehors.

Nous subissons à présent le contre-coup, l'expiation des fautes qu'ont commises les générations qui nous ont précédés dans la vie sociale et politique. Oui! si nous n'avons pas eu la République comme nous eussions pu l'avoir depuis longtemps, si nous ne l'avons pas même comme nous la devrions avoir à l'heure où je parle, vous savez à qui en remonte la responsabilité. Le pays, lui, n'a commis qu'une faute, mais cette faute a été de tolérer le crime de ceux qui ont enlevé la République dans une nuit sinistre, et qui ont fait le plébiscite.

Oui! c'est parce que la France s'est abandonnée que la fortune l'a abandonnée. Nous devons, par conséquent, après avoir médité sur notre chute, rechercher les raisons que nous avons de ne plus croire au retour d'un pareil état de choses.

Ces raisons, elles sont multiples.

En 1850-51, comme aujourd'hui, on a vu une Assemblée composée de représentants des anciens régimes, mettant en commun leurs haines, leurs passions, leurs intérêts égoïstes, s'associant, eux qui se détestaient au fond de l'âme, qui étaient incapables pour rien fonder, se réunissant, se concertant pour étouffer la République, qui n'est pas, qui ne doit pas être le *régime exclusif de quelques-uns*, mais qui est l'*instrument de tous*, pour obtenir l'épanouissement de la justice dans le monde.

La véritable politique c'est la *vigilance et la patience*, et, après tout, *nous n'avons pas un long temps à attendre*, car il est certain que le pouvoir lui-même, que cette Chambre sont arrivés au *dernier degré de l'impopularité, de l'impuissance, de la stérilité et de l'incapacité.*

Pour un gouvernement tracassier le meilleur moyen de faire naître des motifs de répression et d'apeurer les populations fut toujours de s'opposer arbitrairement à des choses que la loi autorise ; Gambetta, tout en atteignant son but, avait échappé à Chambéry, comme il l'avait fait chez son ami Dorian, à tous les obstacles qu'on avait suscités contre lui et contre les conseillers municipaux ou généraux qui assistaient officiellement à des réunions, quoiqu'elles eussent toujours, suivant la loi, un caractère essentiellement privé.

Le prétexte fourni à l'*autorité* par l'article du *Patriote savoisien* fut soigneusement évité pour la réunion à laquelle Gambetta se préparait à aller assister à Grenoble.

CHAPITRE XVIII

Discours de Grenoble. — Les nouvelles couches sociales. — Discours d'Annecy. — Le message de M. Thiers et le journal la *République française*. — Discours à l'Assemblée sur la dissolution. — Opinion de la presse au sujet de ce discours.

Le moyen employé par M. V. Lefranc pour empêcher Gambetta de parler ne réussit pas à Grenoble, et le 26 on y organisa une réunion strictement privée, à laquelle assistaient des maires et des conseillers généraux et municipaux. Il est vrai que M. Thiers, interpellé, le 10 octobre, par les membres de la droite de la commission de permanence, déclarait que ces fonctionnaires « étaient en dehors du droit et de la bonne politique. »

Il n'y avait pas seulement à cette réunion des membres de tous nos corps électifs, il y avait aussi une grande quantité d'officiers de la garnison et surtout des officiers d'artillerie, et c'est devant une assemblée très nombreuse que Gambetta, après avoir rappelé le passé républicain de ce pays qui s'était voué à la défense des principes de la Révolution française avant que la France de 89 eût commencé à les balbutier, dit qu'on ne pourra jamais séparer la France de la République sans courir à des désastres plus effroyables encore que ceux dont on sortait à peine ; il releva en quelques mots les accusations misérables qu'on portait sur le parti républicain, représenté comme voulant entretenir l'agitation et le désordre, lorsqu'il donnait, ainsi que cela venait de se passer à Chambéry et à Grenoble même, l'exemple le plus absolu de la soumission aux lois, — et aux lois de l'empire, — et il ajouta :

Il faut aujourd'hui descendre dans les couches, dans les rangs profonds de la société ; il faut comprendre que ce n'est que de la discussion manifestée, contredite, et qui rencontrera autant d'affirmations que de négations, que peut se dégager l'opinion, — car la démocratie n'est pas le gouvernement de l'uniformité ni de cette discipline passive que l'on rêve dans d'autres partis, dans d'autres sectes ; c'est le gouvernement de la liberté de penser, de la liberté d'agir. De là, par conséquent, la nécessité d'une perpétuelle communication de tous les citoyens entre eux, quand ils le veulent et comme ils le veulent, à la seule condition, — condition unique, — de délibérer pacifiquement, sans armes, ainsi que le disaient les premiers législateurs de la Révolution française, afin de ne pas fournir à quelques-uns la tentation de violer le droit des autres.

Et cependant, messieurs, il nous faut supporter cette législation mauvaise, qui n'a d'autre résultat que d'engendrer le désordre moral, sinon le désordre matériel, quand c'est précisément de l'ordre moral, avant tout, que devraient se préoccuper les hommes d'État...

On se demande, en vérité, d'où peut provenir une pareille obstination ; on se demande comment ils peuvent fermer les yeux à un spectacle qui devrait les frapper. N'ont-ils pas vu apparaître, depuis la chute de l'empire, une génération neuve, ardente quoique contenue, intelligente, propre aux affaires, amoureuse de la justice, soucieuse des droits généraux ? Ne l'ont-ils pas vue faire son entrée dans les conseils municipaux, s'élever, par degrés, dans les autres conseils électifs du pays, réclamer et se faire sa place, de plus en plus grande, dans les luttes électorales? N'a-t-on pas vu apparaître, sur toute la surface du pays, un nouveau personnel politique électoral, un nouveau personnel du suffrage universel? N'a-t-on pas vu les travailleurs des villes et des campagnes, ce monde du travail à qui appartient l'avenir, faire son entrée dans les affaires politiques? N'est-ce pas l'avertissement caractéristique que le pays, — après avoir essayé bien des formes de gouvernement, — veut enfin s'adresser à une *autre couche sociale* pour expérimenter la forme républicaine?

Oui! je pressens, je sens, j'annonce la venue et la présence, dans la politique, *d'une couche sociale nouvelle* qui est aux affaires depuis tantôt dix-huit mois, et qui est loin, à coup sûr, d'être inférieure à ses devancières.

Montrant alors les adversaires de la République changeant de tactique, en présence des nouveaux élus de la population, sages et aptes à gérer les affaires de la commune et de l'État, et cherchant à alarmer la France, cette France si brave sur le champ de bataille, mais si timide, si facile à effrayer dans le domaine politique, il continua :

Oui, c'est la peur qui est le mal de ce pays, et c'est de la peur qu'ils ont tiré leurs ressources, les réacteurs de 1800, de 1815, de 1831 et de 1849! C'est de la peur qu'il a tiré sa principale force, le coupe-jarret de 1851! C'est sur la peur qu'ils ont établi leur ascendant pour nous mener, après vingt ans d'empire, à la dégradation, à la mutilation! C'est de la peur qu'ils ont fait sortir ce plébiscite fatal qui devait nous entraîner à la guerre. C'est de la peur qu'est née cette impuissante réaction du 8 février 1871! C'est toujours par la peur, avec la peur, en exploitant la peur, que la réaction triomphe! Oh! débarrassons-nous de la peur politique! Chassons ces sycophantes, et démontrons par nos résolutions, par nos actes, par notre attitude, que jamais nous ne voudrons nous servir de la violence, et que c'est un misérable et odieux calcul qu'ont fait nos adversaires de compter toujours sur la peur éternelle de la France! Et puisque la peur est devenue l'expédient, la ressource de nos ennemis, il faut que le parti républicain, que le parti radical, qui met ses satisfactions au-dessous de l'intérêt général, se donne la mission de guérir la France de cette maladie de la peur. Or le remède, le moyen à employer, quel est-il? Oh! il est toujours le même, et il est toujours vainqueur : c'est la sagesse...

C'est à eux, s'il leur plaît, d'avoir recours aux moyens violents. Quant à nous, nous n'en avons nul besoin; le pays est avec nous, et il le proclame à chaque occasion qui lui est donnée de le faire. Nous avons donc pour nous la loi, le titre, nous aurons la chose bientôt...

Voyez le chemin parcouru : la réaction affirmait bien haut la nécessité où l'on était de restaurer immédiatement la monarchie avec fusion, elle abandonne cette idée pour passer à la monarchie tempérée sans fusion..., puis on est passé à ce qu'on a appelé l'essai loyal de la République, mais de la République sans républicains.

Après l'essai loyal ils sont allés à l'essai de la République conservatrice, et les voilà maintenant qui en sont à la République constitutionnelle. A la suite de certaines réflexions, de certaines observations, les divers chefs des partis monarchiques, après avoir secoué l'arbre, — mais surtout après avoir constaté *de visu*, chez eux, en leurs gentilhommières, où en sont aujourd'hui les dispositions du corps électoral, et ayant aperçu, à l'horizon, la République définitive, — les divers chefs des partis monarchiques se sont dit qu'il ne leur restait plus qu'une chose à faire : c'était de faire la République.

Gambetta expliqua alors comment, pendant ces accordailles forcées du mariage des réactionnaires avec la République, il faut se garder des théories de *table rase*, redoubler de vigilance et de prudence, et savoir distinguer entre la naïveté des uns et le calcul des autres, entre ceux qui se glissent dans les rangs à l'aide de déclamations plus hautes, plus ardentes que celles d'aucun patriote éprouvé, et ceux qui, faisant semblant de reconnaître qu'il n'y a pas moyen, pour le moment, de faire autrement, consentent à se déclarer républicains de la dernière heure, — comme il y a vingt-deux ans, — à placer la République sur un char, à l'orner de fleurs et à la mener sous le couteau de quelque égorgeur de race. Il ajouta après avoir décrit les menées de ces faux républicains :

Non, non, le parti républicain a le droit et le devoir d'être généreux envers ceux qui, reconnaissant le drapeau de la République et présentant toutes ses garanties, demandent à la servir avec loyauté ; mais il commettrait l'acte le plus imprévoyant et le plus fatal, il manquerait à tous ses devoirs s'il mettait à sa tête, s'il plaçait de ses propres mains ses pires ennemis sur les bancs de la prochaine Assemblée, dont les résolutions seront décisives pour le sort de la France, pour sa grandeur et pour son avenir, ainsi que pour les droits engagés, depuis soixante-quinze ans, dans la lutte entre la Révolution française et l'Ancien Régime. Ce serait le contraire de la bonne politique, et j'ajoute que ce serait le contraire de la morale, qu'il n'en faut jamais séparer.

Il évoqua alors le souvenir du retour de l'île d'Elbe, en 1814, et de Grenoble, entendant tomber ces paroles de la bouche de Napoléon Ier :

Ouvriers, bourgeois, artistes et paysans, me voilà ! Je reviens, vous me reconnaissez. Je suis le soldat de la Ré-

volution ; je viens défendre vos droits menacés ; vos propriétés sont en question, je vous les garantirai ; les biens nationaux, je vous les assurerai ; je suis le fils de la Révolution, je suis la Révolution elle-même, vous le savez bien ! Je suis la Révolution couronnée ; oui, j'ai eu tort, je le reconnais, mais je vous apporte des libertés, toutes les libertés : liberté de penser, d'écrire, de se réunir, de s'associer, liberté de la nation par la constitution d'un parlement indépendant. Oui ! vous devez avoir toutes ces libertés et vous les aurez !

Il représenta ensuite ce coup d'Etat, ces mensonges, parodiés par le neveu dans son plébiscite et dans son prétendu empire libéral.

Ah ! s'écria-t-il, défions-nous des promesses politiques. Soyons défiants. Rappelons-nous ce que nous ont coûté notre confiance, notre imprévoyance. Rappelons-nous aussi ce que nous disions au peuple, en 1870, que voter Oui, c'était voter pour la ruine de la patrie. Nous l'avertissions que cet homme ne parlait si haut de la paix que pour faire plus sûrement la guerre, qu'il ne parlait de liberté que pour la confisquer, et qu'il ne se faisait le dépositaire de la souveraineté nationale que pour la donner en dot à son fils. Vous vous rappelez comment on nous traita à cette même époque. Vous connaissez l'invention des complots qui devaient influencer les votes des campagnes ; vous connaissez les mensonges, les calomnies et les outrages dont nous fûmes l'objet.

Aujourd'hui, on veut rééditer les mêmes procédés. On vient nous dire que le parti monarchique a déclaré, dans une réunion, qu'il voulait la République, qu'il acceptait cette constitution nouvelle de la France. Ah ! messieurs, pour notre honneur, pour notre sécurité, pour l'honneur et la grandeur de notre patrie, gardez-vous de donner dans cette ignoble comédie !

Il suffira d'ailleurs, mes chers concitoyens, de faire pour ces intrigues et ces machinations ce que nous avons fait pour d'autres procédés de nos adversaires : nous les dénoncerons à la France. Nous crierons au suffrage universel : Veillez! ce sont des trompeurs et des sycophantes! car il est le maître, en définitive, et il saura faire justice!

Et maintenant, permettez-moi de vous dire que si, pour atteindre notre but, nous devons attendre quelques mois de plus que nous ne le désirerions, là n'est pas la question. La seule question, la vraie question, c'est de considérer qu'il n'y a plus rien à espérer, qu'il n'y a plus rien à faire, qu'il n'y a plus rien à tenter avec les gens qui sont à Versailles. C'est vers le suffrage universel qu'il faut désormais se tourner, c'est à lui qu'il faut parler, c'est à lui qu'il faut proposer les vrais noms, c'est lui qu'il faut inviter à discuter, à se concerter en petits groupes, à examiner les hommes, à choisir les programmes, à indiquer les réformes, à frapper au but, enfin à préparer, que dis-je, à désigner ceux qu'il s'agira purement et simplement, le jour étant venu, d'envoyer à Paris, à ce Paris qui est vide de la représentation nationale, à ce Paris que l'on a voulu frapper, outrager, après n'avoir pas su le défendre; à ce Paris qui supporte si dignement les injures et les calomnies qu'on lui prodigue, et qui, en province, jusque dans la plus humble des bourgades, est salué comme la tête et le cœur de la patrie!

Ce discours eut pour effet de pousser jusqu'à la fureur les réactionnaires qui disaient en argumentant sur ces mots typiques *nouvelles couches sociales* : « La nouvelle couche sociale dont vous annoncez la venue, — nous l'avons vue à l'œuvre; — à Saint-Étienne, elle assassinait M. de l'Espée; à Paris, elle organisait la Commune. » Ils s'en prenaient au gouvernement qui, la loi à la main, ne pouvait empêcher cependant un citoyen de réunir chez lui des amis et de causer avec eux des affaires du pays ; ils prétendaient le rendre responsable d'une agitation qui n'existait pas, et ils arrachaient à M. Thiers, dans la séance de la commission de permanence, ce désaveu des paroles et des actes de Gambetta : « Il y a eu un discours regrettable prononcé à Grenoble, je le déplore profondément. Ce discours est regrettable surtout pour ceux qui pensent que la forme actuelle est le seul gouvernement possible. »

M. Thiers ne pouvait se méprendre au sens véritable des paroles de Gambetta ; des adversaires de mauvaise foi pouvaient seuls essayer de faire un épouvantail pour la société de ces mots : *nouvelles couches sociales*, amenés naturellement dans le cours de l'argumentation et clairement expliqués.

Ce discours n'en fut pas moins le prétexte de la crise gouvernementale. La droite faisait depuis longtemps le siège du pouvoir, les voyages fréquents à Frohsdorff et les lettres du comte de Chambord étaient les avant-coureurs de l'assaut définitif, et, à défaut de ce prétexte, les chevau-légers en avaient une foule d'autres dans l'arsenal de leurs batteries de siège.

Le 1er octobre, à son passage à Annecy, dans une série de réponses à MM. Chaumontet, maire, Folliet, Silva, Taberlet et Duparc, députés de la Haute-Savoie, et Félix Brunier, adjoint au maire d'Annecy, qui lui souhaitaient la bienvenue, Gambetta répondait qu'il voudrait que, comme lui, chacun pût venir visiter ce beau pays, trop peu connu du reste de la

France, et traité par un empire détesté comme une sorte de pays étranger au milieu de la famille française à laquelle il s'était donné avec une spontanéité, avec un désintéressement auquel on ne saurait rendre assez d'hommages; et il prenait l'engagement de le faire connaître et aimer comme il le méritait.

En cette occasion, et pour la première fois depuis le commencement de ses tournées en province, Gambetta, après avoir exposé les rapports de l'Etat avec tous les intérêts sociaux et avec l'Eglise, parla de la nécessité de l'organisation d'une magistrature véritablement indépendante.

Comparant ce que sera la République française avec ce que sont la République suisse qui est un ensemble de cantons fédérés, la République des Etats-Unis qui est une réunion de provinces associées, la défunte République des Pays-Bas de Hollande, il la représenta comme une personne morale, d'une grandeur incomparable, pouvant avoir à la fois la probité, le sérieux et la ténacité des Hollandais, l'esprit d'initiative, l'audace, le courage individuel, le *go head* (en avant!) des Américains, la rude franchise des Suisses, et apparaissant dans le monde comme la plus haute expression de l'esprit humain. Et tout cela grâce aux élections prochaines.

A M. Folliet qui vient de dire que, pendant la guerre de 1870-1871, la Haute-Savoie a fourni 19,000 de ses enfants à la défense, Gambetta réplique : « Oui! 19,000 défenseurs et pas un réfractaire ! »

Puis, comme M. Félix Brunier proposait un toast où il associait son nom et celui de M. Thiers, il dit :

Puisque cette précieuse fortune m'était réservée que, dans une pensée supérieure de concorde et d'union, on prononçât mon nom dans un toast porté à la santé du premier magistrat de la République, je considérerais comme une grave infraction de ma part aux convenances républicaines de ne pas m'y associer pleinement. Messieurs, c'est le premier magistrat de la République qui a été l'objet du toast porté par notre ami M. Brunier. Or, j'estime que nous devons prendre cette habitude républicaine d'entourer de respect l'homme qui, sincèrement et loyalement, tiendra les rênes de l'Etat républicain, — car, plus le président est le délégué de la nation, plus son pouvoir est contingent et passager, plus nous devons considérer que la marque de son investiture annonce et proclame la souveraineté nationale, et plus nous devons saluer en lui la représentation de la majesté populaire. Il n'y a rien qui soit plus républicain, qui soit plus légitime.

Enfin à MM. Taberlet et Duparc qui viennent de faire l'historique de la Savoie depuis 1792, il répondit en finissant :

Oui, ce fut une grande et mémorable époque, un moment incomparable dans l'histoire du monde, que celui où une nation jeune et ardente, terrible à ses ennemis du dedans, victorieuse au dehors, la France de 92, abattant les trônes, fauchant les préjugés et entrant en libératrice dans la carrière du vieux monde pour inaugurer le règne du droit, s'arrêta sur le sol même de votre patrie. Elle avait pour elle la force des armes et le prestige de la victoire; elle avait le droit de dicter des lois, si elle n'avait écouté que les conseils de l'ancienne politique et si elle avait voulu se conformer aux traditions des conquérants.

Mais la première République française n'employait la

force qu'au service des idées généreuses. Satisfaite d'avoir chassé les soutiens de la tyrannie, glorieuse et calme au milieu de la victoire, elle se tourna vers ce peuple de Savoie et lui dit : Délibère en paix ! choisis la forme de ton gouvernement ! tu es le maître de tes destinées !

Et quand, touchés par tant de noblesse et de générosité, ces peuples, vos ancêtres, d'un unanime accord, envoyèrent une députation à la Convention nationale, pour lui faire ce magnifique don d'un peuple libre à un peuple libre, la Révolution par l'organe de ses législateurs, la Convention nationale, déclara que c'était là une affaire d'une gravité exceptionnelle, et qu'il y fallait du jugement et de la maturité.

Elle refusa de délibérer immédiatement sur une proposition aussi capitale et elle déclara qu'elle ne reconnaissait pas le droit qui sortait de la force victorieuse, qu'elle ne voulait pas de surprise ; la Convention affirmait par là cette noble idée, depuis si cruellement méconnue, que la République française ne se battait pas par esprit de conquête ou d'usurpation ; qu'elle n'entrait sur les territoires étrangers que pour y abattre le despotisme, et que pour rendre les hommes et les citoyens à eux-mêmes.

Lorsque la force prime le droit, on a le devoir de remonter à cette époque et de rappeler que, quand la France victorieuse promenait ses légions à travers toutes les capitales, elle avait une ligne de conduite inflexible et que c'était devant le droit qu'elle arrêtait toujours ses bataillons victorieux.

On a le devoir de rappeler qu'elle ne faisait pas de conquête, qu'elle ne prenait pas de territoires, comme on le fait quand les populations sont considérées comme un bétail ; car la Révolution française aura surtout cette gloire et cet honneur d'avoir substitué, dans les affaires humaines, l'idée de contrat à l'idée d'exploitation et d'arbitraire.

Aussi c'est avec un véritable sentiment de joie que j'ai recueilli les paroles du doyen de cette démocratie et que, m'y associant, moi nouveau venu parmi vous, mais, à coup sûr, celui que vous avez su le mieux conquérir et le plus pénétrer, je bois à votre indéfectible avenir et à votre indissoluble union avec la France républicaine !

Les vacances étaient terminées, l'Assemblée venait de reprendre ses séances et, dès le 2 novembre, les formalités de la rentrée étaient à peine remplies, quand on vit le général Changarnier monter à la tribune et déposer une demande d'interpellation ainsi conçue :

J'ai l'honneur de demander à l'Assemblée l'autorisation d'interpeller le gouvernement à l'occasion des voyages de M. Gambetta en Savoie et en Dauphiné pendant les vacances parlementaires.

La discussion ne devait venir que le 18, mais, dès le 13, le message de M. Thiers, lu par lui-même à la tribune, déchira tous les voiles qui avaient masqué jusque-là les actes contradictoires de sa conduite comme chef du gouvernement, et fut à la fois l'histoire pratique des affaires de la France pendant les deux années qui venaient de s'écouler depuis la guerre, et le testament politique de ce grand homme d'Etat. Gambetta fut le premier à donner le signal des frénétiques applaudissements qui accueillirent cette lecture sur tous les bancs de la gauche.

Le pays en fut enthousiasmé.

Le 18, le général Théodule Changarnier monta à la tribune, et eut l'audace d'accuser M. Thiers d'*ambition sénile*, lui qui, peu de temps avant, avait répondu au sauveur de Belfort : *Je m'appelle modestement Changarnier ;* lui qui, lorsqu'il commandait la 1re division militaire, avait dit : « *Je rétablirais l'empire si je voulais, aussi facilement que je ferais un cornet de bonbons ;* » lui qui avait dit aux députés en décembre 1851 : « L'armée, pas plus que vous, ne désire infliger à la France les misères et les hontes du gouvernement des Césars, alternativement imposé et renversé par des prétoriens en débauches. *Mandataires de la France, délibérez en paix!* » lui qui envoyait chaque matin un bouquet à mademoiselle Dosne avec sa carte de visite ainsi libellée : le *général Changarnier, qui n'est pas encore maréchal de France!* lui enfin qui possédait « *l'amour passionné de la gloire, la volonté, l'habitude de vaincre.* »

Il se préparait également à mordiller Gambetta.

M. Thiers avait répondu :

Qu'au fond de cette question, pour parler franchement, sincèrement, ce n'était pas la *question de l'incident de Grenoble* qui produisait cette agitation ; que depuis deux ans, c'était par pur dévouement qu'il gardait le pouvoir et qu'il fallait sans plus attendre voter, le jour même, sur la question de confiance.

Je ne sollicite pas et je n'ai pas d'ambition sénile, avait-il répliqué au modeste général Changarnier qui était revenu à la charge. Je mets au défi tout honnête homme de dire que j'ai sollicité le pouvoir de qui que ce soit.

L'ordre du jour de confiance fut voté.

Le lendemain on lisait dans la *République française :*

Il est impossible désormais que M. Thiers espère gouverner paisiblement avec le concours de ceux qui blâment si énergiquement sa conduite, qui ont montré une telle horreur de sa politique, une telle répugnance à servir ses desseins. Il est impossible d'imposer plus longtemps à la France ces députés qui résistent à la volonté nationale, à la sagesse, à leurs propres intérêts, qui nous menacent incessamment de quelques coups de tête.

Il faut en finir.

Dans un très petit nombre de mois nos engagements seront remplis et l'Assemblée n'aura plus de prétexte pour retarder sa dissolution ; jusque-là il faut que le Président de la République subisse avec une patience patriotique l'impuissante opposition dont on le menace et qui fait sa popularité et sa force.

M. Thiers ne donna pas sa démission et dit :

On m'a remis à Bordeaux la République entre les mains ; personne, à cette époque, ne m'a proposé une autre forme de gouvernement ; c'est la forme républicaine qui m'a été remise en dépôt : c'est elle que la loyauté me fait un devoir de rendre au pays...

On voulait que je jouasse le rôle d'un traître ; je n'ai pas pu faire cela. Vous vous étonnez parce que les radicaux me soutiennent. Qu'y a-t-il là d'extraordinaire ? je *soutiens la République*. Tout le secret est là !

Mais la droite ne l'entendait pas ainsi, et par la voix de M. Batbie elle réclamait la formation d'un *gouvernement de combat*.

Le 10 décembre, un manifeste émané du groupe de l'Union républicaine réclamait « la dissolution de l'Assemblée par les voies légales, afin d'assurer le triomphe pacifique de la volonté nationale et la stabilité des institutions républicaines. »

Le 12, Gambetta, à propos des pétitions réclamant la dissolution, prononçait à l'Assemblée un discours dont voici les passages principaux :

Le débat qui s'engage devant vous, bien qu'il soit né à la suite de pétitions qui ont déjà un an de date, soulève une question dont l'opinion s'est emparée à tel point, depuis quelques jours, qu'il me semble nécessaire que nous entrions complètement dans les détails de la plus grave question qu'on puisse agiter dans une Assemblée : la question de son existence politique.

Je ne me dissimule pas avec quel sentiment intérieur une grande partie de cette Assemblée me voit paraître à cette tribune.

Je sais à quelles précautions de langage me condamne la situation qui m'est faite par mes honorables contradicteurs.

Mais, messieurs, j'éprouve le besoin de vous dire que, si depuis longtemps nous n'avons pas déjà apporté à cette tribune la question, il faut bien que vous conveniez que ce n'est point du tout à notre charge et à notre responsabilité.

Nous avons déposé, dès le mois d'août 1871, une proposition signée par un groupe de cette Assemblée qui, contestant, à raison de son origine, le mandat constituant de l'Assemblée, vous demandait de prononcer vous-mêmes votre dissolution.

Cette proposition a été l'objet d'un rapport qui associait notre propre demande au vœu d'une partie de cette Assemblée demandant aussi la dissolution partielle de l'Assemblée et son renouvellement partiel.

Depuis un an et plus d'un an que ces propositions ont été faites, il ne nous a pas été donné de les voir paraître à l'ordre du jour...

On essaie d'entraver le mouvement qui se fait sur tous les points du territoire et qui, obéissant à des nécessités d'ordre public, à des considérations politiques de premier ordre, à l'urgence même de la situation, veut non pas infliger une atteinte ni à la dignité ni à l'indépendance de cette Assemblée, mais veut qu'on sorte d'une situation inextricable, grosse peut-être de trouble et de crise, veut que le différend qui s'agite ici soit tranché. Et il ne peut l'être par un autre arbitrage que par celui du suffrage universel, afin que tout le monde s'incline lorsqu'il se sera prononcé.

Il est donc bien entendu que ce que nous réclamons, ce n'est pas la dislocation de l'Assemblée, l'expulsion d'une partie de l'Assemblée, ce n'est pas la provocation ni au pouvoir d'en haut, ni à la force d'en bas, de se porter à un acte criminel, à une tentative violente contre les pouvoirs constitués. Non ! C'est le droit que retient et qu'exerce tout membre du corps souverain par excellence, le souverain électoral, de se prononcer sur la conduite de ses mandataires, de juger de leur politique, d'apprécier leur situation devant le pays, de dire nettement, résolument, ce qu'il en pense, et s'il pense qu'il y a lieu, pour le bien général, alors même qu'il se tromperait, alors même qu'il errerait, s'il pense, dis-je, que la dissolution est la seule issue qui reste pour sortir des difficultés qui nous environnent, il a plus que le droit de le faire connaître, il en a le devoir.

Il établissait alors, en remontant aux origines de l'Assemblée, que le mandat dont elle a été investie était limité, spécial ; il le prouvait par le texte même de l'acte qui ouvrait les collèges en février 1871, et il démontrait, par la multiplicité même des pétitions qui depuis quelques jours avaient été déposées sur le bureau et qui demandaient toutes la dissolution, qu'on ne saurait la retarder plus longtemps.

Il ajoutait que, depuis le 8 février, 115 élections sur 133 avaient amené des opposants à la majorité de la Chambre, excipant de son mandat pour fonder ou organiser une monarchie, ce qui prouvait tout au moins que le suffrage universel avait changé de manière de voir au point de vue des prétendus pouvoirs constituants.

Malgré le président qui voulait s'y opposer, il lut le document suivant :

« Cinq jours seulement nous séparent du jour du vote, et les comités commencent à peine à se constituer. Personne n'est prêt, personne ne sera prêt.

« Comment le public pourra-t-il être éclairé et faire ses choix en connaissance de cause? Il prendra au hasard, et des élections accomplies dans ces conditions manqueront de sincérité : elles seront dépourvues de toute autorité.

« Ce temps bien court sera suffisant néanmoins, si le bon sens public fixe d'avance à la prochaine Assemblée les limites qu'elle ne devra pas franchir, limites renfermées dans l'examen de la question de paix ou de guerre.

« Plus de trente de nos départements ne pourront que très difficilement exercer leur droit de vote sans presque aucune garantie de liberté; les députés élus pourront au plus recevoir le mandat de traiter avec la Prusse.

« Or, ainsi restreint, le mandat est facile à donner, car il se réduit à ces deux termes : Y a-t-il possibilité de proclamer la défense ou nécessité de subir la loi du vainqueur?

« Il n'enserait pas de même si la future Assemblée devait recevoir des pouvoirs constituants. Dans ce cas, le délai qui nous est accordé ne serait évidemment pas suffisant. Une Assemblée pourvue de pouvoirs aussi étendus, aussi considérables, ne doit pas être une Assemblée bâclée, nommée par surprise, au hasard de la fourchette.

« C'est donc à une autre Assemblée élue plus tard, après la conclusion de la paix, qu'il doit seulement appartenir de se prononcer sur les questions de gouvernement et sur les autres questions constitutionnelles à résoudre conformément aux vœux de la nation sincèrement, sérieusement et loyalement consultée.

« Nous ne voulons pas que la prochaine Assemblée puisse s'attribuer cette mission, parce que nous ne voulons ni surprise, ni escamotage.

« Ce sont ces conditions dans lesquelles s'accompliront les

élections de demain qui nous ont fait dénier à la future Assemblée le pouvoir constituant.

« Qu'elle s'assemble vite et décide plus vite encore la question de paix ou de guerre : cette question réglée, que le pays puisse enfin prendre en main sérieusement la direction de ses destinées. »

Aux clameurs de la droite qui avait réclamé plusieurs fois pendant cette lecture le nom de l'auteur de ce document, Gambetta répondit : « L'auteur, messieurs, je vais vous le dire… C'est la *Gazette de France !* » Passant alors rapidement sur les impressions ressenties dans le pays lorsqu'on vit l'Assemblée travaillant à refaire la monarchie ou à organiser constitutionnellement la France, il le montrait manifestant légalement, dans toutes les élections, que ses premiers mandataires sont dans l'erreur, nommant des républicains surtout dans les conseils locaux, au milieu des influences de clocher, — ce qui ne s'était jamais vu depuis 89, — et agissant de telle façon que cent vingt députés, chefs les plus marquants des divers partis monarchiques, avaient été battus, au siège même de leur influence.

Il récapitulait en outre les vœux émis par les conseils généraux et prouvait que, pendant que l'Assemblée résistait aveuglément, le pays marchait à grands pas vers la constitution de la République.

Eh bien, ajoutait-il, j'ai pensé qu'il était bon de reconnaître cet état politique, ici, dans cette enceinte; et nous, qui sommes les représentants de la démocratie républicaine, et qui, par conséquent, devons avoir une compréhension différente de la vôtre du mandat législatif, du mandat politique, nous avons pensé, nous pensons encore, et nous pratiquerons toujours, sous ce gouvernement comme sous tout autre, cette manière de voir, que, lorsque nos électeurs jugeaient qu'il n'y avait plus rien à faire pour leurs élus que de reparaître devant eux, nous avons pensé que notre devoir strict était de nous associer à eux et de parler à notre tour, car nos mandants avaient parlé.

Car, je crois qu'à l'heure où nous sommes, sans nous targuer du succès, le chiffre des signatures obtenues est de plus d'un million...

La semaine prochaine, nous vous les apporterons ; et permettez-moi de vous dire que je vous trouve bien difficiles en matière de pétition ; nous vous avons connus moins exigeants.

Il y a une grande Assemblée, une Assemblée qui, certainement, comme lumières, comme patriotisme, était plus considérable, j'ose le dire, que celle-ci; cependant, investie d'un mandat incontestable, en face d'un pays qui lui obéissait pleinement, elle n'a pas hésité, — ou plutôt elle n'a hésité que pour la forme, et pendant quelques semaines à peine, — à se dissoudre devant les protestations de 175,000 pétitionnaires...

On disait, à cette époque, que ce qu'il fallait à une Assemblée pour se déclarer véritablement en puissance de rester, c'était d'être d'accord avec elle-même, avec son gouvernement, avec l'opinion du pays.

Eh bien, j'estime que, dans la situation où nous nous trouvons, aucune de ces trois conditions n'est réalisée.

D'accord avec vous-mêmes?... Vous en savez quelque chose, messieurs... puisque dans la même journée vous avez été tour à tour majorité et minorité, ce qui explique que, de l'autre côté de l'Assemblée, il y avait la même instabilité que de votre propre côté.

D'où il suit que vous n'êtes pas d'accord avec vous-mêmes ; qu'il y a ici deux partis parfaitement opposés, à peu près d'égale force, mais impénétrables l'un à l'autre.

Il démontrait alors que dans ces conditions la Chambre ne pouvait plus avoir que des majorités de rencontre, et que la droite n'étant d'accord que *pour ne pas mourir*, on n'aboutirait en somme qu'à des combinaisons entre la gauche et la droite, entre le centre droit et l'extrême gauche, entre l'extrême gauche et l'extrême droite. La question de dissolution étant posée, et la commission nommée ayant fait un rapport non encore mis à l'ordre du jour, — parce que le mouvement au dehors n'avait pas été suffisamment menaçant pour obliger la majorité à s'en occuper, — il montrait le pétitionnement organisant et devenant invincible, surtout après les déclarations du Message qui a fait tressaillir le cœur du pays; c'est alors, disait-il, qu'en face du gouvernement de combat s'est organisé le mouvement de pétitionnement : « voix du pays qui ne se taira pas devant un ordre du jour. »

Au mot de conservateurs que s'arroge la droite il répondait :

On nous appelle bien souvent, en nous associant à l'espèce des voleurs et des hommes les plus décriés, on nous appelle radicaux, et l'on prétend faire de ce mot l'étiquette d'une sorte de secte anathématisée d'avance et vouée à l'exécration publique. On cherche à agir sur l'imagination du pays; mais quant à nous dire ce que c'est que les radicaux, on s'en garde bien.

Eh bien! messieurs, voici ce que c'est que les radicaux :

Les radicaux sont simplement des républicains qui pensent qu'il n'y a pas de compatibilité entre toute forme de gouvernement autre que la République et le suffrage universel, qui le disent, qui sont prêts à s'incliner tant que le pays ne sera pas avec eux, mais qui croient que, si on consulte le pays, c'est le succès de la République qui sortira de cette consultation. Et ce n'est pas pour eux qu'ils le désirent... Messieurs, vous pensez bien que c'est intentionnellement que je dis ces choses; car si nous faisions jamais le compte des partisans de toutes les monarchies qui servent la République et des radicaux qui ne la servent pas, je ne sais pas quelle est la liste qui serait la plus longue.

Messieurs, vous pouvez rire... Rira bien qui rira le dernier...

J'ai la conviction que le pays a pris son parti, et, dans la séance du 29 novembre, qui est le point culminant de la crise parlementaire, à dater de laquelle vous ne retrouverez ni majorité, ni possibilité de détacher sérieusement et d'une façon stable un groupe quelconque pour arriver à gouverner, je dis que, dans cette séance du 29 novembre, la France a vu, le suffrage universel a vu les indications de sa véritable politique électorale. Et si le pays demande la dissolution, c'est précisément pour dessiner une chambre sur le patron de ces 360 et quelques députés...

Par conséquent, je ne crois pas le moins du monde que le pays prête l'oreille aux conseils de terreur; on aura beau dire que le mouvement dissolutionniste est un mouvement mené par les radicaux, on ne lui fera pas prendre le change. Il sait très bien, et il le sait parce que les pétitions se signent dans la commune...

Ce ne sont pas exclusivement des radicaux qui en prennent l'initiative...

Au dehors de cette enceinte, voilà ce qu'on dit : Il n'y a véritablement qu'une seule question en jeu, c'est la politique du Message. Est-on pour, est-on contre la politique du Message? Et comme il n'y a pas ici une Assemblée véritablement en harmonie avec cette politique, le pays continuera à vous demander la dissolution, jusqu'à ce qu'il l'ait obtenue,

Je sais bien que vous résisterez, messieurs, mais la résistance des villes et des assemblées assiégées a un terme

Ce que vous demandez, dans ce moment-ci, par l'ordre du jour pur et simple, aux pétitionnaires, au suffrage universel, au droit de dissolution qui s'exprime à cette tribune, c'est un répit, un armistice. Eh bien, vous pourrez voter cet armistice ; vous vous le serez donné à vous-mêmes ; mais vous n'aurez pas éteint dans le pays le besoin d'une Assemblée nouvelle, parce que ce besoin, il repose sur trois grandes considérations, qu'il ne nous appartient ni à vous ni à moi de substituer.

Il indiquait alors que ces trois grandes considérations sont : les intérêts matériels, les intérêts d'affaires qui ont besoin de tranquillité et de sécurité, l'intérêt de la France vis-à-vis de l'étranger, avec lequel un gouvernement précaire et incertain ne peut rien nouer et qui par ses organes les plus accrédités demande aussi la dissolution.

Après avoir rappelé, à travers mille interruptions, dont pas une ne resta sans recevoir une réponse topique, ce que M. de Montalembert lui-même disait le 12 janvier 1849, dans une situation analogue, il terminait ainsi ce discours considérable par sa portée et par son ampleur :

Eh bien, messieurs, nous n'allons pas aussi loin que M. de Montalembert, nous ne disons pas : « De quel droit restez-vous ici? » Nous reconnaissons votre droit ; ce que nous vous demandons, et ce que nous espérons, sinon pour aujourd'hui, au moins dans un avenir plus prochain qu'on ne pense, c'est de voir vos convictions se former par la constatation même de l'impuissance dont vous êtes atteints, comme Assemblée parlementaire, c'est que vous céderez à la pression de l'opinion, et qu'il vous restera encore un peu de patriotisme pour abdiquer à propos.

Comment, messieurs, je suscite vos murmures, je provoque vos interruptions, en exprimant cette conviction que vous finirez par vous convaincre et par vous éclairer vous-mêmes devant les événements, et qu'alors, ne vous inspirant plus de mesquins intérêts personnels, vous aurez assez de patriotisme pour vous dissoudre et vous retirer...

Le jour n'est pas éloigné où vous vous résoudrez à cette immolation de vous-mêmes, parce que les populations qui vous ont envoyés vous avertiront elles-mêmes; elles vous apprendront surtout que le vote d'aujourd'hui et que les votes successifs que vous rendrez sur les pétitions nouvelles qu'elles vous adresseront, seront les scrutins préparatoires des élections futures.

Ce jour-là le suffrage universel saura bien reconnaitre les siens, et choisir entre ceux qui auront retardé et ceux qui auront préparé le triomphe définitif de la République.

A la suite de cette séance mémorable où Gambetta avait prouvé la nécessité de remettre à une nouvelle Chambre les destinées de la République, on lisait dans un journal qu'on ne pouvait soupçonner d'une tendresse exagérée pour l'orateur :

Tenir, pendant une heure et demie, la plus turbulente et la plus passionnée des majorités sur la question qui la blesse le plus profondément, le plus intimement; poursuivre toute une longue exposition, méditée et raisonnée, à travers les passions ardentes, les colères prêtes à éclater, les cris s'échappant à chaque minute, sans rien abandonner, sans rien dissimuler, sans rien atténuer; captiver, saisir et manier en maître cet auditoire violemment hostile; le forcer à subir les vérités qui l'atteignent personnellement; être à la fois le plus irréprochable des théoriciens politiques et le plus ardent des lutteurs; et, dans ce long discours si interrompu, si ferme, si logique, si noblement passionné, semé de réponses si vives, et développé à travers une véritable bataille, ne pas prononcer un mot dont ses adversaires aient pu profiter; ne pas risquer un argument auquel ils aient osé essayer de répondre; ne pas laisser échapper une personnalité par laquelle ils aient eu la ressource d'excuser celles qu'ils ont prodiguées, voilà ce qu'a fait Gambetta.

Une séance de nuit avait eu lieu. M. Dufaure, garde des sceaux, après avoir conseillé à Gambetta « *de vieillir et de vivre encore quelque temps,* » y prenant la dissolution corps à corps; avait représenté l'Assemblée et M. Thiers comme devant disparaitre ensemble, car, « aux termes de la loi, les deux pouvoirs cessent ensemble. »

Le projet fut rejeté par 483 voix contre 196.

La Chambre vota en outre l'impression du discours de M. Dufaure dans toutes les communes de France ! C'était un étrange moyen pour amener l'apaisement.

CHAPITRE XIX

Discours à propos de la commission des Trente. — Discours de Belleville.

Le 27 février 1873 on était appelé à discuter un projet de loi, élaboré au sein de la commission des Trente, et commençant ainsi :

« L'Assemblée nationale,

« *Réservant dans son intégrité* le pouvoir constituant qui lui appartient, mais voulant apporter des améliorations aux attributions des pouvoirs publics, décrète : ... »

Puis en quatre articles, ce projet réduisait l'autorité du Président de la République, en le soumettant à des questions d'étiquette, et il cherchait à renouveler pour un temps indéfini le bail de la Chambre, en déclarant qu'elle ne se séparerait pas avant d'avoir statué sur l'organisation et le mode de transmission des pouvoirs législatif et exécutif, sur la création des attributions d'une seconde Chambre qui ne devait entrer en fonction qu'après la séparation de l'Assemblée nationale, et enfin sur la loi électorale.

Dans le cours de la discussion, qui ne fut close que le 13 mars, après quinze jours de disputes byzantines, Gambetta monta à la tribune et examina si, en préparant trop par avance ces institutions, on ne faisait pas juste l'opposé de ce que réclamait le pays ; il qualifiait l'œuvre, à laquelle on conviait la Chambre, de puérile et de périlleuse.

Cette œuvre, dit-il, présente trois parties. Une première partie, qui est une contradiction flagrante avec tout l'ensemble du projet de loi, c'est le préambule ; une seconde, qui consiste dans ce cérémonial compliqué et parfaitement impuissant, et une troisième qui, à mon sens, est périlleuse ici pour tout le monde, pour tous les partis, parce que les mesures qu'on y propose constituent une aliénation de l'avenir et une véritable usurpation sur les pouvoirs destinés à sortir des prochaines élections générales...

Messieurs, il y a tout d'abord une impression singulière qui se dégage de ce débat : c'est de sentir le malaise, l'inquiétude qui occupe et remplit la plupart des esprits dans cette enceinte. Personne, au fond, n'est content de ce contrat et de cette transaction, qui sont tout à coup intervenus entre la commission et le gouvernement ; tout le monde, dans les couloirs, dans les conversations, dans les journaux, multiplie les critiques, dénonce les lacunes, les vices et les périls d'une pareille proposition. Et ici, au contraire, tout le monde paraît résigné à se laisser aller à la dérive jusqu'à la votation définitive du projet de loi.

Gambetta disait alors que sur ce statut qu'on prépare et dans lequel les partis divers de la Chambre voient, les uns un coup de dé, les autres un simple atermoiement, d'autres, enfin, une voie détournée soit pour refouler la démocratie, soit au contraire pour arriver à la République, le pays veut savoir à quoi s'en tenir. Il ajoutait que la gauche, ayant voté contre le préambule de la constitution Rivet, parce qu'il en découlait le pouvoir constituant pour l'Assemblée, était logique en protestant, lorsque la même question se présentait sous une autre forme. Il prouvait qu'on ne pouvait pas faire la monarchie parce qu'on n'avait ni un roi à mettre sur le trône, ni un peuple pour l'accepter, et qu'on ne pouvait pas faire la République parce que la Chambre n'avait pas mandat de l'organiser.

Il signalait ensuite l'inconséquence de la droite qui, après avoir pris le contre-pied de la politique du Président disant dans son Message qu'il fallait organiser la République et lui donner ses principaux ressorts d'action, se voyait obligée d'organiser « la politique de sa réalisation. »

Il ne faut pas, disait-il, qu'il y ait l'ombre d'un nuage sur une pareille solution, car ce que la France réclame, ce n'est pas deux Chambres, c'est de savoir si on la mène à la République ou à la monarchie!

Eh bien, messieurs, ce que nous venons solliciter de l'Assemblée, c'est que nous ne passions pas à l'examen des articles sans avoir obtenu une déclaration précise, complète, après laquelle il n'y ait plus aucune espèce d'obscurité sur les intentions du gouvernement.

Nous voulons savoir si la politique du Message est maintenue ou non; si c'est pour répondre à cette acclamation de l'opinion publique qui a salué le Message qu'a travaillé la commission des Trente.

Il y a autre chose dans le débat; il y a plus que la question du Message, il y a les institutions mêmes que l'on veut faire sortir du contrat, de l'engagement passé entre le gouvernement et ce qui a été tour à tour la majorité et la minorité de la commission des Trente.

Il y a eu un moment où on comprenait très bien ses rapports avec le gouvernement. Oui, il était clair qu'on repoussait le Message, qu'on voulait remettre sous le joug du pacte de Bordeaux le gouvernement qui s'en était affranchi. Nous désapprouvions cette politique, mais enfin c'était une politique claire.

Puis, tout à coup, de la brouille on passe à l'accord, on s'entend, on contracte, tout est pour le mieux ; on se trouve à l'entrée de la terre promise, et ce sont précisément ceux qui ne voulaient pas d'abord y pénétrer qui en deviennent pour ainsi dire les observateurs et les découvreurs.

Eh bien, messieurs je dis que là aussi, de ce côté encore, il nous faut une explication, il faut que nous apprenions la vérité sur le changement à vue qui est resté jusqu'ici inexpliqué.

Cherchant alors la signification de ces mots : *Chambre de résistance*, qui semblent devoir remplacer purement et simplement ceux de *gouvernement de combat*, Gambetta déclarait qu'il était impossible aux républicains de consentir à ce qu'on examinât même la création d'une chambre dite de résistance.

De résistance à quoi? demandait-il.— Vous voulez prendre, au milieu de citoyens qui ne se distinguent ni par des privilèges de naissance, ni par des privilèges de situation, une collection d'hommes en état d'exercer sur cette masse du suffrage universel un pouvoir de résistance, un frein !

Non, messieurs, c'est une chimère. On l'a essayé dans ce pays, et l'histoire des secondes chambres, sauf peut-être pendant quelques années de la première restauration, parce qu'il restait encore alors quelques descendants ou quelques représentants de l'ancien esprit monarchique, cette histoire en tout point est lamentable. Quoi de plus déplorable que l'histoire des Anciens, du premier Sénat de l'empire? Je ne parle pas du second; on l'avait oublié dans la tourmente du 4 septembre...

En effet, pourquoi faire une seconde chambre? Vous consulterez un jour le pays, vous produirez les uns et les autres vos professions de foi, monarchiques ou républicaines. Vous consulterez le pays, et lorsque le pays aura répondu, lorsqu'il aura créé une Assemblée aussi souveraine que la vôtre, vous voulez que cette Assemblée puisse rencontrer devant elle une autre Assemblée, antérieure, supérieure, investie avant elle du droit de réviser ses décisions, de refaire ses lois, et peut-être, car on va encore plus loin, du droit de la dissoudre. C'est-à-dire que ce que vous ne consentiriez jamais à faire, vous le décidez par avance pour des élus que vous ne connaissez pas, dont vous ferez peut-être partie. Contre qui prenez-vous vos précautions? contre la France! contre la démocratie, contre le suffrage universel!

Eh bien, je le dis hautement, il peut y avoir dans cette enceinte des gens qui agissent conformément à leurs traditions, en préparant une seconde chambre, en voulant mutiler le suffrage universel. Ceux-là, héritiers ou représentants d'un passé qui a la haine, l'horreur de la démocratie, ils sont conséquents avec eux-mêmes.

Mais il en est, au contraire, qui ne sont rien que par le peuple ou pour le peuple... qui sortent du suffrage universel, qui doivent le défendre, parce qu'on ne comprend pas la démocratie, parce qu'on ne comprend pas la République sans le suffrage universel : ce sont deux termes indivisiblement liés l'un à l'autre, et livrer le suffrage universel, c'est livrer la République.

J'ai bien le droit de dire que convier les républicains à pareille entreprise et à une pareille œuvre, ce n'est certainement pas préparer la paix politique ni la paix sociale : c'est courir au-devant des catastrophes.

Après une longue discussion sur les équivoques, dans la conduite des droites, il citait cet axiome de droit qui domine aussi bien les contrats politiques que les contrats civils : *Vous ne pouvez pas constituer et retenir le pouvoir constituant. Donner et retenir ne se peut*, maxime gauloise qui a traversé l'ancienne monarchie et qui doit s'appliquer sous la République, et il déclarait qu'il lui importait peu de savoir *qui fera les élections, mais quand on fera les élections.*

Nous vous avons dit, dans d'autres circonstances, ajoutait-il, pourquoi nous demandions la dissolution; il nous semblait impossible que, dans l'état actuel où se trouvent les partis, il fût véritablement d'une bonne politique de faire autre chose que de régler le ménage de la nation et de se retirer.

Vous ne l'avez pas pensé; vous nous avez donné tort. Eh bien, nous nous sommes résignés; le pays continue de réclamer la dissolution...

Savez-vous qu'à l'heure qu'il est, vous avez dans vos cartons plus de 500,000 signatures, et que nous sommes en mesure, c'est un fait, de vous en apporter autant, car nous les avons.

On peut dire que c'est précisément en face des résistances de l'Assemblée, de son impuissance et des œuvres comme celle qu'elle tente aujourd'hui que la dissolution est de plus en plus à l'ordre du jour dans le pays.

On a répété plusieurs fois que la campagne de dissolution avait avorté, je tenais, au contraire, à vous faire voir que la « campagne dissolutionniste, » comme vous disiez, contre laquelle vous avez déchaîné votre majorité et provoqué l'éloquence de M. le garde des sceaux, que ce mouvement dissolutionniste ne s'est pas arrêté, qu'il continue, et qu'un jour viendra où vous en tiendrez compte vous-mêmes, plus tôt que vous ne pensez.

Ce projet, qui ne contentait personne, était néanmoins assuré du succès; il fallait cependant qu'il se réalisât au profit de quelqu'un, et Gambetta cherchait où étaient les bénéficiaires de cette combinaison politique. Il manifestait les défiances qu'il soulèverait et définissait le régime qui en résulterait : un gouvernement de personne et non pas un régime national, sous lequel on entrera dans une constitution qui n'est pas assez républicaine pour effaroucher un récent passé monarchique, et on favorisera l'avénement de la République qu'on a appelée conservatrice.

Il disait que cette République, qui aurait pour mission de « *refouler la démocratie,* » n'était pas la République qu'on réclame, avec ses droits primordiaux de presse, de réunion, d'association mis au-dessus des lois elles-mêmes, et que ceux qui semblaient s'en alarmer, si elle existait, si elle était aux mains des républicains, auraient un intérêt primordial à ce que ces droits fussent placés au-dessus des atteintes du législateur et du pouvoir exécutif.

Ce qu'on se propose d'organiser, disait-il, c'est toujours le provisoire, c'est-à-dire l'énervement, l'anémie à perpétuité.

Il terminait enfin par ces mots :

Je disais qu'il était impossible qu'à quelque parti qu'on appartienne ici, on puisse s'accommoder d'un expédient qui, permettez-moi de vous le dire, est un coup de dés ; chacun selon son sort et selon la fortune pourra y trouver uniquement son avantage, mais il ne saurait vous convenir de nous faire une constitution, de nous livrer à un contrat aléatoire, et cependant on ne pourra pas nous accuser ni les uns ni les autres, en votant non, d'avoir porté atteinte ni à la solidité ni à l'autorité du pouvoir exécutif.

En effet, toutes les fois que le pouvoir exécutif est venu dans cette enceinte poser des questions même graves, mais qui prêtaient matière aux concessions et aux transactions, nous n'avons jamais ni compté ni marchandé ces concessions et ces transactions. Mais quand aujourd'hui on vient nous demander, à nous républicains, de porter la main, sous prétexte, sous couleur de fondation nuageuse, indéfiniment ajournée, oblique, de la République, quand on vient nous convier à porter atteinte nous-mêmes au dépôt sacré de l'intégrité du suffrage universel et de préparer des armes pour une oligarchie et contre la démocratie, nous disons, en toute sécurité de conscience, convaincus que nous sommes les véritables amis de l'ordre et du gouvernement, nous disons : Non !

Le vote du projet de loi de la commission des Trente cimenta l'union de Gambetta avec M. Thiers qu'on mettait dans un état de plus en plus dangereux d'équilibre instable ; le pays tout entier était affligé du vote de cette loi ; les réactionnaires eux-mêmes ne voyaient pas ce qu'on avait gagné à la suite de toutes ces stériles discussions ; il fallut un événement considérable pour relever les courages ; cet événement c'était la grande nouvelle de la libération imminente et définitive du territoire, qu'on trouvait dans un article de l'*Officiel* du 16 mars, en tête duquel étaient ces mots :

Un traité d'évacuation du territoire français, fruit de longues négociations, vient d'être signé aujourd'hui même, 15 mars, à cinq heures du soir.
S. M. l'Empereur d'Allemagne, roi de Prusse, s'est engagé à évacuer, au 1er juillet prochain, les quatre départements des Vosges, des Ardennes, de la Meuse et de Meurthe-et-Moselle, ainsi que la place et l'arrondissement de Belfort. Cette évacuation ne devra pas durer plus de quatre semaines.

A ce sujet, la droite contestait à M. Thiers le titre

de libérateur du territoire, et s'opposait à ce que l'ordre du jour déclarât *qu'il avait bien mérité de la patrie*.

Elle refusait même la motion de M. le comte Rampon qui demandait la clôture de la séance pour qu'on allât immédiatement porter au président le vote sur l'ensemble de l'ordre du jour, et un de ses membres allait jusqu'à dire que « la libération du territoire était un coup monté par M. Thiers contre l'Assemblée. »

On se vantait, au milieu de ces patriotes (?), de ce qu'aucun groupe de la droite n'avait envoyé de délégation chez M. le Président de la République, et le soir, à sa réception, on comptait, en effet, quatre-vingt-sept députés de la gauche, *trois* du centre droit et *pas un de la droite*.

Le rapprochement, si laborieusement préparé et si heureusement obtenu, du Président de la République et du chef incontesté des gauches devait cependant avoir un temps d'arrêt.

Une élection de député allait avoir lieu à Paris, M. Thiers avait clairement manifesté ses sympathies pour M. de Rémusat qu'il transformait pour ainsi dire, et maladroitement, en candidat officiel. Il était nécessaire, en raison même du respect et de la sympathie qu'on avait pour lui, de résister à ces tendances de gouvernement personnel, et dans une réunion à Belleville, Gambetta prononça un discours dont voici les principaux passages :

Mes chers concitoyens,

J'attendais avec impatience, depuis plusieurs mois, l'occasion de venir au milieu de vous, pour nous entretenir ensemble des affaires publiques, des intérêts de la démocratie et de la politique qui a été suivie d'un commun accord par vos représentants dans l'Assemblée.

Je vous devais, à vous spécialement, électeurs du vingtième arrondissement, ce témoignage particulier de confiance, destiné à marquer la solidarité qui nous unit; car je ne suis pas seulement pour vous l'ancien député que vous avez envoyé siéger sur les bancs du Corps législatif de l'empire; je suis toujours votre représentant.

Vous vous rappelez combien fut unanime, énergique, la protestation de la démocratie contre l'effroyable aventure dans laquelle allait s'effondrer le pouvoir imprévoyant et criminel qui entraînait le pays dans les plus graves périls, sans avoir su rien préparer, rien su organiser pour soutenir un pareil choc. Le parti républicain, vous le savez, après avoir, par ses votes, repoussé la guerre, fut obligé de la soutenir quand déjà notre défaite était commencée. Et vous savez s'il apporta à défendre l'honneur national la même énergie qu'il avait déployée à conjurer la guerre. En soutenant la France dans une lutte désespérée, notre parti a sauvé l'honneur de la patrie! C'est là son honneur et sa récompense.

Gambetta parla alors de ce Paris qu'il avait laissé ardent, prêt à tous les sacrifices et qu'il avait retrouvé vaincu, décimé, exaspéré par ces efforts qui avaient fait l'admiration du monde, de la province qui n'avait qu'un cri : délivrer Paris, et de l'indissoluble alliance qui les unissait.

Il montra toutes les communes de France, grandes et petites, se jetant au milieu des combattants et les adjurant de mettre bas les armes au moment où Paris était livré en victime aux haines furieuses attisées contre lui, et la France frappée, abattue, gisante, se relevant au premier réveil de l'indépendance locale, dans les élections municipales.

Il signala ensuite les ménagements, les précautions qu'il avait fallu employer, les concessions par lesquelles on avait affermi peu à peu un pouvoir qui n'avait de la République que le nom, et qui aurait péri sans le concours des républicains.

Ce concours, on le lui continuera jusqu'au bout, ajouta-t-il, et, messieurs, c'est comme patriote qu'il faudrait surtout être républicain. Autrefois, nos adversaires, contraints par la discussion, reconnaissaient que la République est la forme politique par excellence pour donner le plus libre jeu au mouvement intellectuel et matériel du pays; que c'est la forme où le système économique tout entier peut être le mieux assuré comme fonctionnement et régularité, où les agents sont le mieux en état de remplir leur mission avec des frais généraux moindres...

Voilà pourquoi je dis qu'aujourd'hui être patriote, c'est être nécessairement républicain.

La considération qui a dominé toute notre conduite politique, c'était de hâter la venue de ce jour, — ah! non pas un jour de joie! en peut-il être encore au milieu du deuil national? — mais de ce jour de soulagement où le sol serait évacué par l'étranger; atteindre ce but et voir à l'horizon, — non pas à la frontière, hélas! nous l'avons perdue! — disparaître le dernier fusil à aiguille : telle était l'image toujours présente à nos yeux dans les travaux des bureaux, au milieu des luttes de la tribune. Nous ne pensions pas qu'il fût de notre devoir de rien livrer au hasard aussi longtemps que le sol de la patrie ne serait pas parfaitement affranchi.

Après avoir expliqué que, cette politique ferme et prudente, il faudra la continuer encore quand le territoire sera libéré, quand la République sera définitivement fondée, il exprima sa satisfaction que dans les 37,000 communes de France on ait compris cela et déjoué les calculs des faux conservateurs, en nommant des candidats qui veuillent en finir avec l'équivoque, dans les conseils municipaux, dans les conseils généraux ou d'arrondissement, à l'Assemblée et même aux chambres et aux tribunaux de commerce.

En a-t-on tenu le moindre compte? demanda-t-il alors. Avez-vous entendu dire que ces faits, qui se sont reproduits partout dans le pays, aient modifié le choix d'un préfet ou la nomination d'un juge? Avez-vous entendu dire que ce qui s'est passé ait pu faire supprimer l'état de siège dans un des nombreux départements qui en sont frappés? Et surtout, avez-vous entendu dire que l'Assemblée de Versailles ait songé à s'en aller?

Non, vous n'avez rien appris de pareil, hélas! et si j'avais seulement le quart de cette bonne nouvelle à vous apporter, je serais le plus heureux des hommes.

Le pays, alors, a vu qu'il avait beau manifester son opinion, on ne l'écoutait pas! C'est seulement lorsqu'il y a un siège vacant que le suffrage universel est appelé à se prononcer; c'est seulement le jour où il faut y pourvoir, et non le lendemain, que le suffrage universel peut manifester sa volonté et son opinion, et donner une impulsion dans tel sens ou dans tel autre; c'est ce jour-là seulement que le citoyen, que l'électeur français peut et doit faire connaître au reste du pays, où des élections n'ont pas lieu, au gouvernement, aux partis eux-mêmes, ce qu'il demande, ce qu'il veut, ce qu'il exige; car il a le droit d'exiger.

Voilà donc ce suffrage universel qui s'épuise en manifestations absolument nulles; il a beau multiplier ses arrêts ; il a beau chercher la formule la plus claire; il a beau inventer le mandat le plus défini et le plus précis, le mandat impératif, le contractuel ou le synallagmatique, tout y passe, il s'évertue à trouver de nouveaux moyens, de nouveaux procédés; tous ces efforts n'aboutissent à rien; on n'entend rien, on ne veut rien entendre de ce que dit le pays, ni à Versailles, ni, permettez-moi de le dire, dans les sphères du pouvoir. Rebuté dans toutes ses tentatives, mais non découragé, le pays s'est dit alors : Peut-être existe-t-il encore un autre moyen de manifester notre volonté : nous pouvons la manifester, par exemple, à l'occasion de telle ou telle élection partielle de député. C'est ce qui a été fait. Mais qu'a-t-on dit? On a dit : Oh! ce sont les gens du Var qui ont voté! mais ce sont là des gens exaltés, passionnés, ce sont des gens incandescents! Or, comment voulez-vous que nous réglions notre politique sur l'opinion décidément trop ardente des gens du Var?

Après cette réponse, le pays, sans perdre patience, s'est dit encore : Si, dans une manifestation générale, on pouvait avoir l'expression collective, universelle, de l'opinion de la France sur un point de politique donné, on ne pourrait plus nous objecter ce qui s'est passé dans le Var, en Algérie ou ailleurs; c'est alors, messieurs, qu'on a pensé au droit de pétition, et qu'on s'est mis à l'exercer.

On a reconnu que le droit de pétition était un droit sacré, mais que s'est-il passé?

On a donné l'ordre aux agents inférieurs d'empêcher de se produire, non pas la signature isolée, réfléchie d'un homme qui la donne dans son cabinet ou son comptoir et qui l'expédie par la poste, mais les signatures collectives. On a dit aux agents inférieurs que, sous prétexte d'ordre public, il fallait empêcher qu'on se groupât pour signer des pétitions, empêcher les réunions clandestines, et on considérait comme telles les réunions qui avaient lieu dans un café, dans un cabaret, ou sous le portique des théâtres, dans tous les lieux publics ouverts aux citoyens désireux de signer et résolus à le faire. On a multiplié tous les moyens d'intimidation; tout le monde s'y est mis, les magistrats, le haut personnel des grandes compagnies, les directeurs des grandes administrations, la gendarmerie, les fonctionnaires de l'ordre civil, depuis les plus élevés jusqu'aux secrétaires des mairies. Et puis l'état de siège, dont 43 départements sont encore frappés, a joué son rôle aussi ; sait-on bien ce qui peut arriver sous l'état de siège? C'est ainsi, messieurs, que ce mouvement pétitionniste, commencé dans le but de faire connaître l'opinion du pays, a été entravé.

Il dit alors combien de braves gens avaient perdu leur position pour avoir signé des pétitions, dont d'ailleurs l'Assemblée de Versailles n'avait tenu aucun compte, en déclarant « qu'elle ne relevait que de Dieu et de sa conscience. »

Il renonça à s'occuper des chinoiseries que contenait le projet de loi des Trente, il rechercha ce qu'il y avait au fond de ce projet, et il y trouva une loi contre le suffrage universel, l'établissement d'une Chambre Haute, et enfin une disposition qui permettait de régler l'organisation des pouvoirs et du gouvernement de la République.

Il exposa ensuite les desseins, les plans de ces députés, nommés seulement pour faire la paix et qui voulaient maintenant, après s'être donné le pouvoir constituant, exercer ce pouvoir sans l'épuiser, faisant aujourd'hui une chose, demain une autre, et après-demain les défaisant toutes les deux, sauf à recommencer cette toile de Pénélope constitutionnelle.

Messieurs, dit-il, le mandat que j'ai reçu en juillet 1871 consistait à fonder la République, mais à l'aide du suffrage universel de la nation, librement exprimé, avec le concours d'une Assemblée républicaine, investie d'une autorité suffisante pour organiser un gouvernement. Ce mandat d'alors se résumait comme celui qu'aujourd'hui même la démocratie parisienne donne au candidat qu'elle a choisi, par ces mots : Dissolution et République.

Dans l'enceinte du Parlement, j'ai toujours été disposé à consentir aux transactions et aux compromis que comporte la lutte parlementaire ; mais quand on se présente dans l'arène électorale, quand il s'agit de puiser à la source même de l'influence des partis et que l'on demande au pays, à la nation entière, de faire sentir au gouvernement le poids qu'ils pèsent, vous voulez qu'on transige ? Messieurs, une pareille transaction ne serait qu'une usurpation sur votre souveraineté, ce serait une part de votre juste influence qu'on vous déroberait et qu'on donnerait à l'adversaire.

Est-ce que nous pouvions nous prêter à de pareils compromis ? C'est là, messieurs, un des premiers principes de la politique, j'ose le dire, car la politique, qu'est-ce, après tout ? C'est l'art de faire intervenir les forces organisées d'un pays dans la direction générale de ses affaires. Eh bien ! je vous le demande, vous avez une opinion, elle est représentée depuis trois ans et elle n'a pas triomphé. Or, de deux choses l'une : ou vous vous êtes trompés, et alors il faut le reconnaître ; ou, au contraire, vous avez la conviction que vous avez donné le conseil le plus sage au gouvernement et à la nation elle-même, et alors il faut persister. Car, si vous ne persistiez pas, savez-vous ce qu'on dirait au lendemain de l'élection ? Les représentants du parti républicain nous ont combattus au nom de leurs commettants, mais leur parti les a désavoués ; au scrutin, d'ailleurs, ce parti a été compté et trouvé sans influence et sans force.

Il constata qu'il s'agissait de nommer huit députés le 27 avril et quatre le 11 mai, dont un à Paris, et que c'était là qu'apparaissait la profonde erreur de M. Thiers, qui espérait apporter dans le domaine électoral les finesses, les procédés, les mille et une ruses qui lui réussissent si bien dans les coulisses de Versailles, et qui ne voyait pas l'échec qui l'attend, parce que la nation ne veut plus de finesse, parce qu'elle veut de la clarté, de la logique, de la simplicité.

Il passa en revue les élections qui ont eu lieu dans le Nord, le Finistère, les Bouches-du-Rhône, le Var, l'Hérault, le Gard, la Gironde, les Vosges et l'Yonne, et partout il montra la nation affirmant la même formule : la fin de cette Assemblée.

Il y a terme à tout, ajouta-t-il, et les nations, les peuples se fatiguent. Messieurs, croyez-vous que ce soit une sage politique que de refuser systématiquement à ce grand corps électoral l'ombre même d'une satisfaction? Quant à moi, je trouve cette politique téméraire et extrême. *C'est de la politique à outrance*, à laquelle nous, patriotes, nous devons résister dans l'intérêt même de notre gouvernement; et quand nous parlons de résistance, nous ne faisons pas appel à d'autres instruments de lutte que ceux qui nous sont assurés par la loi; nous ne demandons pas d'autre auxiliaire que la loi devant laquelle, dans un pays libre et maître de lui-même, nous devons tous nous incliner : vous, pouvoir, comme nous, opposition.

Quelles sont ses revendications? quels sont ses griefs? Que demande-t-elle donc?

La démocratie chez nous, c'est le travailleur français, c'est-à-dire celui qui certainement, de tous les hommes assujettis aux charges et aux règles de toute société organisée, discute le moins et paie l'impôt avec le plus de régularité et de facilité, parce que, quelles que soient les charges dont on le frappe, un sentiment profond le domine, le sentiment de l'intérêt national. N'a-t-il pas prouvé son obéissance, son zèle, son patriotisme depuis ces douloureux événements de la guerre? Où avez-vous vu le moindre signe de résistance? Où avez-vous entendu la moindre plainte contre ces charges qui venaient frapper le travailleur français? Ah! oui, il y a eu des plaintes, mais des plaintes intimes, intérieures; on s'est resserré dans l'intérieur du ménage. Mais où, encore une fois, a-t-on dit que ces charges étaient trop lourdes? Nulle part. C'est que cette nation est toute au travail. C'est qu'elle ne demande qu'à produire pour racheter sa propre faute.

Cette nation, honnête et laborieuse, qu'a-t-elle demandé au lendemain de la guerre? On ose parler de bouleversement social! Quelle injustice, messieurs, dans cette accusation! Rappelez-vous le cri unanime poussé par cette nation au lendemain de la guerre : Nous avons été vaincus par un peuple plus instruit que nous. Des écoles! Donnez-nous l'instruction! Versez à flots la lumière et la science! Voilà la passion subversive, la passion satanique de cette nation. Elle demande depuis un siècle à ceux qui la mènent de lui donner l'instruction, l'éducation; elle leur demande qu'on ouvre des écoles, qu'on multiplie les maîtres, qu'on lui distribue à profusion la vérité scientifique. Depuis deux ans et demi que nos malheurs sont arrivés, avez-vous appris qu'on ait fait quelque chose pour les écoles? Avez-vous appris qu'on les ait augmentées? Ah! oui, il y a des municipalités républicaines qui ont ouvert de nouvelles écoles et je ne tenterai pas de vous raconter la série de difficultés, de procès, de destitutions, de suppressions que l'ouverture de ces nouvelles écoles a entraînés.

L'Assemblée de Versailles, on le sait, avait refusé de parler de l'obligation, moins encore de la laïcité; elle avait répondu à ceux qui demandaient le service militaire obligatoire, par une loi informe, mal faite et contradictoire, qui valait moins encore que la loi antérieure, car avec l'ancienne loi, du moins, on ne pouvait se racheter qu'à prix d'argent, tandis qu'avec la nouvelle, la faveur pouvait exempter au moins autant que l'argent. Gambetta la montra encore repoussant avec horreur l'impôt sur le revenu, qui existe déjà en Allemagne, en Angleterre, en Suisse, en Danemark et en Italie, et citant pour mémoire, parmi les *desiderata* de la démocratie, la séparation de l'Eglise et de l'Etat, la réforme de la magistrature, etc., etc., il continua ainsi :

Mais la démocratie ne dit plus aujourd'hui : Tout ou rien... Elle ne dit plus : Si ce gouvernement ne m'accorde pas tout ce que je lui demande, je le combattrai et il tombera. Non, elle dit : Procédons par gradation, ne touchons pas à toutes les questions à la fois, ne faisons pas table rase. Tout d'abord, il faut être instruit, armé et avoir des ressources assurées, et elle bornait son ambition à ces trois réformes urgentes... On ne lui a rien donné...

Dès lors, messieurs, le devoir strict, impérieux, qui s'impose à tout homme soucieux non seulement de la forme républicaine, mais de la démocratie, c'est, chaque fois qu'il dépose un bulletin de vote, d'y inscrire ces trois questions. Jusqu'à présent la démocratie républicaine n'a pas manqué à ce devoir. Partout on a imposé aux divers candidats qui ont été élus depuis deux ans ce programme des trois questions premières à résoudre. Ils ont accepté le mandat, mais ils ont été impuissants à réaliser les réformes. C'est ce qui fait dire à certaines personnes : A quoi servirait-il de recommencer une épreuve inutile ? De nouveaux élus, chargés de réclamer les mêmes réformes que leurs prédécesseurs, seront-ils plus heureux à Versailles pour les obtenir ? Et, sous le prétexte que le nouvel élu de Paris n'obtiendrait rien, on vous engage, on vous invite à voter pour un candidat qui veut tout le contraire de ce que nous demandons et qui prolongerait indéfiniment cette situation équivoque, cette politique impuissante et stérile...

Gambetta montra alors, au milieu des salons, un homme arrivé, porté par le parti républicain et entouré par d'autres, qui, après avoir mesuré la distance séparant le point d'où il est parti d'avec celui où il est arrivé, essaient de lui faire comprendre qu'on pourrait s'entendre, qu'on n'est pas un homme d'État quand on ne sait pas *couper sa queue*, et il déclara que la véritable place d'un homme d'État, *c'est de rester dans le rang*, au milieu de ceux qui l'ont porté, pour les instruire, les modérer quand ils s'emportent, les exciter quand ils perdent courage, pour les gouverner enfin ; puis, agrandissant la question qui s'agite et qui, au lieu d'être une simple lutte entre deux hommes, est au contraire de savoir quelle place on fera à la démocratie dans les affaires du pays, — puisqu'à l'encontre de ce que prétendent les classes dirigeantes, les démocrates ont fait leurs preuves dans la question des affaires, aux conseils municipaux, d'arrondissement et généraux, — il résuma la situation en ces termes :

Ce qui a empêché la démocratie française de commander toujours le respect aux autres partis, c'est d'avoir créé trop de transfuges. Mais qui les a faits, ces transfuges? Est-ce votre esprit de soupçon ou bien votre empressement à vous laisser séduire? Est-ce votre confiance trompée? N'est-ce pas plutôt leur propre ambition?

Messieurs, ce qui s'agite aujourd'hui dans notre grande cité républicaine, ce n'est pas la lutte entre deux hommes, c'est la question de savoir si on fera à la démocratie sa place dans les affaires du pays...

J'ai voulu dire et j'ai dit que partout on constate le même phénomène, que partout on assiste à la même floraison magnifique et féconde de la démocratie. Les nouvelles couches sociales dont j'ai parlé, c'est le monde du travail qui veut entrer dans le monde de la politique, parce qu'il en a le droit et qu'il en est devenu capable.

Ce sont là des choses justes, vraies, utiles à dire partout, utiles à dire surtout, ici, à Belleville, à Belleville le mal famé, à Belleville dont les scribes de la réaction cherchent à faire un fantôme qui n'excite plus que la risée des populations. Apprenez-le donc, mes amis, en France il n'est plus un village, aussi éloigné qu'il soit du centre, où l'on ne vous connaisse; il n'est pas un point en France où, quand on parle de Paris, il ne surgisse, à ce nom si cher et si glorieux de Paris, une immense acclamation de reconnaissance, de respect et d'admiration. Ces sentiments si nobles, tous les Français les éprouvent. Aussi, messieurs, c'est ma ferme espérance : quand on le voudra, la France manifestera son admirable unité, cette indestructible solidarité de toutes ses communes, qui, après tant de désastres et de deuils, nous ramèneront à ces grands jours, dont nous ne devons jamais oublier le souvenir ni perdre l'enseignement, aux grands jours de la fédération française de 1790, où toute la France vint à Paris se dire le secret de ses indomptables espérances.

Ce discours eut pour résultat de faire donner à M. Barodet, sur 345,000 votants, 45,000 voix de majorité contre M. de Rémusat, le candidat patronné par M. Thiers, qui devait comprendre enfin, que, pour si décidé qu'il fût à la patience et à la prudence, le peuple de Paris et Gambetta, son porte-parole, l'*ex-fou furieux*, voulaient sortir de l'équivoque, coûte que coûte.

Que de fois ne reviendra-t-on pas plus tard sur ce discours de Belleville qu'il faudrait lire tout entier, car il fait tout l'historique des intrigues parlementaires de l'époque!

CHAPITRE XX

Discours de Nantes et de Saint-Nazaire. — Démission de M. Thiers. — Le journal la *République française* à propos de cette démission. — Discours à la Chambre au sujet de la suppression du journal le *Corsaire*. — La circulaire Pascal.

La nomination de M. Barodet avait exaspéré la droite, celle de M. Ranc, à Lyon qui en le choisissant rendait sa politesse à Paris, la fit arriver au délire furieux, et décida la perte de M. Thiers. L'attaque commença, dès l'ouverture des chambres, par le renversement du président du conseil, M. J. Simon.

Gambetta à ce moment était à Nantes, et pour que l'opinion publique ne s'égarât pas sur le caractère véritable de l'élection Barodet, dont la réaction se servait comme d'un épouvantail, il refaisait, devant un nombreux auditoire, l'historique du mouvement politique qui s'était produit depuis le mois de juillet 1871, et de l'évolution caractéristique des élections qui, modérément hostiles au début, étaient devenues de plus en plus significatives et venaient enfin, sur le nom de Barodet, de prononcer leur *ultimatum*.

Il signalait les velléités de la majorité de l'Assemblée de Versailles, pour la décapitation du suffrage universel, et après avoir mis en opposition la sage conduite des démocrates et l'obstination réactionnaire des classes dirigeantes qui, semblant avoir passé un bail avec les catastrophes, nous ramenaient tous les quinze ans une crise, il disait :

C'est donc le peuple qui est le plus intéressé à ce qu'il n'y ait plus de révolutions, puisque c'est avec sa substance qu'on les fait, et qu'il en paie toutes les conséquences. Quel est le fruit ordinaire de ces tentatives désespérées ? Elles amènent inévitablement ces sauvages et éhontées réactions où le pays laisse sa bonne renommée, sa dignité morale en même temps que sa fortune. Aussi bien, messieurs, ne faut-il plus dans ce pays qu'on dise que le parti républicain est révolutionnaire, dans le mauvais sens de ce mot dont on a tant abusé ; le parti républicain a une tradition à laquelle il entend demeurer fidèle, puisque c'est à la fois son honneur et sa force ; cette tradition, c'est la Révolution française ! Oui, messieurs, nous sommes les héritiers et les continuateurs de la Révolution française, mais c'est tout autre chose que d'être des révolutionnaires de profession.

La Révolution française, c'est purement et simplement la loi nouvelle parmi les hommes, c'est l'affranchissement de toutes les créatures vivantes, non seulement comme individus, mais comme membres d'une société collective. De telle sorte, messieurs, que, pour ceux qui poursuivent l'établissement de la justice, il n'y a rien en dessus ni en dehors de la Révolution française. Elle reste pour nous le dernier mot des conquêtes de l'esprit politique. Aussi, que voyons-nous depuis soixante-quinze ans ? Nous voyons l'esprit du passé s'épuiser à faire des révolutions contre la Révolution française pour lui barrer le chemin et la faire rétrograder.

Aujourd'hui que nous sommes en possession de la forme de notre gouvernement, — aujourd'hui que nous sommes en possession de la forme républicaine qui n'est pas une solution, mais un moyen, c'est avec cet outil, avec cet instrument supérieur à tous ceux qui ont été employés jusqu'à présent, que nous devons chercher à faire passer, dans la législature et dans les mœurs, des idées et des doctrines depuis longtemps exprimées et, premièrement, cette grande et juste idée de l'égalité civile et politique. Je n'ai pas dit, remarquez-le bien, une égalité niveleuse, jalouse, ambitieuse et chimérique; j'ai voulu parler de cette égalité civile et politique qui nous a été promise il y a quatre-vingts ans, qui a été inscrite au frontispice de nos constitutions comme sur le fronton de nos édifices publics, et qui paraît un décor de théâtre, mais que jamais on n'a fait réellement entrer dans nos usages ni dans nos lois.

Gambetta faisait ressortir ensuite les succès toujours croissants de la démocratie dans les élections politiques, et, au sujet d'un échec subi dans le Morbihan, il prouvait qu'une pareille défaite est pleine de promesses, et qu'en face de l'influence cléricale la petite différence qui existe entre les voix données aux deux candidats était un signe certain de la victoire prochaine.

Ah! disait-il, que l'Église se consacre à ce qu'elle appelle ses devoirs, qu'elle reste dans ses temples, qu'elle ne cherche qu'à diriger des consciences dans le domaine surnaturel où elle se meut, je n'ai rien à objecter. Mais qu'elle devienne un parti politique, qu'elle se transforme en une faction qu'on trouve à chaque pas dans la vie civile, voilà, messieurs, ce que je ne comprends pas, et c'est cependant ce qu'elle fait aujourd'hui; elle se sert aujourd'hui des fonctionnaires comme elle se servait autrefois du bras séculier.

Dans l'ancien temps, l'Église disait : Ce n'est pas moi qui verse le sang. Trop souvent, hélas! on l'a versé pour elle et dans ses intérêts. Aujourd'hui elle dit encore : Ce n'est pas moi qui m'ingère dans la politique; les affaires temporelles ne sont pas de mon domaine. Et cependant partout on y sent sa présence, elle s'en occupe et la dirige à son gré, mais par procuration.

Messieurs, il est de notre devoir de dénoncer cette intervention occulte, tout à fait contraire à une saine politique. Cette action souterraine, intolérante, abusive, tyrannique du clergé, où s'exerce-t-elle principalement et sur quel terrain triomphe-t-elle? Vous le savez et vous m'avez déjà répondu. Dans les contrées où l'on n'a pas pris l'habitude de juger, d'examiner les choses de la politique... où il y a prédominance, dans la langue, du patois sur le français, et où les idées générales ont plus de peine à pénétrer.

C'est en effet dans les contrées du pays couvertes de la tache noire de l'ignorance que l'esprit clérical travaille et triomphe, et notre devoir se trouve ainsi tout naturellement tracé. Il faut, messieurs, maintenir énergiquement cette première revendication du parti républicain, qui réclame l'enseignement partout. Oui, il faut partout installer le maître d'école, mais un certain maître d'école, un maître d'école sans costume romain, un maître d'école français, parlant la langue des citoyens français, et non pas un maître d'école parlant une langue dont le véritable vocabulaire, le véritable dictionnaire est encore au Vatican. Tenons-nous donc fermement attachés à la partie de notre programme relative à l'instruction gratuite, obligatoire et laïque, si nous voulons faire disparaître cette tache électorale. C'est là qu'est notre devoir; mais ce devoir, nous ne pourrons le remplir que lorsque nous aurons une Assemblée véritablement résolue à entreprendre cette tâche difficile et à prêter sur ce point son concours à tous les bons citoyens. Jusque-là, mes amis, ayons patience, puisque nous n'avons rien à attendre de l'État; mais ne cessons pas d'agir dans le domaine de l'action personnelle et quotidienne.

Il demandait alors qu'on franchisse les limites du département, qu'on aille faire la propagande et qu'on détruise le joug funeste de l'ignorance et de la peur, qui est l'arme la plus redoutable des ultramontains. Puis, sur un ton familier et narquois, il représentait le candidat « *légitimisto-orléanisto-cléricalo-bonaparto-conservateur* » soutenu par le gouvernement contre le candidat, très modéré d'ailleurs, du parti républicain, et la Charente-Inférieure, dont « *la députation compte au moins un ministre,* » couverte de fonctionnaires réactionnaires qu'on s'est empressé de substituer à ceux du 4 septembre ; il ajoutait :

Toutes ces choses, messieurs, quoique nous les disions d'une façon peut-être plaisante, sont graves, très graves même, parce qu'elles prouvent que le pouvoir, malgré ses déclarations sincèrement et loyalement républicaines, n'a pas encore puisé en lui-même une conscience suffisante de sa force et de son prestige, une idée assez haute de sa mission, de son rôle, de ses devoirs politiques et sociaux pour gouverner la France avec des fonctionnaires véritablement animés de l'esprit républicain. Messieurs, cette contradiction choquante entre les déclarations du gouvernement et le caractère, les pratiques, les discours et la conduite de ses fonctionnaires, est un véritable danger politique. Elle justifie comment il se fait que la France se lasse et s'irrite. La France se dit en effet : Quand donc cette situation cessera-t-elle ? Comment voulez-vous que le jour où elle trouve l'occasion de manifester sa pensée, elle ne le fasse pas dans les termes les plus explicites, dans les termes les plus fiers, les moins équivoques, les plus fermes et les plus accentués ?

Messieurs, ce qui inquiète la France, ce qui inspire des craintes aux hommes d'affaires, ce ne sont pas les dernières manifestations du suffrage universel, ce sont les projets que l'on prête à certains factieux, ce sont les doutes qu'inspirent certains hommes, dont on cherche à pénétrer les intentions. Voilà pourquoi aujourd'hui, dans les comptoirs du négociant, ne règne pas la confiance la plus entière, pourquoi l'on compte et recompte les délais d'échéance ; pourquoi l'on mesure strictement ses dépenses personnelles, pourquoi les grosses commandes sont ajournées, pourquoi la demande se ralentit, pourquoi enfin la production est stagnante. On se dit : Oui, nous avons la République, mais elle est aux mains de conspirateurs qui rêvent de la renverser, pour ramener la monarchie. Je ne parle pas, bien entendu, du pouvoir du gouvernement ; je ne doute pas, je vous le répète, de sa sincérité républicaine, vous savez bien de qui je parle?... Je parle de ceux qui ont juré une haine à mort à la République, de ceux dont les espérances seront ruinées par l'établissement véritable et définitif de la République et qui, par dépit, par entraînement, jetteraient dans la société le trouble, le désordre et la ruine.

Rappelant alors le Message de M. Thiers, son plus grand titre de gloire, qu'il a eu tort de laisser protester et que le suffrage universel veut ratifier, il prophétisait pour ainsi dire ce qui devait arriver plus tard, et il résumait ainsi la situation :

Si le malheur voulait que le chef de l'Etat, par défaillance, par complaisance, ou ne tenant pas un compte suffisant de l'opinion, se laissât glisser du côté de nos ennemis et que, de près ou de loin, il prêtât la complicité de son patronage à des prétentions insensées, je dirai plus, criminelles, il ne faudrait pas désespérer, car, si éminent que soit un homme, quelque place considérable qu'il tienne parmi ses concitoyens, un peuple ne périt pas si un homme vient à lui manquer...

Jusqu'ici les fautes de nos adversaires nous ont profité. On a pu voir en France, jour par jour, de quel côté était le fanatisme, de quel côté l'esprit d'agitation et de désordre. Ils n'ont pas fait une démarche, allant quêter un roi au dehors, faisant des programmes de restauration, traitant la question du drapeau, proposant des commissions exécutives, ébranlant le pouvoir du chef de l'Etat, troublant, par leurs propositions inconsidérées, l'œuvre patriotique et nationale qu'il avait entreprise, et qu'il a si heureusement menée à bonne fin, la libération du territoire; pas une seule de ces fautes, grâce à l'attitude du parti républicain, n'a manqué de s'étaler aux yeux du pays, pleine, entière et éclatante : et c'est précisément par la comparaison respective de la conduite du parti républicain et de celle des partis hostiles que la France, en pleine liberté de jugement, a choisi et s'est prononcée pour la démocratie républicaine.

Persévérons donc dans cette conduite ; il faut que le personnel républicain donne des gages de sa compétence, de sa capacité, de ses aptitudes. Alors vous ne serez plus un parti militant, vous serez la nation entière capable de se gouverner elle-même. Et qui pourra lutter longtemps contre la volonté de la France? Personne. Mais, messieurs, il faut nous abstenir partout de toute espèce de désordre matériel, de toute agitation vaine et inutile. Quiconque se porterait soit à une violence, soit à une excentricité, serait un criminel et un criminel d'Etat, car il compromettrait la chose même qui doit refaire l'Etat, régénérer la France et la remettre, au dedans comme au dehors, à sa vraie place ; il compromettrait la République.

Donc, pour nous résumer, messieurs, nous ne cesserons pas de réclamer la dissolution parce qu'elle est la préface nécessaire de l'organisation de la République ; ensuite nous dénierons aux royalistes, nommés dans l'effarement de la peur, le droit d'organiser cette République, car que serait une République organisée par des monarchistes?

Citoyens, je le disais à Grenoble et je le répète à Nantes, ce serait une ignoble comédie!

Gambetta se rendit ensuite à Saint-Nazaire et y fit une espèce de compte rendu de ses visites dans toutes les parties de la France, et surtout dans l'Ouest, qu'on représentait comme enfoui dans d'épaisses ténèbres.

Partout, disait-il, j'ai trouvé des esprits dévoués, dans les centres et jusqu'au fond des localités les plus obscures, des hommes dévoués luttant avec abnégation pour le triomphe d'une idée, sans espoir de récompense, sans se demander si quelqu'un les suivra ou non, uniquement parce que cette idée leur semble juste et féconde.

Il apprit alors que quelques personnes de la foule qui stationnait au dehors avaient forcé la porte, sans bruit aucun, et se trouvaient dans la salle. Il s'arrêta immédiatement et dit, quoiqu'on le suppliât de continuer son discours, quand même :

On me prévient que la réunion a perdu son caractère privé, nous ne sommes plus dans la légalité, il importe que je m'arrête.

Et comme on insistait pour qu'il continuât :

Non, reprit-il, je ne le puis.
La loi qui nous régit à l'heure présente est une loi de l'empire, mauvaise et contraire à nos libertés, mais elle existe. Jusqu'à ce qu'une loi soit réformée, nous devons la respecter, même lorsqu'elle est mauvaise; sachons montrer comment les républicains donnent des gages de leur attachement à la cause de la légalité. Nous aurons peut-être à subir des provocations. De quelle part? Vous le devinez.

Dans ce cas, aussi bien qu'à l'heure présente, demeurons calmes, prudents, fidèles à nos devoirs de républicains, sans cesser d'être vigilants et fermes. Maintenant, mes amis, donnez-moi, donnez à la République le meilleur témoignage que vous puissiez nous donner! Retirez-vous, pas un murmure, pas un cri. Vous donnerez un grand exemple. C'est grâce à de tels actes que la démocratie française deviendra invincible et qu'elle cessera d'être un parti pour être la nation tout entière.

Par ses paroles, par sa conduite, Gambetta donnait ainsi, dans toutes les circonstances, à tous ceux qui l'entouraient et répandaient ensuite de semblables exemples, la pratique du droit contre la force.

Au commencement de la séance du 19, les bureaux avaient été à peine tirés au sort, lorsque M. Buffet, président, se leva et lut immédiatement une demande d'interpellation, dans laquelle 314 signataires déclaraient « vouloir interpeller le gouvernement sur les raisons qui avaient amené la chute du ministère et sur la nécessité de donner des garanties à la cause conservatrice. »

C'était une véritable déclaration de guerre.

Cinquante-sept députés de la gauche déposèrent vainement un projet de loi dont l'article unique était ainsi conçu : « L'Assemblée nationale prononcera, dans un délai de quinze jours, sur l'époque de sa dissolution. »

Le gouvernement ayant accepté, pour le 23, la discussion de l'interpellation des trois cent quatorze, c'est à cette date que M. Waddington, avant que la clôture de la discussion fût mise aux voix et prononcée, apporta un pli cacheté à M. Buffet. C'était une lettre de M. Thiers, ainsi conçue :

Monsieur le Président,

Conformément à la loi du 13 mars 1873, qui m'autorise à prendre la parole sur les interpellations, lorsqu'elles touchent à la politique générale, conformément à la déclaration des ministres qui reconnaissent ce caractère aux interpellations actuelles, je vous prie d'informer l'Assemblée de l'intention où je suis d'intervenir dans la discussion, usant ainsi du droit que me confère la loi, *et que la raison seule suffirait* à m'assurer, si la loi n'existait pas.

Comme la loi byzantine, élaborée par la commission des Trente, empêchait à la fois que le chef du gouvernement parlât sur-le-champ, et permettait qu'il le fît le lendemain, les formalistes de la droite, dans leur impatience, au lieu d'attendre l'heure ordinaire des séances, décidèrent que le lendemain on entendrait M. Thiers, à *neuf heures du matin*.

A neuf heures un quart, M. Thiers prononçait un discours qui, même pour ses ennemis platoniques, fut considéré comme effaçant toutes les fautes politiques de sa longue carrière, et qui constitua la page la plus éloquente et la plus glorieuse de sa vie :

Le même jour une seconde séance de deux heures eut lieu dans l'après-midi, et, enfin, la journée parlementaire se termina par une séance de nuit. 360 voix contre 344, — différence 16, — votèrent l'ordre du jour Ernoul, ainsi conçu :

L'Assemblée nationale, considérant que la forme du gouvernement n'est pas en discussion, que l'Assemblée est saisie des lois constitutionnelles présentées en vertu d'une de ses décisions, et qu'elle doit examiner;

Mais que, dès aujourd'hui, il importe de rassurer le pays (?) en faisant prévaloir dans le gouvernement une politique résolument conservatrice;

Regrette que les récentes modifications ministérielles n'aient pas donné aux intérêts conservateurs la satisfaction qu'ils avaient le droit d'attendre, et passe à l'ordre du jour.

La séance de nuit était à peine commencée, et l'on y discutait encore sur la question du procès-verbal de la séance précédente, quand M. Dufaure, président du conseil, remit à M. Buffet, qui en donna immédiatement lecture, un pli cacheté contenant le Message suivant :

Versailles, 24 mai 1873.

Monsieur le Président,

J'ai l'honneur de remettre à l'Assemblée ma démission des fonctions de Président de la République française, qu'elle m'avait conférées.

Je n'ai pas besoin d'ajouter que le gouvernement remplira tous ses devoirs, jusqu'à ce qu'il ait été régulièrement remplacé.

Recevez l'assurance de ma haute considération.

Signé : THIERS.

Par une indécence sans nom et malgré des protestations légales, le président Buffet lut, immédiatement après, une proposition ainsi conçue :

Les soussignés, vu la démission de M. Thiers, Président de la République française, proposent à l'Assemblée de procéder immédiatement au scrutin pour la nomination de son successeur.

La pudeur doit empêcher de citer les noms des signataires de cette proposition; ils étaient trente-deux, ayant à leur tête le général Changarnier.

Après un vote sur une demande de scrutin public, repoussé par 362 voix contre 331, et des interruptions passionnées et incessantes de part et d'autre, le Président mit aux voix la nomination du successeur de M. Thiers.

A onze heures M. Buffet fit connaître le résultat du scrutin auquel ne prirent part que 392 votants; le maréchal de Mac Mahon avait obtenu 391 voix. Aussitôt M. Buffet prononça ces mots :

En conséquence, M. le maréchal de Mac Mahon est proclamé Président de la République française.

Après une suspension de séance d'une demi-heure, à minuit moins un quart — il n'y avait pas de temps perdu — tout était consommé, le maréchal acceptait la présidence et la séance était levée à minuit moins dix minutes.

Donc c'est le 24 mai que :

M. BUFFET, ÉTANT PRÉSIDENT, ET LES PARTIS MONARCHISTES AYANT ABDIQUÉ LEURS HAINES RÉCIPROQUES ET INEFFAÇABLES;

50,000 PRUSSIENS CAMPANT SUR LE TERRITOIRE DE LA FRANCE, ET UN MILLIARD RESTANT A PAYER, DU 5 JUIN AU 5 SEPTEMBRE ;

DES GENS S'INTITULANT FRANÇAIS DÉPOSÈRENT M. THIERS DE LA PRÉSIDENCE POUR LA CONFIER AU MARÉCHAL DE MAC MAHON.

Pendant que la délégation se rendait à son hôtel, le maréchal était à la présidence chez M. Thiers. Revenu à la hâte, il répondit à M. Buffet : « Puisque c'est en quelque sorte un devoir de salut public que vous voulez m'imposer, JE ME SOUMETS! »

Il fallait citer les événements caractéristiques de cette séance, pendant lesquels rien ne vient rappeler le nom de Gambetta qui signa cependant l'*appel à l'ordre* rédigé dès l'issue de la séance ; le lendemain on lisait en tête de la *République française :*

Le gouvernement de M. Thiers, Président de la République française, institué par une loi de l'Assemblée nationale faite à Bordeaux, le 17 février 1871, vient d'être renversé par un vote de cette même Assemblée, à Versailles, le 24 mai 1873.

Cette révolution parlementaire était depuis longtemps méditée. On avait tenté de l'opérer plusieurs fois déjà ; on vient de l'accomplir. La chute du gouvernement a eu lieu à quatorze voix de majorité ; sa constitution avait été décrétée pour ainsi dire d'acclamation. M. Thiers, élu de vingt-six départements, se trouvait désigné à la presque unanimité des suffrages de ses collègues. Son élévation n'avait surpris personne ; sa démission va plonger la France dans la stupeur.

Dans cette lutte, le gouvernement a été vaincu ; M. Thiers tombe, mais il tombe du côté du pays, il tombe en défendant les aspirations et les tendances nationales. La France se montrera profondément sensible à cette chute d'un pouvoir qui n'a pas voulu séparer sa cause de celle de la nation. M. Thiers et ses ministres se retirent, pour laisser le gouvernement et les portefeuilles à d'autres personnages politiques qui chargent aujourd'hui leurs épaules d'un lourd fardeau, et qui n'ont pas, pour les aider à le porter, la popularité, toujours si utile à qui veut gouverner longtemps le pays sans violences et sans périls.

Le 8 juin, un arrêté de M. Ladmirault, gouverneur de Paris, avait supprimé le journal le *Corsaire;* une discussion s'était élevée à ce sujet à la Chambre et plusieurs orateurs étaient inscrits ; lorsque vint son tour de parole, Gambetta s'exprima ainsi :

Après l'exposé si complet de la question qu'a fait M. Lepère, après la réponse si modérée qu'a essayé de lui faire M. le ministre de l'intérieur, il ne me reste qu'à introduire dans le débat un élément nouveau d'appréciation de ce qui semble être le régime du nouveau cabinet en matière de presse. A côté des actes extérieurs de terreur contre la presse, il y a les menées clandestines du gouvernement. Je viens les signaler.

Il faut donner ici la physionomie de cette séance :

Gambetta. — Est-il vrai — c'est une question que je pose à M. le ministre de l'intérieur, — que mercredi, 4 juin, il ait expédié à ses agents de l'administration préfectorale la dépêche suivante :

« Envoyez-moi d'urgence un rapport sur la presse dans les départements. L'heure est venue de reprendre, de ce côté, l'œuvre d'influence qu'une affectation d'indifférence et de neutralité avait détruite. »

Plusieurs voix à droite : Très bien ! très bien.

Gambetta. — Je ne suis pas étonné de l'adhésion de plusieurs de nos collègues à ce système d'organisation d'une presse officielle en vue de candidatures officielles dans l'avenir.

Je continue :

« Dites-moi les journaux conservateurs, ou susceptibles de le devenir, quelle que soit d'ailleurs la nuance à laquelle ils appartiennent ; leur situation financière et le prix qu'ils pourraient attacher au concours bienveillant de l'administration, le nom de leurs rédacteurs en chef, leurs opinions présumées et leurs antécédents. Si vous pouvez causer avec eux, voyez s'ils accepteraient une correspondance et dans quel sens ils la souhaiteraient.

« Nous allons organiser un bulletin de nouvelles télégraphiques et autographiques qui vous sera régulièrement adressé et dont vous mesurerez les communications au degré de confiance... »

Une voix à droite : Eh bien !

Gambetta. — Comment, eh bien? Vous êtes désagréablement impressionnés, votre délicatesse se révolte, votre pudeur est outragée ! Et vous avez raison ! On vous accusait d'être les protégés de l'empire, vous en devenez les plagiaires. Vous ne répercutez point les nouvelles, vous les créez.

Une voix : Et vous?

Gambetta. — Je n'ai jamais fait cela.

Je continue :

« Vous mesurerez les communications au degré de confiance que les divers journaux vous inspireront. Pour cela, vous ferez sagement de créer un service de la presse dans votre cabinet, soustrait aux employés *indigènes*, ou indigents. »

Ce mot est à double entente, choisissez!

« Donnez-moi sur ces divers points votre sentiment; je m'en rapporte à votre tact, il n'est pas de question plus délicate, et qui exige plus de prudence et d'habileté. Multipliez autour de vous vos relations et soyez très accessible aux représentants de la presse. »

Messieurs, il n'y a pas un mot à ajouter à cette circulaire. Si elle est vraie, elle montre l'*ordre moral* qu'on introduit dans l'administration.

Le nom de gouvernement de l'*ordre moral* était inventé et il était impossible de flétrir, avec une plus fine ironie, les procédés révélés par cette circulaire qui s'appellera dans l'histoire : *Circulaire Pascal*, du nom du secrétaire d'Etat du ministère de l'intérieur qui l'avait rédigée.

Le ministère faillit être renversé à la suite de la communication de Gambetta, qui déposa immédiatement un ordre du jour ainsi conçu : « L'Assemblée nationale, protestant contre la circulaire de M. le ministre de l'intérieur, passe à l'ordre du jour. »

Le vote n'avait donné que 60 voix de majorité au ministère sur 676 votants.

CHAPITRE XXI

Discours à l'anniversaire de Hoche. — Discours à la Chambre sur l'organisation des pouvoirs publics et les couches sociales. — Le journal la *République française* et l'adresse au comte de Chambord.—Discours au château de Sept-Fonds et à Périgueux. — Discours à Châtellerault.

Le 24 juin, l'anniversaire de Hoche, qu'on avait d'abord voulu célébrer publiquement, comme cela avait eu lieu l'année précédente, fut interdit par le gouvernement de l'ordre moral en voie de taquineries et de répressions.

C'est dans une réunion privée, dont les abords étaient scrupuleusement surveillés par les agents et les mouchards, que Gambetta dut se rendre, et qu'au dessert, après une allocution de M. Carnot, il parla de la crise plus bouffonne que redoutable qu'on traversait. Après avoir rappelé que le 4 septembre 1870, à dix heures du matin, avant que Paris se prononçât, le conseil municipal de Versailles avait proclamé la déchéance de l'empire et la République, il continuait ainsi :

Oui, messieurs, il est utile qu'on le sache partout, ce Versailles que l'on croit royaliste et réactionnaire, a toujours été vibrant à chaque vibration de la France; depuis quatre-vingt-quatre ans, il n'a jamais laissé à aucune ville dans le pays l'honneur et l'avantage de le devancer. Paris lui-même, qui est si voisin et si semblable, Paris n'a jamais devancé Versailles. En 1815, en 1830, en 1870, savez-vous ce qui est arrivé? Il faut le dire en face de ces inconscients qui l'ignorent. C'est Versailles toujours qui, au milieu de toutes les autres villes de France, acceptait et proclamait le premier l'événement général qui s'accomplissait à Paris, de telle sorte que, si l'on a cru, en venant ici, se retirer dans une sorte de camp retranché de la réaction, on s'est trompé, car vous tous, citoyens de Versailles, vous êtes tous des serviteurs fidèles de la Révolution française, vous tous, les présents et les absents. Depuis trop longtemps le soupçon et la défiance, la calomnie et l'injure pèsent sur cette noble et majestueuse cité. Il faut qu'on sache que Versailles est à l'unisson de toutes les grandes agglomérations qui ne vivent et respirent que pour la République. On a fait de Versailles la capitale cadette de la France, et il le méritait; Paris reste son aîné. Versailles est digne de venir immédiatement après Paris, car il n'a jamais marchandé ses efforts à la défense du droit et de la patrie...

Il retournait alors la question, et se demandait pourquoi cette réunion, si naturelle un an auparavant, était empêchée aujourd'hui, et il représentait les adversaires de la République, calomniant la démocratie, mettant la main sur la bouche des hommes qui peuvent exprimer, sur les projets et les espérances de la démocratie, des opinions régulières, sensées, parfaitement scientifiques et justes, fondées sur la pratique des peuples voisins, et, par conséquent, démontrées par l'expérience; et pour son compte, il déclarait qu'il protesterait toujours en faveur du droit de compte rendu et de propagande, et que, n'eût-on ramené qu'une seule conscience à la vérité, on pourrait mourir content « *sans les pompes d'un culte quelconque.* »

Ne réclamant d'autre droit pour la démocratie que celui que s'arroge un pouvoir de constitution divine qui prétend avoir seul le dépôt de la vérité, c'est-à-dire le droit d'exposer ses doctrines, il se demandait pourquoi, lorsque le Vatican parle pour Dieu, il serait interdit de parler pour l'homme ; pourquoi, lorsqu'à Rome on lutte pour faire des saints, on ne lutterait pas en France pour faire des citoyens, des patriotes.

Partout, disait-il, retentit le cri de révolte contre le cléricalisme qui a réussi à renverser du pouvoir l'homme qui a accompli la plus grande tâche qu'il y eût à accomplir, la libération du territoire ; — ce cléricalisme qu'il faudra saisir au moment où il cherchera à sortir de la légalité et frapper alors impitoyablement.

Il montrait la transmission du pouvoir ayant lieu sans trouble, « *au nez et à la barbe* » de quatre prétendants, par cette seule raison que, désormais, le pouvoir est impersonnel ; il faisait ressortir que le nouveau Président de la République a déclaré *loyalement*, en prenant possession de la magistrature suprême, qu'*aucune atteinte ne serait portée aux lois existantes et aux institutions*, et qu'il a mis, par conséquent, la France à l'abri des coups de force d'en bas ou des attentats d'en haut, et aussi à l'abri des *pronunciamientos* politiques.

Il rendait, en finissant, hommage au patriotisme de l'armée, dont tous les Français doivent désormais faire partie pour former, égaux et régénérés, un faisceau indissoluble devant l'ennemi.

A la suite de chaque événement grave, on voit ainsi Gambetta aller sur le terrain le mieux choisi, faire la lumière sur ces événements et indiquer les solutions, surtout lorsque, avec préméditation de la part des droites, ces événements arrivent à la veille d'une suspension des séances de la Chambre.

Le 2 juillet, M. Dufaure ayant réclamé la mise à l'ordre du jour de deux projets de loi, déposés par lui les 19 et 20 mai, et tendant à l'organisation des pouvoirs publics et à la préparation d'une loi électorale, Gambetta insista sur la nécessité d'organiser promptement la République conservatrice, et dit d'abord :

L'honorable M. Dufaure ne s'est pas trompé en attribuant aux membres de l'extrême gauche la volonté formelle et persistante, toutes les fois que nous verrons l'Assemblée se rapprocher de la confection d'une constitution quelconque, de protester au nom des principes que nous représentons, du principe du 4 septembre en vertu duquel vous siégez sur ces bancs. Malgré tous les obstacles, nous ne faillirons jamais à ce devoir, en stricte exécution du mandat que nous avons reçu du suffrage universel.

Oui! du mandat impératif qui est le plus libre de tous, car celui qui l'accepte était libre de l'accepter ou de le refuser.

Vous touchez à la limite de l'occupation du sol, vous n'avez jamais été mieux placés pour consulter le pays, c'est à vous de décider par quel moyen vous entendez le consulter...

Quant à nous, nous ne voulons, ni de près ni de loin, vous tailler une besogne constitutionnelle et nous associer à ce que nous considérons comme une usurpation sur les droits de la France.

Et comme M. de Broglie et après lui M. de Kerdrel rééditaient les mots de couches sociales prononcés par lui à Grenoble, il releva le gant en ces termes :

M. de Kerdrel m'a reproché d'avoir jeté dans le pays une expression qui, à son sens, ne contiendrait pas moins qu'une théorie de guerre civile, d'antagonisme et d'hostilité irréconciliable de diverses classes les unes contre les autres, et, généralisant son sentiment, il n'était pas loin de nous considérer comme représentant dans la société française un principe général de sédition, que nous porterions même jusqu'aux colonies.

Messieurs, il y a assez longtemps que cette expression de « nouvelles couches sociales, » de « couches sociales différentes, » a été employée ici même, et avant moi, par divers membres de cette Assemblée, pour que, s'il ne s'agissait que du mot lui-même, je n'eusse ni à le revendiquer, ni à le défendre.

Mais évidemment, puisque l'on me fait de cette expression une application personnelle, j'ai dû croire que l'occasion était propice pour exprimer ma pensée, pour la limiter, pour ramener à leur véritable valeur ces deux mots que l'on a défigurés par passion politique, par entraînement, par hostilité, par l'effet de cette antipathie que certaines personnes conservent contre leurs adversaires politiques, par toutes ces préventions enfin qu'on a depuis tantôt un an amassées autour d'une expression parfaitement simple en elle-même, et qui, dans ma pensée, n'était que la traduction exacte des faits accomplis ou en train de s'accomplir sous nos yeux, dans le mouvement du suffrage universel lui-même.

J'affirme donc, messieurs, que, lorsque je disais que l'on peut définir et partager la société française en deux grandes fractions, dont l'une s'obstine à demeurer attachée au passé et s'acharne à faire obstacle à l'avenir, et dont l'autre marche de plus en plus vers l'organisation d'une démocratie pacifique et légale ; quand je parlais de la République, et que je la signalais comme l'idéal particulier du gouvernement des nouvelles couches sociales, c'est-à-dire de celles qui ont été créées par la Révolution française, et qui ont pris peu à peu, obscurément d'abord, d'une façon plus sensible, plus claire, plus intelligente par la suite, conscience et possession d'elles-mêmes à l'aide du suffrage universel, j'affirme que je ne faisais que décrire un phénomène politique et social qui s'accomplit en France dans les couches profondes de la société.

A côté de ce monde nouveau arrivé au travail, à la propriété et à la capacité politique, Gambetta reconnaissait qu'il en est un autre qui a joué un rôle considérable dans la formation de la nationalité française, mais qui comprend d'une façon particulière les relations de l'Etat vis-à-vis des simples citoyens et qui lutte pour ses anciens privilèges; il convenait qu'il faut en tenir compte ; mais que le suffrage universel, en créant une nouvelle couche sociale et politique, comme en avait déjà créé une le gouvernement de juillet 1830, par l'extension du cens électoral, il fallait aussi compter avec elle, et il terminait en disant aux hommes des classes dirigeantes qui s'obstinent à ne pas voir ce qui se passe dans notre histoire depuis quatre-vingt-quatorze ans :

Partout où depuis soixante ans, entendez-vous bien, dans les conseils généraux, on n'avait pu faire pénétrer une minorité appréciable d'hommes sortis des rangs du peuple, ayant ses aspirations, ses idées et ses espérances; partout ou presque partout le suffrage universel a écarté des gens qui auraient pu rendre de réels services, s'ils avaient compris le rôle qui leur était offert, de tuteurs, d'éducateurs et de guides du peuple. Le peuple lui-même s'est installé aux affaires, et c'est cette éclosion que, sous le nom de nouvelles couches sociales, fruit du suffrage universel, j'ai saluée à Grenoble!

Et je dis, messieurs, que vous avez beau chercher à défigurer ma pensée, à en faire une sorte de drapeau rouge, je dis que vous ne parviendrez pas à égarer le bon sens de ce pays; il sait très bien que je ne suis pas partisan des théories niveleuses, que je ne suis pas un homme de chimères et d'utopies, et que si je demande l'accession, l'avènement de la démocratie aux affaires, c'est que je ne suis désireux que d'une chose, relever la France par l'ordre matériel et moral...

Ce discours avait soulevé de la part de la droite des interruptions sans nombre, mais Gambetta, même devant les plus passionnées, n'avait pas perdu un seul instant son sang-froid; il en fut de même à la séance du 14 juillet, lorsque le comte Jaubert demanda l'urgence pour le projet du gouvernement sur la pratique du droit de réunion qu'il avait qualifié : *la liberté du balcon.*

Gambetta dit que la liberté du balcon avait besoin d'être protégée comme la liberté de la tribune, et, après avoir parlé de ce qui se passe en Angleterre, dans les meetings, il termina son discours par ces mots :

En conséquence, permettez-moi de dire que cette liberté, dont on croit se défaire par une épigramme, est la plus essentielle de toutes dans une démocratie. Essentielle pour nous surtout, car, malheureusement, nous avons affaire à un peuple auquel on a mesuré d'une façon bien avare l'instruction et la science, à un peuple qui ne lit pas, qui ne s'intéresse pas aux œuvres écrites. Et alors, le vrai droit pour lui et le véritable moyen, non seulement d'apprendre, mais de se discipliner, de se gouverner lui-même, c'est le droit de réunion, c'est la liberté de propagande...

C'est cette liberté que vous raillez, et dont vous ne comprenez pas qu'il vous appartient à vous-mêmes de faire usage pour instruire les campagnes, pour parler à vos électeurs. Usez-en, mais faites-nous une liberté égale, suivez ces Anglais que vous voulez imiter, faites le *fair play*.

Voilà comment on gouverne les démocraties. Si vous voulez les bâillonner, de plus robustes bras que les vôtres s'y sont brisés déjà bien des fois, vous y périrez comme vos devanciers, et vous ne laisserez que le souvenir d'une politique aussi insensée qu'impuissante.

Le 30 juillet, l'Assemblée était prorogée jusqu'au 5 novembre et, pendant que le dernier Prussien quittait notre territoire, les réactionnaires coalisés reprenaient leurs intrigues monarchiques.

La *République française* publiait alors les pièces suivantes, qui étalaient des intrigues au grand jour :

« Très confidentielle.
« La *Décentralisation*, 43, rue de Lyon.

« Monsieur,

« La presse monarchique envoie au roi une adresse à l'occasion de la complète évacuation du territoire. Je vous en communique copie, confiant dans votre parfaite discrétion.

« Vous êtes prié instamment de vouloir bien, *dans les trois jours*, m'envoyer votre adhésion ou votre refus d'adhésion. S'il ne vous convenait pas de signer, nous attendons de votre loyauté que la copie ci-incluse me soit retournée. Si, comme plutôt on l'espère, vous acceptez, je vous indiquerai le jour où devra se faire la publication, avec les noms des journaux signataires.

« Votre dévoué confrère,
« *(Signature illisible)*. »

A cette circulaire, ajoutait la *République française*, était joint en épreuve, — avec une note marginale au crayon rouge ainsi conçue : *Epreuves communiquées confidentiellement et à conserver*, — le texte exact de l'adresse en question, dont voici quelques passages :

« Monseigneur,

« L'occupation du sol français a cessé. Au moment où s'éloigne le dernier soldat étranger, emportant notre rançon et deux de nos plus belles provinces, nos cœurs de patriotes se tournent avec une indicible émotion vers l'héritier des princes qui créèrent notre unité nationale.

« Nous venons, Monseigneur, vous déclarer, au nom de l'*opinion publique*, que la vraie France aspire avec ardeur au jour prochain où elle pourra sans secousse, librement, rentrer dans les conditions de sa vie naturelle et vous confier ses destinées...

« Il faut garantir la sécurité de l'avenir par le rétablissement de la royauté héréditaire appropriée aux besoins du temps...

« Plus heureux qu'Henri IV, vous ne trouverez pas de Français armés contre vous... Il nous semble déjà, Monseigneur, apercevoir l'aurore d'un des règnes les plus brillants de notre histoire, et, pour vous en exprimer nos espérances, nous avons cru ne pouvoir choisir une date plus significative que celle de la libération du territoire. »

« (Lyon. — Imp. Louis Perrin et Marinet, rue d'Amboise, 6.) »

Gambetta, qui pendant deux ans et demi venait de se contraindre à un rôle purement parlementaire, comprit que le moment était venu, peut-être, de rentrer dans la sphère d'action. Un coup d'Etat extralégal, — comme le nommaient ces bons réactionnaires, — pouvait être tenté ; il fallait être prêt à le repousser au besoin par les armes.

Il importe de le dire, il serait aisé de le prouver à ceux qui l'accusent encore de manquer d'énergie révolutionnaire, d'oublier son origine, il était préparé aux dernières extrémités, si l'on portait une main sacrilège sur la République, et un grand nombre de conseils généraux qu'on pourrait citer, n'attendaient que son signal pour mettre en fonction la loi Treveneuc ; à ce moment, les préoccupations étaient si grandes, qu'en souvenir du 2 décembre 1851, plus d'un député, et de ceux qui passaient pour les plus énergiques, afin de ne pas être pris dans un coup de filet et de sauver la représentation nationale, évitaient de coucher dans leur domicile officiel ou étaient en villégiature, même hors de France.

Peut-être Gambetta a-t-il eu le tort, en certaines circonstances, de ne pas dire cela à quelques-uns des extrapurs de l'extrême gauche, qui s'abstenaient à cette époque de préparer des mesures de salut et ne couraient pas les dangers auxquels il s'exposait lui-même avec quelques-uns de ses amis, décidés à tout, plutôt que de laisser périr la République, et qui n'ont pas le droit d'être indiscrets puisqu'il renonce lui-même à dire quelle fut sa conduite à cette époque.

Il existait alors ce qu'on nomma la commission des

Neuf. On préparait déjà dans son sein l'étiquette de la rentrée du roi dans sa bonne ville de Paris, on discutait sur l'ordre de préséance et sur les costumes de grande cérémonie ; on prêtait au roi ces paroles : « M. le comte de Chambord ne demande pas que rien soit changé au drapeau, *avant qu'il ait pris possession du pouvoir.* »

On prétend que tout était en état, que les carrosses du grand roi étaient prêts à sortir des remises et qu'une quantité considérable de chevaux blancs avaient été achetés ; on est en droit de penser que l'illusion n'avait pas pu produire, chez les Henriquinquistes, cette grotesque précaution, mais ce qu'on peut affirmer de nouveau, c'est que de l'autre côté, du côté de la nation, on était réellement prêt et que bien en prit à l'ermite de Frohsdorff, pour lui et pour ses fidèles, de ne pas tenter l'aventure.

La lettre d'Henri à Chesnelong vint mettre un terme à ce carnaval de réactionnaires qui ne devaient pas cependant renoncer encore à restaurer la royauté.

Le danger une fois passé et pendant que les intrigues de seconde main continuaient à se nouer et à se dénouer, Gambetta était allé au château de Sept-Fonds, près Périgueux, chez son ami M. du Bruel, consul général de France à Genève, révoqué par le gouvernement du 24 mai. Il y prononça un discours, et le 28, à Périgueux, il assista à un dîner dans lequel le docteur Guilbert, ancien préfet du 4 septembre, avait réuni tous les fonctionnaires de la République révoqués comme lui, ainsi qu'à une soirée où M. Faurier-Laurière, maire révoqué, avait réuni des délégations venues de tous les points du département et des départements voisins, pour assister aux fêtes données par la ville à l'occasion de l'inauguration du général Daumesnil. Dans chacune de ces réunions, il prononça des allocutions qu'il résuma ainsi, à la suite d'un banquet qui termina la fête, dans sa réponse à M. Faurier-Laurière, qui venait de lui porter un toast :

Messieurs, dans le discours de notre ami M. Laurière, il y a une assimilation que la postérité et l'histoire ont, seules, le droit de faire, entendez-le bien. Quoiqu'elle ait été faite par un cœur sympathique et généreux, je dois la repousser. Mais, puisqu'on veut bien reconnaître que j'ai quelque droit de parler au milieu des républicains, mes frères, et en leur nom, qu'il me soit permis de ne point laisser s'introduire parmi nous un langage trop complaisant, où un homme quel qu'il soit tient toujours trop de place, où, peu à peu, il refoule et écrase l'idée qu'il représente. Citoyens, ne donnons jamais à penser que cette auguste incarnation de la justice parmi les hommes, la République, c'est-à-dire la vertu devenant le levier du gouvernement des hommes, puisse dépendre de l'existence d'une personne, du hasard, de la maladie, des infirmités d'un organisme, au lieu de reposer, immuable et éternelle, sur le droit et la volonté respectée d'une nation toujours libre.

S'adressant à M. Laurière, dont il rappelle tous les services administratifs et que l'ordre moral a frappé à cause de ces services, il lui dit que la justice arrive toujours, boiteuse ou rapide, et qu'il faut avoir confiance en elle; puis, revenant sur les faits douloureux de la dernière guerre, il en fait ressortir les côtés glorieux et termine en disant que c'est à ceux qui ont fait leur devoir et qui manquent à cette réunion qu'il faut porter un toast, — faisant ainsi allusion aux ordres donnés par le gouvernement pour qu'aucun représentant de l'armée ne fût présent à l'inauguration d'un monument élevé à un des plus dignes représentants de l'armée.

De Périgueux, il alla au château de La Borde, près Châtellerault, où M. Escarraguel avait réuni les plus influents républicains du département de la Vienne, et là il répliqua, au toast qu'on lui portait, par celui-ci :
« *A la République! A la démocratie française!* »

Après une revue rapide des causes de nos désastres, dont nous ne pouvons nous relever que par le travail, la concorde et le génie de l'épargne, il s'exprima ainsi :

Oui, nous avons péri en septembre 1870 parce que la nation s'était donnée au maître, et parce qu'elle l'avait accepté, toléré trop longtemps...

Il faut que les épreuves que nous avons subies profitent enfin à quelque chose... Que voyons-nous aujourd'hui? On voudrait nous ramener à l'ancien régime. Et qui médite cette entreprise? Les hommes qui sont les indignes descendants de la grande bourgeoisie libérale et nationale de 1789! Faut-il croire que le règne politique de la bourgeoisie est terminé? On pourrait presque le dire, à considérer le spectacle des intrigues monarchiques à l'heure actuelle; mais, heureusement, il y a des hommes qui n'abandonnent pas leurs traditions, et, pour ma part, j'en connais qui ne vont pas à Frohsdorff, qui ne renient pas les couleurs de leur drapeau et qui, sincèrement, se sont ralliés à la cause de la démocratie. Ce sont ceux-là qu'il faut adjurer de rester fermes, et qu'il faut appeler à la défense des principes proclamés par leurs pères. Une heure solennelle va sonner pour cette bourgeoisie.

Elle peut reprendre un grand ascendant sur le peuple français. Il dépendra de ses représentants à l'Assemblée de faire un acte politique qui, pour jamais, nous débarrasse de l'anarchie et de la dictature. Oui, si ces bourgeois petits ou grands, selon une formule récente, comprennent la gravité de l'intérêt du moment, ils peuvent, en se ralliant fermement autour du drapeau de la République, en imposant silence aux conspirateurs et aux intrigants, ils peuvent sauver de leurs propres mains la République, c'est-à-dire assurer encore à eux et à leurs descendants de longues et bienfaisantes années d'influence sur la direction des affaires publiques, c'est-à-dire préparer et cimenter l'union des classes; c'est-à-dire fonder sur un pacte d'indissoluble alliance, entre le prolétariat et la bourgeoisie, le relèvement et la grandeur même de la France!

Il espérait qu'il en serait ainsi et qu'on échapperait à la plus terrible des révolutions, en poussant à l'union de toutes nos forces contre l'ennemi commun, contre une nouvelle Sainte-Alliance, et que, revenus à Versailles, les députés ne se sépareraient pas « sans avoir assuré la République pour nous et nos descendants. »

Qui oserait nier que de semblables déclarations faites de bonne foi, et répétées dans toute la France, n'ont pas eu la plus heureuse influence sur l'alliance chaque jour plus intime de la bourgeoisie et du prolétariat, et de leurs représentants les plus autorisés : MM. Thiers et Gambetta ?

CHAPITRE XXII

Le journal la *République française* et le rapport de la Commission d'enquête. — Répliques à MM. Clapier et Baragnon. — Election de Ledru-Rollin à Avignon. — Discours d'Auxerre. — Discours à la Chambre sur la loi électorale. — Agression contre Gambetta à la gare Saint-Lazare.

Au commencement de l'année 1874, la *République française* commença la publication d'une série d'articles pour réfuter l'échafaudage de calomnies dressé par la commission d'enquête sur les actes du gouvernement du 4 septembre, commission présidée d'abord par M. Saint-Marc-Girardin auquel venait de succéder M. le comte Daru.

Dans le numéro du 1er janvier, avec les propres arguments de M. de La Borderie, rapporteur, et à propos de l'organisation de l'armée de Bretagne, — sujet d'amères critiques contre Gambetta, — l'auteur de l'article démontrait clairement que l'unique préoccupation de la délégation de Tours, et spécialement de Gambetta, avait été la résistance à l'ennemi, et rappelait cette déclaration tirée d'un livre récemment publié par le général Chanzy :

Le général en chef demanda au ministre de la guerre d'affirmer devant tous les chefs supérieurs de l'armée, réunis dans le grand salon de la préfecture de Laval, qu'il était nécessaire que tous, généraux, officiers et soldats, sussent qu'ils ne combattaient pas pour un parti, mais bien pour le salut de la patrie. M. Gambetta, animé des sentiments les plus patriotiques, le fit avec beaucoup de force et d'éloquence, annonçant lui-même qu'il confiait aux grands noms de la Bretagne, quelles que fussent leurs opinions politiques, le commandement des forces destinées à en interdire l'accès à l'ennemi.

Le 12 janvier, à l'Assemblée qui venait de reprendre ses séances, on lisait, à la suite du rapport, la déposition du général Borel qui disait au sujet de la délégation en province :

Comme improvisation d'armée, comme création, je doute qu'une administration quelconque pût faire autant qu'elle a fait.

Le 17 janvier, M. Clapier, *la plus grande des Bouches-du-Rhône*, rapporteur du projet de loi sur la nomination des maires, avait cru adroit de parler de l'organisation des ligues en 1870 ; Gambetta lui répliqua de sa place: « Il faudrait ajouter que le gouvernement a dissous les ligues et rétabli l'unité d'action du gouvernement ; » et comme M. Clapier ajoutait qu'il reconnaissait que Gambetta, lorsqu'il était au pouvoir, repoussait ces doctrines, mais les acceptait quand il était dans l'opposition, il en reçut cette verte réponse : « Je n'ai jamais eu de doctrines différentes au pouvoir ou dans l'opposition. Nous avons eu un jour, vous et moi, monsieur Clapier, un programme commun ; vous étiez, alors, républicain, vous l'avez déchiré depuis que vous avez été élu. »

Le 21, dans le cours de la discussion sur le régime de la presse dans les départements soumis à l'état de siège, le sous-secrétaire d'Etat, Baragnon, ayant jésuitiquement supprimé certains passages dans la lecture d'un document, Gambetta, pâle d'indignation, l'interrompit ainsi : « C'est un indigne travestissement ; je vous défie de lire tout l'article, » et quelques instants après, il relisait l'article en entier et en tirait des conclusions diamétralement opposées à celles du sous-secrétaire d'État.

La *République française* continuait en outre à faire chaque jour œuvre de réparation nationale, en réfutant victorieusement les conclusions du rapport de la commission d'enquête.

Au mois de mars, le département de Vaucluse avait à nommer un député. La division était grande entre les électeurs dits conservateurs et les républicains avancés ; Gambetta, mal renseigné sur ce qui se passait, et ignorant qu'un candidat réactionnaire pouvait réussir dans ce département, administré par le plus fameux des préfets de l'ordre moral, M. Doncieux, penchait pour le candidat des conservateurs, M. Dupuy, avocat à Orange ; c'est alors qu'une heureuse inspiration détermina Ledru-Rollin, qui avait d'abord refusé, à accepter, au dernier moment, la candidature qu'on lui avait offerte dès le début ainsi qu'à Raspail. Cette acceptation sauvait la situation ; Gambetta ne le pensait pas, et l'élection dut se faire sans lui, un peu même contre lui ; cependant, malgré les machinations des réactionnaires, des conservateurs et de l'administration, Ledru-Rollin fut nommé à une immense majorité, le 18 mars suivant.

Gambetta devait reconnaître plus tard la nécessité, dans certains cas, de répondre vigoureusement aux procédés inqualifiables des réactionnaires et de l'administration ; les scènes scandaleuses de Cavaillon devaient donner raison, sur toute la ligne, à ceux qui n'avaient pas craint d'agir en dehors de ses propres inspirations. Le meilleur moyen d'empêcher les collisions sera toujours de prouver à ses adversaires qu'on est prêt, au besoin, à répondre à tous leurs coups.

Le 7 mai, le maréchal de Mac Mahon commençait une série de voyages en province, et on annonçait de lui une longue suite de discours politiques. On pouvait, dès sa première étape à Tours, reconnaître la différence qui existe entre les ovations officielles qui l'attendaient, et les ovations spontanées, populaires, qui avaient été faites à Gambetta dans toutes ses pérégrinations.

Le projet de loi concernant la création et les attributions d'une seconde Chambre et les relations à établir entre les pouvoirs publics, avait été déposé par M. le duc de Broglie, à la séance du 15 mai, et avait été renvoyé à la commission des Trente. Le journal la *République française* publiait le jour même un long article relatif à ce projet, et le combattait vivement.

Le ministère tenait à ce qu'on discutât la loi électorale avant la loi municipale, mais un vote de la

Chambre avait repoussé ce projet par 381 voix contre 317, et devant cet échec subi par le duc de Broglie, et qui atteignait tous les membres du gouvernement de combat, le ministère en masse donna sa démission.

Le maréchal avait mis une semaine entière à constituer un nouveau cabinet à la tête duquel était placé le général de Cissey, et il était obligé de reconnaître que la presse libérale tout entière était hostile au projet qui semblait n'avoir qu'un but : affermir le Septennat.

Le 1er juin, à l'occasion du concours régional, avait lieu, à Auxerre, un grand banquet offert par M. Lepère à ses collègues de la députation et du conseil général. Gambetta y assistait et, à la suite du toast qui lui fut porté par M. Lepère, il prononça un long discours, dans lequel, après avoir remercié toute l'Assemblée et dit qu'il n'est pas, pour un homme public, de bien supérieur à celui qui lui était accordé par la confiance et la gratitude de ses concitoyens, il faisait part des réflexions que provoquait en son esprit la situation actuelle.

Vous parliez, disait-il, tout à l'heure des écœurements de l'heure présente. Le mot n'est pas trop violent, on sait en effet qu'il y a comme un souffle de dégoût et de tristesse qui passe sur la France...

Oui, messieurs, au lendemain de nos défaillances, provoquées et amenées par les corrupteurs et les scélérats qui ont surpris la France et qui l'ont exploitée pendant vingt ans; qui, pendant vingt ans, l'ont abusée pour la conduire, sous le voile trompeur d'une prospérité matérielle dont ils ont joui sans y avoir travaillé, jusqu'au bord de l'abîme où elle a failli disparaître pour jamais, nous en sommes encore à nous demander, nous tous Français, si nous pourrons nous réunir au nom des mêmes besoins d'unité, de concorde, d'apaisement et de sacrifice, pour la reconstitution, pour le relèvement de notre patrie mutilée et gémissante qui nous crie depuis trois ans : Fils imprudents et égarés, dans vos vaines disputes, dans vos querelles misérables, vous dites que vous pensez à moi, que vous voulez me voir renaître et prospérer ; comment ne voyez-vous pas que, pour me refaire, il suffit de reconnaître ma souveraineté? Ne suis-je pas la mère et la maîtresse de tous les Français? Ne suis-je pas le seul souverain, le seul roi, et que me veulent tous ces prétendants?...

C'est dans l'Yonne, c'est ici qu'est vraiment le centre de la France, c'est ici qu'est le grand passage de notre histoire ; aussi, ne s'y trompait-il pas, l'homme fatal et tout-puissant qui, il y a quelque huit ans, accourait dans votre pays, au moment où il combinait les derniers calculs de sa politique d'aventures dynastiques. Il ne se trompait pas sur le caractère de vos populations, en 1866, cet énigmatique et ténébreux empereur, ce chimérique chef d'État, qui poursuivait à travers l'Europe, à travers le jeu de tous les partis, je ne sais quels arrangements fantastiques de prédominance et de réparation, pour faire diversion à l'esprit public...

Trompeur exécrable, et trois fois maudit! il exploitait, ce jour-là, le sentiment toujours haletant de la nation, d'en finir avec les prétentions des régimes passés... Cet homme, messieurs, qui, hélas! a régné sur la France, poussait à un tel point la ruse et l'hypocrisie, que ce discours d'Auxerre qui irrita les rois et leurs ministres, qui troubla toute l'Europe et nous valut deux guerres au dehors, ne fut pas même prononcé. Ce qui n'empêcha pas que les gens qui ne l'avaient pas entendu furent récompensés pour l'avoir subi...

S'excusant alors d'avoir rappelé ce fatal souvenir, il expliqua qu'il ne le faisait que pour signaler le retour des anciens complices de cet homme, qui sont un péril pour les populations rurales, car ils sont la contrefaçon de la démocratie; car en quittant le laboureur, auquel ils viennent de promettre la sécurité, le crédit, la paix, et en rencontrant l'homme d'église et de congrégation, ils lui disent que ce sont eux qui ont fait l'expédition de Rome, l'expédition de Chine, et Mentana, comme ils diront quelques instants plus tard à un adversaire d'une classe plus élevée, qu'ils ne peuvent pas corrompre mais qu'ils espèrent apeurer, qu'il faut se défier du flot montant de la démocratie. Il ajouta que la démocratie a beaucoup fait; mais que tant qu'elle n'aura pas mis la France à l'abri des surprises de la force et de la ruse, il n'y aura pas pour la France d'heure propice au travail, à la sécurité qui prépare le relèvement.

Il refit ensuite l'histoire du suffrage universel depuis les élections de juillet 1871, il montra la royauté légitime et la royauté contractuelle disparaissant, enveloppées dans leur drapeau, devant les populations marchant au scrutin, et l'ordre moral essayant, pendant toute une année, de renouveler l'entreprise avortée d'une restauration quelconque, et cela dans les pays qu'on croyait le plus inféodés aux plus anciennes institutions.

Il signala la perspicacité réveillée de l'électeur des campagnes, comprenant de mieux en mieux la force des bulletins de vote pour résister à toutes les entreprises de la force ou de la ruse, et comprenant également que si, au temps de l'émancipation presque servile de l'empire, on lui reconnaissait une souveraineté dans la commune, on lui avait confisqué cette souveraineté aussitôt après l'avoir proclamée.

Il examina, comme il l'avait fait à Châtellerault, quelle a été la conduite de la bourgeoisie dans les crises que vient de traverser le pays, et il ajouta :

Vous savez comment nous avons été déçus, mais, faut-il le dire? l'espérance m'est restée, et je crois que beaucoup de nos concitoyens la partagent. Rien n'est jamais perdu avec la bourgeoisie française. Il est d'ailleurs impossible de dire où commence et où finit cette bourgeoisie à qui la nation doit tout. Après toutes ses fautes, toutes ses erreurs, en dépit de ses duretés et de son égoïsme, il est impossible de dénier ses services inscrits dans notre histoire, de contester ses qualités dont elle pourrait faire un si noble emploi, pour le plus grand bien du pays. Je sais bien qu'il y a des gens qui se disent bourgeois et auxquels on pourrait adresser ces paroles : « Retournez-vous, de grâce, et l'on vous répondra. » Mais il y a des conversions que l'on doit tenir pour sincères. Ceux qui se convertissent y ont tant d'intérêt et peuvent y trouver tant de profit et tant d'honneur! Il y a tout un parti qu'on appelle le centre gauche et qui, à l'heure qu'il est, est presque tête de colonne, presqu'une avant-garde, tant il est net, précis, résolu et décidé. La France, ni le parti républicain, ni les populations, ne peuvent avoir oublié la conduite décisive, énergique, patriotique que ce parti a tenue lorsqu'on conspirait pour le rétablissement de la légitimité. Cette conduite il la tiendra encore devant le bonapartisme, si jamais il nous menace sérieusement; car aujourd'hui, il ne fait guère que nous impatienter et nous détourner de notre droit chemin...

En face de cette bourgeoisie il présenta la démocratie en possession de ces deux forces : l'idée et le procédé, passant par l'épreuve des affaires, créant un personnel de gouvernement par l'entrée de ses élus dans les conseils et se dérobant devant tous actes qui n'avaient pour but que de l'exciter à rompre avec la légalité.

Cette démocratie ainsi outillée, ainsi armée, dit-il, a eu le plus grand de tous les courages; elle s'est dit : Partout, sur tous les points, régneront le même esprit, le même respect de la loi; nous ne voulons rien tenir que de la libre conquête des esprits, que du progrès de la raison publique, et nous comptons, pour confondre nos adversaires, pour les réduire à l'impuissance, sur deux choses : la souveraineté de la nation et la pratique de la loi...
Si la démocratie française demande la République, c'est pour relever la France, c'est pour refaire la patrie, c'est pour la remettre à sa place et à son rang dans le monde. Le gouvernement républicain, le gouvernement du pays par le pays, le gouvernement de nous-mêmes par nous-mêmes, c'est là le mot des démocraties qui veulent vivre et progresser.

Gambetta expliqua enfin comment ce duel entre l'empire et la République devait fatalement arriver, et pourquoi, au lendemain de nos désastres, afin d'en empêcher le retour, tout le monde réclamait des écoles et encore des écoles; c'est qu'en effet, avec l'éducation, les surprises deviennent impossibles, et il signala cette éducation qu'ont reçue nos mobiles pendant la guerre, devant le canon prussien et sous la lance du uhlan, éducation qui a pénétré, à leur retour au foyer, au sein de leur famille où l'on n'ignore plus maintenant que l'envahisseur n'est jamais venu chez nous qu'à la suite des Bonaparte.

En ce moment, ajouta-t-il, on parle beaucoup d'appel au peuple. C'est encore là un sophisme, un abus de langage. C'est encore une tromperie, un mensonge, on ne rencontre d'ailleurs que de pareilles duperies sur de semblables lèvres.

L'appel au peuple, quel est-il pour ces gens-là ? Ces défenseurs de la souveraineté du peuple, ce sont ceux qui se sont installés au pouvoir sur *les cadavres de 40,000 Français égorgés dans nos rues ou qu'on envoyait mourir sous le soleil implacable de nos colonies !* Ils parlent de l'appel au peuple, ceux qui n'ont pu régner que par le silence et par la compression des intelligences honnêtes et libres !...

En 1870 aussi, il y eut un appel au peuple; aujourd'hui on ne prononce plus le mot de plébiscite; on cache ce mot, on le voile, on le déguise sous le nom d'appel au peuple; et vous avez gardé le souvenir du plébiscite !...

L'appel au peuple véritable, c'est nous qui le voulons... avec les mandataires et les mandants contractant dans la plénitude non seulement de leur conscience, mais de leur intelligence, un véritable pacte politique...

En dehors de ces conditions, l'appel au peuple n'est qu'un mensonge,... et je le dis bien haut devant l'Europe qui nous écoute : la conscience française proteste contre cette fraude immonde du plébiscite qu'on cache aujourd'hui sous le nom d'appel au peuple.

Il porta en finissant un toast à la République, sans laquelle il n'y aura pas de *sécurité internationale*, et dit que ce n'était point par vanité qu'il parlait ainsi, mais seulement par sentiment de la solidarité qui relie les peuples les uns aux autres, et qui fait que personne, dans le monde, ne peut s'applaudir du malheur et du désespoir de la France.

Dans la séance du 4 juin, au sujet de la discussion sur la loi électorale, Gambetta prit la parole après M. Dufaure, et, ne s'attachant qu'à l'analyse des arguments présentés par M. Batbie, rapporteur, dit qu'on n'avait pas donné des raisons suffisantes, pour légitimer des restrictions aussi exorbitantes que celles qu'on voulait apporter au droit de vote; et comme une des principales restrictions était de reporter le droit de voter de l'âge de vingt-un ans à celui de vingt-cinq, l'orateur, faisant allusion aux péchés de jeunesse républicaine de M. Batbie, le martyrisa avec une ironie persistante.

Dans son argumentation, M. Batbie avait dit : « *Votez ou vous paraîtrez impuissants, et l'impuissance c'est la dissolution.* » Après avoir rappelé que c'était le parti républicain qui avait demandé cette dissolution, Gambetta ayant entendu M. de Gavardie l'engager à donner sa démission, répliqua que c'était toujours une mauvaise chose de donner sa démission dans une Assemblée politique, et que, si les démissionnaires avaient été présents à la Chambre, on eût déjà fait la République, dont les adversaires seraient peut-être aujourd'hui les serviteurs. Passant alors à la partie du projet relative au domicile de l'électeur dont on voulait fixer la durée à trois ans, il fit ressortir tout ce que cette théorie avait de spécieux.

On compte, dit-il, sur l'indifférence politique pour pouvoir retrancher un certain nombre d'électeurs. Ces électeurs, on les redoute : peut-être a-t-on tort ; et quand on fait une pareille amputation politique, il serait bon de se rendre compte si cela doit profiter ou si cela doit nuire... Ce qu'on craint, c'est le suffrage en bloc, et il est certain qu'au bas mot vous supprimez trois millions d'électeurs.

Cette restriction, Gambetta l'admettrait encore, s'il s'agissait des électeurs municipaux, car dans ce cas, pour bien juger des intérêts locaux, il faut connaître la commune qu'on habite, tandis que, pour l'électeur politique, la constatation de l'identité est seule nécessaire.

Quant au troisième point, relatif aux condamnations judiciaires, il admet toutes les restrictions apportées par le rapporteur ; mais comme, à propos de l'éligibilité et du mode de fonctionnement du suffrage universel par arrondissement, par circonscription ou par scrutin de liste, le rapporteur avait gardé un silence habile, il dit que ce n'est pas sans motif que M. Batbie avait omis d'en parler, car ceux qui pensent que, pour interroger la nation sur des questions politiques, il faut avoir des solutions politiques et non des solutions de clocher, siègent aussi bien à droite qu'à gauche et veulent se ménager le moyen de revenir sur leurs décisions. Il termina cet exposé remarquable par ces mots :

En somme, après bien des discours, après bien des controverses, je crois qu'après avoir bien mesuré le péril de la tentation et l'inanité des résultats, vous ne toucherez pas au suffrage universel.

Il reste un dernier argument et c'est par lui que je termine.

M. Batbie vous a dit : Mais nous avons connu un pouvoir dictatorial et révolutionnaire qui ne se gênait pas, lui, pour toucher au suffrage universel.

Eh bien, cet argument n'est pas supérieur aux autres, il est même beaucoup plus fragile.

Oui, il y a eu un gouvernement révolutionnaire qui n'avait pas appelé la révolution, mais qui a recueilli la révolution et l'invasion amenées par le gouvernement qu'il remplaçait ; oui, il y a eu un gouvernement dictatorial qui, d'un trait de plume, a repris la loi du 15 mars 1849 ; mais ce gouvernement ne faisait que revenir à la législation qui s'était abîmée dans la nuit sinistre du 2 décembre,

Ce gouvernement, il a commis une faute ce jour-là ; la voici : c'est en retournant, comme le disaient les Romains, en vertu du *jus postliminii*, vers les autels de la patrie, vers le Forum délivré de la présence des sicaires, de n'avoir pas relevé la constitution de 1848 abattue, en en supprimant le titre de la présidence.

Quelques jours après, le vote de l'Assemblée donna entièrement raison à Gambetta ; 348 voix contre 337 empêchèrent le gouvernement de faire une nouvelle loi du 31 mai.

Le 11, à une heure et quart de l'après-midi, au moment où Gambetta se rendait à Versailles, il fut abordé, à l'entrée de la salle d'attente de la gare Saint-Lazare, par un individu qui lui adressa la parole en ces termes : « Vous avez dit hier que les bonapartistes sont des misérables. Je suis bonapartiste. Répéteriez-vous devant moi ce que vous avez dit hier ?

« Tout de même, répondit Gambetta, si vous êtes bonapartiste. Prenez-le comme vous voudrez. »

L'attention de plusieurs personnes avait été éveillée,

et des groupes se rapprochaient déjà, lorsqu'un individu décoré, s'avançant vers lui, dit avec emportement : « Moi aussi, je suis bonapartiste, et je ne souffrirai pas que vous attaquiez ainsi un parti honorable. »

Le guet-apens était évident.

Gambetta répondit encore : « Vous, monsieur, laissez-moi la paix. Je ne vous connais point. Ces menaces ne m'effraient point. J'en ai bien vu d'autres. »

D'ordinaire, les agents de police abondent dans la salle, mais aucun ne s'était approché, et M. Guyot-Montpayroux qui accompagnait Gambetta fut obligé d'aller les requérir; ils arrêtèrent le premier individu qui avait parlé à Gambetta, mais ils le relâchèrent une minute après; quant à l'autre, il ne fut pas même recherché. On remarqua dans la salle d'attente, — singulière coïncidence, — un certain M. Mouton, ancien chef de cabinet de la police politique de M. Piétri.

Il faut dire en quelles circonstances et comment le mot — misérables — avait été prononcé : Le général Fleury s'était montré en uniforme de général de division à côté de l'ex-prince impérial, lorsque l'empereur de Russie alla lui faire, en Angleterre, une visite de convenance. A ce sujet, on avait posé au gouvernement cette question : « Y a-t-il à Paris un comité permanent bonapartiste ? Si ce comité existe, le gouvernement l'a-t-il autorisé ? »

Gambetta avait éclaté en imprécations contre le gouvernement qui rétablissait dans leurs anciens postes, et souvent avec avancement, tous les anciens fonctionnaires de l'empire attachés au ministère des finances.

Le ministre de la guerre avait déclaré, quant à lui, que le général Fleury avait reçu un blâme sévère (?), et qu'un de ses collègues répondrait pour le ministre des finances absent. Pendant que M. de Fourtou s'avançait, en effet, lentement à la tribune, Gambetta l'y devança. Il venait d'entendre M. Rouher parler de rendre des comptes, et à la suite de quelques mots, à propos des rapports présentés par les commissions d'enquête sur le gouvernement de la défense nationale, il avait ajouté : « Ces explications, la Chambre, certes, est compétente à me les demander, et,— désignant alors du regard et du geste le groupe bonapartiste, — il avait ajouté : « Si toutefois quelques-uns de ces membres n'ont pas ce droit, ce sont *les misérables...* » Un tumulte effroyable éclata aussitôt et étouffa sa voix ; mais quelques instants après il reprenait en ces termes : « Le mot dont je me suis servi est sans doute une injure ; je prétends lui donner une signification plus haute, c'est une flétrissure, et je le maintiens. »

L'effet de cette apostrophe avait été si grand, que la droite, atterrée, ne demanda pas même le rappel à l'ordre.

Le lendemain, la salle d'attente de la gare était remplie d'une foule encore plus considérable que la veille. Des cris de Vive Gambetta! vive la République!

le saluèrent à son passage, lorsqu'à une heure et quart il se rendait à Versailles. A son retour de l'Assemblée, à six heures et demie, au moment où il pénétrait dans la salle, suivi de quelques-uns de ses collègues, un individu, passant entre les agents de police, arriva jusqu'à lui et le frappa d'un coup de canne qui fut détourné en partie par M. Ordinaire, député.

L'individu qui avait frappé fut arrêté; il était décoré et déclarait, quelques instants après, devant le commissaire de police, se nommer Henri, comte de Sainte-Croix, et être fils du trésorier-payeur général de la Mayenne et de madame Savary de Rovigo.

On sut, quelques jours après, que ce personnage avait laissé des traces de son passage en 1857 à la colonie de Mettray; en 1861, au Sénégal où il fut condamné à mort par le conseil de guerre, peine commuée en celle des travaux forcés, en conseil de révision; en 1863, au pénitencier de Douera; on sut aussi qu'il avait été gracié, exonéré, mais interdit, sur la demande de sa famille, en 1866. Son algarade de la gare Saint-Lazare lui permit d'ajouter un chevron de plus à ses services; le tribunal correctionnel de la Seine le condamna, à son audience du 13 juin, à six mois de prison et 200 francs d'amende.

Après de pareils faits, il était permis aux personnes à qui il ne répugne pas de lire le *Pays*, de voir dans ses colonnes une longue excitation aux agents de police de courir sus aux députés républicains. Il faut dire que le *Pays* fut suspendu pour ce fait; mais pour faire contre-poids, le *Rappel* et le *XIXe Siècle* le furent également.

Dans la séance du 11, M. Baze, questeur, posait une question au ministre de l'intérieur, afin de savoir si une enquête avait été faite sur les faits précités, et le ministre prétendait que jusque-là les renseignements étaient contradictoires et trouvait cette mirobolante conclusion : « Il y a deux choses également intolérables : l'abus de la force publique et la rébellion contre de braves gens qui sont chargés de maintenir la paix publique. »

Dans le cas présent, qui donc avait abusé de la force publique? qui donc s'était rebellé contre les braves gens (anciens agents de la police impériale)?

Le 25 juin, au banquet de l'anniversaire de la naissance de Hoche, Gambetta prononçait un nouveau discours où il mettait en relief tous les services rendus à la République par M. Thiers, dont il rappelait cette déclaration catégorique : « Tout doit céder et s'effacer devant l'intérêt supérieur de la France ; il ne reste aujourd'hui pour la remettre à son rang et lui donner une prolongation d'existence que la République, et je m'y dévoue. »

N'est-il pas évident qu'il suffirait de rappeler ces faits et de lire tous ces discours dans leur ordre chronologique, pour suivre pas à pas l'histoire de cette époque, et que si Gambetta n'évitait pas de parler de lui-même, toutes les fois que cela n'est pas indispensable, on ne pourrait mieux faire, pour avoir de lui un portrait essentiellement ressemblant, que de les reproduire intégralement, à la suite les uns des autres ?

Le cadre restreint d'une biographie ne le permet pas malheureusement, mais il faut dire que, tout en essayant d'en donner une analyse fidèle, on ne peut que diminuer leur attrait et en affaiblir les mérites.

CHAPITRE XXIII

Discours à la Chambre à propos de la prorogation de l'Assemblée. — Les élections aux conseils généraux. — Elections municipales. — La *République française* et le rapport U. Perrot. — Discours à la Chambre sur l'organisation des pouvoirs. — Discours aux obsèques d'Edgar Quinet. — Discours à Belleville.

Le 1er août, à Versailles, on discutait un projet de loi relatif à la prorogation de l'Assemblée, et Gambetta prenait la parole pour le combattre ; il faisait ressortir que le pays ne pouvait voir là qu'un expédient de politique parlementaire, masquant une déclaration d'impuissance, alors qu'il attendait avec impatience qu'on lui donnât un gouvernement défini, répondant à l'une des trois formules : empire, monarchie ou république, au lieu d'une combinaison artificielle, sans précédent, sans force, presque sans nom, puisqu'on avait été obligé pour la désigner d'inventer un mot « en faisant un barbarisme. »

Il déclarait que, loin d'être animé d'une passion violente contre les opinions et les personnes des membres de la droite, il ne cherchait au contraire qu'à arriver à une union avec les *fils de France,* qui ont repoussé jusque-là toutes les combinaisons, toutes les concessions qui leur sont venues d'un côté de l'Assemblée.

La République, disait-il, est l'*inévitable*... Vous devriez agir en hommes politiques et prendre votre parti de l'existence dans ce pays-ci d'une démocratie invincible, inéluctable, à qui restera certainement la dernière parole... Vous devriez vous mettre à l'œuvre et comprendre que votre place est marquée dans ce gouvernement de la démocratie libre, que vous devez y jouer un rôle éminent, celui que vous assurent votre autorité sociale, vos précédents, vos loisirs...

Des conservateurs politiques visant au titre d'hommes d'État, ayant joué et devant encore jouer un grand rôle dans les destinées de la France, après cet avortement irrémédiable de leurs préférences, ont pour premier devoir de se mettre en correspondance avec les vœux et les aspirations de la France, de rechercher ce que veut la France.

Ce qu'elle veut, messieurs, ce qu'elle a dit d'une façon non équivoque, ce qu'elle répétera énergiquement, si vous lui rendez la parole, ce qu'elle poursuit avec une infatigable volonté depuis Bordeaux, c'est la République..

La seule raison que vous donnez pour aller en vacances, c'est que, si vous entrepreniez dès à présent d'examiner de près la combinaison personnelle, le gouvernement personnel, à droite, à gauche, sur les limites des centres, on rencontrerait une majorité formidable contre cette création artificielle.

Aussi, messieurs, pour ne pas périr dans ce défilé du Septennat, on vous propose d'aller passer quatre mois en vacances, et on vous dit : Vous consulterez vos électeurs sur la valeur de cette combinaison ! Et comme on ne doute pas de la réponse, vous reviendrez convertis au Septennat qu'on prononcera plus tard Stathoudérat.

Voilà la combinaison qu'on fait. Eh bien, je n'ai aucune inquiétude..

Ah ! si vous aviez fait du moins la loi sur l'état de siège et la loi des cadres, l'organisation militaire, vous pourriez vous séparer, parce que vous auriez au moins donné deux choses au pays; vous auriez rétabli le droit commun et vous auriez assuré, ou au moins préparé le commencement d'une force défensive à la France.

Parlant alors de la volonté manifestée par les droites de vouloir, avant de supprimer l'état de siège en permanence, faire d'abord la loi sur la presse, Gambetta faisait ressortir ce qu'il y a de bizarre à voir, au milieu du calme qui règne dans tout le pays, des généraux de division transformés en censeurs et gagnant des batailles contre des journalistes qui n'ont que leur plume pour se défendre, et il déclarait qu'on ne pouvait pas s'en aller avant d'avoir rendu au pays le *statu quo ante bellum*.

Il terminait alors son discours, véritable revue politique et parlementaire des dernières années, en disant :

Vous ne connaissez pas la France ; plus vous allez, plus vous vous mettez en opposition avec l'opinion... Cependant vous êtes destinés à vivre. Vous avez des enfants, vous devez préparer l'avenir des générations futures ; croyez-vous pouvoir le leur préparer en dehors de la démocratie ?

Est-ce qu'il appartiendra à une coalition de trois ou quatre cents députés de faire rebrousser chemin à la Révolution française ? le croyez-vous ?

Si vous ne le croyez pas, il faut prendre un parti avec énergie. Allez en vacances, passez-y un mois... Je suis convaincu que ces vacances ne se passeront pas sans que vous ayez remarqué l'orage qui s'amoncelle sur ce qui reste de la France ; et, quand vous serez revenus, je suis convaincu que vous ne prêterez pas les mains à des combinaisons artificielles. Si vous pouvez faire la monarchie, vous la ferez ; si vous voyez que la République seule est possible, vous la ferez ; mais vous ferez un gouvernement fort, capable de refaire, comme nous en avons tous la passion, la gloire et l'honneur de la France.

Dans les bureaux de la *République française*, on se livrait depuis longtemps à un sérieux travail de pointage, et c'est à la suite de ce travail que, successivement, la résistance du journal à l'organisation du grand conseil s'était amoindrie ; on s'étonnait surtout de voir Gambetta se faire pour ainsi dire le promoteur de l'idée d'un Sénat, grand conseil des communes, nommé en partie par la Chambre des députés et en partie par les délégués des conseils élus.

Gambetta ne devait pas tarder à expliquer publiquement, comme il l'avait déjà fait dans l'intimité, ce qu'il semblait y avoir de contradictoire dans ce revirement d'opinion.

En fait, malgré le soin que le gouvernement de l'ordre moral avait mis à ne laisser en fonction que des hommes à lui, les élections pour les conseils généraux, au 4 octobre, furent un grand succès pour la démocratie ; partout les réactionnaires avaient perdu des sièges ; l'arme qu'ils avaient forgée se retournait contre eux, et Gambetta, comprenant qu'en politique l'habileté doit être l'auxiliaire obligé de l'honnêteté, évoluait dans le sens de la création de ce qu'il appelait le grand conseil des communes, la forteresse de la République.

Il en fut de même le 22 novembre, aux élections municipales ; au moment où leurs vacances allaient finir, les députés avaient pu acquérir la certitude de tout ce que leur avait prophétisé Gambetta, dans son discours à propos de la prorogation.

La Chambre reprit ses séances le 30 novembre et, dès le début, on remit aux députés le couronnement de l'œuvre de la commission d'enquête : le rapport de M. Perrot sur les dernières opérations du gouvernement de la défense nationale, l'historique falsifié de la campagne de l'Est, — un livre au bas duquel on aurait pu mettre la signature du *père Loriquet*.

La *République française*, ainsi qu'elle l'avait fait déjà pour les autres rapports, *stigmatisa* celui du défunt U. Perrot, revu et amplifié par des membres innomés de la commission, et dans le numéro du 12 novembre on lisait :

Il nous est impossible de dissimuler plus longtemps notre douloureuse et pénible impression, à la vue de ce que l'on ose écrire dans les journaux réactionnaires contre le général Garibaldi. Dans le rapport de feu M. Perrot, c'est le général Garibaldi qui est le plus indignement traité. Ici l'iniquité dépasse toutes les bornes. Pas une affirmation du rapport ne restera debout. On démontrera, pièces en main, avec les dépêches de l'état-major de l'armée des Vosges, que les accusations dirigées contre le général Garibaldi sont sans portée comme sans base ; on établira que tous les reproches qu'on lui adresse ne sont que l'effet d'une haine qui n'a pu se contenir et qui s'est donné carrière dans un document où le lecteur ne comptait trouver qu'exactitude et impartialité.

Mais cette haine même est ce qui nous afflige et nous humilie tout ensemble comme Français dévoués avant tout à leur pays. Eh quoi ! on ne s'est pas souvenu, on n'a pas voulu se souvenir de ce que le général Garibaldi est venu faire en France, au moment de sa détresse ! Voilà donc la récompense de tant de services rendus ! Et c'est là notre manière de payer notre dette de reconnaissance ! Nous rougissons, nous courbons la tête sous cet éclatant désaveu de l'une de nos plus belles traditions nationales, la loyale et simple générosité du cœur.

Heureusement que le général Garibaldi connaît la France, et qu'il ne la confond pas avec ceux qui, pour satisfaire leurs ressentiments de parti, ne reculent devant rien et descendent froidement tous les degrés de la rancune.

On ose dire que si le général Garibaldi n'eût pas été un étranger, on eût demandé son renvoi devant un conseil de guerre ! On le rapproche du capitulard de Sedan ; on l'assimile, ô honte ! au traître de Metz ! Il n'y aura qu'un cri en Europe pour s'élever contre ces venimeuses inepties. Quand Bazaine dut quitter Metz, qu'il venait de rendre, il ne put se montrer à la vue ni de son armée, ni de ses concitoyens... Le général Garibaldi fut élu représentant du peuple français et envoyé à l'Assemblée nationale, non seulement par Paris, qui comprend toutes les grandeurs, mais par les électeurs de la Côte-d'Or, qui l'avaient vu à l'œuvre, lui et sa petite armée, et qui ne trouvèrent pas de meilleure marque de leur reconnaissante estime à lui offrir pour tout ce qu'il avait fait pendant quatre mois d'une rude campagne...

Quant au général Garibaldi, confondu aujourd'hui comme toujours avec les républicains qui ont voulu défendre la France, dans la haine d'un parti qui n'a plus de patrie, il ne désavouera pas, nous en sommes sûrs, cette communauté dans les calomnies, qui est l'apanage et la gloire des serviteurs de la justice et du progrès.

Quelques jours après le dépôt du rapport Perrot, l'ancien chef d'état-major de l'armée des Vosges publiait un livre où, prenant cette œuvre immonde, page à page, mot à mot, il ne laissait pas debout une seule pièce de cet échafaudage de calomnies et de diffamations.

L'Assemblée reprit ses séances le 6 janvier 1875; dans celle du 9, la Chambre refusa de voter la priorité de la loi sur le Sénat et la donna à celle qui avait trait à la transmission des pouvoirs. Ce refus avait amené une nouvelle crise ministérielle; Gambetta, après avoir dit quelques mots sur la question du repos du dimanche que la droite voulait ériger en loi, demanda qu'on étudiât immédiatement le projet de loi rectifié sur les cadres de l'armée, et le 12, comme on semblait dire, à propos de cette loi, que l'Assemblée n'était pas compétente, il répondit :

Si vous posez en principe que vous devez vous désintéresser toutes les fois que vous serez en présence d'une question technique, c'en est fait du régime des Assemblées.

Est-ce que les questions de droit, de commerce, de marine, de finances, de douanes, ne sont pas des questions techniques? Cependant vous n'avez jamais hésité à les trancher...

On vous propose de renvoyer au ministre la solution de la question; mais est-ce que le ministre ne peut pas être changé avant la fin de cette discussion?

Est-ce que la constitution des cadres, alors, ne dépendra pas de la conviction de ceux qui prendront, après lui, le ministère de la guerre?...

Je dois vous mettre en garde contre les conclusions que tire M. Keller de l'avis du ministre de la guerre et de ceux de la majorité des officiers généraux qu'il a consultés. Quand on a, toute sa vie, manié un instrument, on est peu enclin à le modifier.

Cela s'appelle l'expérience, mais souvent cela n'est que

l'esprit de tradition, et quelquefois cela devient de la routine...

Les questions ne se résolvent pas seulement par des points de vue de métier ; il n'en est pas qui ne puisse être résolue par un homme de sens, d'attention, de désintéressement.

Vous retiendrez la question ; il est bon que l'armée sache de quel côté sont ses défenseurs.

Le lendemain, par 327 voix contre 325, la Chambre donnait raison à Gambetta.

Dans la séance du 12 février, pendant que MM. Brisson et Decazes discutaient sur l'organisation des pouvoirs et sur la création d'une seconde chambre que l'Assemblée avait refusé d'accepter telle que la demandait le gouvernement, Gambetta intervint dans la discussion et montra comment, au moyen de certaines habiletés parlementaires, on pouvait créer des majorités factices, et comment aussi un ministère, battu six fois, reparaissait quand même et disait qu'il n'avait pas été battu puisqu'il était toujours debout.

Pour nous, disait-il, nous avons consenti à capituler entre vos mains, pourvu que vous donniez à la France un gouvernement modéré ; nous avons consenti à diviser le pouvoir, à vous donner deux chambres ; nous avons consenti à créer le gouvernement le plus fort qui fût jamais dans ce pays de démocratie, parce que nous avions confiance dans l'homme qui est à la tête du pays.

Messieurs, tous nos sacrifices sont restés stériles. On a préparé des projets longuement élaborés dans les souterrains de la commission des Trente ; ces projets cachaient des intentions de restauration monarchique ; ils ont échoué pareillement. Il y a non seulement impuissance ministérielle, mais aussi impuissance gouvernementale. Savez-vous qui on accuse de ces échecs successifs? Certaines ambitions princières!

Depuis quelques jours, il y avait dans cette Assemblée une majorité de reconstituée. Mais le cabinet est allé trouver le Maréchal, il lui a arraché une déclaration qu'on est venu ici vous lire et vous commenter. Le cabinet sentait le pouvoir lui échapper, il est allé se réfugier derrière l'épée du maréchal...

Le 30 mars, à l'enterrement civil d'Edgar Quinet, Gambetta, qui en avait été prié, prononça au cimetière Montparnasse, en présence de plus de 150,000 citoyens qui avaient tenu à honorer la mémoire de ce patriote illustre, un discours où, après avoir cité les pertes que la démocratie avait déjà faites depuis peu de temps par la mort de Michelet et de Ledru-Rollin, il retraça d'une voix attendrie la carrière du citoyen qui avait tant fait pour la démocratie contemporaine par la parole, par l'action et par l'écrit, qui avait dû vivre si longtemps exilé de sa chère France, et qui dans sa prescience de prophète avait dit au régime issu de la révolution de Juillet 1830 :

« Soyez avec la nation, avec le peuple, avec ceux qui veulent une part dans le gouvernement, dans les institutions politiques et sociales, dans tous les fruits d'une civilisation bien équilibrée, bien assise ; soyez avec la France, avec toute la France ; sinon vous disparaîtrez comme des hommes d'expédients, et votre règne ne sera qu'une aventure qui disparaîtra dans une tempête.

« Pour sauver le pays des dangers intérieurs et extérieurs qui le menacent, instruisez le peuple conformément à son génie ; *donnez-lui l'instruction laïque.* »

Et après avoir rappelé la devise de Quinet: « *Par la*

République, pour la patrie, » il termina en demandant à cette foule innombrable, qui venait d'accomplir un devoir civique, en honorant un des républicains les plus illustres et les plus méritants, de donner à la cité parisienne un nouvel exemple de la modération qui appartient à la force, et de se séparer avec calme, « car le temps des embûches n'est pas fini. »

Le 24 avril, dans une réunion de près de 2,000 électeurs des quartiers de Ménilmontant, Belleville et Charonne, Gambetta prononça un discours qu'il faudrait pouvoir lire en entier, et dont voici les extraits principaux :

Dans toutes les difficultés de la vie politique, depuis le jour où vous m'en avez ouvert les portes, je n'ai jamais oublié, je n'ai jamais cessé d'avoir toujours présente à l'esprit la dette que j'avais contractée envers vous, qui avez été mes premiers électeurs. La bonne comme la mauvaise fortune seront également impuissantes à rompre les liens qui nous unissent... C'est toujours ici que j'aime à revenir, c'est au milieu de vous que je trouve les meilleurs encouragements, l'appui le plus solide dans les difficultés, les véritables consolations dans les amertumes de la vie publique. Voulez-vous savoir la cause de ma présence, ce soir, parmi vous? Citoyens, je viens demander à ceux qui furent mes premiers commettants : *Est-ce que le contrat tient toujours?...*

On peut dire que nous sommes des pétroleurs, tantôt des hypocrites, tantôt des Italiens élevés à l'école de Machiavel, tantôt des césariens, tantôt des orléanistes. Je crois qu'il n'y a qu'un moyen pour un homme public de répondre à ces accusations — et j'en use, — c'est de revenir constamment devant ses commettants, devant ses juges naturels, leur expliquer la politique, toute la politique, sans réserves, sans restrictions, afin de reconnaitre à l'accueil qui est fait à cet exposé si oui ou non ses électeurs jugent qu'il est resté fidèle aux premiers engagements, si oui ou non il a, dans ses discours, dans ses actes, traduit la pensée, exprimé la volonté de ses commettants...

On me reproche de n'avoir pas voulu « *couper ma queue*... » Eh bien, non, je n'ai pas coupé ma queue et je ne suis pas prêt à le faire. En veut-on la preuve ? la voici : Je suis ici, mes chers concitoyens, au milieu de vous, tel que vous m'avez toujours connu.

Il passe alors en revue les événements qui se sont succédé depuis sa précédente visite à Belleville : la République définitivement fondée, la tentative de restauration monarchique, le Septennat et enfin l'Assemblée, dans un mouvement de pudeur politique et d'honneur, refoulant les coupe-jarrets du despotisme en faisant appel à la République.

Messieurs, dit-il, qu'avons-nous obtenu en fin de compte ? Nous avons obtenu pour nos idées, pour nos principes, pour notre gouvernement, que tous les Français, tous sans exception, aussi bien ceux qui sont à la tête de l'Etat que les derniers agents subalternes, leur doivent, sous peine de forfaiture et de trahison, le respect et l'obéissance...

On a fait une constitution, on ne l'a pas beaucoup discutée. On a organisé des pouvoirs, on ne les a pas très minutieusement, très analytiquement examinés et coordonnés. On a été vite, et cependant savez-vous ce qui est arrivé ? C'est que l'œuvre vaut mieux peut-être que les circonstances qui l'ont produite ; c'est que, si nous voulons nous approprier cette œuvre et la faire nôtre, l'examiner, nous en servir, la bien connaître surtout, afin de bien l'appliquer, il pourrait bien se faire que cette constitution, que nos adversaires redoutent d'autant plus qu'ils la raillent, que nos propres amis ne connaissent pas encore suffisamment, offrit à la démocratie républicaine le meilleur des instruments d'affranchissement et de libération qu'on nous ait encore mis dans les mains.

Gambetta, démontant pièce à pièce ainsi qu'il le dit, le mécanisme de cette constitution, en examine tous les rouages, et il en arrive à prouver comment ce Sénat, qu'on avait d'abord voulu faire à l'exemple de ses aînés, est devenu, en quelque sorte, « l'ancre de salut sur laquelle doit reposer le vaisseau de l'Etat, et comment l'électeur communal, dans les points les plus reculés du pays, participera à l'organisation du gouvernement et fraternisera avec ceux des cantons voisins et du chef-lieu. »

Oui, messieurs, ajoutait-il, le grand conseil des communes françaises, tel est le nom qu'il convient d'adopter... et chaque délégué comprendra que son bulletin, ce petit carré de papier, le lie à tous les fonctionnaires de l'Etat. Et que penser de cette politique nouvelle? Ce sera tout simplement le renversement de la politique suivie jusqu'à ce jour...

Dans le mode d'élection du Sénat, il y a encore un autre avantage qui est de discipliner, de hiérarchiser la démocratie...

Il arrivera de deux choses l'une : ou bien on rendra aux conseils municipaux la nomination des maires, ou bien les maires qui n'auront pas été nommés par les conseils municipaux ne seront pas pris comme délégués des communes...

C'est dans le Sénat que se livrera la suprême bataille, nous saurons donc rompre avec cette habitude de l'esprit français, de considérer le Sénat comme une sorte de palais réservé à l'immortalité qui commence...

Par cette institution du Sénat bien comprise, bien appliquée, la démocratie est souveraine maîtresse de la France! Quant à la révision, si elle s'exerce, elle ne s'exercera que dans le sens des vœux de la France. Eh bien! qu'on laisse la France libre, qu'on la délivre de l'état de siège, qu'on enlève les entraves qui gênent la parole, et l'on saura ce qu'elle veut. Elle veut ce qu'elle a signifié toutes les fois qu'on l'a interrogée : elle veut le gouvernement du pays par le pays, et ce gouvernement n'a qu'un nom, quand on veut être sincère, c'est la République. Voilà ce que dit la France aujourd'hui, ce qu'elle dira toujours, toutes les fois que, librement consultée, elle pourra librement répondre...

Je vais vous dire, sur les soixante-quinze membres inamovibles du Sénat, mon opinion. C'est la Chambre des députés qui les nommera. C'est anormal, c'est une nécessité qui nous a été imposée et à laquelle nous avons dû céder; mais cette anomalie est limitée et transitoire, accidentelle. Le droit conféré à l'Assemblée de nommer soixante-quinze sénateurs, outre l'avantage de faire voter l'ensemble des lois constitutionnelles, a eu pour effet d'implanter dans la loi le principe d'élection. Parmi les députés, un grand nombre ont obéi à une nécessité de tactique et de situation en votant la nomination de ces soixante-quinze membres par l'Assemblée. Quant à moi, j'ai toujours pensé que c'était un sacrifice à faire. A ce sacrifice il y a une consolation, c'est que, parmi ces soixante-quinze sénateurs, pas un bonapartiste ne sera nommé. Du moins, c'est ma ferme espérance.

Quant aux élections dans les départements, elles seront bonnes, mais à une condition : Aide-toi, le suffrage universel t'aidera.

Le résultat des élections des inamovibles, comme celui des départements, donna raison à Gambetta, et sans les non-acceptations de quelques sénateurs, entre autres de M. Thiers, la majorité, faible, il est vrai, aurait été acquise aux républicains, et l'on n'aurait pas vu, avec la mort pour complice, les réactionnaires devenir majorité et ouvrir la porte du Sénat à tous les fruits secs du suffrage universel.

CHAPITRE XXIV

Discours à l'anniversaire de Hoche. — Discours à l'Assemblée sur les menées bonapartistes. — Discours à l'Assemblée sur le scrutin d'arrondissement. — Fin de la session de 1875.

Pour la quatrième fois, depuis l'invasion, la ville de Versailles célébrait, le 24 juin 1875, l'anniversaire de la naissance de Hoche, et, fidèle à ce rendez-vous annuel, Gambetta, comme les années précédentes, tout en glorifiant le héros de cette fête patriotique, profita de la circonstance pour faire le résumé des événements politiques depuis la précédente réunion. Il montra combien la situation était changée depuis un an, le fait devenu un droit, la République fondée et sûre de triompher de tous les obstacles, par l'association puissante des citoyens préoccupés seulement de la liberté de la nation et de son honneur, et les bonapartistes disant avec regret : « Quelle singulière France! depuis qu'elle est en République, on ne la reconnaît plus; elle n'a plus peur! »

Dans un moment d'erreur, dit-il. la France s'était donné, non pas un gouvernement, mais des mandataires qui, ne comprenant pas nettement ce qui est au fond de son âme depuis cent ans, se refusaient à l'exprimer. Messieurs, je parle de ces grands principes politiques et sociaux, ces conquêtes si chères et si glorieuses pour lesquelles Hoche a si vaillamment combattu, pour lesquelles notre armée tirerait encore l'épée, car, dans cette France qui est restée démocratique, il n'y a pas de séparation entre les citoyens et les soldats, et tous les Français, fils de la Révolution, sauraient faire leur devoir si l'on portait la main sur les droits que nous tenons de 89...

On l'a bien vu quand il a été question, pendant un moment, de revenir en arrière...

Parlant alors de la loi sur l'enseignement supérieur, que le gouvernement venait de faire voter et de l'organisation des universités, des facultés de médecine cléricales, il dénonça l'esprit d'obscurantisme qui avait présidé à cette tentative contre l'esprit laïque, contre le Code civil et contre l'ensemble de notre politique nationale, telle qu'elle est établie depuis quatre siècles, et il continua ainsi :

Ces entreprises démontrent qu'il y a des hommes qui méditent et qui tentent de remettre en question toutes nos conquêtes de la Révolution française. Il y a là un germe de discorde civile, de dissensions intestines, qu'il ne faut pas laisser se développer...

Finissons-en, mettons un terme à une législature qui est vraiment épuisée, séparons-nous, allons-nous-en; nous n'avons plus rien à faire ici, la France réclame le dépôt de sa souveraineté. Il faut le lui rendre. Il y a longtemps qu'il devrait lui être rendu...

Vous entendrez dire que l'œuvre républicaine qui est sortie du vote du 25 février est mêlée, confuse, pleine d'embûches, de chausse-trapes où la République peut se prendre et trébucher. Vous entendrez dire aussi que cette constitution naissante est trop marquée au coin de certains principes de monarchie constitutionnelle, de certaines pratiques du régime parlementaire qui en font une sorte de compromis entre les théories et les désirs des anciens parlementaires et les légitimes exigences du parti républicain. Mais ayez confiance dans l'esprit démocratique de la France, reposez-vous sur cette masse de onze millions d'électeurs à qui sont chères, avant tout et pardessus tout, les notions de progrès, de justice distributive, et qui, heureusement pour le bien général de la nation, ne perdront jamais de vue les graves problèmes de l'émancipation morale et matérielle, politique et sociale du plus grand nombre....

La République que veut la France, ce n'est pas une monarchie déguisée; elle sera la République, la vraie. Voulez-vous toute ma pensée? La France saura faire une République de justice et de progrès.

A la séance du 15 juillet, à la suite des révélations du rapport Savary, Gambetta monta à la tribune et, insistant sur la gravité des faits exposés, il déclara qu'il était impossible de clore le débat sans constater l'existence d'un gouvernement occulte et l'insuffisance d'un ministère qui se contentait de plaider les circonstances atténuantes en faveur du préfet de police, puis il ajouta :

Il n'est un mystère pour personne que le parti du 24 mai a gangrené la France de bonapartistes; que ce parti, tant qu'il a été au pouvoir, a été un obstacle à l'application des lois; que la résistance a pris un corps et s'appelait Taillaud, et que son apologiste est aujourd'hui M. Buffet.

Je dis que l'heure est venue d'en finir avec les hésitations et les équivoques. L'honorable ministre de l'intérieur tourne depuis très longtemps autour d'une crise ministérielle; il met autant d'ardeur à la provoquer que nous en avons mis à l'éviter. Et c'est le jour de la révélation du complot bonapartiste qu'il a choisi pour se tourner de ce côté.

Nous avons accumulé les concessions pour arracher le pays aux incertitudes ; mais il ne faut pas que, profitant de ces concessions, d'autres viennent, à l'aide d'une honteuse coalition, servir les intérêts d'une faction détestée.

Après les révélations apportées à cette tribune, il est étrange d'entendre un ministre venir excuser son préfet de police.

Il nous faut plus que cela. Cette constitution du 25 février, que vous définissiez si bien l'autre jour, exige de notre côté obéissance ; mais, de votre côté, vous devez la sécurité en la faisant respecter. Est-ce là la protection que vous nous donnez devant ce cynisme de langage ? Je veux dire que ceux qui ont prêté tous les serments et les ont tous violés, que ceux qui ont menti sur la France, sur Rome, sur le Mexique, sur Sadowa, qui ont menti sur tout, sont des cyniques quand ils parlent de probité politique.

Et comme le président lui demandait par deux fois de retirer son expression, Gambetta insista, en disant que le mot existe dans la langue, et qu'il y a des gens qui le méritent. *Cette explication* lui valut un rappel à l'ordre, mais il n'en persista pas moins à montrer que la seule préoccupation de M. Buffet était de panser les blessures faites aux bonapartistes par le rapport Savary, quand il prétendait que le péril venait seulement du parti révolutionnaire et que ce péril était près de nous !

Il dit que les vrais coupables étaient ceux qui avaient voulu gouverner sous la République avec le concours des hommes néfastes qui ont perdu la France, et que le pays ne chargerait de la responsabilité que M. de Broglie et ceux qui lui avaient succédé.

M. Buffet essaya vainement de déplacer la question, et de substituer à l'interpellation bonapartiste un vote de non-confiance de la part des gauches. Gambetta le ramena ainsi sur le véritable terrain de la discussion :

M. le ministre de l'intérieur ne touche pas encore à la réalisation de ses espérances. Il n'aura pas aujourd'hui d'ordre du jour de non-confiance. Il y a une question posée : celle de l'interpellation bonapartiste ; il y a une autre question impliquée dans celle-là, la question de l'honneur d'une commission parlementaire.

L'interpellation bonapartiste ! M. Buffet, absorbé par ses méditations de résistance politique pour maintenir les maires et les préfets de combat à leur poste, nous a déclaré qu'il n'avait pas lu les rapports de la commission d'enquête !

Il n'a pas lu ces rapports, tellement il est persuadé que sa politique est infaillible et que ses anciens amis les bonapartistes sont impeccables.

Mais alors, que faites-vous donc au ministère ? à quoi employez-vous vos journées et vos nuits ? En vérité, il est étrange que, lorsqu'un complot bonapartiste vous est dénoncé, il y ait un ministre de l'intérieur qui vienne dire : « Je n'ai rien lu, je ne sais rien ! » Vous êtes plongé dans la résistance ; mais contre qui cette résistance ? contre les défenseurs de la République, alors ?

A chaque jour suffit sa peine ; notre peine aujourd'hui, c'est de voir à la tête de l'Etat des hommes qui font résistance à la République ; aujourd'hui, il s'agit de dire au ministre d'agir contre les bonapartistes ; s'il décline ce devoir, nous, alors, nous lui refuserons notre confiance.

Le 22 octobre, les démocrates du département du Rhône, qui se plaignaient d'être un peu négligés par Gambetta, lui écrivirent pour le prier d'assister à un banquet fraternel qu'ils offraient à leurs représentants avant leur départ pour Versailles. Gambetta, ne pouvant se rendre à cette invitation, leur adressa une lettre de remerciements dans laquelle il leur promettait de venir les voir avant l'heure de la dissolution, et il leur envoya en même temps quelques réflexions sur la situation intérieure.

La constitution du 25 février, écrivait-il, a fait enfin sortir la République de l'état précaire, à peine toléré, toujours menacé, où la tenaient les partis réactionnaires conjurés à sa perte depuis le 8 février 1871... La confiance dans le travail national a produit des excédents d'impôts qui se chiffrent par plus de 100 millions de francs... cependant cette constitution n'est encore qu'une loi qui attend son exécution...

Une fois l'Assemblée nationale dissoute, la France, ayant à choisir entre l'affermissement de la légalité républicaine et les fauteurs de désordre, de réaction et de restauration, n'hésitera pas, d'un bout à l'autre du territoire, aussi bien au nom des intérêts des conservateurs que des aspirations progressives, à envoyer sur les bancs des deux chambres une forte majorité de gouvernement républicain, décidée à faire porter tous ses fruits à la politique suivie en ces dernières années...

Quoi qu'il advienne, n'ayez aucune inquiétude sur le résultat final.

Les élections, aussi bien pour le Sénat que pour la Chambre des députés, seront un triomphe pour la démocratie républicaine...

Cette lettre traçait ensuite la conduite à tenir dans les prochaines élections et spécifiait qu'on devait se borner à assurer le crédit de la France, sa puissance matérielle et son développement intellectuel, que ces trois buts une fois atteints, le parti conservateur et le parti novateur, les whigs et les tories pourraient engager une lutte pacifique et tenter avec confiance la révision de la constitution perfectible du 25 février, et qu'enfin, il faudrait songer à un grand acte de clémence pour effacer jusqu'au souvenir de nos discordes civiles.

A la séance du 11 novembre, après un long et éloquent discours de M. Ricard sur la loi électorale, Gambetta monta à la tribune pour répondre au garde des sceaux qui avait dit : « Personne ici ne peut augurer quels seront les résultats des élections prochaines; il y a pour nos adversaires, comme pour nous, un voile qui nous sépare de la vérité qui sortira des urnes. »

Gambetta prétendit au contraire qu'il n'y avait pas de voile entre le pays et les gauches, et que les adversaires de la République savaient bien où en était le pays, ce qu'il désirait, ce qu'il voulait, ce qu'il avait fait depuis cinq ans et ce qu'il se préparait à faire d'une manière définitive, et il continua ainsi :

Ce qui fait que, malgré la puissance de son esprit, M. le garde des sceaux ne voit pas la France, c'est qu'il ne la voit jamais qu'à travers les rapports d'une administration hostile...

M. le garde des sceaux dit : « Non, ce n'est pas à la suite d'échecs électoraux que nous avons inventé le scrutin d'arrondissement. Cette proposition, nous l'avons faite sous le gouvernement de M. Thiers, parce que nous estimions, comme nous l'estimons aujourd'hui, que c'était un moyen, un élément de conservation à introduire dans les institutions du pays. »

Il rappela ensuite que, dans le premier projet de M. Dufaure, la Chambre haute devait être nommée directement par les départements, au scrutin de liste, et qu'alors le scrutin d'arrondissement pour l'Assemblée ne constituait pas une clause léonine; il prouva que l'exemple de l'élection Barodet qu'on invoquait comme opprimant les minorités était mal choisi, car M. Barodet n'avait été nommé contre M. de Rémusat que par le scrutin départemental uninominal, ce que M. Bocher appelait « le scrutin de liste sans liste. »

Qu'est-il arrivé au mois de juillet 1871 ? dit-il. La liste dite du comité conservateur a passé, sauf cinq noms, et je me trouvais placé entre mon honorable collègue M. de Plœuc et l'honorable ministre de la guerre. Puis venaient M. Laurent Pichat et Corbon.

Si M. de Rémusat eût été candidat, n'aurait-il pas été nommé? A coup sûr il l'eût été, puisqu'il y aurait eu plus de places à donner qu'avec une seule candidature.

Quant à l'éclat du nom, il arrive que, lorsqu'une question politique est posée, la nation, quand elle le veut, sait signifier ses volontés et les faire prévaloir sur la tête d'un Français obscur. Si M. de Rémusat a été combattu, c'est qu'il fallait faire son devoir et ne pas laisser les entreprises de la candidature officielle se donner carrière.

M. Barodet est venu de Lyon parce que M. de Goulard avait méconnu les franchises municipales de la ville de Lyon, et qu'il était nécessaire de donner au gouvernement à cette occasion un avertissement et une leçon.

Cet argument qui consiste à dire que le scrutin de liste écrase les minorités, il faut l'écarter, il ne prouve rien...

M. le garde des sceaux a complété son argumentation au nom d'une raison qui serait admirable, si elle était à sa place. Il nous a dit : « Savez-vous pourquoi je suis passionnément partisan du scrutin d'arrondissement? c'est pour maintenir étroits et intacts les rapports de l'électeur et de l'élu. » Il a dit: Il faudra que l'élu rende des comptes! — Rendre des comptes! Qu'est-ce à dire, messieurs? Mais c'est le mandat le plus impératif qui soit, cela!

Comme exemples de députés élus au scrutin de liste et rendant des comptes à leurs électeurs, il désigna M. Buffet parlant à Dompaire, M. Léon Say à Stors, et il continua ainsi, réfutant mot par mot l'argumentation du garde des sceaux :

On a parlé des électeurs qui passent leur vie à aller de leur maison à leur champ et de leur champ à leur maison; mais si c'étaient là des électeurs incapables, ce serait la moitié de la France... Mais rassurez-vous, ils savent ce que vaut un bon gouvernement et ils sont la réserve de la démocratie... Tous les jours leur éducation se forme, vous pourrez vous ingénier contre le suffrage universel, ce torrent que vous voulez perdre dans les sables, il en a submergé bien d'autres que vous. M. le ministre de l'intérieur a pu raconter à ses amis et même à cette tribune qu'il y avait, sur toute la surface de la France, une organisation de comité si puissante que personne, hormis nous, ne passerait.

Il a voulu fortifier son roman par quelques preuves judiciaires... Une enquête a été ordonnée et, après des fouilles faites par les magistrats administratifs, on a saisi deux tronçons de l'hydre, l'un était à Lyon, l'autre à Marseille. Il n'y avait qu'un malheur, l'hydre était entretenue par la préfecture. C'était une hydre en condition.

Prenez le jour que vous voudrez, monsieur le ministre, pour expliquer à l'Assemblée ce que vous n'avez pu expliquer devant la commission de permanence : que la parole d'honneur de Coco est devenue un argument.

De tous les partis qui sont hostiles au scrutin de liste, un seul est acharné; ce n'est ni le parti légitimiste, ni le parti bonapartiste, ni le parti républicain. C'est... *l'autre*.

Il est reconnaissable à deux caractères : constitutionnel le 29 février — pas le 25, — il voudrait bien être dynastique sous le régime républicain.

Eh bien, même avec le scrutin de liste, ce parti est sans avenir. Ses chefs eux-mêmes sont fixés sur cet avenir; seulement ils se disent : « Il faut se réserver pour un en-cas, *nous avons changé déjà une révolution en nourrice.* »

Il serait impossible de marier avec plus d'habileté la logique avec une fine ironie. En terminant, Gambetta montra le parti qu'il n'avait pas voulu nommer, allant de la monarchie traditionnelle à la constitutionnelle, puis au Septennat impersonnel ou personnel, et enfin à la République forcée, mais assuré, dans tous les cas, d'être écrasé entre les deux partis qui se partagent le scrutin de liste.

Il déposa une demande de scrutin secret, mais, malgré tout, le scrutin d'arrondissement fut voté.

Dans cette occasion, un député qui, pour avoir fortement donné de la voix en faveur du gouvernement de combat, n'en avait pas moins, en d'autres circonstances, ménagé, comme on dit vulgairement, la chèvre et le chou, était venu se munir d'un bulletin de la liste des gauches et prétendait ensuite que c'était par une simple fantaisie de collectionneur. Gambetta ajouta à la suite des explications de ce député : « M. Baragnon nous a dit que c'était comme collectionneur et non comme électeur qu'il s'était procuré une liste de gauche; je croyais qu'il était naturel de dire que, comme la femme de César, sa pudeur était au-dessus de tout soupçon. »

A la séance du 25 novembre, il reprit de nouveau la parole sur la même question, et avec la même force d'argumentation, assaisonnée d'une bonne dose de sarcasme à l'adresse de M. Buffet, il mit en relief tous les expédients de la réaction aux abois. Jusqu'à la fin de la session, il intervint encore soit à la Chambre, soit au sein des commissions, dans les débats relatifs au projet de loi sur la dissolution, et sur la nomination des sénateurs inamovibles.

Enfin, dans la séance du 29, il prit part à la discussion du projet de loi sur la répression des délits qui peuvent être commis par la voie de la presse ou par tous autres moyens de publication.

Depuis son retour de Saint-Sébastien, soit dans des réunions publiques ou privées, soit à la Chambre, soit par circulaires ou par lettres ayant un caractère politique, il n'était resté étranger à aucun des faits intéressant les affaires de la France.

On a pu voir, pendant cette période qu'on pourrait nommer avec raison : la conquête de M. Thiers, que dans mille occasions diverses Gambetta a fidèlement retracé le tableau de la situation, prophétisé souvent les résultats et exposé son programme; et l'on a pu s'assurer qu'en toutes circonstances, il a tenu ce qu'il avait promis.

Les lois constitutionnelles étaient faites, et à la dernière séance de l'année 1875, cette dissolution de l'Assemblée, pour laquelle il avait tant et si laborieusement combattu, avait été votée. L'Assemblée du 8 février 1871 finissait en même temps que l'année 1875. On n'avait pas encore prononcé à cette époque ce mot d'opportunisme par lequel des dissidents vont caractériser la conduite de Gambetta dans la phase qui commence, pour ainsi dire, avec l'année 1876 : tout le monde s'accordait à dire qu'il avait été l'artisan le plus résolu de la constitution républicaine.

On verra, par la suite, si ses actes n'ont pas toujours été rigoureusement conformes à ses paroles, et s'il n'est pas resté, jusqu'au bout, tel qu'il s'est montré dès le premier jour de sa carrière politique.

CHAPITRE XXV

Campagne des élections sénatoriales. — Lettre à un conseiller général. — Discours de Bordeaux. — Discours d'Aix. — Discours de Lille. — Discours de Belleville. — Discours d'Avignon. — Affaire de Cavaillon. — Discours de Lyon. — Ouverture de la session de 1876. — Discours à la séance du 24 mars. — Election de Mun. — Gambetta président de la commission du budget.

Au commencement de l'année 1876, la France tout entière était en mouvement ; elle avait dans les mains l'outil de sa délivrance, il fallait agir. L'Assemblée nommée dans un jour de malheur n'existait plus, les sénateurs inamovibles étaient nommés et les ex-députés étaient retournés auprès de leurs électeurs pour préparer les autres élections sénatoriales, plus encore que pour songer à la leur.

Le *Républicain* du Lot publia une lettre adressée par Gambetta à un de ses amis, conseiller général à Cahors, lettre qui était un véritable programme électoral et dans laquelle on lisait ces passages :

Le moment n'est pas venu de juger l'Assemblée, les partis qui l'ont déchirée, ni les actes qui se sont accomplis sous son impulsion et sous sa responsabilité. Ce sera l'œuvre ultérieure de l'impartiale histoire...

Les profonds tacticiens qui avaient inventé cette belle machine, la Chambre haute, sont vaincus; la citadelle nous appartient et nous y avons mis garnison. Les vœux du pays sont réalisés. La Chambre est dissoute; la République est proclamée le gouvernement légal de la France, et ce Sénat tant redouté se présente comme le gardien tutélaire du parti républicain...

C'est au suffrage universel maintenant à choisir des sénateurs et des députés. De ces choix vont dépendre le repos, la sécurité, la paix intérieure et extérieure, la grandeur même de la France...

Il existe, çà et là, certains départements où l'esprit politique est encore assoupi, je crains que notre cher département du Lot n'appartienne encore à cette catégorie... Vous pouvez, vous devez en quelques jours grouper vos forces et porter à la connaissance de tous votre programme politique... Vous obtiendrez la cohésion en formant, au chef-lieu du département, un comité central contenant les représentants autorisés de tous les arrondissements. Il vous restera à réunir les électeurs sénatoriaux, à leur démontrer, par l'analyse de la constitution elle-même, la nécessité pour tout patriote de défendre et de protéger la République...

A ce titre, vous ferez éclater à tous les yeux que les vrais, les seuls conservateurs sont les défenseurs du régime actuel.

Vous choisirez donc pour le Sénat comme pour la Chambre des députés des républicains sincères et loyaux. Les candidats ne vous feront pas défaut, et aujourd'hui il n'en sera pas comme au 8 février 1871, où tout s'est fait à la hâte, au milieu des ténèbres, dans la terreur causée par la guerre et l'invasion.

On pourra comparer, analyser, choisir les meilleurs entre les hommes, ce qui est, à proprement parler, faire une élection...

Marchez résolument en avant. Votre exemple sera contagieux et nous pourrons enfin arracher notre département à l'odieuse pression exercée sur lui par les créatures du Deux décembre. Il ne faut pas permettre plus longtemps que le pays des Cavaignac soit le dernier asile des Napoléon.

Gambetta se rendit dans les différents pays qui lui avaient offert la candidature ; le 13 janvier il parlait à Bordeaux au milieu d'une réunion de près de deux mille personnes, dans la salle du Théâtre-Français ; le 18 janvier il était à Aix où, malgré une foule d'empêchements suscités par les agents du pouvoir, il prononçait un discours entièrement consacré à l'exposé de la tactique à suivre pour les élections sénatoriales :

Je ne vous entretiendrai ce soir, disait-il, que d'une seule question, qui intéresse directement beaucoup d'entre vous, qui êtes des délégués élus par les communes, ou des conseillers généraux, ou des conseillers d'arrondissement, ou des députés même, qui tous serez appelés dans quelques jours à procéder au choix définitif des membres de la Chambre haute.

Le vote que vous avez rendu dans votre département, il y a deux jours, le 16 janvier, et par lequel vous avez nommé les délégués de vos communes, ce vote est de la plus haute importance, et les conséquences qui en peuvent sortir seront décisives pour le bonheur ou le malheur de la nation française.

Il faisait ressortir la gravité des choix qu'on allait faire, en envoyant au chef-lieu du département un mandataire chargé lui-même de choisir un ou plusieurs sénateurs; — tâche facile pour un républicain qui ne doit demander au candidat que l'honnêteté, la fermeté dans les principes et connaissant le prix de la modération et de la prudence politiques, — plus difficile pour les réactionnaires, ou les indifférents des communes les plus reculées auxquels il convient de se mêler, afin de leur faire comprendre l'importance de leur vote pour ce pouvoir supérieur qui pourra prononcer la dissolution de la Chambre, remplacer le chef du pouvoir exécutif et même le déposer.

Il montrait aussi comment cette institution, qui donne à la dernière commune de France les mêmes droits qu'aux plus grandes villes, — arme forgée par les monarchies coalisées, — se retournera contre elles, surtout après le renouvellement des conseils municipaux; il faisait voir la France anxieuse attendant ce que les trente-six mille délégués vont décider, et il terminait ainsi :

> Le vote pour la nomination des sénateurs (et je voudrais que tous les délégués de France pussent entendre et recueillir ces paroles) pèsera éternellement sur la conscience de ceux qui l'auront rendu; il pèsera sur la tête de leurs enfants, il pèsera sur eux-mêmes, il pèsera sur leur fortune, il engagera tout l'avenir. Et on aura le droit de demander compte de ce vote aux délégués des communes, s'ils le rendaient avec légèreté, avec aveuglement, avec indifférence, ou sous la pression des passions mauvaises.

Le 7 février il était à Lille qui lui avait également offert la candidature, et, devant une nombreuse réunion organisée par M. Testelin, il évoquait le souvenir de la campagne de 1870, de l'armée du Nord, de son vaillant général, Faidherbe, et il exprimait sa satisfaction de se retrouver, après cinq ans, au milieu de ceux qu'il avait visités, comme ministre de la guerre.

Les communes vont se réunir, disait-il, et exercer pour la

première fois, depuis quatre-vingt-sept ans, le pouvoir politique...

La lutte des communes pour arriver à leur émancipation a commencé dans ce pays à une époque où il n'appartenait pas encore à la France, et n'était autre chose que l'affirmation de l'élément démocratique dans les affaires générales de la nation... Cette lutte dure depuis des siècles, et l'on peut dire que le 30 janvier 1876 est la date de son triomphe, car c'est ce jour que les 36,000 communes de France ont mis en exercice cette autorité et cette prérogative d'être l'élément prépondérant et régulateur dans l'établissement et la pratique des institutions républicaines...

La République est fondée et savez-vous pourquoi? c'est parce que le Sénat aura la singulière fortune de rajeunir et de réhabiliter parmi nous ce nom qui, jusqu'ici, n'avait été considéré que comme une réunion des favoris du pouvoir, des épuisés de la vie, des courtisans du maitre, des impuissants et des serviles, et dont l'histoire peut s'écrire en deux mots : servilité et trahison.

Comme à Aix, il examina ensuite les conditions de l'élection et réclama l'union, en un seul faisceau, du démocrate, du libéral et du conservateur, et dans cette ville où les réactionnaires avaient établi le type de leurs universités catholiques, il parla de cette dernière entreprise qui, sous le nom de liberté de l'enseignement supérieur, ne pouvait tromper que les simples et les naïfs ; il assimila les élèves qui se formeront à ces écoles à des émigrés qu'on formera à l'intérieur, et comme le commissaire de police présent à la réunion lui faisait observer qu'il n'avait pas le droit de parler de la loi de l'enseignement supérieur, il répondit que son intention n'était pas de parler plus longuement d'une loi romaine qu'il se proposait de faire abroger.

Il termina son discours en saluant l'aurore du jour où, par le seul ascendant du droit, la France retrouvera, pour l'équilibre de l'Europe, *ses frères séparés*.

Le 16 il était à Belleville, dont les électeurs venaient de publier un manifeste qui lui était adressé et que venait de lire M. Métivier, membre du conseil municipal. Il y répondait ainsi :

Mes chers Concitoyens,

Vous venez d'entendre lire un document dont je ne pense pas qu'aucune démocratie antérieure ait pu fournir un exemple aussi remarquable...

La publication et la lecture de ce document feront pour l'avancement de nos idées communes un bien inestimable.

Quand on est dévoué sincèrement et sans arrière-pensée au progrès d'une démocratie, on lui doit la vérité, on se la doit à soi-même. Il ne faut jamais se payer de mots et de phrases. Il ne faut jamais croire qu'on a la force quand on ne l'a pas... Il faut marquer, regarder en face ses adversaires et leur livrer bataille sous le regard de l'opinion publique.

Cette politique est née à Belleville, j'ai le devoir et l'orgueil de le dire tout à la fois ; elle est née à Belleville en 1869, lorsque nous avons rédigé ensemble les clauses et les stipulations communes de notre contrat... Nous nous sommes éveillés sous les coups sinistres de l'invasion et à la lueur des canons prussiens.

Il fallait aviser, et reconnaître que ce pays était malade, et que, bien qu'il ait dans la main l'instrument de la souveraineté, le suffrage universel, s'il était ignorant, jaloux, défiant et prompt à s'asservir, ce suffrage universel ne devenait que l'instrument même de sa servitude. Dès lors il fallait se mettre tout de suite à la tâche pour l'améliorer dans les villes et dans les campagnes, et démontrer au paysan qui tient en réserve la véritable fortune de la France, que la République et la démocratie étaient les deux amies protectrices de son intérêt et de sa grandeur...

C'est cette œuvre de propagande que nous avons entreprise, et jetez un regard sur la France, et vous la verrez maintenant debout, prête à vous donner demain la majorité résolument et fermement républicaine...

Eh bien! la politique qui a préparé les résultats déjà obtenus est la seule qui puisse en poursuivre les fruits... Cette politique, qui est la *politique des résultats*, est la seule qui soit véritablement conforme aux intérêts de la démocratie, car ce que je veux, moi, pour la démocratie de mon pays, ce n'est par une collection de décrets qu'on insère au *Moniteur* du jour et que la réaction déchire le lendemain...

Ce que je veux, c'est qu'on dise nettement par où il faut commencer, par où il faut continuer, et qu'on ne sache jamais par où on doit finir, car le progrès ne s'achève pas, il est indéfini...

Je suis d'une école qui ne croit qu'au relatif, à l'analyse, à l'observation, au rapprochement des idées, qui tient compte des milieux, des races, des tendances, des préjugés et des hostilités, car il faut tenir compte de tout... On n'est un homme politique qu'à la condition de ne pas s'abandonner à des combinaisons de couloirs, à de misérables critiques, à des personnalités qu'il faut laisser aux docteurs du parlementarisme.

Après avoir parlé de la mutuelle confiance que doivent avoir les électeurs et l'élu, et fait allusion à une fantasmagorique réunion, organisée à Belleville par des bonapartistes, et à laquelle il n'avait manqué que des électeurs du XX° arrondissement, il termina en disant que lorsqu'il voulait parler politique, s'entretenir des choses qui intéressent le pays, quand il voulait tenter l'avenir, c'était toujours Belleville qui était sa tribune.

Quoique, ainsi qu'il le dit dans cette réunion, il n'eût pas couché dans un lit depuis cinq nuits, le même soir, à une réunion publique de la rue de Lévis, il avait prononcé un nouveau discours dans lequel il recommandait la candidature de M. Victor Chauffour, opposée à celles de MM. le duc Decazes, Riant et Raoul Duval. Il y qualifiait les compétiteurs de M. Chauffour d'hommes des anciens partis, et le présentait comme un républicain de vieille date, assez ferme pour avoir été honoré deux fois de la proscription, assez juste pour n'avoir jamais hésité à faire son devoir, même contre des amis trop impatients ; il lui reconnaissait un autre titre, c'était d'être un de ceux qui expient parmi nous les conséquences de cette odieuse servitude impériale, supportée pendant dix-huit ans et qui avait abouti à le priver, lui, de son berceau, et nous de nos meilleures provinces. Ne pouvant pas avoir la terre, prenons les hommes ! disait-il en finissant.

A son passage à Avignon, lorsqu'il s'était rendu à Tarascon, à Marseille et à Aix, Gambetta s'était arrêté dans cette ville qui lui avait également offert la candidature ; il y avait prononcé un discours où, faisant allusion à la commission municipale et au maire imposé de cette ville, il avait dit qu'il fallait substituer la politique de liberté à la politique de compression.

Le département de Vaucluse était certainement un des foyers de réaction où le gouvernement de l'ordre moral avait multiplié ses moyens d'action contre une population manifestement républicaine, dont on ne pouvait escamoter les suffrages que par des procédés de haute prestidigitation ou par des violences.

M. Doncieux, l'homme qui avait chanté le *nombril du monde*, administrait, en énergumène, ce département et, par l'impunité acquise aux méfaits de tout genre, il avait décuplé l'audace de ces soi-disant nobles que d'Hozier aurait eu de la peine à caser dans son Annuaire, de ces marquis de contrebande, de ces comtes romains (coût : 5,000 francs), de ces prétendus souteneurs du trône et de l'autel, mêlés, pour *combattre le bon combat*, aux souteneurs des maisons de tolérance, aux hercules forains, aux descendants de ceux qui avaient assassiné le maréchal Brune.

Gambetta avait accepté la candidature dans cette bonne ville d'Avignon qui, pas plus que sa grande sœur Rome, ne se débarrassera, de longtemps encore, des stigmates que la lèpre papale y a laissés, et il s'était rendu le 17 février à Cavaillon, où devait avoir lieu une importante réunion.

Il n'y échappa qu'à grand'peine à la foule ivre, ameutée, renforcée par des meneurs arrivés d'Avignon en voiture et en omnibus, et lançant des pierres, proférant les plus ignobles injures et les plus dangereuses excitations, sous la protection des autorités locales.

Gambetta n'avait qu'un mot à dire, qu'un geste à faire, et cette meute de chiens hydrophobes eût été rapidement fouaillée par l'immense majorité des républicains de la ville de Cavaillon et des environs, venus pour l'entendre; mais la collision pouvait être sanglante, on eût pu s'en autoriser pour inaugurer quelque mesure d'intimidation qui, appliquée dans toute la France, pouvait nuire au succès des élections générales, et Gambetta imposa silence à la juste indignation des patriotes « dont le sang bouillait. »

Après avoir signé une protestation et congédié ses amis qui se retirèrent en rang, deux par deux, au milieu de la foule menaçante et encombrant le cours sur lequel était situé l'hôtel où étaient descendus Gambetta et les amis qui l'accompagnaient, et où devait avoir lieu la réunion, il partit bientôt lui-même, poursuivi encore par les huées de la foule qui lançait des cailloux sur sa voiture. A lui aussi, le *sang bouillait!* Mais à aucun prix il ne fallait fournir aux hommes du gouvernement de combat le prétexte désiré : et l'on ne sait trop ici qui l'on doit admirer le plus, de cette patriotique population parisienne résistant, les mains dans les poches et un sourire narquois sur les lèvres, aux provocations des agents de l'ancienne police impériale, ou de ces braves citoyens de la province, chaque jour insultés, nargués par les sous-ordres les plus infimes des anciens membres des commissions mixtes, par les mouchards et les dénonciateurs, et conservant le calme commandé par les circonstances.

Il y avait cependant dans tous les coins de la France, des frères, des fils des anciens proscrits, se rencontrant chaque jour avec leurs persécuteurs; — chose admirable, — ils avaient fait taire toutes leurs justes colères, et on ne trouva jamais, nulle part, un de ces outils exécrés du second empire brisé au coin d'une borne, ou noyé dans la boue d'un fossé.

Trois jours après l'affaire de Cavaillon la France prononçait son verdict et le ministère Buffet tombait.

Le 28 février, à Lyon, Gambetta tenait la promesse qu'il avait faite l'année précédente, de venir au milieu de cette démocratie lyonnaise qu'on représente comme la plus turbulente, la moins ordonnée, — dans cette seconde ville de France qu'on s'est plu à représenter, pendant cinq ans, comme un volcan toujours fumant et toujours prêt à éclater.

Il voulut, comme il le disait, voir les choses par lui-même, entrer en communication avec les ouvriers lyonnais, les entretenir et emporter, en rentrant à Paris, une impression véritablement personnelle. Il voulut surtout, devant des tempéraments aussi susceptibles que ceux des habitants des faubourgs de Lyon, exposer carrément, franchement la ligne politique qu'il avait suivie jusque-là, celle qu'il voulait suivre dans l'avenir, et il refit l'historique des cinq dernières années et des élections du 20 février. S'expliquant sur ces fonctionnaires à poigne dont le gouvernement de combat imposait obstinément la présence à la ville de Lyon, il disait qu'entre autres réformes à poursuivre, il y avait celle de l'épuration du personnel administratif, mais qu'il ne serait pas nécessaire pour cela d'immoler un grand nombre de fonctionnaires, et qu'il suffirait de faire des exemples, des exemples bien choisis, auxquels tout le monde pensait, et que personne ne contesterait, excepté les titulaires eux-mêmes.

Ces voyages successifs, ces discours répétés coup sur coup, auraient anéanti un homme moins résolu, moins énergique que Gambetta ; il rentra à Paris, plein de santé et de confiance pour l'ouverture des Chambres qui avait lieu le 8 mars.

Le 20 mars, il annonça, par une lettre adressée au président du comité électoral républicain de Lille, qu'il optait pour Paris-Belleville, et dans la séance du 24, à propos de la discussion du rapport sur l'élection de M. de Mun, il prit la parole.

Messieurs, dit-il, il était à prévoir que dans une question qui touche à des intérêts si graves, à des passions si faciles à allumer, le débat s'égarerait et qu'on ferait intervenir des considérations qui, d'habitude, ont le plus de poids sur les esprits religieux et attentifs de cette Chambre. Je tiens à dégager la question qui vous est soumise de tout ce qu'on y a introduit par l'entraînement, par la passion et par l'éloquence.

Il ne s'agit pas ici de défendre la religion que personne n'attaque ni ne menace. Vous savez bien que lorsque nous parlons du parti clérical, nous ne nous adressons ni à la religion, ni à ceux qui la pratiquent sincèrement.

Vous savez bien que, quand nous redoutons les empiétements de cet esprit particulier qui inspire le parti dont le centre est à Rome, ce n'est pas le clergé français que nous avons en vue... Ce que nous voulons, c'est maintenir le clergé dans les limites de l'Eglise, empêcher qu'on ne transforme la chaire en tribune politique, et faire respecter la liberté électorale qui n'a rien à démêler avec les opinions religieuses ni avec les passions cléricales...

Ce que nous voulons, c'est une enquête, car une annulation pure et simple aurait l'air, de notre part, d'un coup de force, tandis que nous ne désirons que la recherche de la vérité...

Et qu'on ne vienne pas dire qu'en défendant cette politique qui est une politique civile, moderne, nous nous mettions en alliance ou en opposition avec tel ou tel gouvernement européen. Cela ne prouverait qu'une chose, c'est que vous en êtes réduits à chercher au dehors, pour soutenir une cause que l'Europe abandonne, les plus détestables raisons et les plus injurieuses pour votre patriotisme et notre honneur national.

Dans la séance du 31 mars il intervint pour faire ressortir l'importance des discussions qui devaient avoir lieu dans les bureaux sur toutes les questions que le budget embrasse, et le 5 avril les membres de la commission du budget le choisirent pour leur président. Il sentait toute l'importance de cette situation nouvelle pour lui, et il remercia ses collègues en ces termes :

Je suis très touché de l'honneur que vous m'avez fait, et je vous en exprime toute ma reconnaissance. Mais avant d'ouvrir nos délibérations, il me semble utile d'indiquer dans quel esprit la Chambre des députés a procédé à la formation de la commission du budget.

Jeune, nouvellement sortie d'un mouvement d'opinion républicaine sans précédent dans notre histoire, dès ses premiers actes, la Chambre a voulu dissiper les appréhensions intérieures des esprits chagrins ou hostiles.

A mesure que les affaires se développeront devant elle, qu'elle sera appelée à résoudre des questions financières, économiques, commerciales, elle multipliera les preuves du changement opéré dans la politique nationale.

Nous avons à cette heure un gouvernement donnant

toute sécurité aux intérêts légitimes, une République sage, ordonnée, progressive, donnant à tous des garanties que seuls les esprits de désordre pourraient trouver insuffisantes.

Sortis de la *période militante*, débarrassés des problèmes de la politique pure, nous devons porter notre sollicitude et tous nos efforts sur le développement des intérêts matériels et moraux sans lequel la République ne répondrait pas aux exigences légitimes de cette nation française, si courageuse dans ses revers, si étonnante dans les prodigieux efforts qu'elle a faits depuis cinq ans pour réparer ses pertes et rendre son crédit le premier du monde.

Nous avons voulu entrer dans la commission du budget pour nous mettre face à face avec les réalités, étudier de plus près les détails de notre régime financier, sans illusion et sans précipitation. Uniquement inspirés par l'esprit d'économie, de maturité et de sage réforme, nous nous garderons de rien livrer à l'aventure, persuadés qu'en ces délicates matières on ne devance ni le temps ni l'opinion.

Gambetta espérait qu'on était sorti de la *période militante*, c'était son désir, son espérance. Il n'en était rien ; et la suite va nous le montrer travailleur infatigable au sein de la commission, mais toujours prêt à accepter le combat et même à attaquer dans leurs retranchements les réactionnaires coalisés contre la volonté nationale.

CHAPITRE XXVI

Le journal *la République française* à l'hôtel de la rue de la Chaussée-d'Antin. — La discussion sur la loi des maires et sur celle de la réduction du service militaire. — Anniversaire de la naissance de Hoche. — Le scandale du concours pour l'école polytechnique. — Discours à la reprise de la discussion de la loi sur les maires. — La commission du budget et le ministre de la guerre. — Voyage de Gambetta en Suisse. — Discours à la députation de la colonie française de Lausanne. — Discours à Belleville. — Discours à l'Assemblée à propos de la cessation des poursuites. — Incident Cialdini à la séance du 9 novembre. — La commission du budget et le *Bulletin des communes*. — L'incident Jérôme Bonaparte. — Conflit entre le Sénat et la Chambre. — *Les cordons de la bourse*.

Au moment où Gambetta était nommé président de la commission du budget, l'administration du journal la *République française* venait d'acheter, au n° 53 de la rue de la Chaussée-d'Antin, l'ancien hôtel occupé par la *Banque espagnole*, de M. Clément Duvernois. — Bizarre destin des hôtels d'ici-bas : — la demeure de ce favori de l'empire, qui *voulait faire grand*, allait devenir la demeure de l'ancien habitant du numéro 12 de la rue Montaigne. Désormais, pour rentrer chez lui, au milieu de la nuit, après avoir vérifié, sans en passer un mot, les épreuves du journal, Gambetta n'allait plus être obligé de demander la plupart du temps à son administrateur, M. Péphaut, les cent sous ou les dix francs nécessaires pour payer le fiacre qui l'avait amené et qui pendant qu'il s'occupait des soins de la rédaction, stationnait rue du Croissant, devant l'imprimerie, pour le ramener ensuite chez lui.

Gambetta venait, par mesure d'économie, de *se payer* un coupé et un cheval; ce coupé, que les journaux réactionnaires appelaient les *luxueux équipages* de l'ex-dictateur. Le personnel de sa maison s'était donc augmenté d'un cocher, le frère de son *factotum* François, ancien mobile, dévoué corps et âme à son patron qu'il n'avait pas quitté de l'œil depuis la guerre de 1870. — L'intérieur de Gambetta était d'ailleurs resté le même; seule, la pauvre *Tatan* manquait au milieu de ce commencement de confortable, elle avait dû, pour cause de santé, retourner dans le Midi; mais le cassoulet restait toujours l'événement principal des *festins pantagruéliques* du dimanche.

Gambetta travaillait assidûment à la commission du budget, mais il s'arrangeait de façon à ne manquer que le moins possible les séances de la Chambre; le 6 avril, il y prenait la parole au sujet d'une résolution proposée par M. Robert-Mitchell, et portant que la Chambre ne se séparerait pas, pour les vacances de Pâques, avant d'avoir statué sur les propositions d'amnistie.

Gambetta dit, en cette occasion, qu'il fallait prendre garde, en croyant servir la loi, de servir ses propres entraînements, et il demandait si la remise portait sur la condamnation et toutes ses conséquences, et si, lorsque la grâce intervient avant l'exécution de la peine, on ne doit pas admettre qu'elle est une abolition totale de la peine et de toutes les conséquences qu'elle comporte.

Il demandait si, en matière d'indignité politique, la grâce sans restriction n'enlève pas, en même temps que la peine, l'indignité politique qui en résultait, et il citait des précédents juridiques et parlementaires qui permettaient de résoudre ces questions par l'affirmative.

Le 16 avril 1876, la Chambre des députés termina ses travaux et s'ajourna jusqu'au 10 mai. Pendant que les députés se sauvaient en province, le président de la commission du budget se mettait au travail comme un simple écolier. Peu versé jusque-là dans les questions d'affaires, Gambetta voulait acquérir les connaissances nécessaires à un homme d'Etat, il entrait dans les moindres détails des services, et il apporta dans ce travail une énergie et une application qui semblaient incompatibles avec son tempérament.

Complètement absorbé par ce travail, il fut forcé de négliger un peu la Chambre au moment de la reprise de ses séances, mais le jour de la discussion du projet de loi sur l'amnistie, le 19 mai, étant absent, il avait fait déclarer par M. Gent qu'il votait pour le projet.

C'est pour le même motif qu'il n'intervint pas dans la longue discussion qui eut lieu au sujet de la question de la collation des grades.

Mais sur la loi des maires, il déposa un amendement tendant à confier le choix des maires et adjoints aux conseillers municipaux exclusivement, sauf dans la capitale.

Le 12 juin, dans la discussion du projet de loi Laisant, sur la réduction à trois ans de la durée du service militaire et sur la suppression du volontariat, quoique adhérant au projet, il déclara que l'heure n'était pas venue de l'appliquer.

Le 25, revenait l'anniversaire de Hoche ; il prit la parole à la suite du banquet, et demanda qu'après le triomphe récent on restât d'autant plus calme qu'on avait été plus passionné pendant les cinq années de lutte difficile et douloureuse qu'on venait de traverser. Il déclara qu'avant peu cette fête, vraiment nationale, se ferait sur la plus grande de nos places publiques, à l'ombre de nos drapeaux et à l'éclat de nos armes nationales.

Faisant allusion aux événements dont l'Orient était le théâtre, il se félicita de ce que le gouvernement impersonnel que la France s'était donné lui permît de ne pas s'aventurer dans des querelles diplomatiques « où le sang et le canon finissent toujours par avoir le dernier mot, » et il termina par ces mots :

Par conséquent, je le dis sous l'invocation de cette noble figure, nous n'avons pas à élever nos regards trop haut ni trop loin : nous avons à les ramener sur nous-mêmes, à panser nos plaies, cicatriser nos blessures, refaire l'intelligence nationale.

Du travail, des écoles, de la justice, voilà notre programme ; nous n'y faillirons pas, parce que tous, quel que soit notre tempérament, quelles que soient nos tendances, dans les rangs du parti républicain nous n'avons qu'un dogme, nous n'avons qu'une volonté : le triomphe d'une démocratie pacifique et libre !

Un scandale, arrivé à propos du concours pour l'admission des élèves à l'École polytechnique, lui fournit l'occasion de commenter une note de l'*Officiel*, relative à une prétendue enquête, subitement étouffée, sur des communications officieuses faites par certains examinateurs avant le concours aux candidats — élèves des écoles de jésuites, — et de répondre à un bonapartiste qui disait que de pareilles plaintes avaient déjà été portées l'année précédente, avant la République : « Non, monsieur, il y avait déjà longtemps que la France était délivrée de la pourriture impériale. »

Cette verte réplique avait soulevé une véritable tempête sur les bancs de la droite, et Gambetta, adossé contre le bureau du président, impassible, les mains croisées derrière le dos, attendit une *embellie* pour apostropher ainsi les bonapartistes : « Chaque fois que vous adresserez à la République un mot outrageant, un républicain vous rappellera qu'il a connu l'empire et qu'il a assisté au spectacle de ses hontes. »

Dans cette orageuse séance, il eut encore l'occasion de leur jeter à la face cette nouvelle flétrissure : « Vous vous trompez, vous falsifiez les textes... Affaire d'habitude... Oui, vous avez falsifié le texte sur lequel vous avez engagé la France dans la guerre ! »

Le 11 juillet, on posait la question de cabinet, à propos de la loi des maires revenue en troisième lecture. Au *provisoire*, réclamé par M. Ferry, M. de Pomelec avait opposé la nécessité d'une solution définitive. « Alors le reste de la loi est en état? » demanda négligemment Gambetta. « Oui, » s'empressa de répondre M. Ferry, à qui les rires de la gauche révélèrent la maladresse qu'il venait de commettre et qu'il essayait vainement de réparer, en alléguant que la question des attributions dépend de la question de nomination. Gambetta l'interrompit alors en ces termes : « Eh bien! alors, c'est pour cela que vous voulez pour ce point une résolution provisoire. » M. de Marcère intervint, et d'un air résigné il posa la question de cabinet, en disant que le programme du ministère, *c'était la paix dans le pays,* — *la paix entre les pouvoirs publics,* — *la paix dans les sommités gouvernementales.*

Gambetta s'élança alors à la tribune, et dans un discours très substantiel, il fit justice à la fois des incertitudes et des faux-fuyants du rapporteur, M. Ferry, et des résistances centralisatrices du ministère, qui, consentant à « émanciper les communes de cent, deux cents, deux cent cinquante électeurs, se refusait à émanciper d'autres communes où se trouve l'agglomération intelligente, le noyau de la démocratie... »

Après avoir adjuré le ministère d'ajourner la question, pour ne pas rendre un vote qui ne serait pas un vote de liberté plénière, de ne pas accumuler tant de matières explosibles sur un terrain aussi étroit que celui de la discussion sur les maires, et de ne pas mettre en question l'existence d'un cabinet auquel les républicains accordent une confiance qui n'a jamais été ni plus sincère ni plus profonde, Gambetta terminait ainsi :

Je ne peux pas admettre cette confusion qu'à propos de la loi municipale on fasse un vote politique, qu'à propos d'un article de loi transitoire on pose la question de cabinet. Tout cela est contraire à la vérité, à la sagesse, à prudence politique, et quant à moi, je le dis, je ne me sens pas libre.

Le lendemain, comme MM. Raoul Duval et de Castellane, appuyant les conclusions du rapporteur, demandaient qu'on enlevât les chefs-lieux de canton à la nomination du pouvoir, Gambetta, rappelant à grands traits la tyrannie exercée par l'empire sur les communes, dit que la majorité républicaine n'avait pas à prendre conseil des ennemis invétérés de la liberté et de la patrie.

Malgré ses efforts, la nomination des maires resta au pouvoir dans les chefs-lieux de canton et dans les villes, mais il fut établi que les élections se feraient dans un délai de trois mois, et que les maires seraient nommés un mois après.

Dans la séance du 22 juillet, à propos de la nomination d'un maire dans le Gers, M. de Cassagnac ayant trouvé le moyen de faire l'apologie du 2 décembre, M. Albert Grévy déposa l'ordre du jour motivé suivant :

La Chambre des députés, affirmant de nouveau sa confiance en M. le ministre de l'intérieur, et convaincue que, dans le choix des fonctionnaires de la République, le cabinet n'oubliera jamais les devoirs que lui impose le décret de déchéance du 1er mars 1871, passe à l'ordre du jour.

Et comme M. de Cassagnac répliquait que si la déchéance prononcée contre l'empire était sérieuse, on n'y reviendrait pas aussi souvent, Gambetta bondit à la tribune, et d'une voix puissante il réclama un ordre du jour qui déclarât hautement à tous que la Chambre élue du suffrage universel saurait avertir le pays, — au besoin, le chef de l'Etat, — et rappeler à la constitution ceux qui s'en écarteraient. Comme aux glorieux débuts de sa carrière politique, dans l'affaire Baudin, il trouva de foudroyantes apostrophes pour rappeler aux bonapartistes qu'il y a une honte indélébile à deux crimes que rien ne pourra effacer : le 2 décembre ! — Sedan !

A la séance du 1er août, la discussion du budget de la guerre s'ouvrit sur un supplément de crédit de 32,510,308 francs, ouvert en 1875 par un simple décret, sans vote préalable de la Chambre. Gambetta déclara que, devant le fait accompli, il suffisait de sauvegarder un principe salutaire, et pour cela il se contenta de demander une réduction de 3,000 francs sur ce crédit ; c'était une satisfaction morale réclamée par la commission du budget pour la dignité de l'Assemblée, satisfaction à laquelle s'empressa d'adhérer M. de Cissey, alors ministre de la guerre, heureux de s'en tirer à si bon compte.

Le surlendemain, 3 août, les bonapartistes, qui, suivant l'expression d'un des leurs, cherchaient toutes les occasions de faire *du boucan*, se firent administrer une nouvelle volée de bois vert par Gambetta.

A propos d'une simple question du *prix de revient de la viande destinée aux soldats*, ils venaient de dire qu'en 1870, *l'armée avait souffert d'être privée de ses chefs naturels, — qu'elle devait être placée au-dessus de nos institutions, — que la Chambre n'avait pas à s'occuper du prix de l'équipement, du fourrage, des vivres*, etc., etc.

Pâle d'émotion, Gambetta s'écria :

Il fut un temps où, avec cette désinvolture de gentilhomme, on prodiguait les millions du pays..., où l'on vidait toutes les caisses de l'armée, comme on vidait toutes les autres caisses, où l'on avait un fastueux décor militaire derrière lequel il n'y avait que la désorganisation et le pillage...

Ecoutez bien ceci : c'est la seule réponse que je veuille faire sur la partie politique. Puisque vous parlez au nom de l'armée, il y a eu un jour, c'était le 29 octobre 1870, Metz venait de succomber, vous savez sous quelle infâme trahison. Eh bien, voici ce qui est arrivé : il est arrivé qu'au milieu de nos officiers et de nos soldats, menés comme des troupeaux par delà nos frontières perdues et livrées, il est arrivé que, dans les rangs de ces captifs qui pleuraient de voir la France abandonnée, sans cadres, sans ressources matérielles, parce qu'en fuyant et en abandonnant la patrie, vous aviez vidé ses arsenaux au profit de vos gaspillages et de vos convoitises, il est arrivé que, dans les rangs de cette armée glorieusement vaincue et captive, des émissaires du même parti qui entend parler au nom de l'armée se sont glissés et ont cherché à y fomenter l'esprit de sédition et de trouble.

Oh ! vous écouterez la vérité, messieurs ! Et alors il a été dressé un Livre d'or de l'armée française.

Oui, écoutez bien... Un Livre d'or de l'armée française.

Les officiers captifs en Allemagne ont signé tous, et soyez convaincus que cette tache ineffaçable à votre front, de la honte de Sedan, de la honte de Metz, l'armée, quelle soit sous un drapeau ou sous un autre, l'armée française ne l'oubliera jamais.

Voilà pour la politique.

Après ce coup de tonnerre, Gambetta revint à la discussion et prouva que, plus que jamais, après une défaite, il faut s'occuper des détails, car une nécessité s'impose à la Chambre : « *Celle de réparer les fautes et les crimes qui ont été commis.* »

Le 10 août, la Chambre avait pris des vacances, Gambetta était allé en Suisse et se reposait de ses fatigues au château des Crêtes, près de Clarens, chez son ami, M. du Bochet, lorsque, le 30 septembre, un certain nombre de citoyens français et suisses, en souvenir des élections générales du 20 février, vinrent de Lausanne lui offrir une magnifique coupe en argent ciselé, portant cette inscription : *Léon Gambetta, pour son dévouement à la cause républicaine, 4 septembre 1870 — 20 février 1876.*

Après avoir remercié les visiteurs, Gambetta prononça le discours suivant que reproduisait le lendemain la *Gazette de Lauzanne :*

Ce que nous voulons, c'est le progrès régulier, au jour le jour, le progrès mesuré aux besoins du moment. Nous voulons que ce qui a été fait hier soit accepté aujourd'hui et puisse servir de base au progrès de demain.

Nous voulons marcher avec prudence et sagesse, car une longue et dure école nous a appris à nous défier de nos propres entraînements. Je sais bien que de cette manière nous aurons contre nous tous les impatients, tous les hommes à l'esprit trop ardent, qui ne songent qu'à aller de l'avant sans regarder en arrière pour voir si les masses les suivent. Mais ce sont là des ennemis de la République, car l'œuvre qu'ils fondent ne saurait être durable, ni résister longtemps aux attaques et aux guets-apens du despotisme.

Affermir la République, non pas une république qui ne consacre que l'exercice des droits que concède au citoyen la monarchie constitutionnelle, mais une république vraiment démocratique : tel doit être notre but.

Notre république, c'est la démocratie se gouvernant par elle-même, administrant ses finances, distribuant la justice à tous, bâtissant ses écoles, rassurant tous les intérêts, donnant à chaque créature humaine la plus grande somme possible de droits. Nous voulons une république démocratique fondée sur le respect de la liberté individuelle, qui favorise le développement de la richesse nationale, l'industrie, le commerce, et qui élève un temple sacré aux beaux-arts et à la science.

Mais, encore une fois, il nous faut de la patience et de la modération, au risque de nous exposer au soupçon et à la calomnie. D'ailleurs, que nous importe ? Celui qui entre dans la vie politique croyant qu'il suffit de faire son devoir pour être approuvé de tous, est un naïf. La vie politique plus qu'aucune autre a ses amertumes, ses déceptions, comme vous l'avez dit vous-même, mais l'homme est né pour lutter et souffrir. La souffrance nous rend plus forts et plus purs. Nous travaillerons donc pour la République, nous combattrons tous ses ennemis dans quel camp qu'ils se trouvent et sous quel nom qu'ils s'abritent, nous léguerons à nos enfants une situation très nette, et nous aurons ainsi le sentiment non pas d'avoir satisfait tout le monde, mais d'avoir rempli notre devoir.

C'est dans ces sentiments, messieurs, que j'accepte le

souvenir que vous m'offrez. Il me dira que j'ai de bons amis en Suisse, et ce sentiment me donnera du courage.

Le 28 octobre, dans une réunion privée, — à laquelle assistaient plus de 4,000 personnes et présidée par M. Métivier, conseiller municipal, qui venait de donner lecture de ce qu'on a appelé le programme de Belleville, — une voix s'étant élevée pour demander si l'on pourrait prendre la parole après Gambetta, il s'empressa de répondre :

Tous ceux qui voudront la parole n'auront qu'à la demander.
Je ne décline aucun de mes engagements, aucune de mes responsabilités. Je sais quelles passions troublent quelques-uns d'entre vous, et je suis venu ici pour rendre compte de mes actes et pour répondre aux objections.
C'est pour cela que j'ai voulu prendre la parole, à mon heure, pour vous dire ce que j'ai fait, pour examiner avec vous mes votes ; c'est mon devoir ; il y a là un grand intérêt très supérieur à nos misérables querelles personnelles.

Il reconnaissait que Belleville ayant été son berceau politique, en optant pour cet arrondissement, il s'était condamné à donner et à répéter des explications et qu'il venait rendre ses comptes à ses électeurs; entre ces deux termes : négocier ou se battre, il déclarait qu'il avait choisi le premier pour règle de sa conduite, car la violence avait presque toujours été stérile, tandis que la politique des résultats, qu'on raillait, avait établi définitivement la République que les factions coalisées ne pourraient jamais plus déraciner.

Il y a un an, ajoutait-il, nous vivions sous l'état de siège, — il a disparu.

Vous n'avez pas oublié les noms des ministres d'il y a un an, — ils ont disparu.

Vous vous rappelez ce peuple de fonctionnaires conspirant contre la République. — Cela s'est déjà modifié.

Les résultats ! c'est la majorité républicaine que le pays, au 20 février, a envoyée de tous les points de la France pour affermir et consolider la République.

Voilà la politique des résultats, c'est vous qui l'avez faite !...

Eh bien, il y a un parti qui ne fait pas de division; bien au contraire, il concentre et ramasse toutes ses forces, il soude bout à bout tous ses instruments de combat et de guerre, il étend tous les jours la portée de son action ; ce parti, vous le connaissez ; il se permet de revendiquer le droit, non plus d'entrer dans l'Etat, mais de gouverner l'Etat lui-même, et l'on voit ses représentants officiels se réunir, conciliabuler, rédiger des manifestes, parler aux puissants du jour, discuter des ordres, usurper sur le pouvoir public le droit de remontrance. Tantôt c'est une loi dont il n'est pas satisfait, tantôt c'est tel parti qu'il dénonce; il étend la main sur l'administration, sur l'armée, sur la magistrature ; et c'est quand ces choses-là sont permises, tolérées, qu'elles proviennent non pas seulement de la faiblesse du pouvoir, de la complaisance d'un libéralisme exagéré, mais du progrès de la caste et de la gent cléricale, lentement poursuivi depuis cinquante ans, c'est à la veille de la suprême bataille qu'on vient équivoquer sur les mots, faisant des arguties misérables, ne jetant en pâture à l'intelligence populaire rien de ce qui peut l'assouplir et la fortifier, et ne lui donnant que ce qui peut l'abêtir, c'est ce moment qu'on choisit pour diviser toutes les forces du parti républicain ! Je dis que ce n'est ni raisonnable ni habile ; je suis bien près de dire que cela est impie.

Oui, cela est impie, si c'est volontaire. Mais je ne crois pas que cela puisse être volontaire. Et, pour en finir par un seul mot, je ne connais qu'une politique, celle que nous avons suivie, politique de modération, politique de concorde, politique de raison, politique de résultats, et, puisqu'on a prononcé le mot, politique d'opportunité. En vérité, il est étrange et je dirai que c'est presque une honte pour l'esprit français d'en être réduit à ceci : qu'il faudrait faire une politique d'inopportunité pour satisfaire certaines individualités...

On a appelé quelquefois, messieurs, cette colline de Belleville le mont Aventin de la démocratie française : eh bien, l'expression est digne d'être relevée, mais non pour en faire un lieu d'agitations stériles et vaines, pour en faire au contraire le sommet le plus élevé sur lequel on puisse avec confiance inviter la France à tourner les yeux en lui disant : Vois, le drapeau ne tremble pas, tu peux dormir et travailler tranquille.

Un des auditeurs demanda alors la parole qui lui fut immédiatement accordée, et après un préambule assez embrouillé, il interpella Gambetta à propos du mouvement communaliste du 18 mars 1871, qu'il avait qualifié de convulsion et qu'il appelait, lui, « une manifestation légitime. » Cette interpellation avait soulevé de nombreuses réclamations auxquelles Gambetta mit un terme par cette déclaration :

Il faut que vous entendiez ce que j'ai à vous dire. On vous a dit, rappelant une parole dont je venais de me servir, que j'avais qualifié l'insurrection du 18 mars une convulsion n'ayant rien qui ressemble à une manifestation d'un parti politique.

Eh bien, puisque la réaction me somme de parler, je vais le faire.

Ecoutez bien. Voilà un homme qui parle de la Commune et qui dit que la Commune est la manifestation légitime d'un système, d'une idée politique. Or, savez-vous ce que c'est que cet homme? Il est bon de savoir quels sont ceux qui osent parler ainsi devant le peuple. Quand on prononce des paroles comme celles que vous venez d'entendre, qui, si elles pouvaient être l'expression d'une pensée sérieuse, se retourneraient cruellement et contre vous et contre vos idées, il est bien nécessaire de connaître ceux qui les prononcent. Eh bien, le citoyen que voilà, je le connais...

Quand je suis revenu à la Chambre des députés, lorsque vous m'eûtes rendu mon mandat après la guerre, j'ai reçu la visite de monsieur que voilà, et ce monsieur qui trouve que la Commune était l'expression d'une idée légitime, savez-vous où il était au moment de la Commune? Eh bien, il était entre les mains des cléricaux, qu'il servait.

Il est venu me trouver, moi, pour l'aider à en sortir; il m'a apporté à cette époque-là une pièce de vers qu'il m'a dédiée, je la lui rends. — Et ce monsieur, qui dit de pareilles choses, était uniquement préoccupé, non pas comme il le dit, du radicalisme communaliste, mais d'écrire, dans un journal que je venais de fonder, n'importe quoi sur n'importe quoi. Il n'y a pas d'adulations et de platitudes qu'il n'ait adressées à votre serviteur pour s'y faire admettre; mais rien n'y a fait, je flairais le personnage... et le voilà.

Après cette exécution en règle, le président leva la séance, au bruit des acclamations de : Vive la République! vive Gambetta!

Le 3 novembre, les habitués des séances s'attendaient à une journée; il devait être question, sur la proposition de M. Gatineau, de la cessation des poursuites, sauf pour les délits de droit commun, contre ceux qui avaient participé à la Commune, et du renvoi, devant les cours d'assises, de ceux qui viendraient purger leur contumace; M. Dufaure venait de dire que le

23.

gouvernement avait déjà exercé le droit de grâce jusqu'à l'imprudence, que, sur 1,186 demandes, 706 avaient été agréées ; un silence glacial avait accueilli les déclarations du ministre, lorsqu'on vit Gambetta monter à la tribune.

En quelques mots il détruisit tous les arguments de M. Dufaure, et lui déclara qu'il n'était plus l'heure de ruser, qu'il fallait une mesure large, honnête, politique, que l'adoption du projet ne violait en rien les règles du droit pénal, que la commission des grâces avait accordé bien peu des demandes faites par les députés en faveur des condamnés, et qu'enfin ce n'était pas avec des lettres de grâce qu'on pouvait rassurer, mais avec des lois.

« Le gouvernement et l'Assemblée, — dit-il, en terminant, — s'honoreront en prenant une mesure réclamée par tous ceux qui ont un égal souci de l'honneur, de la concorde et de la paix publique. »

Le 9 novembre, à propos d'une question sur le budget des colonies, un véritable tournoi s'était engagé entre MM. Benoist d'Azy, Raoul Duval, Baudry-d'Asson d'une part, et MM. Langlois et Germain Casse de l'autre, et il menaçait de devenir un véritable conflit de personnes, lorsque Gambetta, malgré les interruptions passionnées, replaça la question sur son véritable terrain par ces simples mots :

Rien ne peut changer le caractère du vote qui va être rendu. La Chambre n'a pas à blâmer les actes de tel ou tel *fonctionnaire subalterne*. C'est une décision financière, budgétaire, que la Chambre va rendre. C'est à ce point de vue seulement que le débat va être résolu.

A propos du budget des affaires étrangères, Gambetta prit encore la parole dans la séance du 11 novembre, relativement à la proposition de suppression du crédit consacré à entretenir un ambassadeur auprès du pape, et des « *considérations d'un ordre supérieur* » que M. Decazes, ministre des affaires étrangères, avait fait valoir pour le maintien de ce crédit.

Ce sont des motifs d'un ordre tout différent, dit Gambetta, qui ont déterminé la commission du budget à conserver ce crédit.
Il n'y a point là de question religieuse.
Libre penseur, je le suis autant que quiconque, dans la liberté et la dignité de ma conscience, mais je ne puis exposer la France à être obligée de renoncer à sa clientelle catholique ni à se désintéresser de toute influence dans la nomination d'un pape...
D'ailleurs, nous en sommes au budget, discutons-le.

Et comme M. Keller, faisant allusion au général Cialdini et à l'entrée des troupes italiennes à Rome, disait : « Nous avons gardé le silence quand l'Italie a envoyé pour la représenter un homme dont le nom est lié aux plus fâcheux souvenirs, » Gambetta s'élança de nouveau à la tribune et protesta ainsi contre ces paroles :

Le général Cialdini n'est pas seulement le représentant de la politique libérale de son illustre souverain, il n'y a pas de cœur plus dévoué à la politique de la France ; à l'heure de nos désastres, une voix s'élevait dans le Sénat italien, c'était celle d'un homme de guerre, d'un homme illustre qui, seul, réclamait pour la France non pas d'inutiles prières, mais une alliance efficace ; et c'est cet homme qu'on a vu injurier dans une Assemblée française ! D'ailleurs, le maintien de l'ambassade, nous le votons pour l'intérêt de la France et non pour les ultramontains.

Enfin, à propos du budget de l'imprimerie nationale, l'Assemblée ayant relevé un traité passé entre M. de Fourtou, ministre de l'intérieur, et M. Dalloz, au sujet de l'impression du *Bulletin des communes* où la moralité et la responsabilité du ministre étaient engagées, Gambetta monta à la tribune pour dire qu'il s'étonnait qu'on y vînt soutenir qu'un ministre avait le droit, sur sa seule signature, de disposer du bien de l'Etat ; que c'était là une doctrine immorale qui appelait une protestation solennelle ; qu'une recette de 52,000 francs avait été détournée, avait disparu du budget, et qu'en attendant que les tribunaux fissent leur devoir, la Chambre devait faire le sien.

Et comme M. de Fourtou, d'une voix tremblante de colère, demandait pourquoi Gambetta avait voté contre la question, lorsque la Chambre en avait été saisie, sous prétexte qu'il ne la connaissait pas : « Pourquoi ? s'écria Gambetta, la main dirigée vers la tribune. — Je vais vous le dire : c'est que j'avais une défiance absolue du ministère d'alors. »

340 voix, contre 90, donnèrent raison à Gambetta, et M. de Fourtou, écumant de rage, descendit de la tribune, sans que ses amis de la droite essayassent de le réconforter.

La séance du 24 devait amener une révélation ; les tribunes regorgeaient de monde, car l'existence du cabinet était en cause, suivant le vote qui devait avoir lieu sur le budget des cultes. Après un discours remarquable de M. Boysset, on vit s'avancer vers la tribune l'ex-prince Jérôme Bonaparte, qui dit :

L'expédition de Rome est le fait du parti clérical. Et savez-vous ce qu'elle a produit ? C'est le maintien du pouvoir temporel des papes qui nous a coûté l'Alsace et la Lorraine. C'est là de l'histoire et il faut que le pays le sache.

En 1870, au début de la guerre, des alliances étaient prêtes ; l'une immédiate, incontestable, assurée, l'autre éventuelle, et la France aurait pu engager la campagne avec 4 ou 500,000 hommes de plus !

Le parti clérical a été assez puissant pour nous faire renoncer à cette alliance...

Cette révélation était accablante pour les bonapartistes, écrasés encore sous quelques paroles de M. Keller, Alsacien, qui s'écriait : « Il m'est impossible de ne pas rappeler à l'orateur que le nom qu'il porte est écrit en lettres de sang dans la chair palpitante de l'Alsace et la Lorraine. » Ils criaient à la calomnie pendant que la gauche tout entière criait à l'ordre ; la Chambre ressemblait à un véritable champ de bataille, et la présence de Gambetta à la tribune n'était pas faite pour ramener le calme.

« A Saint-Sébastien ! parleur de carton, » hurlaient les bonapartistes.

Gambetta, les bras croisés, attendit que le gros de l'orage fût passé, et d'une voix ferme, dominant le bruit, il dit, après avoir dégagé l'enseignement qui ressortait de la lutte qui venait de s'engager entre la branche aînée et la branche cadette du bonapartisme :

En qualifiant d'infâme calomnie la noble et patriotique protestation de M. Keller, vous avez oublié que, dans cette Chambre, nous ne laisserions jamais mettre en question le décret de déchéance...
Toutes les branches cadettes se valent!...
Le décret de déchéance a été justifié de nouveau par la parole la plus autorisée pour caractériser les fautes de l'empire.
Cet arrêt, contre lequel vous protestez, vous en sentez la légitimité vengeresse...
Le fait révélé donne une nouvelle force à l'aversion des patriotes pour le parti qui proteste contre le décret de déchéance.
Ceux qui se font les défenseurs du cléricalisme et du césarisme, je les renvoie à la parole d'un prince qui fut impérial et qui n'a pas cessé d'être Français : « C'est toi qui as perdu la France, race maudite ! »

Quelques jours après, l'accord n'ayant pu se faire sur la question des honneurs funèbres à rendre aux membres de la Légion d'honneur, le ministère avait retiré son projet purement et simplement, et M. de Marcère, présent à la séance du 2 décembre, avait même accepté les termes de l'ordre du jour de M. Laussédat, qui fut voté par 370 voix contre 25 et qui était ainsi conçu :

La Chambre, convaincue que, dans l'application qu'il aura désormais à faire des décrets relatifs aux honneurs funèbres, le gouvernement saura faire respecter les deux principes de la liberté de conscience et de l'égalité des citoyens, passe à l'ordre du jour.

A la suite de cette séance, le ministère ayant donné sa démission, Gambetta demanda, pour le soir même, une réunion plénière des gauches ; c'était évidemment la meilleure des combinaisons pour mettre le cabinet à venir à l'abri des influences occultes. Mais des convoitises personnelles empêchèrent la réussite de ce projet, et à la séance du lendemain, lorsque, pour la centième fois, M. Baudry-d'Asson, qui n'avait pas encore trouvé une meilleure interruption, répétait : « A Saint-Sébastien, » Gambetta se contenta d'adresser ces simples mots aux meneurs de la droite, qui demandaient la discussion de l'interpellation Laussédat : « Il n'y a pas d'interpellation possible, puisqu'il n'y a pas de ministre. »

Le 16 décembre, venait devant la Chambre la question du dégrèvement de l'impôt sur le sel. Ce jour-là, Gambetta retraça en quelques mots la tâche difficile accomplie par la commission du budget : faire comprendre au pays la patriotique nécessité d'accepter les charges écrasantes résultant des événements de 1870-1871.

Il dit que les évaluations avaient été scrupuleusement faites, et que dans ce budget si lourd que le pays supportait avec une admirable vaillance, et sur lequel elle avait réalisé une économie de 30 millions, la commission n'avait pris que la surtaxe du sel, qu'il espérait bien qu'on ne la repousserait pas, — car dégrever cet impôt impopulaire, c'était faire à la fois un acte économique et politique,— et que ce serait comme un don de joyeux avènement de la part du nouveau gouvernement.

Dans ce discours purement d'affaires, Gambetta ne fut pas interrompu une seule fois, et, malgré une fine réplique de M. Léon Say, il obtint 392 voix contre 116 pour sa demande de dégrèvement.

Le Sénat venait de lancer sa déclaration de guerre en proposant de *rétablir certains crédits demandés d'abord par le gouvernement et supprimés par la Chambre.*

En conséquence, il augmentait de 822,822 francs le budget des dépenses, — ce qui formait un déficit de 308,382 francs, — et il supprimait, en outre, les articles additionnels sur les aumôniers, sur les bourses dans les séminaires, sur les desservants, etc., etc.

La commission du budget proposait purement et simplement le maintien de tous les articles supprimés par le Sénat; c'était court, c'était net, et c'était sur ce terrain qu'allait s'engager la bataille entre les deux chambres.

Le 28 décembre, la séance s'ouvrit tumultueuse; la salle, les couloirs, les loges et les galeries publiques étaient combles; de nombreux sénateurs qui n'avaient pas trouvé place dans leurs tribunes, étaient assis dans l'hémicycle, près de leurs amis de la droite. Soudain, le silence le plus profond s'établit, Gambetta était à la tribune.

« Je viens, — dit-il, — défendre la plus importante

prérogative de l'Assemblée issue du suffrage universel; c'est la lutte entre le suffrage universel et le suffrage restreint. »

Passant rapidement en revue les constitutions disparues, il montra qu'il n'y avait pas un précédent, un seul, où une Chambre haute eût tenté de rétablir un crédit supprimé par la Chambre basse; il parla d'un conflit qui s'était élevé autrefois à propos d'une motion de M. de Montalembert, entre la Chambre des députés et la Chambre des pairs, et dans lequel le gouvernement prit « *naturellement* » parti pour la Chambre des députés ; il cita le livre de M. Batbie lui-même, qui concédait exclusivement à la Chambre des députés le droit de créer des impôts; il montra la même doctrine appliquée dans les pays étrangers dotés de deux chambres : puis, s'élevant au-dessus des textes, il demanda où le Sénat, qui, n'étant pas issu du suffrage universel n'est pas la Chambre des contribuables, avait puisé cette prétention, et d'un accent prophétique, il s'écria : « Prenez garde, si vous reconnaissez ce droit au Sénat, *il attendra l'heure propice et vous placera dans une situation révolutionnaire, et il vous dira : Votez, ou je vous renvoie devant le pays !* »

Il rappela alors aux députés que le pays avait mis entre leurs mains ce qu'on a si justement appelé les *cordons de la bourse*, et que ce sont ces cordons qu'on voulait leur arracher. « Ne vous laissez pas dépouiller de ce droit, dit-il, vous le regretteriez quand il serait trop tard. »

M. J. Simon essaya vainement de faire prévaloir l'idée que la Chambre aurait toujours le droit de rétablir des crédits. « Et après ? » lui cria la gauche tout entière: — Le président du cabinet garda le silence.

La clôture de la discussion fut prononcée, et la Chambre décida, par 369 voix contre 145, qu'elle passait à la discussion des articles. — L'Assemblée acceptait la déclaration de guerre du Sénat.

CHAPITRE XXVII

Discours à la salle Bobino (Montparnasse), et à la salle du Vaux-Hall, XIe arrondissement. — Discours à Belleville. — Conférence au profit des ouvriers lyonnais. — Incident sur les mesures prises contre les menées ultramontaines. — Conférence au théâtre du Château-d'Eau, pour les bibliothèques populaires. — Discours à propos de la chute du ministère J. Simon. — Le 16 mai. — Discours à la réunion plénière des gauches. — Le comité des 18. — Discours à Abbeville et à Amiens. — Le libérateur du territoire, le voilà. — On insulte le maréchal. — La dissolution. — L'anniversaire de Hoche et les 363. — Discours aux Français établis à Bienne. — Discours de Lille : se soumettre ou se démettre. — Gambetta poursuivi et condamné.

Le 22 janvier 1877, Gambetta présida, dans la salle des Folies-Bobino, à Montparnasse, une réunion d'environ quinze cents *amis de l'instruction* du XIVe arrondissement auxquels il parlait ainsi :

Je vois ici le modèle de ces fêtes patriotiques que nous pratiquerons lorsque nous serons débarrassés des préjugés obstinés... Nous devons travailler à répandre l'instruction et partout où l'on jettera les bases d'une société pour la lecture, lorsqu'on m'appellera, je viendrai...
Deux obstacles peuvent s'opposer au développement de l'œuvre : le premier serait un enthousiasme déréglé, qui ferait au premier jour regarder tout comme facile, mais qui amènerait ensuite des découragements que nous laisserions derrière nous, comme une armée mal organisée laisse des traînards sur la route. Le second obstacle est l'esprit de secte, d'exclusion et de fanatisme. Laissons le

fanatisme aux persécuteurs du passé. Pourquoi serions-nous fanatiques et exclusifs? Quand on a la raison, est-ce qu'on n'a pas le monde?

Le 29, dans une réunion du même genre, tenue dans la salle du Vaux-Hall, XI⁰ arrondissement, après un discours de M. Tolain, il remercia les assistants d'être venus en grand nombre et de l'habitude qu'ils prenaient de se réunir ainsi le dimanche. C'est notre façon à nous, disait-il, de sanctifier notre jour de repos; ce sont nos *Vêpres républicaines*.

Nouvelle réunion à Belleville, et pour le même objet, le 13 février; Gambetta se trouvait là au milieu de ses électeurs, au milieu de cette admirable population ouvrière des faubourgs qui comprend si bien la solidarité et à laquelle il parla en ces termes des souffrances que la crise industrielle causait aux ouvriers de Lyon :

Les métiers ont cessé de battre, trente mille ouvriers chôment. Il faut que les ouvriers de Paris viennent en aide aux ouvriers de Lyon.
Je demande que la collecte qu'on va faire dans la salle, et dont le montant était destiné à l'achat de livres, soit envoyée aux travailleurs de la seconde ville de France.
L'acte par lequel vous clôturez la réunion vaut mieux que tous les discours!

Le produit de la collecte qui était de 580 fr. 50 fut envoyé aux ouvriers lyonnais.

Le 16 février, à propos de la commission du budget de 1877 qui existait encore et qui devait continuer ses travaux, quoique celle de 1878 fût également en fonction, M. Cazeaux s'était livré à quelques insinuations perfides contre Gambetta qui, en belle humeur ce jour-là, joua avec M. Cazeaux comme un chat eût fait avec une souris.

Le 22 mars, il présidait encore au Grand Théâtre Parisien une conférence au profit des ouvriers lyonnais, et comme un des assistants demandait que le produit de la quête fût destiné aux détenus politiques, Gambetta s'y opposa en disant :

Quant à l'interrupteur, il peut donner pour les détenus politiques; M. Greppo sera heureux de recevoir son offrande.
Nous avons pu craindre que des appels incéssants aux sentiments de solidarité qui animent la grande famille française ne soient plus entendus. Nous nous étions trompés et nous le reconnaissons avec bonheur.

A la séance du 4 mai, une des plus importantes depuis que l'Assemblée était à Versailles, vint la discussion de l'interpellation de MM. Leblond, Laussédat et de Marcère, sur les mesures prises par le gouvernement pour réprimer les menées ultramontaines.

Sans préambule, Gambetta entra dans le vif de la question et dénonça, sous le masque à peine déguisé des querelles religieuses, *l'action politique d'une faction politique*, et la conspiration cléricale organisée et conduite par les meneurs de l'ordre moral introduisant au Sénat, leur refuge, les chefs des comités catholiques; il la montra prenant le mot d'ordre au Vatican qui trouve que la loi sur l'enseignement supérieur n'est

« qu'une restitution partielle d'une liberté qui appartient à l'Eglise. »

Il cita les passages suivants du bref adressé par le pape au directeur de la Faculté catholique de Lille :

« Nous exigeons une complète soumission d'esprit envers la chaire de Pierre... C'est le moyen le plus efficace d'extirper les erreurs qui envahissent les sciences !

« De notre pleine puissance, nous érigeons et instituons l'université de Lille, ville illustre du diocèse de Cambrai...

« ... Nous voulons qu'il y ait toujours à la tête de l'université un chancelier à la nomination de nous et de nos successeurs..., et nous conférons pour cette fois à Mgr Henri Monnier le droit d'instituer des docteurs, de conférer des grades honorifiques, etc., etc. »

Gambetta se demanda alors si ce n'est pas l'Etat qui est dans l'Eglise, plutôt que l'Eglise dans l'Etat. Il parla ensuite des paysans de la France qui ont une répugnance absolue pour la domination cléricale, pour ces hommes qui ne relèvent que de l'étranger, et il rappela en finissant ces mots de son ami Peyrat : « le cléricalisme, voilà l'ennemi. »

Dans cette séance, il eut l'honneur de poser le premier, d'une façon catégorique, la question de séparation entre la France et le Vatican, de déchirer les voiles qui recouvraient le gouvernement occulte de la France, malgré les dénégations de M. Jules Simon, déclarant à la tribune : que les feuilles cléricales qui représentaient le Président de la République comme un ennemi de nos institutions, mentaient effrontément, *qu'il n'y avait pas de gouvernement occulte et que le président gouvernait honnêtement, de concert avec ses ministres et avec la majorité du parlement*, — déclaration à laquelle les événements allaient donner un éclatant démenti.

L'ordre du jour fut adopté par 361 voix contre 121; il avait été accepté par le gouvernement et était ainsi conçu :

La Chambre, considérant que les manifestations ultramontaines, dont la recrudescence pourrait compromettre la sécurité intérieure et extérieure du pays, constituent une violation flagrante des lois de l'État, invite le gouvernement, pour réprimer cette agitation antipatriotique, à user des moyens légaux dont il dispose, et passe à l'ordre du jour.

Le 13 mai, avait lieu au théâtre du Château-d'Eau une conférence de M. Floquet, organisée au profit de la bibliothèque populaire du IIIe arrondissement et présidée par Gambetta. Les spectateurs lui firent une ovation pour le remercier de son discours à la Chambre contre les menées cléricales. Il déclara que les voyages entrepris, depuis un an, à travers Paris, pour visiter les bibliothèques populaires, touchaient à leur terme et qu'il irait l'année suivante les continuer en province.

Le 16 mai, à 10 heures du matin, le bruit se répandit que le président du conseil, M. Jules Simon, avait été congédié par le Président de la République. C'était, disait-on, la revanche des jésuites; le nom du révérend père Tondini, le directeur spirituel de la maréchale, était dans toutes les bouches ; on commentait les termes de la lettre du Président de la République, on commentait aussi un article de la *Défense* qui avait annoncé la crise avant qu'elle eût lieu, la lettre du maréchal de Mac Mahon se disant *inconstitutionnellement* « responsable devant la France, » l'aveu de M. J. Simon qui, comme contre-partie à sa déclaration du 4 mai, avouait que depuis cette époque le Président de la République ne lui avait pas adressé la parole, et enfin cette dépêche affichée dans la salle des Pas-Perdus où le chef de l'Etat déclarait qu'il réprimerait « toutes les démonstrations ultramontaines. » On se perdait au milieu de cet *imbroglio*.

Le 17, on ne connaissait pas encore le cabinet qui devait succéder au cabinet J. Simon, l'*Officiel* était muet ; au départ du train des députés, à la gare Saint-Lazare la foule était énorme. A Versailles, avant l'ouverture de la séance, dans les couloirs, les visages étaient inquiets, l'Assemblée était au complet et, dès le début, de la séance, Gambetta monta à la tribune :

Messieurs, dit-il au milieu du plus profond silence, le cabinet qui est aujourd'hui démissionnaire, n'en demeure pas moins chargé de l'expédition des affaires, car il est bien entendu, selon la parole de M. Dufaure à une époque analogue à celle que nous traversons, qu'il ne peut y avoir d'interrègne dans le gouvernement; et, en effet, notre constitution exige qu'il y ait toujours un cabinet qui couvre le pouvoir exécutif. Le cabinet qui est devant nous ne refuse pas formellement de répondre à l'interpellation qui a été déposée tout à l'heure. Le cabinet dit seulement, par l'organe de l'honorable M. Christophle, ministre des travaux publics, que les ministres présents à la séance ne sont pas en nombre; M. Christophle ajoute que ses collègues n'ont pas délibéré.

Serait-ce que la situation, par hasard n'a pas paru aux ministres assez grave pour qu'ils pussent prévoir l'interpellation qui serait portée devant la Chambre et arrêter d'avance des explications qu'il me semble impossible de décliner? Car, messieurs, très certainement, dans les pays qui vivent sous le régime constitutionnel, des crises comme celle qui est ouverte aujourd'hui ne peuvent pas se clore sans qu'on demande aussi bien aux ministres qui entrent qu'aux ministres qui sortent — et ici il n'y a que des ministres qui survivent — les conditions, les circonstances, les incidents qui ont pu amener un fait, un acte de nature à jeter, et qui jette — vous savez bien, messieurs, que je ne dis que la vérité — une perturbation profonde dans tous les esprits, sans distinction de partis.

Pour ma part, ajouta-t-il, je ne puis me défendre de croire qu'elle n'ait pas, depuis hier, frappé l'esprit du Président de la République Tout semble, d'ailleurs, messieurs, l'indiquer, car tout à l'heure, dans vos couloirs, on affichait une dépêche qui a bien l'air de marquer le besoin qu'il a de rassurer l'opinion au dedans, et de calmer, soit des appréhensions, soit même des injonctions impérieuses au dehors.

En effet, on lit dans cette dépêche, que vous connaissez tous, que, ce matin, le Président de la République est fermement résolu à réprimer toutes les menées ultramontaines.

Mais, messieurs, nous ne demandions pas autre chose, le 4 mai, et c'est précisément tout ce que disait l'ordre du jour que nous avons voté!

M. le Président de la République est, du reste, coutumier de ces inspirations. Il les a toujours dans les situations troublées, quand il se trouve placé, par une poignée d'ambitieux déçus, dans une situation critique. Ces paroles qu'il a dites ce matin, que vous avez lues dans cette dépêche, vont, je l'espère bien, porter au loin un certain apaisement dans les inquiétudes éveillées. Elles me rappellent la phrase patriotique qu'il a déjà prononcée, lorsque, au mois d'octobre 1873, les mêmes conseillers, les mêmes agents de discorde, les mêmes intrigants et les mêmes fauteurs de troubles cherchaient à ramener la France sous le joug de cet ancien régime dont elle s'est débarrassée à jamais. Il disait : « Ne tentez pas cette aventure, les chassepots partiraient tout seuls ! »

Messieurs, vous pouvez très bien dire au Président de la République : On vous a trompé, et nous qui ne sollicitons en aucune manière de nous asseoir dans vos conseils, vous venons vous conjurer de rentrer dans la vérité constitutionnelle; car, cette vérité constitutionnelle, elle est à la fois notre protection et la vôtre.

Non ! elle n'est pas vraie, cette phrase dans laquelle vous prétendez que vous auriez une responsabilité en dehors de votre responsabilité légale, une responsabilité au-dessus de la responsabilité du Parlement, au-dessus de la responsabilité de vos ministres, au-dessus de la responsabilité qui vous est départie et qui est déterminée, limitée par la constitution.

Monsieur le Président de la République, restez dans la constitution, toujours dans la constitution, et dédaignez les avis perfides de conseillers que vous ne retrouveriez pas à l'heure des dangers qu'ils auraient eux-mêmes déchaînés.

Il signala alors la lettre du maréchal, éclatant comme une bombe au milieu des citoyens travaillant à reconstituer la fortune matérielle et morale du pays, et les oscillations du premier magistrat de la République en présence de l'anxiété de la France et du monde entier.

Après ce remarquable discours, une seule solution était possible, c'était celle de l'ordre du jour proposé par les députés qui avaient demandé à interpeller le gouvernement, et qui déclarait que la majorité ne saurait accorder sa confiance qu'à un cabinet libre de son action. Le triomphe de Gambetta fut complet : 355 voix contre 154 adoptèrent l'ordre du jour des gauches. Cette parole si vraie : « *La dissolution serait regardée par le pays comme la préface de la guerre* » devint le symbole de la situation, et après l'ovation de l'Assemblée, Gambetta trouva à sa rentrée à Paris, à la gare Saint-Lazare, l'ovation du peuple, celle de la France tout entière, l'accompagnant dans la rue jusqu'à son domicile.

Le soir, à la réception de l'Elysée, le public habituel était au complet ; seul le général Cialdini, ambassadeur d'Italie, était absent. Il avait dit le matin, dans une visite qu'il avait faite à M. J. Simon : « Vous étiez notre garantie en vue de la paix ; vous disparaissez : tout disparaît avec vous. »

Le *Journal officiel* du 18, en tête de sa partie officielle, publiait la liste du nouveau ministère dont la présidence était confiée à M. le duc de Broglie. En attendant une heure propice pour *la dissolution*, les chambres étaient prorogées au 16 juin.

Le soir même toutes les gauches étaient réunies à l'hôtel des Réservoirs à Versailles, en assemblée plénière, et Gambetta, dès le début de la séance, prononçait un discours qui résumait ainsi la situation et les obligations qu'elle imposait :

Il est bien certain que le conflit qui est ouvert n'est pas dirigé contre les membres du Sénat, mais contre les membres de la Chambre des députés. Il faut donc que nous agissions collectivement comme députés, et je crois que le pays, qui a les yeux fixés sur nous, demande que nous fassions une chose claire et indiscutable, aussi bien au point de vue du droit que de la défense de nos propres personnes.

Eh bien, une proposition a déjà été élaborée dans une réunion préalable de vos bureaux, qu'il s'agit de vous soumettre en ce moment, alors que vous êtes réunis en assemblée plénière. Cette proposition consiste à charger, séance tenante, un certain nombre de vos collègues de rédiger une adresse au pays dans laquelle on exprimerait les deux ou trois idées dominantes que suggère la situation actuelle. Cette adresse serait immédiatement soumise à votre approbation et recevrait vos signatures individuelles.

L'assimilation entre la situation présente et celle des 221, sous le ministère Polignac, était évidente, il fallait chasser les oiseaux de mauvais augure, les corbeaux de la politique, et la réunion décida que toutes les gauches réunies adresseraient un appel à la nation.

Le comité des dix-huit prit naissance.

Le 1er juin, une députation de la jeunesse des écoles vint apporter à Gambetta une adresse signée d'un millier d'élèves des écoles de droit et de médecine ; Gambetta leur adressa une courte allocution où il disait :

De toutes les manifestations qui viennent soutenir le courage d'un homme public, il n'y en a pas de plus touchante que celle de cette jeunesse que vous appelez la réserve de l'avenir, j'ajoute l'unique réserve ; de cette jeunesse qui représente ce que nous avons de plus précieux :

la générosité du cœur et la liberté de l'esprit. La France a pu voir ses finances ruinées, ses armées prisonnières ou dispersées, ses libertés confisquées, son avenir compromis, et il n'en a pas moins été permis de dire : Rien n'est perdu si la génération qui s'élève est bien pénétrée de la liberté de l'esprit et de l'amour de la patrie. Voilà pourquoi vous me voyez si profondément touché, si heureux de cette manifestation des Écoles.

Je ne veux pas vous associer à la politique militante. Votre place n'est pas dans l'ardent forum où se livrent nos luttes; mais je proteste contre cette tendance à vous exclure des idées générales et généreuses, des doctrines dont vous êtes les gardiens. Mes amis et moi nous observons avec satisfaction l'attitude ferme et patiente de la jeunesse des Écoles de Paris en face du grand combat qu'on avait le droit de croire achevé et qui recommence.

Nous avons l'air de combattre pour la forme du gouvernement, pour l'intégrité de la Constitution? La lutte est plus profonde. La lutte est entre tout ce qu'il reste du vieux monde, des vieilles castes, des privilégiés des anciens régimes, entre les agents de la théocratie romaine et les fils de 89.

Il faudra bien que ceux qui ont condamné la France à cette longue agonie de ses intérêts, *en subissent les conséquences*. Nous nous efforcerons de préparer pour la génération qui s'élève un temps plus facile, plus calme, moins chargé d'épreuves, et ce sera votre tâche, jeunes gens devenus des hommes, de refaire à la France, à force de travail et de patriotisme, de glorieuses destinées.

Pendant ce temps on assistait à un véritable abatage de fonctionnaires, et l'on voyait remonter à la surface de toutes les administrations l'écume des anciens hommes du gouvernement de combat. Dans son empressement à replacer tous ses anciens fonctionnaires, M. de Broglie en arrivait jusqu'à nommer des morts. Mais le pays, comme protestation solennelle, se préparait, en vue d'une dissolution imminente des chambres, à renvoyer à l'Assemblée les **363** qui avaient voté contre le gouvernement dans la séance du 16 mai.

Gambetta reprenait alors ses tournées en province, et le 10 juin, à Abbeville, dans une réunion très nombreuse (plus de 1,600 personnes), où devait avoir lieu une conférence pour l'œuvre des bibliothèques populaires, il parlait ainsi :

Je sais, qu'il plane sur cette réunion une sorte d'inconnu.

Il est des choses que vous devez entendre et qu'on ne doit pas dire.

Je me fie à votre finesse gauloise et à votre vaillance picarde.

Faisons œuvre de paix.

Répandons le livre, qui renverse les bastilles; le livre, la plus sublime création du génie humain !

Plaçons dans nos bibliothèques les livres qui racontent nos origines, les débuts laborieux et terribles du peuple français, les efforts qui nous ont menés à ce résultat devant lequel tous, tous, sont obligés de s'incliner : *la souveraineté nationale !*

Répandons nos historiens : ce Voltaire tant décrié, Mignet, Thiers, Augustin Thierry, et tant d'autres.

Répandons la géographie, qui analyse, fouille, établit les titres de noblesse de chaque commune, de chaque canton, de chaque département.

Répandons les livres scientifiques.

En la vulgarisant, on agrandit la science ; on arrive à l'émancipation de l'homme par la nature.

La science, c'est la patrie retrouvée, c'est l'humanité

resplendissante dans le droit et la justice ! Tronquer, défigurer la science, c'est commettre le plus grand des crimes, le crime de lèse-raison humaine.

Que ceux qui redoutent la science nous laissent seulement de quoi parler, écrire et lire : ils seront pesés dans la balance de la justice et seront trouvés légers !

Quelques heures après, il reprenait encore la parole à la suite d'un banquet qui lui avait été offert dans la salle du théâtre, et il dénonçait ces hommes incorrigibles qui, n'étant plus au pouvoir, se cachent derrière le pouvoir et y constituent une puissance latente, mais il prédisait qu'il suffirait de la résistance morale du pays pour les démasquer et les vaincre.

Il ne fait pas l'honneur aux coupe-jarrets de décembre de discuter avec eux ; mais quant aux cléricaux, aux jésuites et à leur outrecuidance, il se déclare prêt à résister à leurs empiétements.

Il faudra bien, dit-il en terminant, « que tous les ennemis de la France s'inclinent. »

Le lendemain, dans un banquet à Amiens, après un toast porté par M. René Goblet à la suite d'un discours très applaudi, Gambetta, rappela d'abord les souvenirs de la guerre de 1870-71 et de l'occupation étrangère, et il ajouta :

Ecartons ce passé ! Non que la blessure ne soit toujours saignante ; mais il n'est pas bon, il n'est pas sage, il n'est pas politique ni patriotique de parler de ces choses. A l'heure où nous sommes, ce dont il faut parler, c'est, en effet, comme on vient de le dire avec justesse et précision, de la résistance légale. Oui. Et pourquoi résister ? Et pourquoi ce mot est-il devenu nécessaire ? Pourquoi est-il dévenu urgent que les bons citoyens se mesurent, se regardent, se rencontrent et s'associent?

Pourquoi cette résistance? — Parce qu'il y a, quelque part, quelques ducs infatués de leur prestige et qui ont la prétention de s'emparer de la nation.

Ah! vous l'avez bien dit, dans cette ville de travail et d'épargne, d'industrie et de commerce, il s'est passé ce qui s'est produit dans toute la France, un mouvement d'indignation suivi immédiatement d'un mouvement de dédain. Il a été clair alors que le pays était sûr de lui-même, et que ceux-là n'étaient pas sûrs d'eux, qui avaient tenté l'aventure!

L'heure n'est pas à la discussion, elle est aux actes.

Spécifiant alors, au milieu de cette population éminemment industrielle, qu'il n'est pas un commerçant, pas un usinier, pas un homme d'affaires, qui n'ait été immédiatement indigné et frappé par les hommes du 16 mai, et qui ne se soit demandé si ces prétendus conservateurs n'étaient pas des fauteurs de désordres perpétuels, il adjura les républicains de ne songer qu'à la résistance morale, et de confier de nouveau aux 363 le soin de défendre la constitution, la loi et les volontés de la France.

Ce jour-là, dit-il en terminant, « la France parlera comme elle a déjà parlé; je crains seulement qu'elle ne parle plus haut. »

Le 16 juin la Chambre reprenait ses séances, les journaux républicains avaient recommandé à leurs lecteurs de s'abstenir de toutes manifestations, et par esprit de discipline, contrairement à ce qui se passe lorsqu'on s'attend à une séance importante, la gare

Saint-Lazare était vide au moment des trains dits parlementaires; Gambetta avait eu la précaution de se rendre à Versailles en voiture.

Le secret le plus absolu avait été gardé sur le texte de l'ordre du jour rédigé par le comité des 18. Les droitiers étaient anxieux ; ils avaient le triomphe triste. C'est M. Albert Grévy qui devait développer l'interpellation. Les bonapartistes avaient décidé d'empêcher, par leur *boucan*, Gambetta de parler; mais, après quelques passes préliminaires entre MM. Bethmont, Robert-Mitchell et de Fourtou qui qualifiait l'Assemblée de 1871 de *libératrice du territoire,* une voix tonnante s'éleva du banc des gauches : « LE LIBÉRATEUR DU TERRITOIRE, LE VOILA ! »

C'était celle de Gambetta qui, désignant du doigt M. Thiers, montait aussitôt à la tribune où, deux heures durant, malgré un parti pris d'interruptions et d'injures, de vociférations comme on n'en entendit jamais nulle part, même dans un préau d'insoumis ou de fous camisolés, il riposta à toutes les interruptions qui arrivaient à ses oreilles, par des phrases hachées et sifflantes comme des flèches. Il domina bientôt le tumulte et dit que les journaux de l'Élysée avaient les premiers menacé de la démission du maréchal, mais que, lorsqu'ils avaient vu que le pays acceptait la démission, ils avaient parlé de dissolution; et que le pays l'acceptant encore, bien qu'elle fût injurieuse, incorrecte, illégitime, alors on en avait été réduit à la prorogation, pour se donner le temps de *manipuler* les élections... « Vous voulez la dissolution, disait-il, eh bien! faites-la; seulement ne prolongez pas l'agonie du pays; si vous ne le consultez pas bien vite, cela prouvera que vous n'avez pris le pouvoir que pour *sophistiquer* le suffrage universel. »

A la suite d'une allusion mordante, faite par Gambetta et relative à la coalition de la légitimité, de l'orléanisme et du bonapartisme qui a le *secret de sauver les sociétés*, M. de Cassagnac, braillant comme un nègre sous le fouet du planteur, s'écria : « Deux gendarmes suffisent pour vous. » Alors, avec un sang-froid qui ne faisait que redoubler la rage de ses adversaires, Gambetta, dédaignant de le nommer, répliqua ainsi : « L'interrupteur attitré de ce parti qui demande deux gendarmes pour moi, oublie que, de nous deux, il y en a un qui n'a pas réglé son compte avec la prison. »

De fait, l'*Officiel* du lendemain notait onze cent quatre-vingt-onze interruptions, dont cent trois — des moins parlementaires — étaient au compte du député de Condom (Gers).

Reprenant son discours, Gambetta constatait que c'était sur un mot d'ordre venu du Vatican que le 16 mai avait été fait, et qu'on lui devait la stagnation des affaires et les hésitations relatives à l'Exposition, à propos de laquelle un ministre avait dit : « L'Exposition, est-ce que cela se fera? »

Il termina ainsi: « En 1830 on est parti 221 et on est revenu 270 ; j'affirme que, partant 363, nous reviendrons 400 : » il descendit alors de la tribune qu'il avait occupée pendant deux heures, mais un instant après il s'affaissa sur son banc et l'on fut obligé de le conduire dans l'un des bureaux de la Chambre.

Les droites exultaient de joie, on parlait de la rupture d'un vaisseau sanguin, de la mort imminente ; mais quelques instants après il rentrait à Paris, frais et dispos, et le soir même il assistait à une réunion de la gauche républicaine, où des remerciements lui furent votés par acclamation.

Le 18, l'affluence était la même à Versailles. M. Decazes essaya de prouver que « le gouvernement n'était pas tombé entre des mains suspectes ; » après lui M. Paris chercha à tirer de la constitution même la théorie du pouvoir personnel du président; « on voulait transformer les conseils municipaux en clubs, avait-il dit, alors, le maréchal s'est écrié : C'est assez ! »

Comme M. Ferry posait cette question : « Sommes-nous sous l'épée d'un maréchal de France ou sous l'égide des lois? » « On insulte le maréchal, » hurla la droite, et un tapage épouvantable rappela la scène de l'avant-veille.

Gambetta, placé devant M. de Fourtou et lui montrant les bonapartistes, se contenta de lui jeter ces simples mots à la face : « Contemplez vos alliés. »

Pendant ce temps, au Sénat on nommait la commission de la dissolution : six commissaires de la droite, trois de la gauche.

La troisième journée, le 19, fut semblable aux deux premières. MM. Louis Blanc, Périn et Léon Renaud y firent d'admirables discours, auxquels M. Paris ne répondit que par des banalités; Gambetta termina la journée en disant :

> L'ordre du jour est l'affirmation de l'union de tous les conservateurs républicains et patriotes, et cette union est toute naturelle, car le pays nous en donne à la fois l'ordre et l'exemple.
> Nous allons revenir devant lui; il ne s'agira plus alors ni d'interruptions ni d'outrages; il faudra que tout le monde, — tout le monde sans exception — courbe la tête devant la décision du seul maître que nous reconnaissons.

Les urnes circulèrent. Il y eut 158 voix contre l'ordre du jour des gauches, et 363 pour, — 363, le chiffre fatidique.

Le 22, à huit heures un quart du soir, le Sénat votait la dissolution par 150 voix contre 130.

Le 25, M. Grévy lisait le décret de dissolution et parlait ainsi de l'Assemblée : « Le pays devant lequel elle va retourner lui dira bientôt que dans sa trop courte carrière elle n'a pas cessé un seul jour de bien mériter de la France et de la République. » Le même jour revenait l'anniversaire du général Hoche, et il fut moins possible encore que l'année précédente de donner à cette solennité un caractère public et national.

Cent convives, tous sénateurs, députés, conseillers généraux, conseillers municipaux ou maires des communes voisines, se réunirent dans un banquet, à la suite duquel le président M. Montfleury, doyen du conseil général de Seine-et-Oise, porta un toast « à M. Thiers, au libérateur du territoire ! au guide éclairé des 363 ! A l'un des fondateurs de la troisième République. » Cent voix accueillirent ce toast et s'écrièrent: Vive la République ! Vive M. Thiers ! Vive Gambetta !

Messieurs, dit Gambetta abordant immédiatement l'examen de la crise, nous en sommes à ce point que la volonté formelle du pays, proclamée il y a quinze mois à peine, est aujourd'hui méconnue. Nous en sommes à ce point qu'on a trouvé des partis, une Assemblée, et dans cette Assemblée, une majorité de 19 voix, je me trompe, de 20 voix, pour dire au suffrage universel, à la nation française : Tu avais fait des choix, tu avais donné un mandat à des hommes qui avaient ta confiance ; eh bien ! tout cela est caduc, vain et fragile, et, comme tu nous as dédaignés, nous demandons à recommencer la partie. Nous allons revenir de nouveau dans l'arène électorale; mais, au préalable, nous allons employer tous les moyens en notre pouvoir pour empêcher la vérité d'éclater et de se répandre : nulle part il n'y aura de liberté de réunion, de liberté d'écrire, de liberté de propagande, nulle part de liberté d'association. Point de liberté de controverse et point de discussion. Soumise au régime que nous allons lui faire, nous espérons que la France voudra bien consentir, pour le plus grand profit de nos personnes et de nos préjugés, à se démentir à ses propres yeux comme aux yeux de l'Europe.

Messieurs, si c'est là toute la politique de nos adversaires, je veux dire, sans prétendre à être prophète, que cette politique sera emportée comme la paille par le vent...

Quiconque ne figure pas sur cette liste solennelle et désormais historique des 363, ne nous appartient pas; il appartient à nos adversaires. Nos adversaires ne s'en doutent pas peut-être, mais la France le sait bien...

Mais que les destins s'accomplissent et que ceux qui n'ont pas su se dérober à temps aux étreintes du parti clérical, qui ont rêvé encore une restauration monarchique ; que ceux qui n'ont pas perdu la scélérate et criminelle pensée de ramener un Bonaparte en France, que tous ceux-là descendent dans la lutte : nous les y attendons. Quant à nous, sûrs de n'avoir été que les scrupuleux serviteurs de la patrie, sûrs de l'approbation du pays comme de l'Europe, nous irons au scrutin au jour choisi, à travers tous les obstacles, écartant toutes les difficultés administratives, et, ce jour-là, de l'urne de chacune des 36,000 communes de France, il sortira un vote universel, qui signifiera Patrie et République !

Je bois aux nouvelles recrues qui pénétreront avec les 363 dans l'enceinte de la Chambre des députés. Au jour du retour, l'ordre du jour que nous avons voté, la France va le voter à son tour, et, quand elle l'aura voté, il faudra bien qu'on obéisse.

Le 8 juillet, une députation des Français établis à Bienne (Suisse) vint lui apporter une fort belle montre, produit de l'industrie du pays. Emu par cette démarche, il les remercia au nom de tout le parti républicain, car, leur dit-il, « c'est le parti tout entier que vous voulez honorer en ma personne et, heureusement, c'est plus qu'un parti aujourd'hui, c'est l'immense majorité du suffrage universel que nos adversaires politiques ont la témérité de défier une dernière fois. »

Il les pria ensuite de raconter à leurs frères, en retournant dans cette Suisse laborieuse et libre, la confiance, l'amour, la résolution, la modération inébranlables de tous les républicains, qui assurent le règne prochain de la justice parmi les hommes, sans qu'aucune espèce de trouble soit désormais à craindre de la part de la réaction. Et comme le président de la délégation avait fait une allusion relative à une visite qu'ils avaient faite à M. Thiers à Lucerne, il ajouta :

Vous pouvez dire aussi à vos amis que la santé de M. Thiers, de l'homme qui a rendu et rend tant et de si éminents services à son pays, n'a jamais été plus solide ni plus brillante; que son esprit n'a jamais été plus lucide, plus alerte, et qu'il est véritablement surprenant de force, de grâce et de clairvoyance. Je me permets de vous donner de ses nouvelles pour que vous puissiez les reporter à ceux qui vous accompagnaient dans votre visite à Lucerne. Ce que je vous dis là, la France le sait, et c'est ce qui met nos adversaires de méchante humeur.

Quant à moi, j'ai ma place de combat dans les rangs de la démocratie; je la sers comme j'entends la servir, c'est-à-dire avec désintéressement et sans arrière-pensée. La France n'a pas besoin d'élever des hommes plus haut que les autres. Elle a le droit de réclamer que chacun de ses enfants soit un serviteur passionné de sa gloire et de sa prospérité.

Pendant que le maréchal, poussé à cela par M. de Broglie, entreprenait des voyages en province et y prononçait les discours que l'on sait, pendant que le *Bulletin des communes,* — mieux nommé le *Menteur des communes,* — semait la calomnie, que les fonctionnaires à poigne faisaient de l'intimidation, Gambetta allait à Lille et y prononçait, le 15 août, un discours dont les extraits, envoyés à Paris par le télégraphe au fur et à mesure, étaient pour la plupart retenus et ne parvenaient pas à leur destinataire. Il faudrait pouvoir citer ce discours en entier, si c'était possible ; en voici les passages principaux, ceux qui furent visés quelques jours après par le tribunal correctionnel :

En face et au lendemain de cette dissolution qui a été prononcée sans prétexte, sans motif, sans raison, il n'est plus question aujourd'hui de dire à la France qu'on a renvoyé le cabinet républicain, parce que la majorité républicaine l'avait mis en minorité, car le pays, qui est au courant de la situation, dirait que c'est une contre-vérité. On ne dit plus qu'on a renvoyé la Chambre et le ministère républicain parce qu'on avait rendu publiques les séances des conseils municipaux, car le pays répondrait que c'est là un prétexte sans valeur. On ne dit plus que c'est parce que la Chambre était prête à voter une loi sur la presse qui rendait la compétence au jury en matière de délits et de crimes commis par la voie de la presse, et pourquoi ne le dit-on plus? C'est parce qu'il n'y a plus moyen d'argumenter de cette façon, alors que le jury qui fonctionne dans tous les pays libres, a fonctionné en France pendant un demi-siècle en matière de presse.

Ce passage était un de ceux que le parquet désignait comme offense au Président de la République.

Gambetta continuait ainsi :

On nous menace d'une lettre écrite par le Chef du pouvoir exécutif, lettre dont on prépare les bandes d'envoi, dit-on, — dans diverses administrations en requérant la milice sacrée ordinaire. On nous menace d'une mer d'encre qui va couler sur le pays.

On a stipendié une certaine presse toujours prête à vomir l'injure et qui se nourrit exclusivement de mensonges et de calomnies ; on n'a réussi qu'à attrister la conscience du pays et de l'Europe par les infamies qu'on a laissées s'étaler au grand jour dans les papiers des auxiliaires les plus intimes du gouvernement, qui se disent conservateurs et qui n'emploient d'autres armes contre leurs adversaires politiques que l'injure, l'outrage et la calomnie.

On peut opposer à cette levée de plumes vénales et corrompues le dédain et le mépris qui surgissent contre ceux qui n'ont pas d'autres ressources pour durer : on peut s'en fier au bon sens français, à la rectitude de l'honneur national pour faire justice de ces tentatives, qui ne sont déshonorantes que pour ceux qui les emploient ou pour ceux qui en profitent. Ce n'est pas là, messieurs, ce qui inquiète le pays, et il peut laisser passer sous ses pieds ce ruisseau chargé de bave et d'ordures.

Ce qu'on ne peut laisser passer, c'est qu'on soit allé bien au delà de l'injure, et qu'on soit entré dans un système de provocations criminelles contre la loi, et qu'on tolère, — que dis-je? qu'on tolère? — qu'on encourage, qu'on subventionne, dans des feuilles dont on garantit la circulation et la distribution, des appels à la force contre la constitution et contre le droit, des suggestions criminelles et persistantes à l'adresse de ceux qui détiennent le pouvoir, sans que la justice se soit émue, sans que les ministres en aient senti leur responsabilité atteinte ou éveillée.

C'est dans ce passage que le parquet devait relever ce qu'il appelait l'outrage aux ministres.

Gambetta signalait ensuite les persécutions exercées contre les journaux dévoués à la loi, leur exclusion des gares, et la protection accordée aux diffamateurs et aux rebelles en face de l'oppression et de l'arbitraire réservés à ceux qui ne se réclament que de la justice et de la loi.

Il montrait M. Thiers renversé du pouvoir parce qu'il était resté obéissant aux lois de la politique, et qu'il s'était prononcé contre la monarchie, contre toutes les monarchies. Il dénonçait les tentatives faites pour ramener une des trois formes de la monarchie, la rupture survenue entre les compétiteurs auxquels le pays avait répondu qu'il ne les connaissait pas, ou plutôt qu'il ne les connaissait plus ; il faisait voir l'Europe inquiète, se prononçant contre le coup d'Etat du 16 mai, suivant jour par jour les divers incidents de la lutte entre le ministère et la nation, et applaudissant la France qui reste calme en face de toutes les provocations et qui prend définitivement pour méthode *la résistance légale et juridique* aux empiétements du pouvoir personnel.

Quant aux bandits de plume qui espéraient encore des coups d'Etat, il se félicitait de ce que toute occasion de jouer avec la force et de sauver la société derrière les baïonnettes était perdue pour eux, et de ce que l'armée, dans laquelle le besoin de l'honneur et le respect de la loi se trouvent au plus haut degré, était maintenant la véritable image du pays.

Enfin, après avoir démontré l'inanité de la dernière menace de la réaction prétendant que, si l'on renommait une majorité républicaine, on n'en tiendrait pas compte, il termina par ces mots dans lesquels le parquet vit une nouvelle offense au président de la République :

Vous êtes jugés par votre passé, par vos agents. Et, en effet, aussitôt après votre installation qu'avez-vous fait? Vous vous êtes fait apporter la liste des fonctionnaires, et vous à qui on ne pouvait que si difficilement arracher une signature pour changer un seul fonctionnaire, vous qui criiez sans cesse contre les hécatombes faites par les ministres républicains, on vous a vus, en moins de huit jours, presqu'en une nuit, bouleverser tout le personnel administratif, chasser tous ceux qui vous déplaisaient, avec la dernière violence, sans tenir compte des ruines qui sont la conséquence de ces expulsions, sans tenir compte des droits acquis ni des légitimes exigences des populations. Sans tenir compte des intérêts du pays, vous avez chassé quiconque était soupçonné par vous d'être encore libéral, patriote ou républicain...

Quand la seule autorité devant laquelle il faut que tous s'inclinent, aura prononcé, ne croyez pas que personne soit de taille à lui tenir tête. Ne croyez pas que, quand ces millions de Français, paysans, ouvriers, bourgeois, électeurs de la libre terre française, auront fait leur choix, et précisément dans les termes où la question est posée, que quand ils auront indiqué leur préférence et fait connaître leur volonté, alors que ceux qui sont de l'autre côté tiendront les urnes, ne croyez pas que lorsque cinq millions de Français auront parlé, il y ait personne, à quelque degré de l'échelle politique ou administrative qu'il soit placé, qui puisse résister. Quand la France aura fait entendre sa voix souveraine, il faudra choisir : SE SOUMETTRE OU SE DÉMETTRE.

L'effet produit par ce discours dont le symbole — « se soumettre ou se démettre » — fit en un instant le tour du monde, fut immense ; tous les journaux le commentèrent, ceux de la réaction poussèrent les hauts cris. Le *Figaro* se vantait d'avoir été le premier à réclamer des poursuites contre Gambetta, et de fait ces poursuites furent décidées en conseil des ministres. Le 29 au soir, une assignation enjoignait au délinquant de comparaître devant le juge d'instruction, près le tribunal de première instance de la Seine, le vendredi 31 août 1877, à deux heures.

Les ministres qui avaient ordonné ces poursuites, oubliaient que l'accusé, interprète de l'opinion des Français, resterait plus puissant qu'eux avec leurs préfets, leurs sous-préfets, leur police et leur gendarmerie. Ils avaient hésité longtemps, puisque l'assignation ne fut lancée que quinze jours après que *le délit* avait été commis.

Si l'on allait l'acquitter, s'il allait parler comme il le fit dans l'affaire Baudin, si ?... On avait essayé de revenir sur les premières décisions prises, mais la presse *insoumise* était là ; une fois pris dans l'engrenage il fallait y passer; il était tard, trop tard, toujours trop tard !

Le 2 septembre, M. Thiers mourait à Saint-Germain ; son corps fut ramené à Paris, et, à ses obsèques, non officielles mais nationales, auxquelles assistèrent avec recueillement les hommes de toutes les classes et de toutes les nuances du parti républicain, on remarquait la présence de Gambetta, plus douloureusement affecté que qui que ce fût de la perte que cette mort causait à la France.

Les souvenirs de la semaine sanglante étaient effacés, on ne se souvenait que de son dévouement à la fondation d'une République libérale et conservatrice, protectrice de tous les intérêts légitimes, ouverte à toutes les améliorations et à tous les progrès.

C'est le 12 septembre que le procès eut lieu. Gambetta avait chargé de présenter sa défense Mᵉ Betolaud, bâtonnier de l'ordre des avocats, qu'une maladie avait empêché de venir et qui lui écrivait le 8 : « Mon cher ami, je suis navré de me sentir paralysé. » Gambetta dut alors s'adresser à Mᵉ Allou, qui répondait, à la date du 10 : « Je suis à votre disposition, je ne reçois votre lettre que ce soir lundi. Je ne sais si vous aurez ma réponse avant l'audience. Vous pouvez annoncer que je serai prêt à *la huitaine*. » Ces lettres passèrent sous les yeux du tribunal à qui l'on demandait une remise qu'on ne refuse jamais en pareille circonstance ; le tribunal passa outre et Gambetta fut condamné par défaut *« à trois mois de prison et à 2,000 fr. d'amende, avec exécution provisoire, nonobstant opposition ou appel. »*

Le 19, Gambetta fit appel de ce jugement, et le 23, — on ne perdait pas de temps, — l'affaire fut plaidée contradictoirement. Comme le président, en déclinant les noms et qualités du prévenu, le désignait par ces mots : « M. Gambetta, Léon, 39 ans, ancien député, directeur politique du journal la *République française*, » le prévenu répliqua : « et avocat à la cour d'appel de Paris. » C'est juste, répondit le président, en se mordant les lèvres.

Il n'y a pas à citer ici la plaidoirie de Mᵉ Allou ; il se contenta de déposer des conclusions tendant à faire déclarer l'incompétence des tribunaux correctionnels pour les délits imputés à son client. On s'attendait à un jugement d'incompétence, lorsqu'après une délibération assez longue le tribunal rentra en séance et, déclarant l'opposition nulle et non avenue, ordonna que le jugement du 11 septembre serait exécuté dans ses forme et teneur.

A sa sortie du palais, le condamné fut acclamé par la foule.

Le 23, le *Journal officiel* publiait le décret qui convoquait les électeurs pour le 14 octobre suivant; au même moment la *République française*, et avec elle tous les journaux républicains de Paris publiaient une lettre manuscrite de M. Thiers, qui était comme le testament politique de l'illustre homme d'Etat, et qui, en vue de la crise pendante, se résumait dans ces mots :

Souveraineté nationale.
République.
Liberté.
Légalité scrupuleuse.
Liberté des cultes.
Paix.

CHAPITRE XXVIII

Les 363. — Discours au cirque Myers. — La mort de M. V. du Bochet. — Discours à Château-Chinon. — Discours à la Chambre sur les hommes du 16 mai. — Le coup d'Etat avorté. — Voyage de Gambetta en Italie. — Discours à Marseille. — Discours au banquet du XXe arrondissement. — Réponse à MM. Bocher et Rouher. — La commission du budget et l'Exposition universelle. — Conflit entre le Sénat et la Chambre à propos du budget.

Dans toutes les réunions privées, en vue des prochaines élections, à Paris et dans la France entière, le programme était le même : renvoi à la Chambre des **363**.

Le 10 octobre, dans l'immense enceinte du cirque Myers, place du Château-d'Eau, devant plus de dix mille citoyens, Gambetta prononça un remarquable discours qui était le glas funèbre des hommes du gouvernement de combat.

Je ne reviendrai pas, disait-il, sur les origines du 16 mai. Elles ont été dévoilées par tous les députés républicains dans leurs manifestes et leurs lettres aux électeurs.

C'est un procès qui est jugé à l'heure où nous parlons.

Ce que je veux chercher, c'est le double caractère des élections qui vont avoir lieu.

Ce que l'on joue dans la partie du 14 octobre, c'est l'existence du suffrage universel et l'existence des principes de la Révolution française.

Qu'adviendrait-il si, à quelques mois de distance, après

s'être si énergiquement prononcé, le 20 février 1876, pour la République et pour une politique républicaine, le suffrage universel se démentait lui-même?

Alors on serait en droit de lui dire : « Reviens à la servitude, puisque tu as voulu te redonner des maitres, quand tu avais la puissance de les écarter à jamais. »

Quel spectacle admirable que ces cinq mois d'angoisses si noblement supportés ! N'est-ce pas la démonstration éclatante que les crises les plus violentes peuvent se dénouer pacifiquement, à la condition que le suffrage universel soit respecté et qu'on obéisse à ses décisions ?

Quel exemple que cette union étroite de tous les organes de la presse républicaine depuis le 16 mai ; et quel autre exemple que celui qui a été donné par le suffrage de Paris, le jour des funérailles du citoyen illustre qui a légué à son pays un testament impérissable !

Ce jour-là, un million d'hommes se pressaient sur ces boulevards, témoins de tant de révolutions, de tant de manifestations imposantes. N'était le deuil universel, on aurait cru assister à une auguste fête nationale. Le suffrage de Paris, uni au suffrage des départements, a fait ce jour-là sa première manifestation.

Eh bien ! il y a là une leçon et un exemple.

M. Thiers est mort à la veille de la victoire, l'esprit agrandi, épuré par la vision de l'avenir et l'expérience du présent.

Paris a vengé, ce jour-là, cet auguste mort des attaques infâmes d'écrivains qui seraient la honte de leur espèce, si cette espèce d'écrivains pouvait connaitre la honte...

Parlant alors de M. Grévy, que l'opinion publique désignait depuis longtemps déjà comme le futur président de la République, l'orateur signala les tentatives calomniatrices des détenteurs du pouvoir contre cette réputation intègre, en butte aux traits impuissants de cette *phalange immaculée qui a horreur du casier judi-*

ciaire, qui prétend donner à ses adversaires des leçons de maintien politique, et qui leur reproche d'avoir des goûts plébéiens et d'être mal élevés. Il repoussa ensuite les idées qu'on lui prêtait, en le représentant comme ambitionnant le pouvoir.

A vous, s'écriait-il, mes électeurs, ma première famille politique, je vous dis que je n'ai jamais voulu et cherché autre chose : rester le représentant de l'opinion, sans aucun souci du pouvoir.

Je suis un républicain, né républicain, serviteur passionné de la démocratie dans le rang d'où je n'aspire pas à sortir.

Je demande à gagner le pouvoir, si jamais j'en suis digne.

Pendant qu'il parlait, dans toute la France les murs se couvraient des affiches blanches des candidats officiels, et, en désignant ces candidats, Gambetta disait :

Après la mutilation de la patrie, après Sedan, après Metz, est-il possible de lire sans horreur sur les murs des mairies françaises les noms des hommes qui ont trompé, trahi, livré, déshonoré la France ?

Je l'avoue, je comptais sur un remords, le remords de l'invasion, qui eût dû empêcher à jamais tout rapprochement, tout contact avec les auteurs de l'invasion.

Il faut expliquer devant le pays ce contre-sens national.

La main qui a fait ce rapprochement, c'est celle du cléricalisme.

Ceux qui ont organisé cette ligue, ont une puissance, le jésuitisme, qui a son siège à Rome, d'où il commande les mouvements de mobilisation ou de concentration...

On a beau vouloir, par des circulaires, par des procès et des condamnations, défendre de constater ces choses, on a beau vouloir mettre la main sur la bouche du pays : le pays sait tout, il a tout pénétré. Le 14 octobre, il condamnera tout.

Il condamnera cette politique ultra-cléricale qui se couvre du manteau de la religion pour marcher à la conquête du pouvoir temporel; il condamnera ceux qui cherchent, en s'emparant de l'instruction, à s'emparer du cerveau des jeunes générations, pour les abêtir et les asservir; il condamnera la campagne dirigée par les hommes noirs contre l'intelligence du monde entier.

Le 14 octobre, c'est un nouveau plébiscite qu'on va essayer d'arracher à la France.

Vous savez ce qui est arrivé en 1870. Nous disions au pays: Voter oui, c'est la guerre, la ruine, la honte. Notre voix n'a pas été entendue; tout s'est effondré.

A cette heure, l'Europe est troublée. D'un côté, l'Orient en feu; de l'autre, la France plongée dans une crise décisive.

Les nations voisines suivent les phases de notre drame avec inquiétude. Toutes ont secoué le joug clérical. Toutes, même l'Espagne, ont rejeté l'étreinte du poulpe ultramontain.

Eh bien! il faut qu'aucun doute ne subsiste.

Hier, nous disions: Le cléricalisme, voilà l'ennemi!

Demain, il faut que la France et l'Europe disent: Le cléricalisme, voilà le vaincu!

En réponse à ce discours, le maréchal de Mac Mahon, dans deux manifestes, parlait de *sa politique*, — de sa politique (?) — et le 12 octobre, Gambetta, comme témoignage irrécusable de la liberté électorale, telle que la comprenaient les ministres du 16 mai, était de nouveau assigné devant le tribunal de police correctionnelle, pour le délit d'offense aux ministres, à propos de son manifeste aux électeurs du XXe arrondissement, et de nouveau condamné à *trois mois de prison et 4,000 francs d'amende.*

Le 14, dans toute la France, l'opinion publique cassait tous ces jugements et condamnait irrévocablement ses accusateurs, en donnant aux candidats républicains, auxquels elle n'avait posé qu'une seule question : — « Etes-vous des 363 ? » — 568,000 voix de plus qu'au 20 février 1876. — 2,423,828 de plus que n'en obtenaient les bonapartistes, et 2,551,286 de plus que n'en obtenaient les monarchistes. — Un plébiscite pour le rétablissement de l'empire aurait donné à cette date : 1,722,020 oui contre 6,122,764 non. — Les ballottages devaient encore augmenter cette différence.

Gambetta fut renommé président de la commission du budget qui se remit immédiatement à l'œuvre ; il fallait réparer les dommages causés par le long chômage que les ministres du 16 mai avaient imposé au pays, en reculant illégalement la date des élections.

Le 25 octobre, mourait M. du Bochet, président, depuis vingt ans, du conseil d'administration de la Compagnie parisienne du gaz. Ses relations d'intimité avec Gambetta étaient bien connues ; c'est chez lui qu'il était allé plusieurs fois, au château des Crêtes (en Suisse), se reposer de ses fatigues ; il laissait une fortune évaluée à plus de 60 millions et n'avait que des parents éloignés. On lui avait entendu dire plusieurs fois, en parlant de Gambetta : « Il sera millionnaire, j'en fais mon affaire, » et tous les amis de Gambetta, en apprenant cette mort, se félicitaient de l'espérance qu'ils avaient conçue de lui voir acquérir cette indépendance de la fortune, plus nécessaire qu'on ne le pense à un homme politique et qu'il était loin de posséder, car il avait, malgré son genre d'existence des plus modestes, plutôt des dettes que des réserves de capitaux.

A l'ouverture du testament de M. du Bochet, on put constater qu'il avait complètement oublié sa promesse; mais Gambetta pense et a dit de tout temps qu'on est toujours riche quand on sait se contenter de ce qu'on a.

La rentrée des Chambres ne devait avoir lieu que le 7 novembre; Gambetta alla dans la Nièvre, à Château-Chinon où, pour fêter sa présence, avait été improvisée une réunion privée d'un millier de personnes, parmi lesquelles étaient beaucoup de députés réélus ou nouvellement élus et un grand nombre de représentants des conseils locaux.

Il y prononça un discours qu'il priait ses amis de répandre, et dans lequel il passait en revue tous les faits qui avaient précédé, accompagné et suivi les événements depuis le 16 mai jusqu'au jour présent.

Oui, disait-il, je tiens à le répéter : j'avais annoncé le chiffre de 400 députés républicains ; ce chiffre eût été atteint, et même dépassé, mais je n'avais pas compté avec le vol et la fraude comme dans le Vaucluse; avec l'intimidation et la fraude comme dans le Nord, le Pas-de-Calais et ailleurs. Sur ce point, j'ai recueilli des renseignements de la bouche d'un des hommes les plus honorés du Sénat, renseignements qui font bondir le cœur d'indignation.

Mais l'histoire de ces élections sera écrite, la France l'apprendra, l'Europe la connaîtra, et on verra ce que vaut et ce que pèse cette affirmation, de la part de nos adversaires, d'être investis régulièrement de trente ou quarante sièges, qu'après cet assaut furibond et déchaîné ils seraient arrivés à enlever à la majorité et à l'unité de la France républicaine.

Oui, nous allons écrire cette histoire. Nous en recueillons les éléments. Nous saurons à l'aide de quels procédés, de quelles manœuvres, de quels moyens ils sont parvenus à enlever trente ou quarante sièges ; nous verrons de quel front ceux qui ont mené cette campagne, oseront soutenir leurs agissements, et nous constaterons de quel côté se sont trouvés, je ne dirai pas le cœur et le sentiment de la France, on n'en saurait douter, mais la probité et l'honneur de la France.

Si vous vouliez, mes amis, bien réfléchir à ceci : que la République que nous voulons, c'est une république d'ordre, de progrès, de réflexion, d'intérêt général ; que nous avons horreur des agitations ; que ceux qui recherchent le trouble, le désordre, ce n'est pas nous, vous comprendriez immédiatement que ce que nous voulons, c'est que la démocratie française soit émancipée et respectée ; c'est qu'elle puisse révoquer les mandataires quand ils n'ont pas rempli leur mandat.

Ce sont ces avis, ces conseils que je voudrais vous voir accueillir, car, ne l'oubliez pas, électeurs des campagnes, vous avez en main l'avenir de la France. Je ne veux ni vous flatter ni vous diminuer, mais, dans un pays qui, sur dix millions d'électeurs, compte huit millions d'agriculteurs, il est certain que vous avez entre les mains les destinées de la patrie, vos propres destinées. Aussi, c'est à vous qu'on s'adresse toujours, c'est vous qu'on trompe en vous disant que je suis un homme de désordre ou un homme de loisir qui brigue le pouvoir pour le pouvoir, que je suis l'ennemi de ceux qui gouvernent la France. Non ! non ! je ne suis l'ennemi de personne. Je suis l'ennemi des idées malsaines, du despotisme, sous quelque forme qu'il se présente, sous la forme du césarisme brutal que nous avons connu au Deux décembre et qui nous a conduits à Sedan et à Metz, ou sous la forme équivoque et doucereuse de l'inquisition ou du jésuitisme.

Je n'ai jamais attaqué la religion ni ses ministres quand ils se sont renfermés dans leur domaine religieux, moral et sentimental; mais j'ai combattu et je combattrai les hommes qui, à l'aide du trouble et de la confusion, veulent faire un instrument de domination et de règne de ce qui ne devrait être qu'un moyen de consolation et d'assistance.

Et maintenant, ayez confiance, la majorité qui va retourner sur les bancs de Versailles reprend possession de ses sièges, elle rentre avec le sentiment de devoirs à remplir, mais elle est résolue à son devoir, à tout son devoir; à faire prévaloir la seule autorité qui, dans ce pays, ait le droit de s'imposer aux plus hauts comme aux plus humbles, à ceux qui reconnaissent comme à ceux qui nient la souveraineté nationale : l'autorité de la France.

Cependant, malgré le verdict de la nation, le cabinet du 16 mai s'attardait sur les bancs de la Chambre et semblait jeter un défi au pays qui réclamait une enquête sur les agissements du gouvernement pendant la période électorale; dans les séances du 14 et du 15 novembre, au lieu de répondre aux questions qui lui étaient posées par les députés de la gauche, il évoquait l'épouvantail du *péril social* (?), et à la fin de la séance, après une foule de démentis donnés au ministre qui avait parlé d'une dépêche lue par M. Ferry et qu'on prétendait avoir été envoyée à un journal étranger par un rédacteur de la *République française*, Gambetta apostropha le cabinet en ces termes :

Il n'est pas vrai et n'a jamais été vrai qu'à aucun moment de l'existence du journal dont on a parlé, il y ait eu entre lui et les organes de la presse étrangère, quelle que soit leur opinion, la moindre correspondance, la moindre entente. C'est là une déclaration que je fais, non pour ceux qui viennent apporter de tels faits dans cette enceinte, mais pour mon pays et pour la dignité de la cause que je sers.

Enfin, dans la séance du 17 novembre, M. de Broglie monta à la tribune ; il était tout de noir vêtu, — en deuil par anticipation, — il ne craignit pas de dire : « C'est le parti républicain qui a fait de la pression électorale, on peut faire l'enquête, comme gouvernement nous protesterons ; comme citoyens, nous nous inscrirons en faux devant l'équité de l'histoire et le jugement du pays. »

Les députés de la gauche restèrent impassibles, mais Gambetta monta à la tribune et il flagella M. de Broglie avec sa propre histoire, avec ses propres écrits :

La nécessité de l'enquête, dit-il, ne pourrait être rendue plus évidente que par les efforts de l'orateur pour établir que le scrutin de 1877, affirmant la République, est né de la crainte de la guerre, comme il avait voulu précédemment établir que le scrutin de 1876, par lequel la France s'est prononcée pour la République, était dû à l'abus du nom du maréchal.

Aujourd'hui, devant l'épreuve victorieuse du 14 octobre, d'autant plus triomphante que vos menaces ont été plus ardentes, on dit que notre succès est dû à la crainte de la guerre. C'est là un autre mensonge, un autre artifice qui n'est pas plus sérieux que le premier ; c'est là un calcul qui n'est pas plus légal que le précédent.

Je vais droit au fond de la question : Le 16 mai, la minorité a pris le pouvoir, elle a fait du chef de l'Etat irresponsable non seulement un candidat, mais le grand électeur du pays, au grave préjudice de la paix publique.

Vous êtes allé devant la Chambre sénatoriale ; vous avez arraché un vote dont vous avez largement exploité le bénéfice.

Pendant cinq mois, vous avez fermé la bouche à vos adversaires ; pendant cinq mois, vous avez interdit toutes les polémiques ; vous avez eu la prétention de parler seuls à ce pays, par les murs, par les brochures, par les journaux subventionnés. Où avez-vous pris de l'argent pour faire tout cela ?

Vous avez poussé tous les fonctionnaires, tous les asservis de l'administration, vous avez poussé le clergé dans la lutte électorale.

Avez-vous donc oublié les mandements de nosseigneurs les évêques, les *triduum*, l'appel du ban et de l'arrière-ban de la milice cléricale ? Avez-vous oublié ces ministres, non de la parole de Dieu, mais de la parole ministérielle, qui montaient en chaire pour mettre tout ce qu'il y a de saint au service d'une candidature.

Eh bien ! les ministres, ayant en main tous les ressorts de l'Etat, sont arrivés à ce résultat dont la France a le droit de se glorifier, de gagner quarante sièges par la fraude et par le vol !

A M. Barcilon, qui pousse des cris inarticulés, il répond : « C'est peut-être un député de Vaucluse qui m'interrompt. » — A l'homme à la pâtée, qui aboie : « Vous vous croyez encore au café Procope, » il réplique : « Si vous alliez soigner votre chenil, monsieur Cunéo d'Ornano ? »

Je sais que le moi est haïssable, ajouta-t-il ensuite, mais devant la commission d'enquête, je me réserve de faire trainer un tombereau de pamphlets infâmes répandus contre moi dans toutes les circonscriptions de France, tous publiés, estampillés par l'autorité, les uns, dans l'Est, m'accusant d'être un agent prussien, les autres, dans l'Ouest, m'appelant l'homme de la guerre à outrance et du camp de Conlie.

Et puis, croyez-vous qu'elle soit sincère et loyale cette affiche qui s'est étalée sur tous les murs, me présentant comme l'antagoniste du maréchal, plaçant, d'un côté, les candidats du maréchal, de l'autre, les candidats de M. Gambetta?...

Tranchons d'un mot la difficulté :

Le suffrage universel est le maître : quand on l'a consulté, il faut s'incliner, car, suivant la forte parole de Bossuet, il n'y a pas de droit contre le droit, et vous n'êtes que des serviteurs insurgés contre le droit.

M. le duc de Broglie a affirmé que, pendant la période électorale, le gouvernement avait laissé aux fonctionnaires la liberté la plus entière. Je ne veux pas traiter ce point en ce moment

Je veux seulement faire connaître comment on écrivait aux fonctionnaires et quelles imputations coupables on laissait répandre contre la majorité dissoute.

Voici ce qu'on disait dans une circulaire confidentielle, dont je pourrai mettre l'original sous les yeux des membres de la commission d'enquête, car, malgré le conseil donné par M. Baragnon aux fonctionnaires de désobéir à la commission d'enquête, nous trouverons la trace de votre autorité oppressive. Voici donc un des grands rayons épars de ce soleil que nous voulons allumer sur vos têtes ; c'est un document de la gendarmerie :

« Au moment où les élections vont se faire, il est indispensable que vos sous-ordres soient mis au courant de la situation politique. Il s'agit de faire un choix entre les 363 anciens députés, ayant pour chef M. Gambetta, et les conservateurs ayant à leur tête M. le maréchal de Mac Mahon. Les 363 représentent la cause du libéralisme outré, la République avec ses conséquences, la suppression de l'armée et de toutes les forces répressives. »

Voilà ce que l'on répand dans les rangs du corps le plus méritant, le plus nécessaire, le mieux recruté et qui devrait être le plus sévèrement tenu à l'écart de la politique.

Et après avoir fait ressortir que l'enquête n'empiétera ni sur le pouvoir judiciaire, ni sur le pouvoir exécutif, ni sur le pouvoir du Sénat, — où, par le jeu de la mort et de la fortune, la majorité a pu se déplacer et qui se trouvera peut-être un jour intéressé à barrer la route aux ennemis de la République, sous peine de devenir lui-même une Convention blanche, — il finit en disant qu'il est temps de faire justice et de cette politique et de ce ministère qui a donné et repris sa démission et qui compromet celui qu'il prétend servir, en se cramponnant au pouvoir, dont il a non l'ambition mais la gloutonnerie.

A la suite de cette exécution en règle, après laquelle l'enquête fut votée par 312 voix contre 211, le cabinet donna *définitivement* sa démission et les bureaux se réunirent pour nommer la commission.

Le journal l'*Ordre* imprimait le lendemain : « *M. Gambetta n'a pas été trop au-dessous de sa tâche;* » dans le *Pays*, on lisait : « M. Gambetta a répondu à « M. de Broglie, son discours a été le discours d'un « homme ivre.

« Ses périodes étaient des hoquets.

« Il a été immonde de grossièreté, de trivialité, de basse injure.

« Il paraît qu'on l'a emporté évanoui et râlant.

« C'est de bon augure, et nous y voyons le signe d'un débarras prochain. »

Quelles gens comme il faut que ces bonapartistes, et comme Gambetta, pour rester un vrai plébéien, un vrai démocrate, fait bien de ne pas prendre chez eux des leçons de bonne tenue et de beau langage!

Après neuf jours d'hésitation et de tâtonnements, le ministère Rochebouet, un ministère-sabre, un ministère de *vieux camarade* parut à l'*Officiel*. C'était encore un défi jeté à l'opinion du pays, et à cette provocation, la nation répondit en criant au président de la commission du budget : « *Serrez les cordons de la bourse.* »

Le moyen était radical, seul efficace en vue des menaces d'une nouvelle dissolution à laquelle poussaient les conseillers masqués du maréchal, ne se contentant pas d'ailleurs de l'exposer à se compromettre ouvertement, mais préparant, sous main, depuis longtemps, en passant par-dessus la tête du ministre responsable, un coup de force manipulé entre certains chefs de corps d'armée et certains divisionnaires triés sur le volet et ayant déjà fait leurs preuves en pareille matière.

Il était, en effet, absolument impossible de songer à une nouvelle dissolution, si le budget n'était pas voté. Les plagiaires des hommes de décembre savaient bien qu'il faut de l'argent et beaucoup d'argent pour « sortir de la légalité afin d'entrer dans le droit ; » il était de bonne guerre de leur opposer une mesure qui ne compromettait en rien, d'ailleurs, le fonctionnement des services publics, assurés par le vote des douzièmes provisoires.

Gambetta poussa donc activement au refus du budget.

Le 6 décembre, le cabinet Rochebouet donnait sa démission, et les noms les plus incroyables étaient mis en avant; on parlait de M. Batbie, du général Ducrot, comme successeurs de M. de Rochebouet. C'était purement insensé, et cependant on manœuvrait à l'Elysée sur ces noms-là, car M. Dufaure n'avait accepté la présidence du nouveau ministère qu'à la condition d'avoir *carte blanche*.

A la Chambre, on procédait lentement aux invalidations des candidats officiels les plus compromis, et le soir, quand ils s'étaient assurés qu'ils n'étaient pas dans le voisinage immédiat de quelque agent de police, on entendait des gamins crier : *Se soumettra, se soumettra pas ! — Se démettra, se démettra pas !* — La commission du budget continuait ses travaux au Palais-Bourbon, sous la présidence de Gambetta.

Pourvu qu'il ne cède pas, disait le pays : — il n'y avait pas de danger !

Gambetta, plus d'un mois avant le terme fixé par les hommes du 16 mai pour leur coup de force *in extremis*, coup de force qui ne fut révélé que le 13 décembre par l'incident du major Labordère, avait été prévenu de toutes leurs menées, il connaissait les détails de la préparation de ce crime, il savait les noms des officiers d'état-major dépendant du ministère de la guerre, qui, à l'insu du ministre, étaient allés, — sans feuilles de route, bien entendu, — porter de vive voix les communications aux futurs participants de l'ACTE ; mais il savait aussi que les moyens de résistance étaient prêts, et qu'au premier symptôme d'un mouvement illégal, les coupables, si haut placés qu'ils fussent, seraient immédiatement mis dans l'impossibilité de nuire.

Il était décidé à tout, et c'est là une des choses sur lesquelles il veut se taire, mais que doivent dire les rares personnes qui la connaissent, car ceux qui lui adressent des reproches de mollesse en certaines occasions et qui lui jettent à la face l'épithète d'opportuniste, doivent apprendre enfin qu'il pousse cette théorie jusqu'à ses plus extrêmes limites et qu'il saurait mettre la main au collet de n'importe qui, si cela était opportun.

C'est seulement le 13 décembre que parut à l'*Officiel* la liste du nouveau ministère ; M. Dufaure avait tenu bon. Le maréchal de Mac Mahon s'était *soumis* et avait donné *carte blanche*, oubliant ou n'ayant jamais su, peut-être, que *donner et retenir ne se peut.*

Malgré la confiance grande qu'elle avait dans la fermeté du chef de cabinet, M. Dufaure, la commission du budget et la Chambre ne votèrent que deux douzièmes provisoires ; Gambetta, profitant des vacances du jour de l'an, alla passer quelques jours en Italie.

Pendant ce voyage, il vit les principaux hommes politiques qui tenaient à lui prouver leur reconnaissance pour les sentiments d'amitié qu'il avait toujours manifestés pour leur pays, et surtout pour sa politique anticléricale. Un voyage fait quelque temps auparavant par M. Crispi en France et dans d'autres Etats, et ses rapports avec Gambetta avaient pu faire croire un instant que ce dernier était allé en Italie, chargé d'une mission; il n'en était rien, et même dans sa visite à Victor-Emmanuel qui lui témoigna toute l'admiration qu'il avait pour son caractère, il ne fut question officieusement que des destinées platoniques de la France et de l'Italie, les deux sœurs entre lesquelles ils étaient, l'un et l'autre, déterminés à resserrer chaque jour davantage les liens de la parenté.

Il revint en France et s'arrêta quelques jours à Nice, où s'était retiré son père depuis 1869, après la vente de son fonds de commerce de la place du Marché de Cahors, et où la pauvre Tatan, frappée de paralysie, était à la veille de terminer une existence à laquelle la présence de son cher *Leïon* donna les derniers rayons de bonheur; avant de rentrer à Paris il s'arrêta également à Marseille, où une réception lui fut faite au cercle de l'Athénée méridional, situé sur le cours Belzunce.

Il y fit, de lui-même, et en quelques mots, un portrait plus ressemblant que celui que pourraient faire ses plus intimes amis, ceux même qui peuvent lire dans sa conscience et qui connaissent ses moindres actions; il dit:

Autant je suis optimiste pendant la lutte, aux heures de péril, autant je deviens inquiet après la bataille, aux heures de trêve... Pourquoi ? Parce que je redoute avant tout l'ivresse du succès, une faute commise par notre parti, un coup de tête de quelqu'un, une machination perfide de quelque coterie d'intrigants. Soyons patients et stratégistes, mes chers amis. Ne nous hâtons pas, une fois les maîtres du terrain, de courir sus à l'ennemi, sans nous inquiéter de ceux que nous laissons derrière nous et qui, au moment où nous nous y attendrions le moins, feraient feu sur nos troupes et profiteraient de nos imprudences. Au contraire, je demande à mon parti de faire une halte, de se maintenir dans les positions conquises, de les fortifier, de les palissader, de les rendre inexpugnables.

Il rappela à ses électeurs de 1869 ce qu'il leur disait alors :

Je suis un homme de gouvernement et non pas un homme d'opposition ; ce que je veux, c'est l'avènement au pouvoir de la démocratie française, car un an de pouvoir est plus fécond que dix ans d'opposition héroïque... Je veux le maintien du pouvoir entre les mains des républicains, car le pouvoir, avec ses difficultés, est préférable à quelques jours d'opposition dont l'éclat ne remplace pas la stérilité...

Dans un an, nous aurons également la majorité dans le Sénat, si les élections sont faites sous un ministère républicain, et je compte sur le bon sens du pays pour permettre à ce ministère de rester au pouvoir, de même que le ministère peut s'attendre au dévouement de la majorité parlementaire, dans le même but.

Le 10 janvier il était de retour à Paris, et au moment même où l'on faisait courir le bruit qu'il venait d'être frappé d'une attaque d'apoplexie, il entrait à la Chambre.

Le 21, à propos de la discussion sur l'élection de M. de La Rochefoucauld-Bisaccia, les droites avaient déposé à la tribune un projet de résolution ayant pour but de faire déclarer que, désormais, toute invalidation ne pourrait être prononcée qu'à la majorité des deux tiers des votants.

Le *boucan* était organisé. Gambetta demanda la parole et, malgré le bruit, montra combien la majorité avait été longanime et indulgente dans les questions d'invalidation, et comme les interruptions se multipliaient, il répliqua avec beaucoup de sang-froid : « Oui, nous avons poussé l'indulgence jusqu'à la faiblesse. »

Ce jour-là, il tint tête encore pendant trois quarts d'heure aux énergumènes des droites coalisées, qui ne réussirent qu'à faire repousser leur projet par 312 voix contre 186.

Le 28 janvier, un banquet démocratique avait été offert, dans le XXe arrondissement, à Gambetta et aux conseillers municipaux nouvellement élus ; après quelques allocutions de la part de ces conseillers et de M. Nadaud, député, il s'exprima ainsi :

> Mon tour est venu de porter aussi une santé dans cette réunion fraternelle, où vous avez déjà entendu l'expression des sentiments de bonheur, de contentement, de joie patriotique, d'espérance nationale, que mes amis, à quelques conseils électifs qu'ils appartiennent, sont venus porter devant vous. Le toast que je veux porter est le résumé de toutes ces bonnes et fortes paroles. Je porte un toast à la fermeté d'âme du parti républicain français !

Oui, c'est à lui, messieurs, mes amis, que nous devons de pouvoir nous réunir aujourd'hui librement, de pouvoir presque oublier les douleurs et les angoisses du passé, frapper en maître le sol parisien et regarder, l'œil tout plein d'espérance, les perspectives de l'avenir. C'est à la fermeté d'âme, à l'héroïsme déployés par la France pendant ces sept mois de désordre, de turbulence administrative et de complots non encore fouillés et châtiés, c'est à cette fermeté d'âme que nous devons de pouvoir saluer enfin la victoire du suffrage universel, instruire le procès de ses ennemis...

A ceux qui se plaignaient des lenteurs des invalidations et des enquêtes, il répondit que cette enquête doit être continuée sans tenir compte des gémissements intéressés des uns, ni des violences calculées des autres, et qu'il y a temps pour tout, quand on donne tout son temps; qu'il y a temps pour frapper les coupables au nom de la loi.

Est-ce que vous pensez, continua-t-il, que le résidu des trois ou quatre partis qui conspirent contre la volonté nationale soit véritablement redoutable? J'entends bien qu'on en parle beaucoup; permettez-moi de croire qu'ils ressemblent beaucoup aux peureux qui sifflent dans l'obscurité pour se donner du courage.

Savez-vous à quoi je crois, messieurs? Je crois que si nous continuons, si nous persévérons à obéir aux volontés du pays, à pratiquer une politique d'ordre, de réflexion, de sagesse, de concorde et de progrès, ce n'est pas la résistance du Sénat qui se prépare, c'est, au contraire, la capitulation du Sénat.

Oh! je sais bien qu'on me reprochera peut-être d'avoir employé un mot blessant, parce qu'il y a des gens qui veulent capituler sans le dire. Mais je ne sais qu'une chose : c'est que quand on cède à la France, quand on se rend entre les mains du pays, tout le profit est pour la France et tout l'honneur est pour celui qui sait céder...

Tout cela, je le dis ici sur ce plateau de Belleville dont je m'honore d'être resté, sous les risées d'une réaction qui, à mon tour, ne me prête qu'à rire... dont je m'honore d'être resté le représentant fidèle, — je le dis ici, parce que je l'ai répété partout ailleurs : Oui, j'ai tenu à planter mon drapeau au milieu de vous, savez-vous pourquoi ? Parce que j'étais sûr que, le jour où l'on serait obligé de saluer et d'admettre votre bon sens, votre esprit politique, comme vous étiez à l'avant-garde de la démocratie, on pourrait se retourner vers la France, vers le monde et lui dire : Est-elle donc bien ingouvernable, cette démocratie, quand on voit les plus vaillants, les plus ardents, les plus chauds, comprendre et pratiquer l'ordre, la sagesse, dans la fermeté et le patriotisme?

Dans une séance de nuit, qui eut lieu le 1er février, Gambetta, répondant à M. Rouher, fit avec une éloquence indignée le tableau de tous les méfaits de l'empire.

Ah ! s'écriait-il d'une voix mordante, vous osez faire appel à l'opinion publique ! vous osez invoquer le jugement de la France ! La France, elle a répondu, elle répondra jusqu'à ce que le châtiment soit complet, définitif. Vous avez parlé d'Europe : c'est par vous qu'il n'y a plus d'Europe.

Ah! vous avez dit qu'il n'a pas dépendu de vous — de vous, *pars minima* — que la guerre n'éclatât point ; qu'avant qu'elle fût votée vous avez lutté dans les conseils de votre fatal empereur contre les décisions tragiques et suprêmes.

Eh bien ! messieurs, écoutez le langage que, le jour même de la déclaration de guerre, tenait l'homme qui est venu porter cette affirmation à la tribune.

Ecoutez ce qu'il disait le 16 juillet 1870, à Saint-Cloud.

au nom des grands corps de l'État, et vous saurez ce que pèse et ce que vaut la dénégation de ce coupable aux abois :

« Sire,

« *Le Sénat remercie l'empereur de lui avoir permis de venir porter aux pieds du trône l'expression des sentiments patriotiques avec lesquels il a accueilli les communications qui lui ont été faites à la séance d'hier.*

« *Grâce à vos soins, la France est prête.* » Et il ajoutait : « *Se refusant à des impatiences hâtives, animé de cette calme persévérance qui est la vraie force, l'empereur a su attendre.*

« *Mais, depuis quatre années,* » — écoutez ceci — *mais depuis quatre années, il a porté à sa plus haute perfection l'armement de nos soldats, élevé à toute sa puissance l'organisation de nos forces militaires.* »

Qui a menti ? Est-ce l'opposition ou M. Rouher ?

Ce n'est pas tout :

« *Que l'empereur reprenne, avec un juste orgueil et une noble confiance, le commandement de ses légions agrandies de Magenta et de Solférino... Si l'heure des périls est venue, l'heure de la victoire est proche.* »

Et lui, qui vous disait tout à l'heure qu'il n'était pas pour placer un souverain en Espagne, qu'il n'était pas pour importer des souverains étrangers ! il a donc oublié que c'est lui qui a importé Maximilien au Mexique ? Il a donc oublié, sous le premier empire, le fossé de Vincennes, et, sous le second, le fossé de Queretaro ? Il a donc oublié que ce sang qui a été versé, a été versé précisément par lui, grâce aux mensonges dont on a abreuvé le Corps législatif et la France ?

J'entends encore la grande voix de Berryer disant, avec un accent et une inspiration prophétiques : « Quoi ! vous voulez mettre un archiduc d'Autriche au Mexique ? Et quel sort lui réservez-vous, à cet enfant de vos victoires, la banqueroute ou la mort ? » Et c'est la banqueroute et la mort qui sont venues ; c'est d'ailleurs le cortège habituel des Bonaparte.

Il faut que vous écoutiez jusqu'à la fin cette allocution de M. Rouher, président du Sénat, au misérable vieillard dont la volonté, fatiguée et épuisée, allait obéissant à ses conseillers néfastes et voulait faire une guerre dynastique, — sa guerre, à l'Espagnole ! — Il fallait précipiter la France sous le couteau d'un ennemi qui s'organisait, lui, depuis cinquante ans.

Se plaçant alors en face de M. Rouher, il termina cette violente philippique par ces mots :

Vous n'étiez pas faits pour mener la fortune de la France à la victoire.

Vous avez commencé comme des jouisseurs et vous avez fini comme des traitres.

A la séance du 18 mars, M. Léon Say, ministre des finances, d'accord avec la commission du budget dont le rapport était déposé depuis le commencement de la reprise des séances, demanda la mise à l'ordre du jour du budget des recettes pour le jeudi suivant; et comme M. Madier de Montjau s'opposait à cette hâtive discussion, Gambetta lui répondit que dans la situation actuelle des partis, avec les forces dont on disposait dans les pouvoirs publics et dans la nation, si l'on avait eu jusque-là le droit de mettre la main sur le budget, il fallait donner à la France et à la République cette certitude, qu'en hommes sûrs du lendemain, sûrs de pouvoir écraser les factieux, s'ils relevaient la tête, les députés républicains jugeaient l'heure venue de voter le budget.

Ces paroles entraînèrent l'adhésion unanime des gauches et le budget des recettes fut voté.

Au même moment, Gambetta adressait au ministre des finances une lettre dans laquelle il lui demandait un devis des frais que pourrait occasionner une allocation de 10 0/0 aux agents des ministères dont les émoluments ne dépassaient pas 2,400 francs, ainsi qu'à tous les ouvriers de l'Etat et aux gens de service, pendant les six mois de durée de l'Exposition ; il adressait également à la Chambre une demande de crédit, afin de permettre aux principaux fonctionnaires de l'Etat de recevoir dignement les représentants des nations qui viendraient à Paris, — mesures votées à l'unanimité par la commission du budget.

A propos de certains crédits rétablis par le Sénat et repoussés de nouveau par la Chambre des députés, un conflit était possible ; la droite du Sénat, incorrigible, n'eut garde de laisser échapper cette occasion. Gambetta avait fait comprendre, en effet, que sous la question de ces crédits se cachait la reconnaissance officielle des congrégations non autorisées, et il avait demandé qu'on ajournât la discussion jusqu'au moment de la présentation du rapport sur le budget de 1879. La Chambre lui donna raison, mais le conflit existait et le Sénat tenait à ce qu'on pût dire de lui qu'il n'était fait que pour mettre des bâtons dans les roues.

CHAPITRE XXIX

Les pensions de retraite des officiers. — Discours au dîner du Cercle parisien. — Conférence au cirque Myers au profit des victimes de la catastrophe de la rue Béranger. — Discours au profit de la bibliothèque populaire du XIIIe arrondissement. — Anniversaire de Hoche.— Discours de Valence et de Romans.— La délégation des commis voyageurs à Grenoble. — Discours de Grenoble. — Discours à la salle du Château-d'Eau pour les bibliothèques populaires. — M. Baragnon et M. de Fourtou. — C'est un mensonge. — Duel de Gambetta — Banquet des commis voyageurs. — Les élections sénatoriales. — Démission du maréchal. — Gambetta président de la Chambre des députés.

Le 6 mai, le projet de Gambetta et Antonin Proust, sur les pensions de retraite des officiers, vint en discussion devant la Chambre et Gambetta fit adopter ce projet à l'unanimité des 473 votants, malgré les réclamations de MM. Berger et Dréolle dont il combattit les arguments.

Le 14, la commission du budget, à l'unanimité, le choisissait de nouveau pour son président, et, en prenant possession de son fauteuil, il la remerciait en ces termes :

J'adresse d'abord à tous mes collègues de la commission l'expression des vifs sentiments de reconnaissance que j'éprouve pour le témoignage d'estime et, laissez-moi le dire en présence de votre unanimité, pour le témoignage de satisfaction qu'ils viennent de me donner. J'y trouve le gage de l'accord et de la parfaite solidarité qui se sont établis entre nous, depuis que nous traitons ensemble des affaires financières de la France.

Nous avons parcouru une campagne qui, pour n'être pas longue encore, n'en a pas moins produit déjà des résultats féconds. Nous avons pu, grâce au concours de tous, grâce au sang-froid, à la patience du pays, à son ardeur au travail, traverser des temps difficiles, heureusement déjà loin de nous, et il nous est permis aujourd'hui d'envisager avec calme la situation. Cette crise a fait ressortir l'admirable union de la France, sous l'égide d'une République tranquille, légale, forte, laborieuse et pacifique...

La tâche qui nous est imposée est maintenant plus facile; la situation se présente sous des aspects plus consolants. Nous sommes en présence de ministres qui ont toute notre confiance et au milieu desquels on trouve des hommes d'une haute capacité, qui ont donné la mesure de leur compétence dans les services dont ils sont chargés.

Une autre pensée a toujours présidé à nos délibérations, et elle s'impose à nous avec une gravité nouvelle, aujourd'hui qu'il est question d'adjoindre le compte de liquidation à notre budget annuel : c'est la ferme intention que la Chambre a toujours eue de donner à la force défensive de la France tout ce qui est nécessaire pour la porter à son plein et entier développement. Mais c'est ici qu'il nous importe de ne pas dépasser la mesure, et, en donnant tout ce qu'il faut, de rester fidèles à ce grand principe sur lequel sont d'accord à la fois le gouvernement, les hommes politiques et le pays lui-même, à savoir que la France poursuit exclusivement une œuvre de paix et de civilisation.

C'est sous ces auspices que nous allons entrer dans l'examen de la situation budgétaire de la France.

Le 24 mai, le cercle national de la rue Le Peletier donnait un grand dîner au ministre de l'agriculture et du commerce, à tous les commissaires étrangers et au haut personnel de l'Exposition; parmi les assistants se trouvaient les sommités des grands corps de l'Etat, du commerce, de l'industrie, des sciences et de la presse. Après des discours de circonstance, prononcés par MM. Duclerc et Teisserenc de Bort et par les commissaires de la section anglaise et américaine, Gambetta prit la parole :

Messieurs, dit-il, je suis très heureux de pouvoir répondre au toast que vous venez d'entendre et de lever mon verre au milieu de vous pour porter la santé de nos hôtes, de ces représentants si actifs, si zélés, si ingénieux de l'industrie universelle qui ont rassemblé dans ce Paris qui en était bien le cadre naturel, tous ces trésors, toutes ces incomparables merveilles que le monde entier a bien voulu confier à la probité et à la loyauté de la France républicaine.

Messieurs, vous avez été les garants de la France devant l'univers.

Je manquerais à mes devoirs si je ne disais pas que ce qui a le plus touché le cœur de tous les Français, c'est de voir, le jour de l'ouverture de notre Exposition, non pas seulement les représentants les plus nobles des grandes souches royales du monde, mais encore les représentants de ce que les arts, la science, l'industrie, le commerce, la banque, la diplomatie, la politique, toutes les manifestations de l'esprit humain ont produit de supérieur, de plus autorisé, de plus illustre, présents à ce rendez-vous solennel. Messieurs, ce jour, ce grand jour a été pour nous le jour de la délivrance et du couronnement...

Voyez de quel prix a été pour nous cette fixité dans les déclarations et les adhésions de la première heure. Elle a suffi pour triompher de tous les mauvais vouloirs, de toutes les résistances, de tous les refus de concours, de toutes les appréhensions, de toutes les calomnies, car ce mot n'est pas trop fort pour stigmatiser ceux qui, inspirés par la passion, ont été assez méchants et assez dépravés pour souhaiter l'insuccès de cette grande entreprise.

C'est à vous que nous devons d'avoir fait — non pas la dernière Exposition universelle, mon cher monsieur Owen, car ce n'est pas la dernière Exposition qu'il nous sera donné d'admirer, — mais d'avoir fait l'Exposition de Paris de 1878, et si nous y avons réussi, c'est grâce au concours de tous ; c'est pour cela que cette Exposition de 1878 a son caractère propre et très marqué; c'est pour cela aussi qu'elle aura des conséquences.

Cette confiance dans la parole de la France, je la salue et j'aime à la proclamer devant mon pays, parce que cette confiance est le gage et l'appui des relations appelées à relier les peuples entre eux. C'est pourquoi, messieurs, nous avons pu saluer, je le dis avec plaisir, la réunion totale et complète des représentants de toutes les puissances du monde à notre Exposition.

Je tiens, messieurs, à constater cet empressement unanime, surtout à l'honneur de ceux qui ont bien voulu, à la dernière minute, apporter ici le concours de leur intelligence et de leur activité. Et si quelque chose est de nature à donner à la fête que nous célébrons ici un caractère véritablement général, complet et décisif, c'est que nous pouvons dire, avec autorité, à la face du monde, que cette fête se résume en deux mots : Paix et travail !

Mes chers concitoyens, j'éprouve une satisfaction toute patriotique à le dire devant nos hôtes, c'est parce que nous sommes appuyés sur le suffrage universel qui est la loi de tous, par tous et pour tous, que notre pays peut éprouver tous les accidents, traverser toutes les tempêtes de la politique, sans jamais laisser entamer ni sombrer le grand et fécond principe sur lequel repose la société française, l'égalité.

Le 26 mai, au cirque Myers, dans la même enceinte où, quelques jours avant, avait eu lieu une grande réunion pour le centenaire de Voltaire, plus de 10,000 personnes assistaient à une conférence de M. Spuller, organisée pour venir en aide aux victimes de la catastrophe de la rue Béranger. Gambetta présidait cette conférence, dont le titre était : *Fraternité-Solidarité*. Après une courte allocution, dans laquelle il remerciait l'assistance d'être venue en si grand nombre à ce pieux rendez-vous de l'assistance commune, il prononça d'une voix émue un discours dont voici les passages principaux :

Dans un langage, qui était comme le langage d'un véritable apostolat, on vous a prêché les vertus républicaines. Vous, mesdames et messieurs, vous faites mieux que de les entendre prêcher, vous les pratiquez.

Votre présence ici est le meilleur, le plus éloquent, le plus décisif et j'ajoute le plus fortifiant des plaidoyers en faveur des vertus républicaines. Et si j'ai une impression personnelle à traduire pour ceux qui m'écoutent et pour ceux qui sont au dehors, c'est que plus je vais, plus j'observe, plus je constate les actes et la marche de la nation française, et plus il me semble que devient irrésistible et invincible ce mouvement qui, rapprochant tous les Français les uns des autres, ne laisse plus d'espérance ni à la division, ni à l'anarchie, ni à l'outrage, ni à l'esprit de corruption, ni aux querelles civiles ; plus il me semble que nous touchons au moment béni, trois fois béni, où il n'y aura plus qu'une opinion, qu'un parti, qu'un drapeau, qu'une France !

S'adressant alors spécialement aux dames, il leur demanda, à elles, la représentation de ce qu'il y a de plus tendre, de plus délicat dans l'âme française, d'assurer leur légitime empire et de dire : assez de divisions politiques, le pays a parlé ; qui veut être patriote en France doit être aujourd'hui républicain.

Oui, ajouta-t-il, je ne crains pas de me servir de cette tribune improvisée pour m'adresser à toutes ces femmes qui m'écoutent et pour leur dire d'inviter, demain, toutes leurs sœurs du dehors à donner à ce langage et à ce discours sa véritable sanction, afin que l'on dise que la France a été, dans le passé, sauvée par une femme et refaite aujourd'hui par les femmes.

Oui, je tiens à le dire : il faut en finir avec ces querelles historiques. On doit passionnément admirer la figure de la Lorraine qui apparut au quinzième siècle pour abaisser l'étranger et pour nous redonner la patrie, et en même temps dans ce Paris, tout imprégné du génie de celui qui fut le vrai roi de l'esprit et de la philosophie au dix-huitième siècle, on doit acclamer ce nom de Voltaire... — en dépit d'attaques dont son ombre ne peut pas plus s'émouvoir que ne s'émeut le dur diamant sous l'attaque de la lime ou de l'acier vulgaire ; — ce Voltaire, il faut le saluer, il faut le mettre à sa place au milieu de toutes nos gloires nationales et, quant à moi, je me sens l'esprit assez libre pour être le dévot de Jeanne de Lorraine et l'admirateur et le disciple de Voltaire.

Annonçant alors qu'une quête allait être faite pour augmenter le chiffre de la somme destinée au soulagement des victimes de l'accident de la rue Béranger, il termina par ces mots :

Donnez, donnez toujours, il vous sera rendu au centuple, je ne dis pas dans l'autre monde, mais sur cette terre.

Je ne voudrais empiéter sur le terrain de personne, je ne peux vous promettre que des consolations terrestres, et j'ai la conviction que le sacrifice et la récompense sont presque contemporains et simultanés ; je vous connais trop pour ne pas savoir que c'est vous faire plaisir que de vous demander de faire la charité.

Le 18 juin, une conférence de M. Ch. Quentin sur

l'*Histoire du livre*, eut lieu au théâtre des Gobelins, au profit de la bibliothèque populaire du XIIIe arrondissement, sous la présidence de Gambetta qui résuma en quelques mots la tactique qu'on devait suivre pour tirer tous les bénéfices possibles de l'organisation récente de ces foyers de vulgarisation de l'instruction.

Il ne servirait de rien, dit-il, d'y mettre des livres, d'y attirer des lecteurs qui resteraient isolés, qui ne se communiqueraient pas entre eux les résultats de leurs lectures, leurs recherches et leurs réflexions. Il faut qu'à côté de la bibliothèque il y ait, pour ainsi dire, un homme associé à son développement et qui vienne, de temps à autre, faire sortir des rayons de cette bibliothèque toutes ces lumières qui y dorment et sommeillent, et en présenter devant vous le foyer lumineux.

Il faut que la science se multiplie par l'exposition, à l'aide de la parole.

Le 25 juin de l'année 1878, à Versailles, on put enfin célébrer à ciel ouvert une véritable fête nationale, — celle de Hoche. — Le programme avait été annoncé à l'avance : des salves d'artillerie, un concours de tir, les grandes eaux, une fête de nuit au bassin de Neptune, des illuminations à giorno du parc par la lumière électrique et par 50,000 verres de couleur, un grand feu d'artifice sur la place d'Armes. Le banquet traditionnel avait lieu à la salle des Variétés.

A la suite d'un toast porté par M. Jules Ferry à Gambetta, «l'objectif de tous les ennemis de la République, l'adversaire puissant du 16 mai, si puissant, que le ministre de la justice du 16 mai n'a pas craint de compromettre la justice pour essayer de l'abattre, le défenseur de la France au dehors et au dedans, » il se leva et répondit :

Je ne puis accepter qu'on parle d'un homme comme on vient de parler tout à l'heure de moi, car si Hoche pouvait nous entendre, il nous dirait que la première vertu des démocrates est de se garder des personnalités.

Non, je n'ai pas désespéré de la France. — Eh! le beau mérite! La France a une telle vitalité, qu'elle a traversé toutes les épreuves, toutes les éclipses sans éprouver d'autres besoins que de s'élever et de grandir.

Il n'y a de valable dans l'homme que les actes qu'il fait et non la réputation qu'on lui fait.

Ce que nous sommes tous aujourd'hui, vos représentants, vos élus, c'est ce que nous avions annoncé que nous serions, les serviteurs dévoués de la souveraineté nationale.

Rapportons à la France tout entière ce mérite du contraste entre les joies de 1878 et les angoisses de 1877.

Oui, c'est la France qui a vaincu!

Et c'est pour cela que le gouvernement d'aujourd'hui peut être clément, mais qu'il ne doit pas oublier qu'il faut frapper peu mais juste.

Ce qui fait la gloire de l'époque de Hoche, c'est que les plus vaillants, les plus ardents capitaines étaient aussi les plus fermes soutiens de la loi.

C'est ce qui fait qu'il a été impossible de faire croire à notre pays que le parti des patriotes n'était pas en même temps le parti de l'armée.

S'il y a eu un parti qui ait les yeux incessamment tournés vers l'armée, qui se préoccupe de son origine, de son recrutement, de son bien-être, du génie de ses chefs, qui ait cette préoccupation exclusivement nationale, c'est le nôtre c'est le parti républicain.

Résumons l'histoire de l'armée en France. A mesure que l'armée féodale diminue, l'infanterie augmente, le paysan entre dans l'armée. Faire l'histoire de la démocratie dans l'armée, c'est faire l'histoire du progrès de la France.

Je l'ai dit à des époques critiques : quand les conspirateurs comptent sur l'armée, ils ne la connaissent pas ; ils la calomnient, car l'armée c'est l'honneur, c'est le patriotisme.

Non, je n'ai jamais désespéré de mon pays, et pourquoi voulez-vous que j'en désespère ? Il fait l'éblouissement du monde.

Nous n'avons qu'une chose à faire, c'est de supplier le pays de continuer à se débarrasser des partis pris isolément, pris collectivement, à avoir confiance dans le droit qui a toujours son heure. S'il continue à se montrer calme, prudent et ferme, eh bien ! messieurs, ce serait la première fois que la victoire aurait manqué au génie.

Je vous prie, messieurs, de porter un toast à l'unité de tous les citoyens sous le drapeau de l'armée française.

Pendant qu'avaient lieu les fêtes nationales et que la foule des provinciaux et des étrangers venus pour l'Exposition et réunis aux Parisiens était en liesse, la commission du budget travaillait sous la présidence de Gambetta ; elle adoptait les propositions relatives aux travaux de chemins de fer et de navigation présentées par le ministre des travaux publics, M. de Freycinet, et elle accordait un supplément de dotation de 1 million 500 mille francs pour l'entretien des rivières, canaux et ports.

Au milieu du mois de septembre, Gambetta quittait Paris pour reprendre ses tournées en province. Son voyage ne fut qu'une série d'ovations partout où il passa.

Le 17, à Valence, à la suite d'un banquet et d'un

discours de M. Madier de Montjau, qui venait de lui donner l'accolade, Gambetta parla ainsi :

Messieurs, je suis profondément touché de l'accueil sympathique que je reçois de vous et de mon plus précieux collaborateur pendant la période du 16 mai. Je n'ai que des paroles d'effusion et de gratitude à vous adresser ; mais permettez-moi de vous rappeler ce que je vous ai toujours dit : qu'il fallait se garder du prestige des personnalités et qu'il n'y a rien de plus dangereux que de se faire d'un homme une idole. Vous me trouverez toujours l'ennemi des personnalités excessives : j'ai réclamé mon rang dans la démocratie pour la servir et non pour me placer au-dessus d'elle.

Je n'ai jamais voulu élargir le fossé qui sépare le parti républicain du reste de la France, et ma force sur vous-mêmes, c'est que personne ne peut douter de mon esprit de concorde et de conciliation. Oui, les temps héroïques sont finis, il faut remplacer la violence par la raison, car nous avons un instrument qui manquait à nos pères : le suffrage universel, qui a su déjouer les intrigues les mieux ourdies. C'est lui qu'il faut consulter constamment.

Nous en avons fait l'expérience, et si aujourd'hui nous pouvons envisager l'avenir avec une parfaite tranquillité d'âme, c'est au suffrage universel que nous le devons...

Bientôt la France, débarrassée des aristocrates sans noblesse, fera entrer dans le Sénat un contingent de républicains qui en fera un corps harmonique avec la Chambre. Tous alors seront animés d'une même passion, de la passion du bien public. Avant tout, il faut maintenir l'union, la concorde entre toutes les nuances du grand parti républicain, car il n'y a d'armées victorieuses que les armées disciplinées. Je bois à la République, qui conquerra dans la paix des institutions véritablement républicaines ; je bois au bon sens national qui nous permettra d'introduire dans le monde l'image nouvelle d'une République sans exemple, sans précédent, d'une République qui sera l'épanouissement de l'élite de l'humanité.

Le 18, il était à Romans, accompagné des députés et des représentants des conseils locaux ; un grand cirque en planches y avait été construit et 6,000 personnes s'y réunissaient à quatre heures de l'après-midi.

Il jeta d'abord un rapide coup d'œil sur cette période de sept années, pendant lesquelles la France s'était peu à peu ressaisie elle-même et, chaque fois qu'elle avait été consultée depuis mai 1871, avait exprimé plus vigoureusement sa volonté de fonder la République avec toutes ses conséquences. Il représenta la période qui allait s'ouvrir comme la seconde phase du parti républicain ; il évoqua le souvenir de M. Thiers, qu'il montrait disant aux partis déchaînés les uns contre les autres : « *Le parti qui finira par triompher et gouverner, ce sera le parti le plus juste et le plus sage ;* » il prouva que le parti républicain était tout cela et qu'il conservait une dignité calme et résolue devant les troupes réactionnaires marchant au combat sous la bannière du cléricalisme.

Examinant ensuite la constitution du 25 février qui, tout imparfaite qu'elle soit, s'impose au respect de ceux qui l'appliquent et de ceux qui lui obéissent, et qui doit être étudiée dans ce qu'elle a de perfectible, il recherchait comment, en ce qui concerne la transmission du pouvoir présidentiel, elle doit être appliquée si le chef de l'Etat se dérobait à son mandat et laissait le siège vide, au lendemain du jour où le renouvellement par tiers du Sénat va accentuer encore la volonté de la France ; et il disait que si cette menace, avec laquelle on a essayé d'effrayer le pays s'accomplissait, il ne s'écoulerait pas une heure entre la retraite et le remplacement.

Donc, ajoutait-il, si c'était là un calcul, je crois en avoir fait justice. S'il s'agissait d'une défaillance, je crois qu'il y a moyen de se convaincre qu'elle ne se produira pas. Elle ne se produira pas parce qu'elle est contraire à ce que nous savons et que l'expérience pèse bien quelque chose. Elle est contraire aussi au devoir; oui, messieurs, au devoir. Je ne mets rien au-dessus du fonctionnement de la constitution, et quand un pouvoir — je fais abstraction des personnes — est constitué pour accomplir une tâche, il doit la poursuivre — et ici j'explique l'expression dans son vrai sens — jusqu'au bout...

Depuis un siècle, sauf le cas fortuit de Charles X succédant à Louis XVIII, jamais pouvoir n'a été régulièrement transmis dans ce pays en vertu des lois à un successeur. Eh bien, ce que je veux voir, ce que j'appelle de tous mes vœux, ce à quoi j'adjure tous les bons républicains de consentir, c'est le fonctionnement de la constitution, c'est-à-dire le mécanisme républicain placé au-dessus de toutes les objections et de toutes les controverses, démontrant qu'enfin nous avons trouvé la vraie stabilité, celle qui se fait par la révolution de la loi.

Et quand vous aurez cet argument, quand vous pourrez dire qu'un président de République mis au pouvoir par vos adversaires, installé par vos ennemis et n'ayant à coup sûr, au fond du cœur, rien de passionné pour nos institutions nouvelles, a complètement, pacifiquement, légalement, et aux applaudissements de l'opinion, rempli sa charge, et qu'à l'expiration de ses pouvoirs, la nation s'est trouvée tout naturellement, tout simplement, tout pacifiquement, passer d'un pouvoir présidentiel à un autre pouvoir présidentiel, messieurs, non seulement pour la France, mais pour le monde entier, vous aurez fait la seule preuve qui existe du mouvement : vous aurez marché.

Il passait ensuite à ce qu'il appelle la deuxième étape du parti républicain et il indiquait les questions à résoudre dans cette période : l'épuration des administrations, de façon à ce qu'on cesse de voir un gouvernement voulu et acclamé par tout le pays, mais contrarié constamment par ses fonctionnaires, — l'organisation définitive de la France armée pour sa propre protection, représentation fidèle de la patrie, ne servant plus qu'à son honneur et à son indépendance, et tenue à l'écart de toute politique, au-dessus de l'arène des partis, — la réforme de la magistrature et une investiture nouvelle qui assure la triple protection de l'Etat, du citoyen et du juge, — les rapports de l'Eglise et de l'Etat, et il ajoutait :

Que n'a-t-on pas dit à ce sujet ? On est descendu dans le domaine inviolable de nos consciences et on a voulu interpréter notre politique à la lueur de notre philosophie. Je n'admets pas plus cette interprétation que je n'admets que, contre un adversaire politique, je puisse m'emparer des sentiments intimes de sa conscience religieuse pour combattre sa thèse politique. Mais j'ai le droit de dénoncer le péril que fait courir à la société française, telle qu'elle est constituée et telle qu'elle veut l'être, l'accroissement de l'esprit non seulement clérical, mais vaticanesque, monastique, congréganiste et syllabiste, qui ne craint pas de livrer l'esprit humain aux superstitions les plus grossières en les masquant sous les combinaisons les plus subtiles et les plus profondes, les combinaisons de l'esprit d'ignorance cherchant à s'élever sur la servitude générale.

Nous ne pouvons donc nous dispenser de poursuivre la solution ou, au moins, la préparation de la solution des rapports de l'Eglise — je sais bien que, pour être correct, je devrais dire des Eglises — avec l'Etat ; mais si je ne dis pas des Eglises, c'est que vous l'avez senti, je vais toujours au plus pressé. Or, il faut rendre justice à l'esprit qui anime les autres Eglises, et, s'il y a chez nous un problème clérical, ni les protestants, ni les juifs n'y sont pour rien : le conflit est fomenté uniquement par les agents de l'ultramontanisme.

J'ai le droit de dire, en montrant ces cléricaux, servis par 400,000 religieux, en dehors du clergé séculier, ces maîtres en l'art de faire des dupes et qui parlent de péril social : Le péril social, le voilà !...

Et savez-vous quelles réflexions m'a depuis longtemps inspirées cet antagonisme ? C'est que cet Etat français, dont je vous parlais tout à l'heure, on l'a soumis à un siège dans les règles et que chaque jour on fait une brèche dans cet édifice. Hier c'était la mainmorte, aujourd'hui c'est l'éducation. En 1849 c'était l'instruction primaire, en 1850 c'était l'instruction secondaire, en 1876 c'est l'instruction supérieure. Tantôt c'est l'armée, tantôt c'est l'instruction publique, tantôt c'est le recrutement de nos marins. Partout où peut se glisser l'esprit jésuitique, les cléricaux s'infiltrent et visent bientôt à la domination, parce que ce ne sont pas gens à abandonner la tâche. Quand l'orage gronde, ils se font petits, et il y a ceci de particulier dans leur histoire, que c'est toujours quand la patrie baisse que le jésuitisme monte !

Eh bien ! messieurs, savez-vous ce que disent les défenseurs de l'ultramontanisme ? Ils disent que nous sommes les ennemis de toute religion, de toute indépendance de la conscience, que nous sommes des persécuteurs, que nous avons soif de faire des martyrs et, si je proteste ici, ce n'est pas sans un sentiment de honte d'avoir à relever de pareilles inepties ; mais, puisque j'y suis condamné par la bassesse de mes adversaires, je vais m'y résigner.

Non, nous ne sommes pas les ennemis de la religion, d'aucune religion. Nous sommes, au contraire, les serviteurs de la liberté de conscience, respectueux de toutes les opinions religieuses et philosophiques. Je ne reconnais à personne le droit de choisir, au nom de l'Etat, entre un culte et un autre culte, entre deux formules sur l'origine des mondes ou sur la fin des êtres. Je ne reconnais à personne le droit de me faire ma philosophie ou mon idolâtrie : l'une ou l'autre ne relève que de ma raison ou de ma conscience ; j'ai le droit de me servir de ma raison et d'en faire un flambeau pour me guider après des siècles d'ignorance ou de me laisser bercer par les mythes des religions enfantines.

Gambetta expliqua ensuite que les républicains n'entendent nullement persécuter le clergé, dont la plus grande partie gémit sous le joug des cléricaux de haut rang, surtout depuis l'alliance monstrueuse entre les mitrailleurs et ceux qui les bénissent ; il déclara qu'il suffit, pour résoudre la question, de supprimer la faveur et d'appliquer, sans distinction de personne, le service militaire.

Quant à l'instruction, ajouta-t-il, c'est encore contre le cléricalisme qu'il faut lutter pour l'établir solidement ; il faut modifier en même temps les méthodes barbares encore suivies dans les écoles primaires, pour les deux sexes, et les écoles secondaires auxquelles il importe d'adjoindre des *mechanic's institutes* ou écoles professionnelles, il faut enfin rendre à l'Université la collation des grades.

Il passa enfin à l'examen des intérêts matériels, des travaux utiles à créer, et il estima que dans les sept années du mandat des nouveaux élus, il y aurait là une ample et suffisante besogne qui s'augmentera encore cependant des questions relatives aux finances, aux dégrèvements d'impôts et à l'établissement d'un impôt rationnel sur la rente, qui relèvera plutôt que de l'abaisser notre crédit si nécessaire au rétablissement de notre influence.

C'était bien là, quoiqu'il s'en défendît, le programme d'un homme d'Etat. On l'attendait le lendemain à Grenoble, mais un enrouement l'avait forcé à ajourner sa visite, et, pour calmer l'anxiété du public, qui avait des craintes sur l'état de sa santé, le maire avait fait afficher la dépêche suivante :

C'est avec une profonde douleur que je me vois forcé de renoncer à pousser jusqu'à Grenoble, qui était réellement le but et la fin de mon voyage. Veuillez être mon interprète auprès de cette population grenobloise, que je me faisais une fête de retrouver. Je prie mes amis de me pardonner cette défaillance involontaire. J'essaierai prochainement de la réparer.

Salutations cordiales.

GAMBETTA.

Il alla prendre quelques jours de repos d'abord à Aix-les-Bains et ensuite en Suisse, au château des Crêtes; et le 10 octobre, fidèle à sa promesse, complètement remis de son enrouement, il revenait à Grenoble, où une délégation des commis voyageurs, de passage dans cette ville, vint lui offrir un bouquet, comme témoignage d'admiration pour son patriotisme et pour son dévouement à la République.

C'est à cette occasion que, reconnaissant les services rendus par les commis voyageurs par leur propagande dans les plus petites bourgades où les appellent leurs affaires, il dit que, lui aussi, on l'avait appelé le commis voyageur de la République, et qu'il n'avait pas oublié cette qualification que des impuissants et des sots lui avaient adressée comme une injure.

Le discours qu'il fit dans la soirée, à la salle du théâtre, n'était, à proprement parler, qu'une amplification de celui qu'il avait prononcé à Aix, le 16 juin 1876 ; les circonstances étaient identiques, et après un éloquent résumé de ce qu'il avait déjà dit à Grenoble même, en 1872, il rappela sa prophétie et en montra la réalisation dans la défaite des hommes du 16 et du 24 mai ; il fit aussi ressortir l'importance du prochain renouvellement des conseils municipaux, au point de vue de leur rôle dans les délégations pour les élections sénatoriales.

C'est, les yeux fixés sur le plébiscite et sur ses funestes résultats, qu'il adjura les électeurs de songer aux terribles conséquences d'un vote irréfléchi ; aussi demanda-t-il aux électeurs des communes rurales de se bien pénétrer de l'importance de leur choix, car le moment était aussi solennel qu'au mois de mai 1870.

Il est certain, disait-il, que si les hommes du 24 mai ont pu revenir au 16 mai, que s'il y a eu des tentatives véritablement coupables et criminelles contre la volonté de la majorité de la France solennellement exprimée aux élections de 1876 ; que si les mêmes hommes qui avaient si funestement renversé l'illustre homme d'Etat amené par son patriotisme à la République, et fait succéder à son gouvernement de modération un gouvernement de vexations et de proscriptions, ont pu diriger une suprême tentative contre les droits et la volonté de la nation, — il est certain que, si ces faits ont pu se produire, c'est parce qu'il y avait au Sénat une majorité de quelques voix guidée par des factieux et qui, trompée par l'indifférence de quelques-uns, dans un jour d'égarement, dans un jour de défaillance, se trompant peut-être elle-même sur les conséquences qu'on allait faire sortir de son vote, a permis qu'on fit d'elle un prétexte, un instrument à l'aide duquel, pendant sept mois, on a livré la France à tous les vents du hasard, à toutes les aventures, à tous les périls, en usurpant légalement, je le veux bien, mais contre le sentiment public, un pouvoir qu'on était aussi incapable d'exercer que de rendre profitable au pays...

Je voudrais, messieurs, que chacun de vous qui a été ou qui sera délégué ou électeur de délégué, se dise bien que c'est de sa conduite, que c'est du vote qu'il émettra que sortira l'impossibilité pour le Sénat d'être un instrument de réaction et d'oppression. Si l'on considère les choses au point de vue seulement de l'intérêt qu'a tout le monde à la stabilité, il faut voter pour des candidats qui soient fermement résolus à faire fonctionner la constitution dans le sens républicain, dans un esprit véritablement démocratique ; et il faut exclure des listes sénatoriales tous ceux qui sont connus pour des ennemis incorrigibles de la République, tous ceux qui ont trempé dans cette conspiration à ciel ouvert du 24 mai et du 16 mai ; tous ceux qui, soit comme membres sortants du Sénat, soit au dehors, dans le pays, dans des réunions, des comices ou des journaux, ont été les soutiens de cette politique néfaste.

En passant en revue les fonctionnaires de tout ordre et de tout rang qui combattent contre la République, il nomme la gendarmerie, ce corps auquel il voudrait voir rendre son véritable rôle de confiance, de protection et de sécurité pour tous les citoyens, sans distinction de classes ni d'opinions.

Il soulève une hilarité générale en montrant ces fonctionnaires s'essoufflant à répéter des calomnies, par exemple, celle de la propriété menacée par la démocratie, dans un pays où il y a 24 millions de petits propriétaires, — celle de la famille, alors que les bulletins disent trop bien d'où partent les atteintes, — celle de l'Eglise, qu'ils prétendent poursuivie comme aux temps de Dioclétien.

Le Sénat constitué tel qu'il dépend des électeurs de le faire sera, dit-il, la véritable forteresse de la République, le grand conseil des communes ; et le 5 janvier prochain, la tâche serait terminée, si elle pouvait jamais l'être, car il faudra toujours attirer, faire monter ceux qui sont en bas, vers la lumière, le bien-être et la moralité.

Il explique comment, d'après un pointage sérieux, on compte sur une majorité de vingt voix au Sénat après les élections, mais combien l'effet moral serait plus grand, si la majorité était plus considérable ; et elle peut l'être, ajoute-t-il, si l'on fait taire les questions de personnes, les rivalités de commune à commune et de ville à ville ; puis il termine ainsi :

Mes amis, ce que je viens de vous dire, je vous demande de le commenter, de le répéter autour de vous, de vous en aller, compagnons et coopérateurs de ma pensée, à travers vos montagnes, le propager. Car, quoi qu'on ait dit, nous ne recherchons rien, rien que le triomphe de nos principes par la persuasion, nous n'attendons rien dans tous les ordres que de la puissance de la raison. Nous ne voulons rien que par la loi, œuvre de la majorité ; nous sommes désormais tranquilles sur l'avenir de la République que nous avons élevée, et enfin soustraite à la direction de ses ennemis. C'est que, fondée pour la première fois sur l'adhésion des petits et des moyens, ayant ses racines dans le sol, n'étant pas un édifice improvisé qui surgit tout à coup dans la tempête et dont on n'aperçoit que les lignes de faîte au milieu de l'orage, elle sera au contraire une construction lentement et patiemment édifiée, dont les fondements reposent sur toute la surface de notre territoire, et qui sera assez grande, je le jure, pour contenir, comme dans un temple national, tous ceux qui sont vraiment dignes d'être les enfants de la France.

Après son départ de Grenoble, il prononça encore quelques allocutions à la gare de Moirans, à La Tour-du-Pin, à Bourgoin, et, le 16 octobre, il était de retour à Paris, où il reprenait ses travaux à la commission du budget, avec l'intention formelle de continuer à dégrever lentement, mais sans interruption, en 1879, les impôts indirects les plus onéreux.

Le 21 octobre il présidait une conférence au théâtre du Château-d'Eau, au profit des bibliothèques populaires, et après le discours du conférencier, M. Nadaud, il prenait la parole en ces termes :

Vous venez d'assister, messieurs, à un des plus beaux spectacles qu'il soit donné à l'homme de voir, celui d'un esprit généreux, ardent, emporté par une idée unique, dont il se fait l'apôtre et qu'il cherche à répandre autour de lui, avec la véhémence qu'il déployait, tout à l'heure, jusqu'à vous dire qu'il souhaiterait qu'il y eût des fanatiques pour l'école d'apprentissage.

Eh bien ! je ne voudrais pas pousser les choses aussi loin ; je voudrais que nous ne missions le fanatisme dans rien, je voudrais que la question qu'il a traitée et développée devant vous fût livrée à la discussion publique et, certainement, les réflexions que vous remporterez d'ici seront le meilleur de tous les véhicules pour la répandre et pour en saisir la presse et l'opinion...

On doit remercier des hommes qui se sont formés tout seuls, qui, élevés à la rude école du travail manuel et de l'adversité, comme notre vénérable ami Martin Nadaud, ont pu, quoiqu'en dispute réglée avec les nécessités cruelles de l'existence, se faire à eux-mêmes une éducation sur les problèmes économiques et sociaux et trouver, jusque dans les heures noires de l'exil, où il a passé quinze ans de sa vie, l'occasion d'étudier, sur un sol étranger, des institutions, des mœurs, des traditions et des pratiques dont c'est son honneur de vouloir généraliser la connaissance et l'application au milieu de nous.

Et quand il se laissait aller à l'abondance de son cœur et à un sentiment exagéré de gratitude pour ceux qui sont venus ici l'assister, il devait y voir un hommage de reconnaissance pour un homme honoré de la démocratie française, d'autant plus honoré que, livré à toutes les séductions, car il a été aussi en butte à des séductions, alors qu'étant ouvrier, il était remarqué et noté dès les premières heures de la République de 1848, toujours il est resté semblable à lui-même, et que, si sa parole est toujours chaude, sa conduite a toujours été réglée, sage et méritante...

Je vous remercie, messieurs, de profiter des occasions qui sont offertes tout ensemble et à votre générosité et à votre bonne foi, pour venir à ces réunions de la démocratie parisienne ; mais vous savez qu'il n'y a pas de bon culte quand il n'y a pas d'offrandes. Je vous serai donc obligé de penser, les uns et les autres, au côté pratique de la question, à nos écoles et à nos bibliothèques, et, quand vous le pourrez, de prendre, sur le pécule réservé ou à vos distractions ou à vos plaisirs, une obole pour l'envoyer, indistinctement, à une de ces nombreuses écoles qui sont fondées sur la surface du territoire de Paris.

Le 29 octobre, la Chambre des députés reprenait ses séances, qui n'avaient été qu'ajournées; quelques jours après, ceux que l'empire appelait des machines à voter, les électeurs devenus des citoyens terrassaient la réaction, et les conseillers municipaux, par la nomination des délégués, garantissaient pour le 5 janvier suivant un Sénat républicain.

Une grande part, la plus grande part de ce succès revenait à Gambetta. Les discours de Valence, de Romans et de Grenoble avaient produit de beaux résultats.

Le 2 novembre au soir, à Paris, sur les boulevards, dans les faubourgs, à mesure qu'on apprenait les résultats des élections, c'était une joie indescriptible.

Le 10, une soixantaine d'ouvriers de l'Aveyron, envoyés à l'Exposition, furent présentés à Gambetta qui leur recommanda de bien répandre autour d'eux, à leur retour dans leurs foyers, l'idée qu'ils emportaient de leur visite à l'Exposition et à la capitale de la France, et l'inanité des efforts de ceux qui avaient voulu décapiter Paris, en transportant le siège des deux grandes assemblées à Versailles où elles sont comme exilées, mais non heureusement à perpétuité :

> Soyez-en sûrs, leur dit-il en terminant cette causerie toute familière, la République, tout à l'heure définitivement assise, ne manquera pas à sa tâche de grande justicière et de grande éducatrice. Elle rendra de si importants services, elle s'appliquera si bien à être comme l'organisme vivant du droit, qu'elle achèvera de faire la conquête de tous les hommes de bonne foi qui ne sont pas

encore convertis à elle. Quant à ses ennemis irréconciliables, je veux dire ces intrigants intéressés qui gagnent trop avec les régimes de privilège pour se réconcilier avec le régime du droit, ils continueront à calomnier la République et les républicains. Mais qu'importe? Laissons les dents de la calomnie se briser contre la pierre. Aux calomniateurs n'opposons qu'une réponse : Faire notre devoir.

Il ne restait plus de fautes à commettre, pour la majorité du Sénat : elle fit pis, elle commit une sottise, elle ouvrit ses bras à môssieu Baragnon, l'homme qui *voulait faire marcher la France,* lorsque la France allait dans quelques jours donner leur congé à ces mauvais serviteurs, — et cela à la veille du 18 novembre, au moment où M. de Fourtou, dont l'élection venait en discussion, allait être appelé à la barre de la Chambre des députés pour y rendre compte d'une partie de ses actes pendant le gouvernement du 16 mai.

Ce jour-là, espérant quelque succès d'un artifice oratoire, l'ex-ministre du 16 mai osait dire : « *Je ne me défendrai pas contre la commission d'enquête ! je serai son accusateur... Si j'avais fait tout mon devoir, vous ne seriez pas là !* »

Il reprocha à Gambetta de déclarer la guerre à tous les Français que n'anime pas une vieille foi républicaine, et Gambetta, dédaignant de répondre en langage parlementaire à un pareil homme, lui cracha ce seul mot à la face :

C'EST UN MENSONGE !

Une formidable majorité invalida le candidat de Ribérac. On croyait l'incident terminé là, lorsque le 22, au matin, on apprit qu'un duel venait d'avoir lieu entre Gambetta et M. Oscar Bardy de Fourtou.

Gambetta était certainement le meilleur juge en cette affaire, et il n'appartient à personne de dire qu'il eut tort d'accepter le cartel de M. de Fourtou; on peut citer des duels parlementaires où des personnages très en relief n'hésitèrent pas à sacrifier au point d'honneur : — le général Foy, le maréchal Bugeaud et M. Thiers lui-même; — mais depuis que des bretteurs, qui n'ont gagné à leur habitude des salles d'armes que le droit qu'on leur laisse d'être insolents à tout propos, déguisent une couardise véritable sous des dehors de matamores et sous une indifférence du danger des duels, — indifférence que les anciens prévôts de régiments, généralement conjoints des cantinières, possèdent à un degré bien autrement élevé, — il faut bien reconnaître qu'il règne une espèce de défaveur sur toutes les affaires où l'honneur est déclaré satisfait après une légère égratignure d'épée ou après l'échange de deux balles égarées dans les troncs d'arbres qui circonscrivent le terrain du combat, et que les noms d'Aristide Ollivier et d'Armand Carrel reviennent alors sur les lèvres des discoureurs malveillants.

On peut dire, même quand on se proclame sincèrement l'ami de Gambetta, que ce duel fut une faute dont il faut accuser ses témoins plus que lui-même, et qu'heureusement le secret sur ses préliminaires fut assez bien gardé pour que le public n'en apprît l'existence qu'au moment où on en connut le résultat.

Le 24 décembre, les voyageurs du commerce lui avaient offert un grand dîner de 500 couverts, qui eut lieu dans la grande salle à manger du Grand-Hôtel.

Il répondit en ces termes au discours de M. Murat, président de la réunion, et au toast de M. Avenel, délégué des commis voyageurs :

Je porte à mon tour la santé de nos absents, de ceux qui ont voulu, comme ils le disent, être invisibles et présents à cette fête, à laquelle je suis venu, soyez-en bien persuadés, à la fois avec l'empressement que l'on met à rencontrer des hommes modestes mais dévoués, serviteurs éclairés d'une politique sage, prudente, mais toujours progressive, et aussi pour mon plaisir personnel, pour vous témoigner une reconnaissance sincère, car, dans la vie publique, quelque indifférence d'ailleurs que l'on professe pour un certain genre d'adversaires, on est exposé à tant de mécomptes que la vraie récompense consiste, non pas, soyez-en sûrs, dans les succès éphémères ni dans les honneurs qu'on peut vous décerner, mais dans l'estime que l'on sent naître et s'affermir au cœur de ceux avec lesquels on a lutté, de ceux pour lesquels seuls on espère de vaincre.

C'est donc une manifestation d'un certain caractère que je tenais à accomplir en venant au milieu de vous, ne faisant que tenir une promesse que j'avais faite à vos amis, à vos collègues, il y a quelques mois à peine, lors de mon voyage à travers les populations du bassin du Rhône. Ils sont venus avec la bonne humeur, l'entrain, la chaleur d'âme qui est, je dois le dire, la caractéristique de votre profession, ils sont venus me dire ce qui leur sortait à ce moment du cœur ; je leur ai répondu avec l'émotion que je ne puis m'empêcher d'éprouver, toutes les fois que je constate que, étant au service de la démocratie, les efforts que je fais y sont appréciés et estimés. *Que voulez-vous? je ne veux pas, quelque ambition qu'on me prête, d'autre couronne et d'autre récompense.*

Faisant ensuite allusion aux paroles qu'il avait prononcées deux mois avant à Grenoble et à Romans, il rappela que, dans sa prophétie d'alors, il avait annoncé une majorité de vingt voix au Sénat, mais que, dût-il augmenter en cela l'aigreur des gens qui l'appellent faux prophète, il pouvait garantir une majorité plus forte, et qu'on devait s'attendre à d'heureuses surprises, puis il ajouta :

Quand cette majorité, fruit naturel de la patience et de la sagesse de la France, sera installée régulièrement dans les deux grands corps politiques de la nation, nous nous trouverons, messieurs, en présence de deux genres de devoirs : un devoir pour le gouvernement, un devoir pour la majorité. Les uns devront prendre en main, résolument, la défense de l'État républicain, et les autres devront, non moins résolument, les assister dans cette défense.

Les uns et les autres devront être d'humeur à subir les outrages, les injures, les calomnies, toutes les infamies qui roulent à plein torrent dans la presse immonde ; oui, ils devront les subir, parce que tous ceux qui ne surnagent pas au-dessus de cette écume ne sont pas faits pour affronter les épreuves de la vie publique...

Vous, messieurs, qui sillonnez la France, qui entrez de commune en commune, et même de hameau en hameau, en conversation quotidienne avec les plus obscurs de nos concitoyens, vous savez mieux que moi que ces calomnies sont maintenant sans portée et qu'on en rit parce qu'il n'y a plus à s'en indigner. Aussi, messieurs, c'est vous qui nous avez donné espoir et confiance dans la lutte du 16 mai. A cette époque, où les journaux étaient supprimés ou entravés partout, vous étiez les messagers de la bonne nouvelle, les colporteurs de l'énergie dans l'action et de l'espérance en l'avenir ; en même temps que vous faisiez toucher du doigt les dangers d'une politique d'aventures, vous montriez que la France ne faiblirait pas dans la lutte et qu'elle se défendrait elle-même à force de résolution et de volonté.

Si vous voulez la stabilité nécessaire à l'Etat, la stabilité dans les affaires qui est la mère de la prospérité, prêchez l'union, prêchez la discipline, prêchez la concorde ! Et, puisque je suis en train de faire l'énumération des vertus théologales de la démocratie, prêchez aussi la patience !... Oh ! non pas cette patience qu'on pourrait confondre avec l'inertie ! qui engendre la désertion des devoirs civiques ; non ! cette patience qui calcule, qui réfléchit, qui agit, qui attend le moment favorable, cette patience dont la France a donné l'exemple depuis dix ans. Est-ce en attaquant de front toutes les questions à la fois que nous avons atteint tant de résultats magnifiques ? Non, c'est en divisant les questions, en les serrant, en marchant prudemment pour mieux connaitre l'obstacle, en l'abordant d'une façon pour ainsi dire rationnelle et scientifique, c'est par cette patience méditative, active et rationnelle que vous êtes parvenus à ces résultats, et il faut y persévérer, parce que ce qui est bon pour vaincre est encore meilleur pour garder ce que l'on a conquis.

Donc, maintenant, plus de périls, mais des difficultés, et la responsabilité tout entière.

Et pour poser, dès ce moment, le programme de sa conduite à venir, il termina par ces mots :

Quant à nous, n'ayant plus désormais le souci de la propagande, mais en ayant l'aversion et l'antipathie, nous sommes maintenant au-dessus du reproche qu'on pouvait nous adresser autrefois. Nous ne voulons pas — permettez-moi ce mot familier — faire l'exportation de nos théories... nous avons notre tradition nationale, nous avons une constitution à part, des mœurs à part, une propriété constituée sur des assises immuables et que le monde peut nous envier, — et ce mot n'est pas dans ma bouche une formule banale. Avec cette propriété, ce génie, ce goût, cette aptitude au raffinement en toutes choses, à la grandeur artistique et littéraire, est-ce que nous sommes chargés de penser, d'agir pour le reste du globe?

Faisons donc un gouvernement modèle qui ne ressemble à aucun de ceux qui l'ont précédé, un gouvernement qui soit bien aux Français et rien qu'à eux seuls!

Quelques jours après, les événements donnaient raison sur tous les points à Gambetta; le 5 janvier, c'était l'écroulement de *l'ordre moral*, la ruine irrévocable des dynasties, c'était la fondation de la République une et indivisible!

Ce n'étaient pas les vingt voix annoncées à Grenoble, ce n'étaient pas les vingt-cinq voix ni même les heureuses surprises annoncées au banquet des commis voyageurs, c'étaient les cinquante-quatre voix de majorité républicaine du Sénat qui assuraient le développement régulier et progressif des institutions républicaines et des réformes sociales.

Ah! Gambetta devait être bien heureux à chaque dépêche des départements qui lui annonçait le succès des élections sénatoriales, il le méritait bien.

Le 5 janvier, ce n'était pas seulement le jour de la *bonne nouvelle* pour la France, c'était la bonne nouvelle pour le monde entier, dont la France est et restera le flambeau.

Les conspirateurs contre la nation allaient-ils comprendre enfin que c'en était fini pour jamais de leur gouvernement occulte, et que le fonctionnement régulier de la Constitution allait suivre tranquillement et régulièrement toutes ses phases?

Hélas! non : il était écrit que ces incorrigibles, ces forcenés, ces fous, comme les harpies de la fable, gâteraient tout ce qu'ils toucheraient.

On se souvient que M. Dufaure n'avait consenti à repêcher le maréchal, noyé aux trois quarts, qu'à la condition d'avoir *carte blanche;* et cependant, lorsqu'à la suite de la démission du général Borel il fut question de son remplacement, les éternels conseillers masqués poussèrent le président à faire un acte de gouvernement personnel, par le choix imposé d'un candidat autre que le candidat ministériel.

Enfin, le 16 janvier, parut le programme du ministère, programme qui n'avait que le talent de mécontenter tout le monde; M. Dufaure dut prier un vieux camarade, M. Sénard, de l'interpeller pour lui fournir l'occasion de se relever.

C'est le 20 janvier que cette interpellation eut lieu, interpellation anodine d'ailleurs et qui ne risqua de sortir des ménagements préparés et voulus que par suite de cette question posée au garde des sceaux : « *Êtes-vous bien sûr du dévouement de tous vos procureurs généraux à la cause de la République?* »

M. Dufaure, dans son argumentation, avait fait preuve d'une éloquence classique, entraînante, mais il fallait plus que cela pour satisfaire l'Assemblée et le pays. Il posa la question de confiance et la Chambre lui répondit par un ordre du jour motivé qu'il accepta et qui était ainsi conçu :

La Chambre des députés, confiante dans les déclarations du gouvernement et convaincue que le cabinet, désormais en possession de sa pleine liberté d'action, n'hésitera pas, après le grand acte national du 5 janvier, à donner à la majorité républicaine les satisfactions légitimes qu'elle réclame depuis longtemps au nom du pays, notamment en ce qui concerne le personnel administratif et judiciaire, passe à l'ordre du jour.

Gambetta s'était abstenu d'intervenir dans ce débat, il savait que les convenances exigent qu'on ne soit pas juge et partie dans une affaire dont on doit bénéficier.

Le 29 au soir, on annonçait qu'une lettre de M. Freppel, évêque d'Angers, avait mis en demeure le maréchal de Mac Mahon de ne pas céder sur la question des grands commandements militaires; on avait déjà publié de lui une lettre suffisamment extraordinaire, adressée à M. Dufaure et à propos de laquelle le conseil des ministres avait agité la question de savoir s'il ne devait pas être poursuivi comme d'abus : le maréchal était intervenu, avec un tel *emportement*, — et on les connaît les emportements du maréchal, — que les ministres avaient renoncé à un débat devenu impossible.

De fait, malgré l'entente absolue des deux Chambres, le maréchal refusait de signer les listes de révocations et les nominations demandées; il était particulièrement intraitable sur tout ce qui concernait l'armée, il avait dit : Je ne signerai pas !

Il se démit et, le 31 janvier, en quelques heures, l'architecte du palais de Versailles mit en état la salle des séances de la Chambre pour que le Congrès pût s'y réunir.

En un instant l'affaire était bâclée, et la dernière phase du fonctionnement de la constitution républicaine se passait avec le plus grand calme ; — des étrangers auraient presque pu dire avec indifférence, tant cette échéance, à laquelle on ne songeait qu'avec crainte, fut liquidée rapidement et correctement.

M. Grévy était président de la république.

Le soir même, à sept heures, il envoyait à M. Bethmont, vice-président de la Chambre, la lettre suivante :

Monsieur le président,

C'est avec un profond regret que je vous adresse ma démission de membre de la Chambre des députés.

Je remercie encore mes collègues de la sympathie dont ils n'ont cessé de m'honorer, et qui me suivra, je l'espère, dans mes nouvelles fonctions.

Je vous prie, monsieur le président, d'agréer l'expression de ma haute considération.

Jules Grévy.

Il fallait pourvoir à son remplacement, et le 1er février on nommait Gambetta président de la Chambre des députés.

CHAPITRE XXX

Coup d'œil rétrospectif. — Discours de M. Clémenceau au cirque Fernando. — Réponse de la *République française*. — M. de Freycinet et la question de l'amnistie.—L'élection Trinquet.— Discours à la Chambre sur l'amnistie.— Rentrée de M. Rochefort à Paris. — Le discours de Cherbourg. — Démission du ministère. — Lettre au député Galeti. — Discours au banquet des marchands de vin. - Ouverture de la session. — Candidature de M. Dugué de la Fauconnerie. — Le livre bleu, la mission Thomassin et l'affaire des 30,000 fusils. — Discours à la réunion de la Société de l'Union du commerce. — Les banquets du Grand-Hôtel et de la chambre syndicale de la draperie.— Le voyage de Cahors.— Le projet de loi sur le scrutin de liste. — Déclaration au banquet des tabletiers en peigne.— Discours à la fin de la législature.

Deux années ont passé sur les événements à la suite desquels on peut considérer la période de combat comme finie pour celui dont nous écrivons la biographie. C'est comme homme d'Etat que Gambetta se présente désormais à l'observateur, et c'est, pour ainsi dire, à la loupe que nous allons examiner ses actes, depuis qu'il a pris possession du fauteuil de président de la Chambre.

Il est nécessaire, en quelques mots, de rappeler ses opinions émises, longtemps avant, au sujet de quelques-uns des objectifs poursuivis par la démocratie, afin de se rendre compte du concours plus ou moins efficace apporté par l'homme de gouvernement aux mesures proposées ou soutenues par l'homme d'opposition, et de juger sainement, en fin de compte, s'il mérite ou non la confiance du pays, et si les *impatients* qui lui reprochent de n'avoir pas assez fait ou même de n'avoir rien fait, d'avoir trahi son mandat et déchiré son programme, de vouloir les avantages du pouvoir sans ses responsabilités, et de rêver la dictature, sont ou non des hommes de bonne foi, en l'accusant de fautes qu'il n'a pas commises, en exigeant de lui des choses indépendantes de sa volonté et encore irréalisables.

Ce coup d'œil rétrospectif sera également utile à l'un et aux autres.

En 1875, le 22 octobre, Gambetta écrivait aux démocrates de Lyon, non moins ardents que les Bellevillois, une lettre dans laquelle, après avoir pronostiqué le résultat des élections prochaines pour le Sénat et pour la Chambre des députés, il annonçait comme prochaine et désirable *la lutte pacifique entre le parti républicain conservateur et le novateur, entre les whigs et les tories*, il considérait comme inévitable et *pouvant être tentée avec confiance la revision de la constitution perfectible du 25 février*, et il réclamait comme nécessaire *un grand acte de clémence devant effacer jusqu'au souvenir de nos discordes civiles*.

Le 3 novembre suivant, à M. Dufaure parlant des grâces « largement » accordées aux condamnés de la Commune, il répondait : *Ce n'est pas avec des lettres de grâce qu'on peut rassurer, mais avec des lois; le gou-*

vernement et l'Assemblée s'honoreront en prenant une mesure réclamée par tous ceux qui ont un égal souci de l'honneur, de la concorde et de la paix publique.

Le 11 novembre, au garde des sceaux prétendant « que le scrutin d'arrondissement n'avait pas été inventé à la suite des échecs électoraux des réactionnaires, mais seulement parce qu'il était un moyen, un élément de conservation à introduire dans les institutions du pays, » il répondait : *Cet argument qui consiste à dire que le scrutin de liste écrase les minorités, il faut l'écarter, il ne prouve rien.* Il fit tous ses efforts pour faire triompher ce mode de votation, et déposa même une demande de scrutin secret, malgré lequel le scrutin d'arrondissement fut voté.

Dans un discours à Belleville, le 16 février 1876, il disait en parlant des *desiderata* de la démocratie : *Ce que je veux, c'est qu'on dise nettement par où il faut commencer, par où il faut continuer, et qu'on ne sache jamais par où l'on doit finir, car le progrès ne s'achève pas, il est indéfini... On n'est un homme politique qu'à la condition de ne pas s'abandonner à des combinaisons de couloirs, à de misérables critiques, à des personnalités qu'il faut laisser aux docteurs du parlementarisme.*

Le 31 mars, réélu président de la commission du budget, il prononçait ces mots, indiquant la nécessité d'une modification profonde dans l'attitude de la majorité : *Sortis de la période militante, débarrassés des problèmes de la politique pure, nous devons porter toute notre sollicitude sur le développement des intérêts matériels et moraux... Nous nous garderons de rien livrer à l'aventure, persuadés qu'en ces délicates matières on ne devance ni le temps ni l'opinion.*

Le 19 mai, quand la question de l'amnistie revint devant la Chambre, il était absent, mais il fit déclarer qu'il votait pour.

Le 4 mai 1877, il posait catégoriquement la question de la *séparation entre la France et le Vatican.*

Au mois de décembre 1878, à Marseille, peu de temps après avoir prononcé les fameuses paroles : « il faut se soumettre ou se démettre, » il disait à ses anciens électeurs de 1869 : *Je suis un homme de gouvernement et non d'opposition. Je veux le maintien du pouvoir entre les mains des républicains, car le pouvoir, avec ses difficultés, est préférable à quelques jours d'opposition dont l'éclat ne remplace pas la stérilité.*

Donc, à une époque où l'on peut le considérer comme homme d'opposition, où l'on n'a pas encore songé à l'accuser de vouloir un gouvernement occulte et de rêver la dictature, il s'était déjà catégoriquement expliqué sur les questions de la revision de la constitution, de l'amnistie, du scrutin de liste, du classement des réformes à aborder, et de la nécessité pour lui d'agir en homme de gouvernement.

Il importe maintenant d'examiner si, depuis qu'il fut président de la Chambre, la conduite de celui qui parlait ainsi que nous venons de le rappeler a été correcte et conforme à ses promesses, si cette conduite a été celle d'un homme d'Etat.

Disons d'abord qu'il se hâta de venir habiter l'hôtel de la présidence au Palais-Bourbon et que, sitôt après le vote sur le retour des chambres à Paris, il y donna la première fête républicaine officielle, à laquelle il convia et s'empressèrent d'assister tous les représentants des puissances étrangères, ainsi que les mandataires du suffrage universel, depuis les plus élevés jusqu'aux plus humbles.

En inaugurant la session de 1880, il avait dit : « L'ère des difficultés commence... il faut aboutir, » et, sans tenir aucun compte de ces difficultés, ceux qu'il avait qualifiés de dissidents, ayant à leur tête M. Clémenceau, allaient l'accuser d'être la cause de tous les retards qui empêchaient d'aboutir.

Dans une réunion organisée le 11 avril, au cirque Fernando, le député de Montmartre avait passé en revue ce qu'il appelait les promesses faites par le député de Belleville, et il le rendait déjà responsable de ce qu'elles ne fussent pas réalisées, supposant sans doute que sa volonté seule suffisait pour atteindre le but désiré.

Nous nous contenterons d'énumérer les réformes au sujet desquelles M. Clémenceau prétendait que « les espérances du pays avaient été déçues : » réforme municipale, lois sur la presse, droit d'association, épuration du personnel et réforme de l'organisation administrative de l'an VIII, réforme de la magistrature et suspension de l'inamovibilité, réduction de la durée du service militaire, instruction publique, questions des congrégations cléricales, séparation de l'Eglise et de l'Etat, revision de la Constitution, suppression du Sénat et de la présidence de la République, amnistie.

Le lecteur trouvera peut-être cette série de revendications un peu longue, mais il en coûte peu de formuler des vœux, autre chose est d'en préparer, d'en assurer la réalisation.

Le journal *la République française* se contenta de répondre au discours de M. Clémenceau :

> Sans contester le moins du monde que plusieurs critiques sont parfaitement fondées, car nous-mêmes avons critiqué plus d'une fois le peu d'esprit d'initiative de certains ministres, et la lenteur du fonctionnement administratif, il nous semble que l'orateur a singulièrement noirci le tableau.
> Dans son pessimisme, il tient pour rejeté ce qui n'est pas encore adopté, pour destiné à rester lettre morte ce qui est déjà inscrit dans la loi, pour insignifiantes et presque nulles les mesures en cours d'exécution.
> Le député de Montmartre nous semble apporter dans la politique un esprit un peu trop absolu...
> Quand en politique on dédaigne l'étude des voies et moyens, la politique se simplifie énormément, peut-être elle cesse en même temps d'être quelque chose de sérieux.

Certes, la *République française*, organe de Gambetta, avait raison de parler ainsi, et nous trouvons même sa réplique essentiellement modérée; mais, d'autre part, il nous semble nécessaire de faire remarquer qu'au pessimisme de M. Clémenceau et de ses amis, il serait souverainement imprudent d'opposer l'optimisme dont les dangers sont tout aussi grands, et dont quelques-uns de ses rédacteurs paraissent *atteints*.

En homme pratique, vivant au milieu des difficultés de toute sorte, Gambetta, ainsi qu'il l'avait dit au lendemain de la démission de M. de Mac Mahon, s'est appliqué à *sérier* les questions et à préparer leur solution. Comprenant, dès le début, qu'il n'y a pas à songer seulement à la politique intérieure, qu'il existe une politique extérieure dont on se préoccupe malheureusement trop peu en France, et qu'il est impossible de procéder en temps normal comme dans les périodes révolutionnaires, il s'est attaché, en poussant au pouvoir des ministres ayant sa confiance, à faire réussir au plus tôt les réformes les plus urgentes, et à préparer, par une série de mesures préliminaires, celles qui ne peuvent être fécondes qu'à cette condition.

Sa grande préoccupation était, avant tout, la réorganisation de nos forces militaires défensives, s'accomplissant par le seul produit des impôts réguliers, sans nécessiter un emprunt, et qui a absorbé cependant plus de sept milliards ; ce qui a fait dire au *Tagblatt* de Berlin : « L'exploit tant admiré de M. Thiers : le paiement de l'indemnité de cinq milliards en deux années, avec l'aide de tous les financiers européens, n'est qu'un jeu d'enfant en comparaison de cette œuvre colossale accomplie sans bruit. »

C'est après s'être concerté avec lui que M. de Freycinet, devenu président du conseil, avait pris devant les Chambres la courageuse initiative du réveil de la question de l'amnistie, et bien mal informés ou de bien mauvaise foi sont ceux qui prétendent que l'élection du communaliste Trinquet fut pour Gambetta la cause déterminante de sa décision d'intervenir dans le débat sur cette mesure d'apaisement, aussi impatiemment attendue par lui que par tous les républicains sincères.

Depuis quelque temps déjà le mot d'ordre des journaux les plus avancés était de forcer la main au gouvernement en présentant des condamnés de la Commune comme candidats aux élections législatives ou municipales, et le vingtième arrondissement, ayant à donner un successeur à M. Quentin, ex-conseiller municipal, récemment nommé directeur de l'Assistance publique, ils avaient patronné la candidature de M. Trinquet, déporté.

L'élection devait avoir lieu le 20 juin, et le 19 au soir un grand bal avait été organisé à l'Elysée Ménilmontant, au bénéfice de l'école libre et laïque de Belleville.

Des amis maladroits persuadèrent à Gambetta que sa présence, au milieu de cette fête, aurait pour effet certain de faire échouer le candidat communaliste, et ne craignirent pas de compromettre son autorité légitime, en fournissant à ses ennemis personnels une première occasion de constater et surtout d'exagérer une diminution d'influence, résultant des manœuvres imprudentes dont on inaugurait la série, bien plus que de l'habileté de ses adversaires.

Il vint à cette fête accompagné par M. Quentin, et répondit aux cris de *Vive Gambetta! Vive l'amnistie!* par l'allocution suivante, qu'il est nécessaire de noter :

... Déjà vous avez appris la bonne nouvelle. Je vous la confirme. L'amnistie a été proposée aux Chambres par le gouvernement. On a tenu à mon égard des propos bien amers ; mais souvent on se trouve aux prises avec des difficultés qui ne sont pas toujours comprises. Vous savez que je sais compter avec les obstacles ; mais une fois que j'ai fait un pas en avant, je ne recule jamais.

C'est par respect de la légalité que la conviction s'est faite peu à peu dans les esprits sur cette question de l'amnistie, et il en sera toujours ainsi pour tous les progrès. Rappelez-vous qu'il y a une chose que tout républicain sincère doit avoir à cœur d'observer : c'est le respect de la loi.

Il y a longtemps que nous aurions eu l'amnistie, si, de part et d'autre, on s'était montré plus sage et plus habile. Mais à quoi bon récriminer ?...

Je ne veux pas quitter cette fête sans vous dire un dernier mot... La fête d'aujourd'hui n'est que le prélude de la grande fête du 14 juillet. Vous la célébrerez avec d'autant plus d'enthousiasme, que vous saluerez ceux qui vont rentrer dans la patrie, et qu'il n'y aura plus de place dans les cœurs que pour des sentiments de fraternité et d'union.

Il avait vainement essayé de mettre en garde les Bellevillois contre les conséquences que les réactionnaires ou les timides des deux Chambres tireraient de cette élection, et M. Trinquet fut choisi par les électeurs municipaux du quartier du Père-Lachaise.

Le 22 juin, lorsque la question de l'amnistie vint devant la Chambre, il confia la présidence à M. Brisson et monta à la tribune, cédant, ainsi qu'il le dit, « à l'impérieux sentiment du devoir, » et ne craignant pas de qualifier de malfaisant l'emploi qu'on voulait faire de l'élection Trinquet, et d'antipolitique l'exploitation qu'on essayait d'organiser « autour de ce scrutin municipal, local, restreint, sans portée, sans lendemain. »

Jamais son éloquence n'avait été plus entraînante, et, en même temps, jamais il n'avait, en moins de paroles, fait la démonstration mathématique d'une nécessité politique pour les partisans de la marche en avant, comme pour les partisans du stationnement.

Aux premiers il disait :

Vous touchez à la réalisation d'une mesure qui, peut-être, aurait été facilitée si elle eût été entourée, dans les réclamations qui se sont produites, de plus de mesure, de plus de sagesse.

Et aux seconds :

Le moment est venu de se résoudre ; ne voyez-vous pas entre vous et ceux qui ne sont que des anarchistes de profession, qui ne sont que de purs démagogues, que des fauteurs de désordre ; ne voyez-vous pas entre eux et nous une armée compacte de braves gens, d'électeurs honnêtes, sincères, qui, troublés et égarés, considèrent l'amnistie comme le retour aux plus détestables doctrines ?

Ne sentez-vous pas qu'il est nécessaire d'aller à eux, de les rassurer et de leur dire : la République, c'est un gouvernement de démocratie, c'est un gouvernement qui est le plus fort de tous les gouvernements connus contre la démagogie. Pourquoi ? Parce qu'il ne gouverne et ne réprime ni au nom d'une famille, ni au nom d'une maison, mais au nom de la loi et de la France.

Aux uns comme aux autres il démontrait ensuite pourquoi, retardée jusqu'alors, l'amnistie était devenue une nécessité :

Il y a quelques mois encore, l'Europe était inquiète; elle jugeait ces mesures prématurées; elle les condamnait, elle disait par ses organes les plus accrédités que l'heure n'en était pas venue.
Oh ! moins que personne je suis porté à aller chercher chez l'étranger la règle de nos décisions intérieures ; mais, enfin, vous n'êtes pas une puissance insulaire, vous ne vivez pas entre le Pacifique et l'Atlantique, sans toucher à personne : vous êtes au milieu de monarchies séculaires, respectées, dont votre premier devoir est de considérer les susceptibilités et les appréhensions...
Oui, il a fallu examiner l'état de l'Europe et savoir ce qu'elle pensait.
Eh bien, quand on s'est livré à cette enquête, toujours délicate,... quand on rencontre des hommes solidaires d'un certain ensemble européen, il faut faire grand état de leurs réponses.
Eh bien, il n'est pas douteux que, il y a six mois, les réponses n'étaient pas bonnes.
Aujourd'hui, vous avez rencontré le crédit et la confiance au point de vue de vos ressources; vous êtes en train de retrouver le crédit et la confiance au point de vue de votre puissance morale et de votre stabilité politique ; et l'on vous dit, l'amnistie, vous pouvez la faire ; elle n'effraie plus l'Europe et elle vous débarrassera beaucoup.

Etant donné ce qui devait se passer plus tard dans les deux circonscriptions du vingtième arrondissement, il est nécessaire de rappeler encore le passage suivant de ce discours :

Je représente ici, depuis tantôt douze ans, le quartier de Paris où la démocratie la plus vaillante et la plus ardente tient à la fois ses ateliers et ses assises, les uns pour travailler, les autres pour penser... Ce n'est pas à moi, son fidèle représentant et son plus vieux lutteur, qu'il faut apprendre ni ses faiblesses, ni ses défaillances, ni ses entrainements. Mais il y a une chose à laquelle je tiens, *c'est à la liberté de mon jugement.* Ils savent là-haut que je ne les ai jamais ni flattés, ni trompés. Hier ils ont fait une faute. Mais, messieurs, est-ce que vous voudriez mettre en balance cette faute avec l'intérêt dont tout à l'heure j'essayais de vous faire apprécier la force : la question de l'amnistie ? Ne voyez-vous pas que dans cette population de Belleville, où on a répandu tous les ferments et toutes les excitations, il y a des hommes qui se disent partisans de l'amnistie et qui veulent l'empêcher ?...
Est-ce qu'on pouvait humainement croire que les compagnons, les amis de Trinquet, ne prêteraient pas les mains à ceux qui venaient leur dire que le vrai moyen de le faire revenir, c'était de le nommer conseiller municipal ? Est-ce que vous pouviez empêcher que cette propagande réussît ? Est-ce que vous ne sentez pas que vous devez couper court à de semblables suggestions, à de semblables entrainements ?...
Il faut que vous disiez à tous, à ceux dont on déplore l'absence, et à ceux dont on regrette quelquefois les contradictions et les désaccords, qu'il n'y a qu'une France et qu'une République.

L'effet produit par ce discours fut considérable, et ceux-là même qui reprochaient à tort, à Gambetta, de ne pas l'avoir prononcé plus tôt, durent convenir cependant qu'il détermina l'Assemblée à adopter cette mesure si impatiemment attendue.

Le 12 juillet, M. Rochefort rentrait à Paris, et les journaux du lendemain parlaient tous de la manifestation qui avait eu lieu à la gare de Lyon et sur les boulevards ; seuls, la *Grande* et la *Petite République* étaient muettes ; le surlendemain, seulement, la première reproduisait le compte rendu du *Temps*, et la seconde imprimait un entrefilet de quelques lignes sur ce que les journaux, hostiles à la politique ou à la personne de Gambetta, appelaient complaisamment un événement de haute importance. C'était une petite maladresse, mais les petites maladresses accumulées finissent par constituer de lourdes fautes, provoquant inévitablement des résultats qui étonnent ceux même qui en bénéficient.

La fête du 14 juillet avait été magnifique, et le président de la Chambre avait réuni dans un dîner tous les officiers délégués qui avaient assisté à la distribution des drapeaux. Le lendemain, le journal *l'Intransigeant*, organe de M. Rochefort, toutes les autres feuilles de la presse avancée, et quelques autres, de celles qu'on appelle modérées, manifestaient leur étonnement de l'attitude prise dans cette réunion par le général de Galliffet qui y avait affecté les airs de maître des cérémonies et d'ami intime de l'amphitryon.

Les petites causes produisent de grands effets, et le voisinage compromettant de ce personnage a fait à Gambetta plus de mal qu'il ne saurait le croire.

La municipalité de Cherbourg, en lutte ouverte contre le préfet maritime, avait décidé de convier Gambetta à une fête dont le prétexte était le lancement du *Magon;* le président de la Chambre avait accepté et devait se rendre dans ce port, accompagné du ministre de la marine; on se livrait à une foule de commentaires sur le rôle effacé, accepté par un membre du cabinet vis-à-vis du héros de la fête, lorsqu'on apprit que le président de la République et le président du Sénat iraient également à Cherbourg; et les journaux intransigeants de rire de ce qu'ils considéraient comme un bon tour joué par M. Grévy à Gambetta, qu'ils accusaient également d'avoir projeté d'envoyer en Grèce une mission militaire sous la direction du général Thomassin.

Gambetta protesta hautement contre cette assertion, sans parvenir toutefois à convaincre ceux qui le prétendaient décidé à tenter quelque aventure militaire au dehors, et qui allaient interpréter certains passages de son discours prononcé à Cherbourg, aux fêtes du 8 août, pour essayer de le mettre en contradiction avec ces protestations.

Au lecteur de juger; voici les seuls passages du discours qui, de près ou de loin, peuvent donner lieu à interprétation :

Quand la fortune atteint les peuples, leur devoir est d'attendre dans le calme, dans la sagesse, dans la conciliation, toutes les bonnes volontés. On ne ménage personne, on demeure ainsi libre de ses mains et de ses armes au dedans et au dehors, les grandes réparations peuvent sortir du droit, nous ou nos enfants nous pouvons les espérer, car l'avenir n'est interdit à personne...

On a attaqué le culte passionné qu'ont certains hommes publics pour l'armée, qui groupe aujourd'hui toutes les forces nationales, qui contient le sang le plus pur de la France. On leur reproche de prêter trop de temps à l'examen de la progression de cet état qui met la patrie à l'abri de tout danger. Ce n'est pas un esprit belliqueux qui anime et dicte ce culte, c'est la nécessité, quand on a vu la France tombée, si bas, de la relever et de la maintenir forte et puissante.

Si nos cœurs battent, c'est pour cela ; ce n'est pas pour un sombre idéal d'aventures sanglantes ; c'est pour que ce qui reste de la France reste entier, et pour que nous puissions compter sur l'avenir, pour savoir s'il y a une justice dans les choses, qui vient à son jour et à son heure.

Nous avouons, pour notre compte, ne rien trouver, dans ces paroles, de nature à légitimer les critiques adressées à leur auteur, ennemi de toutes fanfaronnades, de toutes forfanteries ; nous trouvons au contraire que les Français se souviennent trop peu de l'invasion de 1870-71 et de la perte de l'Alsace-Lorraine. Moins que personne, cependant, on pourrait nous accuser d'entraînements irréfléchis, car, à la première nouvelle de l'envoi de la mission Thomassin, comme, plus tard, à propos de l'envoi de notre flotte devant Dulcigno, nous avions préparé contre les auteurs de ces projets : Gambetta, ou tout autre que lui, un grand meeting avec le concours de Victor Hugo et de Garibaldi dont l'adhésion fut publiée quelque temps après dans les journaux.

L'émotion causée par l'incident de Dulcigno fut bientôt effacée, en partie, par l'application des décrets contre les congrégations religieuses non autorisées; mais les ménagements apportés dans cette mesure impatiemment attendue, quoique parfaitement insuffisante, accentuèrent davantage l'éloignement qui existait déjà entre Gambetta et le chef du cabinet, M. de Freycinet, à qui il reprochait d'avoir développé, dans un discours à la session des conseils généraux, la parabole des ouvriers de la onzième heure, et de s'être exposé à un échec presque certain dans les négociations récemment entamées avec les *monsignori* du Vatican.

La chute du ministère fut décidée, et Gambetta en fut incontestablement un des agents les plus actifs. La démission de M. de Freycinet mit fin à la crise ministérielle, mais elle donna naissance officiellement à un conflit permanent, quoique inavoué, entre le président de la République et le président de la Chambre.

A ce sujet, il faut dire que Gambetta oublie un peu trop facilement les services rendus par ses collaborateurs les plus dévoués et les plus capables. *Errare humanum est*, mais il est imprudent de faire à autrui ce qu'on ne voudrait pas qui vous fût fait. En ne tolérant pas chez les autres des erreurs, hélas! inévitables pour qui accepte la responsabilité de certaines entreprises difficiles et même dangereuses, on s'expose soi-même à l'intolérance, et on éloigne quelquefois, et pour toujours, des lieutenants dont le concours redeviendra indispensable dans l'avenir.

Cette réflexion nous amène à parler de ce qui se passa vers la fin du mois d'octobre 1880, à propos de l'arrivée de Garibaldi à Gênes, et de son voyage à Milan pour l'inauguration du monument élevé à la mémoire des victimes de la journée de Mentana.

Dans l'espoir d'accaparer à leur profit la popularité du restaurateur de la nationalité italienne, M. Rochefort et ses amis, trompés par d'imprudents rapports de leurs émissaires sur la situation véritable des partis politiques en Italie, avaient annoncé à grand bruit que Garibaldi viendrait de Milan à Paris, et logerait dans la maison du rédacteur en chef de l'*Intransigeant* dont on précipitait les aménagements ; mais déjà Gambetta avait répondu au député Domenico Galeti, qui lui avait écrit au sujet de ce voyage en France projeté depuis longtemps, la lettre suivante, reproduite dans la *Gazetta del popolo*, et qu'il importe de faire connaître :

Paris, 11 octobre 1880.

Mon cher monsieur Galeti,

Je réponds sur-le-champ à votre question.

Je crois que si le général Garibaldi venait à Paris, non seulement il y serait reçu par tout républicain avec amour et reconnaissance, comme le héros de Dijon, mais encore comme le représentant de cette noble et généreuse Italie, qui, au moment de nos revers, a laissé mourir ses meilleurs enfants pour le triomphe de notre République et de notre liberté.

Recevez, cher monsieur, toutes mes amitiés.

LÉON GAMBETTA.

Les membres du comité d'organisation du monument de Mentana, au lieu d'adresser une invitation spéciale et exclusive à la presse intransigeante, convièrent à la cérémonie toute la presse républicaine, et le représentant de Gambetta fut accueilli par eux, et plus spécialement par Garibaldi, avec une préférence marquée.

Gambetta aurait dû, d'après cela, comprendre combien il était opportun, pour nos bons rapports avec la démocratie italienne, de manifester plus souvent et plus ouvertement ses sympathies pour celui qui venait de soulever les acclamations de la foule, dans une ville dévouée aux Napoléon, en déclarant que « le monument de Mentana était élevé, non seulement à la mémoire des Italiens tombés dans cette journée, mais aussi à celle des soldats français traînés sur le champ de bataille par la discipline impériale. »

Combien de malentendus auraient été effacés ou n'auraient pu naître, combien de complications menaçantes auraient été évitées, si, dans l'intérêt réciproque de la France et de l'Italie, des rapports plus intimes, et surtout plus suivis, avaient existé entre Gambetta et Garibaldi !

Le 21 janvier 1881 avait lieu la rentrée des Chambres. La veille, Gambetta avait assisté, au Tivoli-Wauxhall, à un banquet donné par la chambre syndicale des débitants de vin du département de la Seine et, dans un long discours, avait parlé de l'intérêt qu'il portait au développement et à la propagation de ces institutions utiles, des réformes à faire dans la législation appliquée aux délits et aux contraventions, et entraînant pour les débitants la perte des droits civiques à l'égal d'une véritable fraude criminelle, de la nécessité de résoudre les problèmes économiques et industriels, « un à un, à force d'étude et de bonne volonté, » se refusant à donner à la solution de tous ces problèmes le nom de *question sociale.*

Se défendant mal de l'irritation provoquée chez lui par la campagne menée dans la presse intransigeante, il qualifia de « malsaines et désordonnées les excitations d'un parti sans nom, » et termina cependant son discours en portant un toast « à la Presse,... à toute la Presse. »

Le lendemain, à l'ouverture de la session, en reprenant pour la troisième fois possession du fauteuil de président, il manifestait le désir de voir « mener à parfait achèvement la rude tâche imposée par le pays, pour aboutir complètement ». Il passait rapidement en revue les principaux résultats déjà acquis : la chute du pouvoir personnel, le retour des Chambres et du gouvernement à Paris, l'amnistie, les lois sur l'éducation nationale et sur le respect absolu de la liberté de conscience, l'impulsion donnée aux travaux publics, la réforme et la refonte de l'outillage militaire et naval, ainsi que l'amélioration de la situation d'activité et de retraite des officiers, sous-officiers et soldats, et il exprimait l'espoir qu'on ne se séparerait pas avant d'avoir mis la dernière main au grand œuvre de la défense nationale.

Il comptait sans le Sénat, dont les résistances devaient empêcher de s'accomplir ces réformes qui étaient loin cependant d'arriver au niveau des *desiderata* légitimes de la démocratie.

Les derniers mots de ce discours étaient ceux-ci : « Il nous faut entourer la République, que nous avons fondée, d'institutions de plus en plus libérales et démocratiques pour réunir tous les patriotes, tous les Français, » et comme, peu de jours après, on put lire dans la *République française* des articles sympathiques à M. Dugué de la Fauconnerie se présentant aux électeurs républicains de Mortagne avec l'estampille « de nouveau et sincère converti, » plusieurs journaux de diverses nuances se demandèrent s'il y avait une connexion quelconque entre les dernières paroles de ce discours et l'évolution du candidat pseudo-républicain qui, autrefois, avait traité l'orateur de « boue infecte. »

L'appui de la *République française* ne sauva pas M. Dugué de la Fauconnerie, qui, à la suite d'un scrutin de ballottage, se retira de la lutte.

Deux dépêches insérées dans le *Livre bleu* avaient provoqué dans la presse étrangère et dans quelques journaux français des commentaires, desquels il résultait que le président de la Chambre était l'inspirateur de l'envoi en Grèce d'une mission militaire présidée par le général Thomassin, et de la cession de 30,000 fusils au gouvernement grec... Il était difficile au gouvernement et plus difficile encore à Gambetta de donner officiellement des explications catégoriques à ce sujet, sans l'intervention d'un *sauveteur*; M. Devès, député de l'Hérault, fut choisi pour cette officieuse besogne, et M. Pascal Duprat lui fut adjoint comme *compère* pour lui donner la réplique.

C'est à la séance du 21 février que Gambetta descendit du fauteuil de la présidence pour répondre à l'interpellation de M. Devès et à la dénonciation de M. Pascal Duprat, relativement au « gouvernement occulte. » Il donna dans cette séance les démentis les plus formels à ceux qui l'accusaient d'exercer une pression quelconque sur les décisions ministérielles, et il manifesta éloquemment son indignation contre les intentions belliqueuses qu'on lui prêtait d'après certains passages de son discours de Cherbourg.

Dans le cours de cette *improvisation* il fut amené à faire une déclaration que le *Journal officiel* reproduisit en ces termes : « Cette réserve, messieurs, je me l'imposerai jusqu'au jour où il conviendra à mon pays de me désigner pour remplir un autre rôle. »

Le compte rendu analytique de la séance avait imprimé ceci : « Et cette réserve, je me l'imposerai jusqu'au jour où il conviendra à mon pays de me convier à un autre devoir. »

Ces paroles sont à retenir, quelle que soit la forme dans laquelle elles furent prononcées, car elles étaient provoquées par les questions de politique extérieure et « de politique d'aventures, » auxquelles il va être bientôt obligé de chercher des solutions nécessitées par les imprudences d'un ministère dont il aura à liquider les entreprises.

Le 21 mars, il se rendait à l'invitation qui lui avait été adressée par la Société de secours mutuels de l'Union du commerce, réunie en assemblée générale dans la grande salle du Trocadéro, et, tout en déclarant qu'il ne voulait pas faire un discours et se contenter seulement de manifester, par sa présence, de sa communion d'idées avec les membres de cette florissante société, il n'y prononça pas moins ces paroles, relativement aux garanties et aux libertés dont le travail, à tous les degrés, doit jouir au milieu d'un Etat démocratique :

<blockquote>
Oui, messieurs, ce sont ces garanties qu'il faut assurer par un régime libéral qui place face à face, non plus à l'état d'antagonistes, de rivaux, de duellistes acharnés et haineux, le travail et le capital, mais, au contraire, comme deux forces destinées à se confondre, à fusionner pour augmenter l'énergie même de la production de la France...

J'ai toujours dit que par la République et avec la République on pouvait résoudre toutes les questions, toutes les difficultés, à une condition, c'est qu'on fût bien résolu à ne jamais se laisser tromper soi-même, afin de ne jamais tromper les autres.
</blockquote>

C'est dans le même sens qu'il parla quelques jours plus tard, le 25 et le 29 mars, au Grand-Hôtel et au banquet de la chambre syndicale de la draperie où il se trouvait au milieu des représentants du grand commerce parisien et des grands industriels de la province, auxquels il exprimait son désir de voir les ouvriers se constituer aussi en chambres syndicales autonomes, complètement libres, de manière à arriver partout « à l'arbitrage par les pairs dans les contestations qui s'élèvent dans le monde du travail... et à la liberté pour tous, assurant à chacun la disposition de ses mains pour le travail, dont les fruits sont aussi sacrés que le principe même qui les a produits. »

A la fin du mois de mars l'opinion publique commençait à s'émouvoir des événements qui venaient de se passer sur notre frontière Est de l'Algérie ; au même moment on parlait aussi beaucoup d'un voyage que Gambetta devait faire à Cahors, et, n'attachant encore qu'une importance secondaire à la répression projetée contre les bandes insoumises des massifs montagneux de la Kroumirie dont on ne prévoyait pas les conséquences, la Presse s'occupait surtout du voyage du président de la Chambre. Ceux-là mêmes qui blâmaient le bruit dont on l'entourait, remplissaient les colonnes de leurs journaux de tous les incidents de la route et de l'arrivée, reproduisaient les adresses des municipalités ou des sociétés qui avaient salué, au passage, le voyageur parti de Paris en compagnie de M. de Galliffet qui le quitta en route, mais escorté jusqu'au bout par une foule de reporters. On s'attendait à un grand discours politique.

Gambetta, plus ennuyé sans doute qu'on ne le pense de tout cet apparat, et protestant dans son for intérieur contre la « dictature du génie, » que lui octroyait certain flatteur par trop maladroit, se borna, pour ainsi dire, par ses paroles, à protester contre les interprétations qu'on avait faites de son discours de Cherbourg, et à plaider la cause du Sénat qu'il espérait sans doute amadouer au sujet de la loi sur le scrutin de liste proposée par M. Bardoux.

On sait qu'à la suite de la discussion de la Chambre des députés, le scrutin secret avait donné d'abord une majorité de 8 voix seulement en faveur de ce projet de loi; mais on sait aussi que, mis en demeure de se prononcer ouvertement, des députés, désireux de conserver l'appui du chef des gauches à l'approche de nouvelles élections, grossirent considérablement ce chiffre, ce qui n'empêcha pas le Sénat de rejeter le projet, dans sa séance du 9 juin.

Gambetta eut le tort de ne pas déguiser assez son irritation contre les membres de la Chambre haute; et son éloignement de M. de Freycinet, qu'il avait fait solliciter de se faire l'avocat du scrutin de liste, devint plus accentué que par le passé.

Le 29 juin, à Saint-Mandé, avait lieu le banquet des tabletiers en peigne; Gambetta y avait été convié et, comme on lui prêtait depuis quelque temps l'intention de se présenter à la députation dans un grand nombre de collèges, il y fit la déclaration suivante pour couper court à tous les commentaires :

> Nous nous retrouverons, vous savez quand, et, quoi qu'on en ait dit, quelque multiplicité de candidatures et d'ambitions qu'on m'ait prêtée, je ne me connais qu'un arrondissement. Il pourra m'être disputé; je sais pourquoi il ne pourra m'être sérieusement disputé.

Le résultat ne devait pas confirmer ses espérances, et, il faut le dire, il y avait quelque courage à affronter ainsi la lutte dans un arrondissement où il savait que plus d'un de ses anciens amis l'avaient abandonné. Mais, convenons aussi que l'échec relatif qu'il allait y subir devait avoir uniquement pour cause la maladresse des incapables auxquels il eut l'imprudence de laisser le soin de préparer son élection.

Malgré la promesse qu'il avait faite autrefois de se rendre chaque année à Versailles, à la célébration de l'anniversaire de Hoche, il n'y alla pas le 24 juillet 1881; on était à la veille de la fin de la session, la question tunisienne prenait des proportions inquiétantes, et il lui eût été difficile de prononcer un grand discours politique sans toucher à des sujets délicats, mal définis et se rapportant, non seulement aux affaires extérieures, mais à la politique intérieure et à une divergence d'opinion, existant encore, quoi qu'on en dise, entre lui et le Président de la République.

Son allocution, au moment de la fin de la législature, le 27 juillet, mérite d'être rapportée en entier; la voici :

Messieurs, nous allons nous séparer, et je ne voudrais manquer, ni à des précédents hautement établis, ni aux sentiments de gratitude et de reconnaissance qui m'animent, en négligeant de rendre à la Chambre tout entière, sans distinction de nuances et de partis, le témoignage du concours toujours fidèle qu'elle m'a prêté et qui m'a fortement soutenu dans la tâche si difficile et si nouvelle pour moi, comme on a pu le reconnaître quelquefois, qui m'était imposée.

29.

Si j'ai pu, pendant ces trois années, être de quelque utilité dans vos délibérations, je ne m'illusionne pas, messieurs, je sais que je le dois autant au concours de mes collègues qu'à l'assiduité, à la bonne volonté, à l'énergie persévérante que j'ai apportées dans l'exercice de mes fonctions.

Il ne me conviendrait pas, et il ne conviendrait pas à cette Assemblée, que je la retienne plus longtemps, et que, sortant de la réserve que je dois garder, j'entrasse dans le domaine de la politique future.

Le suffrage universel tiendra prochainement ses grandes assises; c'est à lui qu'il appartiendra, dans la plénitude de sa puissance et de sa liberté, de juger votre œuvre, messieurs, qui, comme celle de toutes les Assemblées, aura été l'objet, de la part des contemporains, de critiques plus vives que celles que pourra lui réserver l'histoire.

Avec son instinct infaillible, avec sa générosité native, le pays saura distinguer dans tout ce que vous avez fait le mieux du bien, et dans le bien lui-même faire la part des quelques écarts et des quelques omissions qui ont pu se produire; c'est à ce jugement souverain qu'il faut nous en remettre, messieurs, convaincus que tous, dans le pays, nous accepterons ce jugement, et que nous nous inclinerons devant son verdict, car le pays est le seul maître.

Quant à nous, messieurs, je le souhaite et je le désire ardemment, pour ceux qui siègent ici comme pour ceux qui siégeront demain, que la politique dans cette enceinte n'ait jamais qu'une inspiration : le service de la patrie et le salut de la République.

Nous voici arrivés à la fin de la cinquième étape ; nous avons mis sous les yeux du lecteur, avec la sécheresse et l'aridité d'un procès-verbal, les opinions, les engagements et les actes de celui qui, à proprement parler, après avoir été le tribun acclamé dans ses luttes contre l'Empire, le dictateur de la Défense nationale en province, le lutteur acharné contre les gouvernements des 24 et 16 mai, le président de la commission du budget et de la Chambre, va redevenir momentanément un simple citoyen, sollicitant de ses électeurs le renouvellement de son mandat de député.

Nous n'avons pas, un seul instant, dans le cours de ce long examen, cherché à atténuer ce que les uns appellent des contradictions, ni à écarter ce que d'autres appellent des fautes. Le lecteur pourra donc se faire à lui-même une opinion sur une personnalité qui, malgré l'avis de plusieurs de ses ennemis déclarés, n'en a pas moins tenu le premier rang, parmi ses concitoyens, dans les cinq périodes que nous venons d'examiner avec une impartialité absolue.

CHAPITRE XXXI

Ouverture de la période électorale. — Discours de Tours. — Réunion privée à la salle de l'Élysée-Ménilmontant. — Réunion publique à Charonne. — Gambetta élu dans la première circonscription de Belleville. — Les voyages au Neubourg, en Allemagne et au Havre. — La présidence provisoire de la Chambre. — Gambetta chef du cabinet. — La déclaration ministérielle. — Conclusion.

La période électorale étant ouverte, Gambetta se rendit à Tours, où avait lieu une exposition industrielle et artistique, et profita de cette circonstance pour faire connaître son opinion sur les deux questions qui semblaient devoir être les deux grands mobiles du choix des futurs représentants de la France : la revision et le mode de scrutin approuvé par la Chambre des députés et repoussé par le Sénat.

Comme le bruit d'une hostilité sourde entre M. Jules Grévy et lui tendait à s'accréditer, il y mit fin par ces paroles catégoriques: « Je salue avec vous et je saluerai toujours avec la sincérité la plus entière l'homme intègre, le citoyen, le premier des citoyens de France, placé à la tête de l'Etat. » Et, après avoir fait l'éloge des 363, devenus les 386, qu'il espérait voir revenir sur les bancs de la Chambre et y constituer une forte majorité de gouvernement, il exprima d'abord ce qu'il entendait par le mot de revision partielle de la Constitution dont l'opinion publique était saisie et il ajouta ensuite :

Partisan convaincu et déclaré des deux Chambres, ce ne seront point les tentatives plus ou moins coupables, les résistances plus ou moins aveugles d'une majorité de hasard, très vacillante, très chancelante et qu'il vous appartient de modifier, qui peuvent me faire changer d'avis sur la nécessité de maintenir intacte la constitution de deux Chambres dans ce pays... J'ajoute qu'il est devenu nécessaire de modifier les attributions et le recrutement du Sénat... Je voudrais réclamer une revision à laquelle il serait lui-même intéressé et qui aurait pour conséquence de le fortifier.

Plus loin, au sujet du scrutin d'arrondissement, du scrutin mixte et du scrutin de liste, il s'exprimait ainsi sur ce dernier mode de votation dont l'effet principal est de soustraire le pouvoir central aux influences purement locales qui enchaînent sa liberté d'action :

Je suis persuadé que c'était là l'un des avantages du scrutin de liste ; nous aurions délivré le pouvoir central de l'oppression que font peser sur lui les intérêts locaux. Cet admirable instrument qu'on appelle l'administration française, dont on a tant médit, à l'occasion duquel on a tant déclamé, cet admirable instrument est mis en péril par ceux-là mêmes qui ont intérêt à le conserver ; et pourquoi ? Parce que dans un régime de suffrage universel, où la démocratie est maîtresse d'elle-même, où elle est sûre d'avoir toujours le dernier mot dans les affaires publiques, l'administration est l'intendant de la démocratie, et lorsqu'on touche aux prérogatives de l'administration, c'est la maison qu'on ruine et qu'on détruit.

L'accueil des Tourangeaux fut assez froid, et ceux qui

avaient convié Gambetta à venir dans ce pays, médiocrement républicain, lui avaient rendu un mauvais service; mais de plus grandes déceptions l'attendaient à son retour à Paris.

Le 14 août 1881, devait avoir lieu dans la salle de l'Elysée, à Ménilmontant, la première réunion électorale du XXe arrondissement, divisé en deux circonscriptions. — Gambetta, ainsi qu'il l'avait déclaré au banquet de Saint-Mandé, se présentait seulement à Belleville et il y avait pour concurrents MM. Tony Révillon et Sigismond Lacroix.

Personne n'espérait l'insuccès de Gambetta, ses compétiteurs moins que *tous autres*. Nous tenons de la bouche de M. Tony Révillon lui-même, « qu'en affrontant la lutte, contraint et forcé par le *parti des intransigeants*, il marchait à un échec écrasant; » mais une série de maladresses, habilement exploitées par quelques meneurs qui se tenaient à la cantonade, devaient, au contraire, produire un résultat diamétralement opposé à celui que, de part et d'autre, on attendait.

Certes, c'eût été, pour Gambetta, plaider contre l'évidence que de prétendre être resté en communion intime d'idées avec l'ensemble des électeurs bellevillois; les milieux et les circonstances étant changés, il était impossible à l'ancien élu du XXe arrondissement de ne pas couper une *partie de sa queue*, du moment où il était devenu franchement, complètement un homme de gouvernement, et il avait obtenu déjà, de la population ardente de ce faubourg, assez de preuves de sagesse pour ne pas avoir à craindre d'exposer devant elle, sans ambages, les nécessités nouvelles auxquelles il allait obéir.

Si, au lieu de se laisser confiner par des organisateurs maladroits dans une réunion privée, trop privée pour ne pas mécontenter une partie de la population, il avait appelé ses antagonistes à discuter avec lui dans une réunion publique sur les divers programmes électoraux, il eût facilement triomphé. Un de ses compétiteurs nous en faisait l'aveu, le soir même de cette réunion de l'Elysée-Ménilmontant, autour de laquelle la plupart des gens qui avaient choisi comme protestation le *mot* de : Galliffet, répété sur l'air des lampions, demandaient ensuite, dans les moments d'accalmie, ce que c'était et ce que signifiait ce *mot*-là.

A part quelques violences de langage, qu'il eût évitées certainement s'il ne s'était pas senti en présence de gens convertis d'avance, le discours prononcé par Gambetta, dans la soirée du 14 août, n'aurait pu que lui concilier l'attention et la sympathie d'un grand nombre de ceux qui, du dehors, réclamaient contre le sentiment d'exclusivisme qui avait guidé les organisateurs de la réunion. Il y passa en revue les travaux exécutés par la Chambre pendant la dernière législature, et il exposa le programme des réformes s'imposant aux nouveaux élus de la nation et qu'il se proposait de réclamer lui-même avec insistance ; mais, trop confiant dans les assurances des membres du comité de son élection, il fut mal inspiré, après avoir dit qu'il considérait toujours les Bellevillois comme ses parrains politiques, de répondre à quelques rares dissidents qui avaient pu pénétrer dans la salle : « Nous saurons, au jour de l'élection, combien vous êtes. »

Après avoir eu la maladresse de préparer une réunion privée dans de pareilles conditions, c'était en commettre une bien plus grande, que d'organiser ensuite une réunion publique comme celle de Charonne. Les membres du comité électoral qui ont mené cette campagne, par leur infatuation, par leur assurance, ont, quoi qu'ils en disent et quoi qu'il en ait dit lui-même, gravement compromis Gambetta, dont l'échec à Belleville ne peut être nié, et sur qui l'on a fait retomber toutes les fautes commises par des amis incapables et dangereux ; nous ne rangeons pas seulement dans cette catégorie les organisateurs des réunions de Belleville, nous y comprenons également les chefs du comité de la rue de Surène qui, entre autres maladresses, commirent celle d'éconduire les délégués envoyés par les Bellevillois dissidents pour entretenir Gambetta d'une diffamation dont Tony Révillon venait d'être l'objet de la part des partisans acharnés de l'opportunisme, et de le dire déjà parti pour Neubourg, alors qu'il était notoire qu'il n'avait pas encore quitté Paris et que les journaux du lendemain allaient annoncer son départ officiel vingt-quatre heures plus tard.

Elu dans la première circonscription à une très faible majorité, Gambetta se désista au second tour pour le scrutin de ballottage qui devait avoir lieu dans la seconde ;

nous ne saurions dire si les résultats de l'élection lui causèrent quelque surprise, mais nous pouvons affirmer que l'un de ses compétiteurs, M. Tony Révillon, reconnut franchement qu'il devait son succès, non à ses mérites personnels, mais à la maladresse insigne des parrains de Gambetta.

Avant le moment de la réunion des Chambres, que le ministère Jules Ferry avait retardé le plus possible malgré le désir formel de la nation de voir le gouvernement s'expliquer sur la direction donnée à la guerre de Tunisie, Gambetta fit encore quelques voyages, dont l'un au Neubourg, le 4 septembre, à propos de l'érection de la statue de Dupont de l'Eure; il y déclara, à l'encontre de ce qu'on présumait de ses intentions relativement au rappel du projet de loi sur le scrutin de liste, « qu'il ne faut pas y renoncer, mais qu'il faut l'ajourner jusqu'à l'expiration des pouvoirs de la nouvelle Assemblée, *ou jusqu'à une rénovation* constitutionnelle, si elle a lieu. »

On se livra à une foule de commentaires à propos d'un voyage qu'il était allé faire en Belgique et en Allemagne, où l'on prétendit qu'il avait eu une entrevue, concertée d'avance, avec M. de Bismark, — entrevue qu'il démentit quelques jours plus tard dans un discours prononcé au Havre et dans lequel il ne parla d'ailleurs que des intérêts purement locaux de ce port.

Il avait eu, le 13 octobre, une première entrevue avec le Président de la République, et de ce jour-là il n'y eut plus de doute pour personne qu'il se préparait à constituer un ministère, cherchant à y être sollicité plutôt que de paraître désireux de prendre le pouvoir.

Il n'en accepta pas moins de se laisser porter comme président provisoire à la première séance de la session, mais, après la nomination définitive de M. Brisson, et, lorsqu'à la suite de la discussion sur les affaires tunisiennes aussi maladroitement engagée par les gauches que mal soutenue par M. Jules Ferry, des ordres du jour en quantité infinie étaient successivement repoussés, il intervint à la dernière heure et réunit une majorité de 345 membres pour le sien ainsi conçu : « La Chambre, résolue à l'exécution intégrale du traité souscrit par la nation française, le 2 mai 1881, passe à l'ordre du jour. »

Tous les ministres étaient démissionnaires ; M. Jules Ferry l'avait annoncé même avant le commencement de la discussion, et, dès le lendemain, le Président de la République faisait appeler Gambetta et le chargeait de la formation d'un cabinet, auquel les uns par conviction, les autres par dérision, avaient donné d'avance la qualification de Grand Ministère.

Le voici donc arrivé à son sixième avatar. Sera-ce le dernier? Jusqu'ici, à proprement parler, il n'a fait que se préparer au grand rôle qu'il est appelé à jouer, il faut bien le dire, au milieu des plus grandes difficultés.

On s'attendait à le voir s'entourer de quelques collaborateurs dont la capacité et les services rendus semblaient faire des auxiliaires obligés du pouvoir dont il a voulu assumer la responsabilité tout entière ; mais dans la liste qu'il a présentée à la signature du Président de la République après quatre longs jours de tâtonnements, sauf deux ou trois amis véritablement dévoués, et MM. Cazot et Cochery, membres de l'ancien ministère, ne figurent que des spécialistes dont on peut attendre de bons services, mais n'ayant aucun passé qui pût les désigner à l'attention publique. Il est pour ainsi dire le chef de tous les ministères, et lui qui aspirait à être ministre président sans portefeuille, il s'est entouré pour ainsi dire de simples commis.

C'est un trait de hardiesse ; et, qui sait! la fortune aime les audacieux ; peut-être réussira-t-il ainsi mieux qu'autrement ; mais à quel immense labeur n'est-il pas condamné, et combien d'habileté, de tact et de prudence il lui faudra déployer pour suffire à la tâche.

Voici la déclaration ministérielle qu'il a lue à la tribune de la Chambre, le 15 novembre, pendant que M. Cazot, ministre de la justice, faisait de même au Sénat :

Messieurs,

Pour la troisième fois, depuis 1875, le suffrage universel, dans la plénitude de sa souveraineté, vient de signifier sa double volonté d'affermir la République et de l'entourer d'institutions démocratiques.

Appelé par la confiance de M. le Président de la République à former une administration nouvelle, nous n'avons pas d'autre programme que celui de la France.

Elle a réclamé comme instrument par excellence d'une politique graduellement, mais fermement réformatrice, la constitution d'un gouvernement uni, dégagé de toutes les conditions subalternes de division et de faiblesse, toujours prêt à débattre les intérêts de la nation devant ses élus et à leur rendre compte de ses actes, sachant inspirer à tous les dégrés de la hiérarchie des services publics le respect, l'obéissance et le travail.

Elle compte trouver dans les deux Assemblées une majorité confiante et libre pour soutenir le gouvernement, et, pour le servir, une administration disciplinée, intègre et fidèle, soustraite aux influences personnelles comme aux rivalités locales et uniquement inspirée par l'amour du devoir et de l'Etat.

Elle a marqué, en vue d'assurer les réformes, sa volonté de mettre, par une revision sagement limitée des lois constitutionnelles, l'un des pouvoirs essentiels du pays en harmonie plus complète avec la nature démocratique de notre société.

Et nous, pour lui obéir, nous vous proposerons de réorganiser nos institutions judiciaires.

De poursuivre avec persévérance l'œuvre de l'éducation nationale, si bien commencée par vos devanciers ; de reprendre et de compléter, sans perte de temps, notre législation militaire.

De rechercher, sans porter atteinte à la puissance défensive de la France, les meilleurs moyens de réduire dans les armées de terre et de mer les charges du pays, et d'alléger, sans compromettre nos finances, celles qui pèsent sur l'agriculture.

De fixer par des traités le régime économique de nos diverses industries, et de donner à nos moyens de production, de transport et d'échange une impulsion plus active, un développement toujours croissant.

De favoriser, avec la sollicitude qui s'impose aux représentants de la démocratie, et dans un esprit vraiment pratique de justice et de solidarité, les institutions de prévoyance et d'assistance sociale.

D'assurer, par la stricte application du régime concordataire, le respect des pouvoirs établis dans les rapports des Eglises avec l'Etat.

Enfin, en protégeant les libertés publiques, de maintenir avec fermeté l'ordre au dedans, et avec dignité la paix au dehors.

Messieurs, cette série de réformes remplira toute la durée de la législature. Pour les mener à bonne fin et pour ne pas rester au-dessous de la tâche que notre patriotisme nous a fait un devoir d'assumer, nous avons besoin de la pleine et entière confiance des républicains de cette Assemblée.

Nous la réclamons hautement et nous comptons sur leur concours.

Nous nous présentons aux mandataires du peuple avec la résolution de mettre à son service tout ce que nous avons de force, de courage et d'activité.

Ensemble, nous franchirons, selon le vœu du pays, une étape nouvelle dans la voie du progrès sans limites. ouverte à la démocratie française.

On ne retrouve certainement pas, dans cette déclaration, tous les *desiderata* formulés par Gambetta dans une foule de circonstances plus ou moins critiques, et moins encore ceux dont la démocratie avancée croit la réalisation immédiate nécessaire à l'existence même de la République; nous espérons que, restant au pouvoir, il jugera indispensable d'aller au delà de ce programme, mais il n'en faut pas moins convenir que si, dans la durée de cette législature, — en supposant qu'elle se prolonge jusqu'au terme légal qui lui est fixé par la Constitution, — on réalise tout ce qu'il promet, le pays s'en montrera satisfait.

Pour ne parler que d'une seule des réformes qui passionnent le plus l'opinion publique en France, — et quelle que soit la différence existant entre les paroles prononcées par Gambetta dans la séance du 4 mai 1877, où il posa la question de « la séparation entre la France et le Vatican », et celles qu'on lit dans le paragraphe de la déclaration ministérielle, relativement à « la stricte application du régime concordataire dans les rapports des Églises avec l'État, » qui oserait lui faire le reproche d'avoir appris à reculer (chose qu'il avait déclaré ne jamais vouloir faire, dans son allocution à l'Élysée-Ménilmontant, la veille de l'élection Trinquet)? Reculer est quelquefois nécessaire pour mieux assurer ensuite la marche en avant.

C'est que, en effet, entre la théorie et la pratique, il y a souvent des difficultés insurmontables, des impossibilités momentanées, et, sans prétendre qu'il en soit ainsi, en ce qui concerne la liquidation des fautes commises en Tunisie par ses prédécesseurs, Gambetta, malgré les réserves qu'il a faites, va se trouver en présence d'une situation hérissée d'obstacles de toute sorte, et il se fait illusion s'il espère, comme il l'a dit en répondant à M. C. Pelletan, que les opérations militaires seront bientôt terminées dans la Régence et qu'on n'aura plus à s'y occuper que de la refonte des institutions et de l'organisation civile du protectorat.

La majorité de 395 voix obtenue par lui dans la séance du 1er décembre, au sujet de la demande des crédits pour la liquidation du *fait accompli*, « sans annexion et sans abandon, » ainsi qu'il l'a si heureusement et si patriotiquement déclaré, ne doit pas lui faire oublier que, dans cette majorité décidée à le soutenir au début de ses travaux, il se trouve cependant une foule de politiciens impatients de lui voir commettre quelques maladresses, résolus à les lui compter comme des crimes, et prêts à se retourner contre lui à la première occasion.

A l'heure où paraîtront ces lignes, la session extraordinaire de 1881 aura pris fin sans amener d'autre incident qu'une résistance platonique d'une partie du Sénat contre les crédits tunisiens, la veillée des armes aura commencé pour Gambetta, car, au début de la session ordinaire de 1882, le combat sera engagé sur toute la ligne.

Qu'il s'y présente avec un plan bien arrêté, faisant chaque jour un pas en avant sans précipitation, sans hésitation surtout, et du côté des *amis sournoisement envieux*, comme de celui des *opposants systématiques*, il n'aura rien à redouter, le pays tout entier sera avec lui.

Cédera-t-il, comme on le prétend, le ministère des affaires étrangères à un autre homme d'État, pour devenir président du cabinet sans portefeuille, ou restera-t-il au poste de combat le plus dangereux, dirigeant les mouvements de ses lieutenants, tout en commandant le principal corps d'armée? C'est ce que nous apprendrons bientôt; mais, dans les deux hypothèses, il est évident que c'est du côté de la politique extérieure qu'il doit surtout porter son attention. La politique intérieure, si compliquée qu'elle paraisse encore, ne présente pas, à beaucoup près, les mêmes dangers.

Il lui faudra, pour accomplir la lourde tâche dont il

a assumé la responsabilité, l'action persévérante et simultanée de toutes les qualités dont il a donné des preuves successives dans plus d'une circonstance, et entre lesquelles, cependant, il y a pour ainsi dire antagonisme : la fougue du tribun, l'énergie froide et indomptable de l'organisateur de la Défense nationale, la patience de l'homme d'affaires, la finesse, la prévoyance et la retenue du diplomate, et, par-dessus tout, l'héroïsme et l'abnégation du patriote rêvant uniquement la grandeur et le bonheur de son pays, en bravant même, pour cela, l'impopularité.

Une fois encore, nous dirons combien il lui serait utile de modérer l'enthousiasme irréfléchi et compromettant de certains amis maladroits, dont l'intempérance louangeuse finirait par constituer un véritable danger pour lui.

A ces conditions, à ces conditions seules, il atteindra son objectif, malgré des difficultés que d'autres que lui pourraient croire insurmontables ; mais, avant même d'avoir touché au but, c'est peut-être parmi les plus violents adversaires de la veille, et non parmi les flatteurs de toutes les époques, qu'il trouvera les plus chauds et les plus utiles auxiliaires du lendemain.

TABLE DES MATIÈRES

Pages.

CHAPITRE PREMIER. Croquis à la plume. — Affaire Baudin. — Les vertiges de l'empire. — Les *Châtiments* et *Napoléon le Petit*. — Le livre de Tenot. — La souscription pour le monument de Baudin. 1

CHAPITRE II. Enfance de Gambetta. — Le séminariste de Montauban. — L'œil crevé. — Le collégien de Cahors. — L'étudiant en droit. — L'intérieur de la rue Bonaparte. — La Tatan. — L'avocat politique. — Le procès Delescluze. — Le café Procope et la conférence Molé. — Emile Ollivier et l'empire libéral. — Circulaire aux électeurs de Marseille. — Élections de 1870. . . 14

CHAPITRE III. Entrée de Gambetta à la Chambre. — Mort de V. Noir. — Discours sur le plébiscite. — Discours au banquet des Ecoles. 28

CHAPITRE IV. Discours de Belleville. — Les commencements de la guerre. — La capitulation de Sedan. — Déchéance. — Gambetta, ministre de l'intérieur. — La République proclamée à l'hôtel de ville. — Le gouvernement de la Défense nationale. 41

CHAPITRE V. Le ballon l'*Armand Barbès*. — Arrivée de Gambetta à Tours. — La délégation. — Etat de la France au 10 octobre 1870. — Proclamation de Gambetta à la province. 61

CHAPITRE VI. Organisation des services. — Décrets du ministre de l'intérieur et de la guerre. — Les armes, les munitions, l'argent. — Décret après la défense de Châteaudun. — Organisation de la première armée de la Loire. — Gambetta à Besançon. — Circulaire aux préfets après la capitulation de Chartres. 73

CHAPITRE VII. Les plans de marche vers Paris. — Proclamation après la chute de Metz. — Victoire de Coulmiers. — Reprise de possession d'Orléans. 87

CHAPITRE VIII. Hésitations du général en chef de l'armée de la Loire. — Garibaldi envoyé dans le Morvan. — L'armée de l'Est à Gien. — Camp retranché devant Orléans. — Reprise de la marche vers Fontainebleau 100

CHAPITRE IX. Retraite du général d'Aurelle. — L'armée de la Loire coupée en deux tronçons. — Abandon d'Orléans. — Circulaire aux préfets. — Gambetta aux quartiers généraux du Mans et de Bourges. 117

CHAPITRE X. Transfert des services de Tours à Bordeaux. — Gambetta à Lyon. — Son arrivée à Bordeaux. — Discours du 1er de l'an. — Préparatifs de la campagne de l'Est. — Le général Bourbaki à Chagny. . 131

CHAPITRE XI. Lenteurs dans la marche de l'armée. — Dépêche de Gambetta au général Bourbaki. — Villersexel. — Lettres de Gambetta au général Chanzy et à J. Favre. — Héricourt. — Opinion de *la Revue allemande de l'armée et de la marine* sur ces journées. — Retraite du général Bourbaki. 144

CHAPITRE XII. Voyages de Gambetta dans le Nord. — Défense de Dijon. — Lettres de M. P de Freycinet à Gambetta et de Gambetta au général Bourbaki et à Garibaldi. — Le général Clinchant remplace le général Bourbaki. — L'armistice et la dépêche de Jules Favre. — La *Revue suisse* à propos de l'armée de l'Est et de l'armistice. — Lettre de Gambetta à Jules Favre. — Ré-

	Pages
capitulation des actes de la délégation de Tours et de Bordeaux.	159

CHAPITRE XIII. Proclamation au sujet des élections. — Décret des inéligibles. — M. Jules Favre à Bordeaux. — Circulaire de Gambetta aux préfets. — Sa démission et sa retraite à Saint-Sébastien. 181

CHAPITRE XIV. Rentrée de Gambetta en France. — Discours de Bordeaux. — Fondation de la *République française*. — Opinion du *Times* sur Gambetta. — Discours de Saint-Quentin. 191

CHAPITRE XV. Campagne électorale. — Discours de Toulon, d'Angers, du Havre. — Allocution aux délégués d'Alsace 212

CHAPITRE XVI. Discours à l'anniversaire de Hoche. — Discours à la Chambre, dans le quinzième bureau, à propos de la loi sur l'organisation militaire. — Discours de la Ferté-sous-Jouarre. — Motion au sujet du traité pour hâter la libération du territoire. 230

CHAPITRE XVII. Discours à la Chambre sur les marchés de la défense nationale. — Discours chez M. Dorian. — Voyage de Gambetta à Chambéry. — Son allocution à la gare. 248

CHAPITRE XVIII. Discours de Grenoble. — Les nouvelles couches sociales. — Discours d'Annecy. — Le message de M. Thiers et le journal la *République française*. — Discours à l'Assemblée sur sa dissolution. — Opinion de la presse au sujet de ce discours. 259

CHAPITRE XIX. Discours à propos de la commission des Trente. — Discours de Belleville. 281

CHAPITRE XX. Discours de Nantes et de Saint-Nazaire. — Démission de M. Thiers. — Le journal la *République française* à propos de cette démission. — Discours à la Chambre au sujet de la suppression du journal le *Corsaire*. — La circulaire Pascal. 303

CHAPITRE XXI. Discours à l'anniversaire de Hoche. — Discours à la Chambre sur l'organisation des pouvoirs publics et les couches sociales. — Le journal *la République française* et l'adresse au comte de Chambord. —Discours au château de Sept-Fonds et à Périgueux. — Discours à Châtellerault. 319

CHAPITRE XXII. Le journal *la République française* et le rapport de la Commission d'enquête. — Répliques à MM. Clapier et Baragnon. — Election de Ledru-Rollin à Avignon. — Discours d'Auxerre. — Discours à la Chambre sur la loi électorale. — Agression contre Gambetta à la gare Saint-Lazare. 338

CHAPITRE XXIII. Discours à la Chambre à propos de la prorogation de l'Assemblée. — Les élections aux conseils généraux. — Elections municipales. — La *République française* et le rapport U. Perrot. — Discours à la Chambre sur l'organisation des pouvoirs. — Discours aux obsèques d'Edgar Quinet. — Discours à Belleville. 351

CHAPITRE XXIV. Discours à l'anniversaire de Hoche. — Discours à l'Assemblée sur les menées bonapartistes. — Discours à l'Assemblée sur le scrutin d'arrondissement. — Fin de la session de 1875. 365

CHAPITRE XXV. — Campagne des élections sénatoriales. — Lettres à un conseiller général. — Discours de Bordeaux. — Discours d'Aix. — Discours de Lille. — Discours de Belleville. — Discours d'Avignon. — Affaire de Cavaillon. — Discours de Lyon. — Ouverture de la session de 1876. — Discours à la séance du 24 mars. — Election de Mun. — Gambetta président de la commission du budget. 377

CHAPITRE XXVI. Le journal *la République française* à l'hôtel de la rue de la Chaussée-d'Antin. — La discussion sur la loi des maires et sur celle de la réduction du service militaire. — Anniversaire de la naissance de Hoche. — Le scandale du concours pour l'école poly-

Pages.

technique. — Discours à la reprise de la discussion de la loi sur les maires. — La commission du budget et le ministre de la guerre. — Voyage de Gambetta en Suisse. — Discours à la députation de la colonie française de Lausanne. — Discours à Belleville. — Discours à l'Assemblée à propos de la cessation des poursuites. — Incident Cialdini à la séance du 9 novembre. — La commission du budget et le *Bulletin des communes.* — L'incident Jérôme Bonaparte. — Conflit entre le Sénat et la Chambre. — *Les cordons de la bourse.* . . . 391

CHAPITRE XXVII. Discours à la salle Bobino (Montparnasse, et à la salle du Vaux-Hall, XIe arrondissement. — Discours à Belleville. — Conférence au profit des ouvriers lyonnais. — Incident sur les mesures prises contre les menées ultramontaines. — Conférence au théâtre du Château-d'Eau, pour les bibliothèques populaires. — Discours à propos de la chute du ministère J. Simon. — Le 16 mai. — Discours à la réunion plénière des gauches. — Le comité des 18. — Discours à Abbeville et à Amiens. — Le libérateur du territoire, le voilà. — On insulte le maréchal. — La dissolution. — L'anniversaire de Hoche et les 363. — Discours aux Français établis à Bienne. — Discours de Lille : se soumettre ou se démettre. — Gambetta poursuivi et condamné 415

CHAPITRE XXVIII. Les 363. — Discours au cirque Myers. — La mort de M. V. du Bochet. — Discours à Château-Chinon. — Discours à la Chambre sur les hommes du 16 mai. — Le coup d'État avorté. — Voyage de Gambetta en Italie. — Discours à Marseille. — Discours au banquet du XXe arrondissement. — Réponse à MM. Bocher et Rouher. — La commission du budget et l'Exposition universelle. — Conflit entre le Sénat et la Chambre à propos du budget. 443

CHAPITRE XXIX. Les pensions de retraite des officiers. — Discours au dîner du Cercle parisien — Conférence au cirque Myers au profit des victimes de la catastrophe de la rue Béranger. — Discours au profit de la bibliothèque populaire du XIIIᵉ arrondissement. — Anniversaire de Hoche. — Discours de Valence et de Romans. — La délégation des commis voyageurs à Grenoble. — Discours de Grenoble. — Discours à la salle du Château-d'Eau pour les bibliothèques populaires. — M. Baragnon et M. de Fourtou. — C'est un mensonge. — D el de Gambetta. — Banquet des commis voyageurs. — Les élections sénatoriales. — Démission du maréchal. — Gambetta président de la Chambre des députés. . . . 466

CHAPITRE XXX. Coup d'œil rétrospectif. — Discours de M. Clémenceau au cirque Fernando. — Réponse de la *République française*. — M. de Freycinet et la question de l'amnistie. — L'élection Trinquet. — Discours à la Chambre sur l'amnistie. — Rentrée de M. Rochefort à Paris. — Le discours de Cherbourg. — Démission du ministère. — Lettre au député Galeti. — Discours au banquet des marchands de vin. — Ouverture de la session. — Candidature de M. Dugué de la Fauconnerie. — Le livre bleu, la mission Thomassin et l'affaire des 30,000 fusils. — Discours à la réunion de la Société de l'Union et du commerce. — Les banquets du Grand-Hôtel et de la chambre syndicale de la draperie. — Le voyage de Cahors. — Le projet de loi sur le scrutin de liste. — Déclaration au banquet des tabletiers en peigne. — Discours à la fin de la législature. 497

CHAPITRE XXXI. Ouverture de la période électorale. — Discours de Tours. — Réunion privée à la salle de l'Elysée-Ménilmontant. — Réunion publique à Charonne. — Gambetta élu dans la première circonscription de Belleville. — Les voyages au Neubourg, en Allemagne et au Havre. — La présidence provisoire de la Chambre. — Gambetta chef du cabinet. — La déclaration ministérielle. — Conclusion. 524

EN VENTE A LA MÊME LIBRAIRIE

Eugène Colladon. — (*Un petit-fils de Mallet du Pan*). Études et fragments littéraires, précédés d'une notice par Ed. Humbert, 1 vol. in-18 avec une phototypie. . . . . 2 fr. 50

Deux héroïnes de la foi — (*Blanche Gamond, Jeanne Terrasson*) Récits du XVIe siècle, publiés par MM. Th. Claparède et Ed. Goty. 1 vol. in-18. . . 3 fr. 50

Alexandre Berthier, (*prince et duc souverain de Neuchâtel, prince de Wagram, maréchal de France.*) La principauté de Neuchâtel, 1806 — 1814, et le bataillon de Neuchâtel, par A. Bachelin. 1 vol in-4º avec le portrait de Berthier et deux gravures . . . . 5 fr.

Charles Gleyre, par Ch. Berthoud, brochure in-4º. 0 fr. 60

Juste Olivier, par Ch. Berthoud, brochure in-4º. 0 fr. 60

Frédéric Ozanam, d'après sa correspondance. Etude biographique par Ed. Humbert, 1 vol. in-18 . 1 fr. 50

A vingt ans. (Trois récits, *le portrait de Madeleine, les esprits du Seeland, l'aspirant*), par Louis Favre. 1 vol. in-18 . . . . 3 fr. 50

Reine et Berthe, Récit des temps anciens, par L. Chavannes 1 vol. in-18 . . . . 3 fr. 50

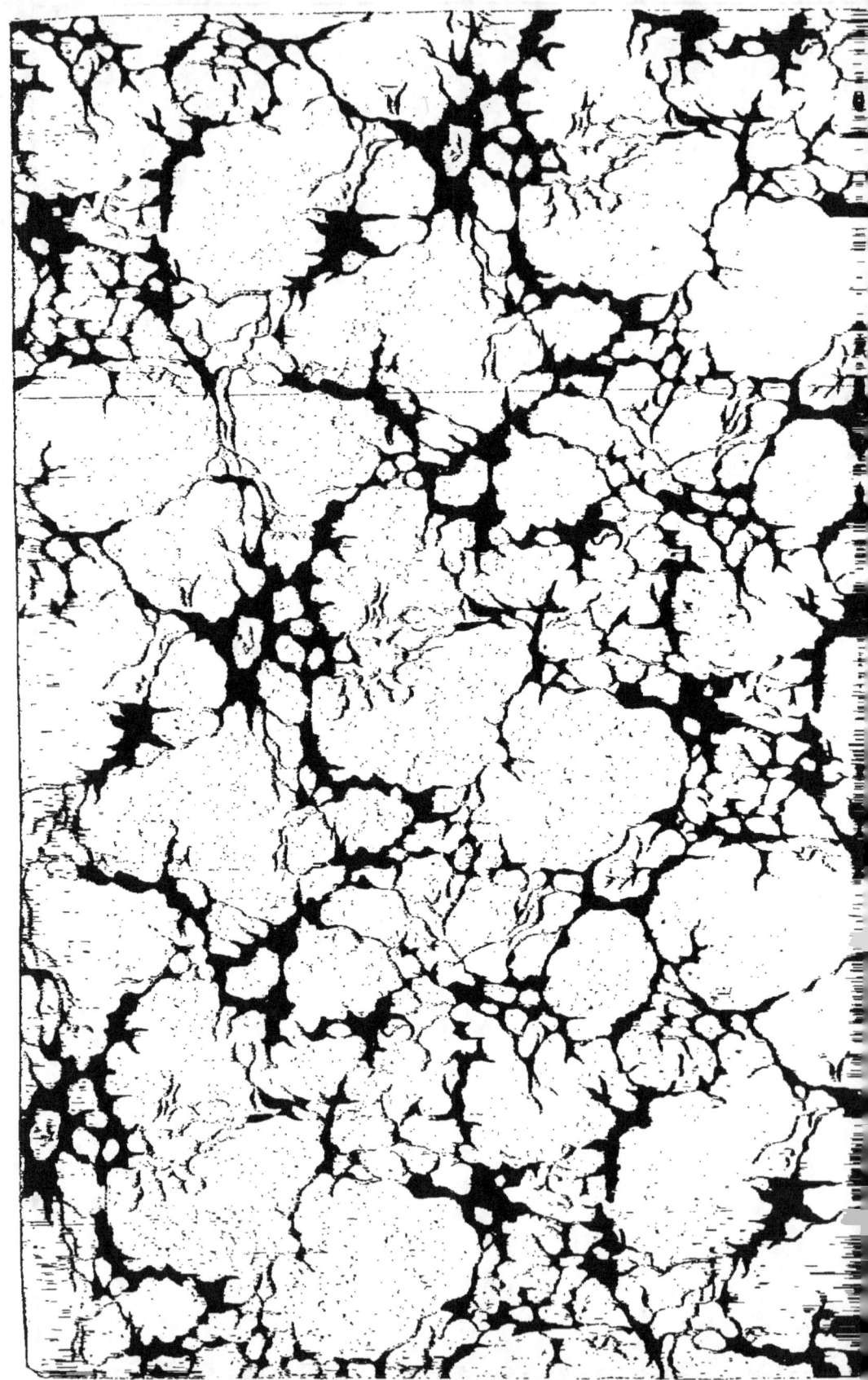

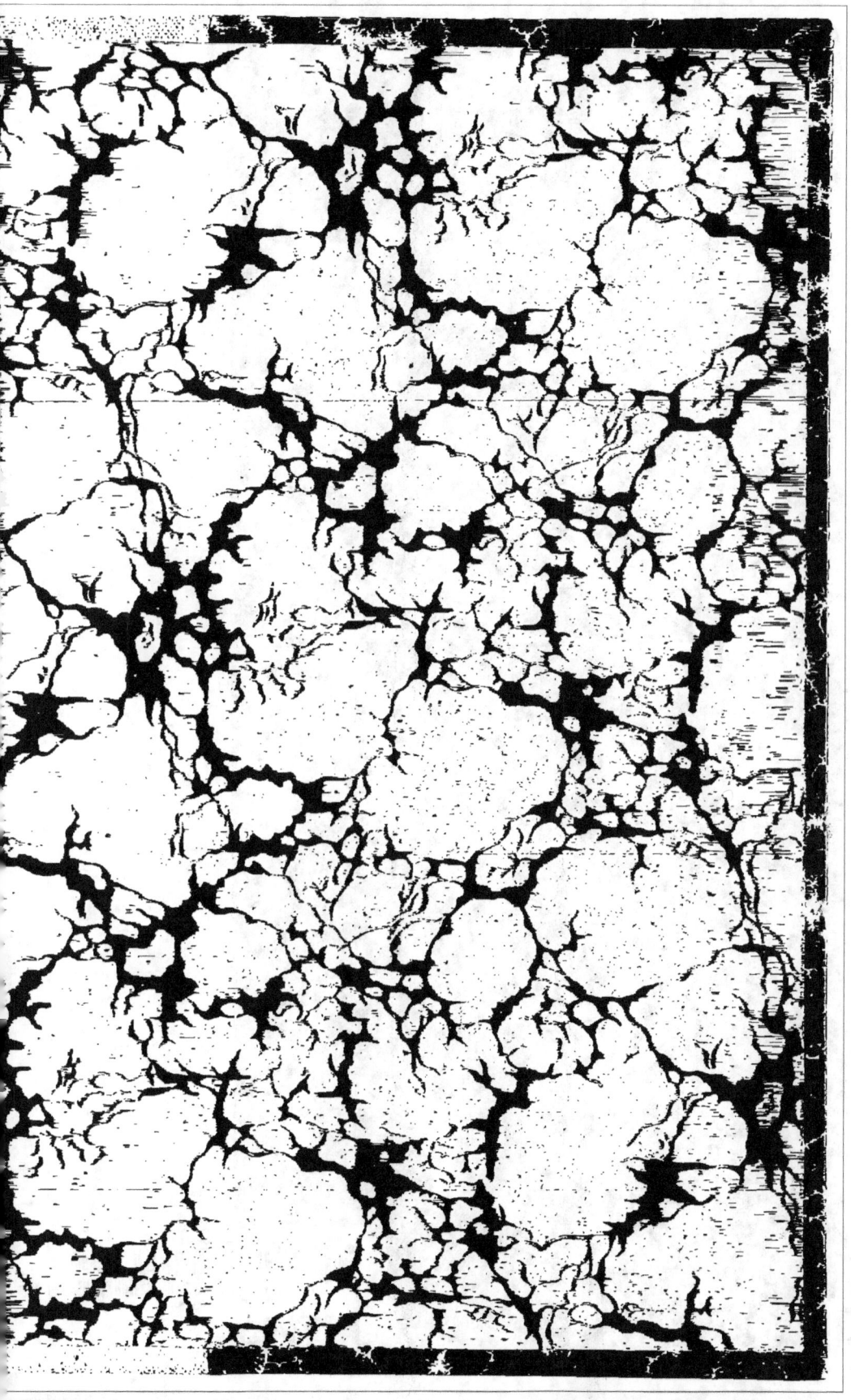

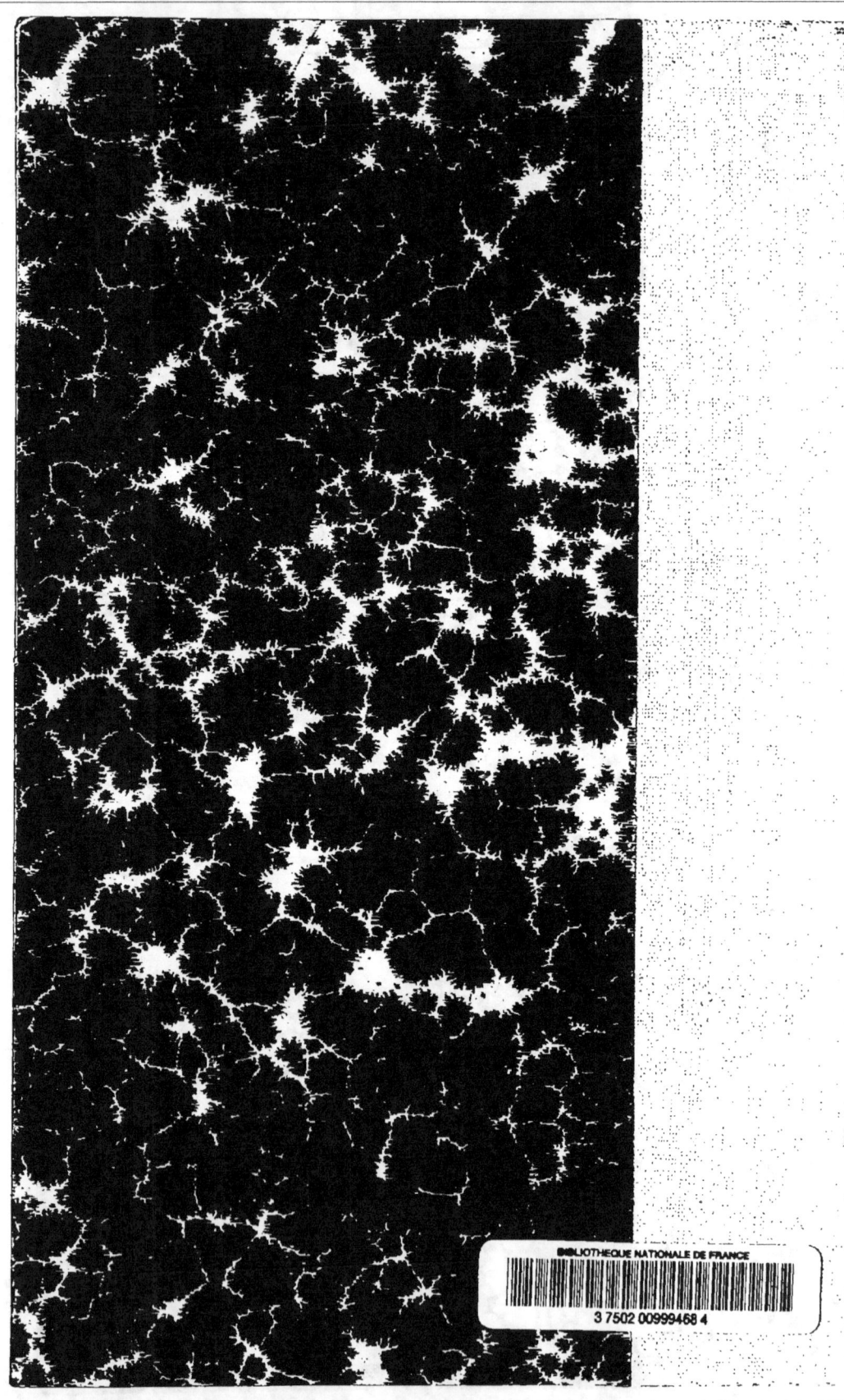

www.ingramcontent.com/pod-product-compliance
Lightning Source LLC
Chambersburg PA
CBHW060756230426
43667CB00010B/1591